Temperaturen, Ofenhitze

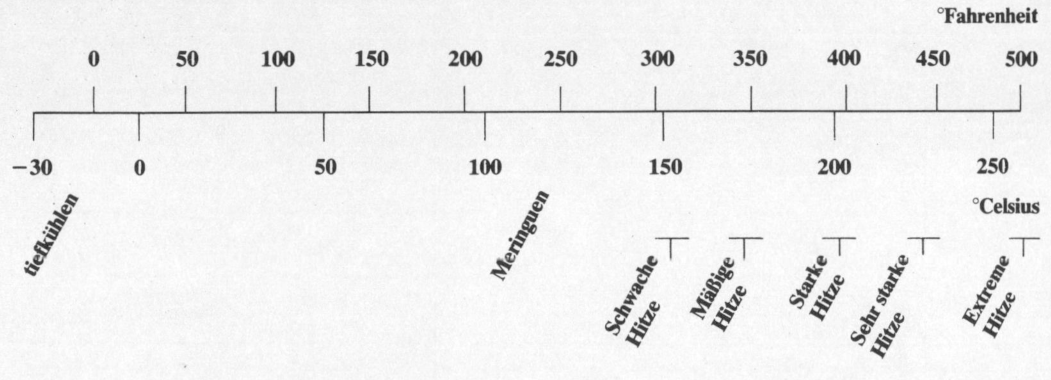

Temperaturen bei Kochen, Backen usw.

Wasser kocht bei 100°
in 1000 m Höhe bei 97°
in 2000 m Höhe bei 94°
Simmern etwa 85°
Fisch kochen bei 75°
Eiweiß erstarrt bei 70°

	Ofentemp. °C	Fleischtemp. °C
Fisch	175	60
Roastbeef	180	65
Kalbsbraten	165	78
Schwein	165	92
Lammkeule	165	65
Rehrücken	175	72
Brathuhn	175	80
Ente, Fasan	175	72
Gans	165	82
Truthahn	165	82
Gemüse	180	
Soufflé	170	
Aufläufe	200	
Brot	220	

Verschiedenes	Herstellen bei
Mayonnaise	30°
Eiweißschnee	35°
Schlagsahne	5°
Hefeteig	30°

Koch- und Backzeiten

Fisch ziehen lassen 10 Minuten pro kg oder 4 Minuten pro cm Dicke
Fisch backen 20 Minuten pro kg
Ochsenfleisch kochen 2 1/2 Stunden
Brathuhn, Ente kochen 1/2 – 1 Stunde
Suppenhuhn kochen 1–2 Stunden
Braten:

Roastbeef	35 Minuten pro kg
Kalbsbraten	60 Minuten pro kg
Schwein	60 Minuten pro kg
Lammkeule	40 Minuten pro kg
Brathuhn	50 Minuten
Ente, Fasan	40 Minuten
Gans	30 Minuten pro kg
Truthahn	40 Minuten pro kg

Mikrowellenherd, Leistung 600 Watt

Eindringtiefe der Hitze 2–3 cm
Erwärmung einer Flüssigkeit:
1° pro Sekunde für 100 g
0,2° pro Sekunde für 500 g

Verdampfen von kochender Flüssigkeit:
12 g pro Minute

Heinz Maier-Leibnitz

Kochbuch für Füchse

Große Küche – schnell und gastlich

Heinz Maier-Leibnitz

Kochbuch für Füchse

Große Küche – schnell und gastlich

R. Piper & Co. Verlag
München Zürich

ISBN 3-492-02468-8
3. Auflage, 11.–16. Tausend 1981

Gesetzt aus der Times-Antiqua
Umschlag und Layout Zembsch' Werkstatt/Cordes
Fotos: Cordes (11), G + J (2), Zembsch (1)
Gesamtherstellung Appl, Wemding
Printed in Germany

Inhalt

Vorwort . . . 9
Hinweise für den Benutzer . . . 11

VORSPEISEN . . . 14
Frische Salate . . . 17
Gefüllte Auberginen kalt, Gemüse à la grecque . . . 19
Verlorene Eier im Töpfchen . . . 21
Harte Eier mit Zwiebeln und Nudeln gratiniert . . . 23
Rührei, Omelett . . . 25
Quiche lorraine . . . 27
Käsesoufflé . . . 29
Brot-Speck-Auflauf . . . 31
Kurzrezepte: . . . 32
Salade Pauvre homme (Arme-Leute-Salat) . . . 32
Salade niçoise . . . 32
Kartoffelsalat . . . 32
Krevettencocktail . . . 32
Artischocken vinaigrette . . . 33
3 Rezepte für Spiegeleier . . . 33
Ochsenmark auf Brot . . . 33
Hühnerleber auf Weißbrot . . . 33
Sardinen auf Toast . . . 33
Zwiebelringe auf Toast . . . 33
Eier Benedictine . . . 34
Ragu bolognese (Fleischsauce für Nudeln) . . . 34
Lauchkuchen . . . 34

SUPPEN . . . 35
Fleischbrühe mit Einlagen . . . 39
Klare Gemüsesuppe . . . 41
Cock-a-Leeky . . . 43
Tomatensuppe . . . 45
Pürierte Gemüsesuppe . . . 47
Erbsensuppe von trockenen und von frischen Erbsen . . . 49
Champignoncremesuppe . . . 51
Perlhuhnsuppe . . . 53
Salatsuppe, Artischockensuppe, Potage Germiny . . . 55
Forellensuppe . . . 57
Brotsuppe mit Zwiebeln . . . 59
Maultaschen in der Suppe . . . 61
Kurzrezepte: . . . 62
Einlagen für klare Fleischbrühe . . . 62
Vichyssoise (Lauchsuppe) . . . 63
Kerbelsuppe . . . 63
Blumenkohlsuppe . . . 63
Ochsenschwanzsuppe . . . 63
Gazpacho . . . 64
Kalte Spinatsuppe . . . 64
Kalte Gurkensuppe . . . 64

SAUCEN 65

FISCH 67
Saint Pierre mit Beurre blanc 69
Kabeljau mit Wein gedämpft 71
Forellenschaumauflauf (Mousse de truite) 73
Forellenauflauf 75
Felchen Müllerin Art 77
Kurzrezepte: 78
Forelle blau 78
Karpfen mit Wurzelgemüsen 78

KOCHARTEN UND -METHODEN FÜR FLEISCH UND GEFLÜGEL 78

FLEISCH 83
Gekochtes Ochsenfleisch 85
Bollito misto (Gemischtes gekochtes Fleisch) mit Salsa verde 87
Ochsenschulter mit Schweinefleisch und Gemüse 89
Lamm mit Estragonsauce 91
Zunge à la mode 93
Schmorbraten in Tomatensaft (Swiss Steak) 95
Kalbsbries gedämpft 97
Schinken mit Sahne und Champignons 99
Schweinefleisch mit Sauerkraut 101
Filet Châteaubriand mit Choronsauce 103
Gigot (Hammelkeule) 105
Lamm-Kronenbraten 107
Kurzrezepte: 108
Rindergulasch 108
Hackbraten, Fleischpflanzerl 108
Filetsteak 108
Roastbeef 108
Eingemachtes Kalbfleisch 109
Kalbsragout mit Fenchel 109
Kalbsschnitzel mit Sauerampfersauce 109
Wiener Schnitzel 109
Saltimbocca 110
Kalbsleber 110
Kalbsbraten im eigenen Saft 110
Kassler mit Sauerkraut 111
Schweinebraten 111
Lammcarré 112
Rehrücken 112

GEFLÜGEL 113
Ente gekocht 115
Huhn mit Gemüsen und grüner Sauce 117
Hühnerfrikassee 119

Huhn mit Schalotten und Cognac 121
Perlhuhn oder Fasan mit Zwiebeln und saurer Sahne 123
Ente mit Pfirsichen 125
Stubenküken, mit wildem Reis und Foie gras gefüllt 127
Truthahn, gefüllt mit Blutwurst 129
Huhn im Salz 131
Kurzrezepte: 132
Suprêmes de volaille (Hühnerbrust) 132
Gebratene Gans 132
Fasan auf Weinkraut und junger Fasan gebraten 132
auch: Brathähnchen, Estragonhähnchen

GEMÜSE 133
Auberginen 135
Chicoree als Gemüse 137
Chicoree-Soufflé 139
Feine Erbsen 141
Pilze gegrillt, gebraten, Pilzpüree 143
Ratatouille 145
Sellerie-„Steak“, Selleriepüree 147
Spargelspitzen mit Muskat-Ei-Butter-Sauce 149
Spinat 151
Spinatauflauf 153
Tomaten 155
Weinkraut, Krautaufläufe 157
Zucchini (Courgettes) Pauvre homme 159
Zwiebeln 161
Kurzrezepte: 162
Auberginen gefüllt 162
Grüne Bohnen 162
Broccoli 162
Rosenkohl 163
Püree von trockenen Erbsen 163
Fenchel 163
Rotkraut 164
Kichererbsen 164

KARTOFFELN, TEIGWAREN, BROT 165
Pellkartoffeln, Bratkartoffeln 167
Gratin dauphinois 169
Falsche Spätzle 171
Nudeln, Spaghetti Carbonara, Nudelgratin 173
Gnocchi 175
Weißbrot 177
Kurzrezepte: 178
Kartoffelpüree 178
Schloßkartoffeln (Pommes Château) 178
Reis mit Safran 178

KÄSE, NACHTISCH 179
Quark, Käse 181
Ganz einfacher Obstsalat 183
Melone orientalisch, Obstsalat in Melonen 185
Apfelkompott und Apfel Kardinal 187
Flambierte Pfirsiche 189
Flambierte Crêpes 191
Sorbet von schwarzen Johannisbeeren 193
Erdbeerschaum, halbgefroren 195
Rote Grütze 197
Bayerische Creme von Orangen 199
Käsekuchen 201
Tarte Tatin (Warmer Apfelkuchen) 203
Mandelbögen 205
Kurzrezepte: 206
Birnen in Rotwein 206
Kirschenkompott 206
Gemischtes Kompott 206
Zwetschgenkompott 206
Stachelbeerkompott 206
Feigenkompott 206
Erdbeerkompott, Himbeerkompott 207
Mirabellenkompott 207
Aprikosenkompott 207
Gebackene Äpfel 207
Weinschaumcreme (Zabaione, Sabayon) 208
Apfelscheiben mit Weinschaumcreme 208
Sorbet 208
Birne Helene 209
Vanilleeis mit heißen Himbeeren 209
Vanilleeis mit heißen Kirschen 209
Crème Caramel 210
Schokoladencreme 210
Omelette surprise 210
Pumpkin Pie (Kürbiskuchen) 210

Gäste und Gastgeber 211
Umgang mit Kochbüchern 215
Gesunde Ernährung 217
Gefriertruhe 219
Der Mikrowellenherd: Eine Hilfe für arbeitssparendes und gesundes Kochen 220
Aussprache von Fremdwörtern 223

Vorsatz: Gewichte, Maße, Temperaturen, Koch- und Backzeiten, Mikrowellenherd

Nachsatz: Energiebedarf, Kalorienberechnung

Register 225

Vorwort

Wenn Brillat-Savarin heute lebte, dann würde, davon bin ich überzeugt, die „Physiologie des Geschmacks" anders aussehen. Sie würde mehr Rezepte enthalten. So wie man heute in der Naturwissenschaft selbst experimentiert, so hat auch der moderne Gastrosoph keinen Koch mehr, der unter seiner geistigen Oberleitung anonym wirkt. Dies halten wir für eine gute Entwicklung.

Und hier berühren wir den Zweck dieses Buches – Brillat-Savarin könnte trotz seiner beruflichen Belastung (er war ein hoher Beamter) heute selbst für seine Gäste kochen, denn der Aufwand an Zeit, den man damals allein für das Essen trieb, war mehr, als man heute für Kochen und Essen braucht, auch wenn man, wie wir das hier tun wollen, höchste Qualität verlangt. Zwar gibt es viele Autoren, die mit der Zeit verschwenderisch umgehen, ja die behaupten, Zeit zu haben sei eine selbstverständliche Voraussetzung anspruchsvollen Kochens. Und die meisten Bücher für schnelles Kochen scheinen ihnen recht zu geben. Es gibt da fürchterliche Vereinfachungen auf Kosten des Geschmacks. Das vorliegende Buch gehört zu den wenigen, in denen der Gegenbeweis angetreten wird. Es geht dabei nicht darum, daß die Zeit zwischen Beginn und Ende des Kochens kurz ist, sondern die Zeit soll kurz sein, die der Koch in der Küche verbringen muß. Man muß dann allerdings alles so organisieren, daß der Koch in der übrigen Zeit unbesorgt anderes tun kann. Dazu gehören Konzentration und Erfindungsgabe. Deshalb heißt das Buch ‚Kochbuch für Füchse'. Arbeit sparen ist wichtig. Aber Qualität geht über alles.

Dieses Buch ist geschrieben für die, die mit ihrer Zeit sehr, sehr haushalten müssen; die trotzdem gern oft Gäste haben und sie verwöhnen wollen; die gern kochen, aber anspruchsvoll sind, den großen Köchen nachstreben und keine Surrogate dulden; und die zum Beispiel heiße Speisen nicht stehen lassen, sondern sofort auf den Tisch bringen wollen.

Das Buch ist so angelegt, daß jeder, der Geschmack hat und gewohnt ist, effektiv zu arbeiten, diesem Ziel auch unter großem Zeitmangel nachgehen kann. Er kann mit jeder der Lektionen beginnen, und er wird sofort Resultate erhalten, auch wenn er bisher nicht viel gekocht hat. Aber er sollte eine Zeitlang dabeibleiben und nach mehr und mehr Lektionen kochen, damit er durch Gewöhnung, durch Sammeln von Informationen und Erfahrungen wirklich in die hier vorgeschlagene Art zu kochen hineinkommt. Lernen heißt sich verändern; das geht meist nicht von selbst.

Damit ergibt sich als Ziel des Buches: Auswahl aus dem Schatz der Kochkunst mit dem Ziel, den Arbeitsaufwand klein zu halten, ohne Opfer an der Qualität, und dabei moderne Hilfsmittel sorgfältig mit einzusetzen. Es sollen Methoden und Rezepte angegeben werden, die es dem eiligen Koch erlauben, schnell zu guten Resultaten zu kommen, die ihn aber auch lehren sollen, andere Rezepte zu beurteilen und seine eigene Phantasie nützlich anzuwenden.

Auswahl der Gerichte und kulinarischer Stil sind geprägt durch die Länder, in denen der Autor gelebt hat: Württemberg und Baden, ehemals noch nicht vereint, Frankreich, dessen Hegemonie er bewundert und liebevoll anerkennt, Bayern, in manchem auch die USA, wo zum Teil sehr sorgfältig gekocht wird, und in geringem Umfang andere Länder. Als Württemberger neigt er zur Sparsamkeit und schätzt einfache Gerichte, vergißt aber nicht, daß es auch gute Dinge gibt, die teuer sind. Außerdem ist er bereit, für Zeitersparnis zu bezahlen.

Die Kochkunst ist ein Handwerk mit einem unendlichen Schatz von Methoden und Erfahrungen. Der einzelne muß davon einiges annehmen, lernen, einüben, so daß ihm die Anwendung selbstverständlich wird. Aber dann bleibt noch viel übrig für seine eigene Initiative, seine Phantasie. Er wird weiter aus dem großen Angebot von Rezepten und Kochbüchern Anregungen empfangen, aber er wird sichten, Kriterien anwenden und mehr und mehr Rezepte nach solchen Kriterien verändern. Dazu will dieses Buch helfen.

Ein Liebhaberkoch kann, ebenso wie die berufstätige Hausfrau, nicht mit den großen Berufsköchen wetteifern. Er muß auf viele Gerichte verzichten, weil er die Zutaten nicht bekommt oder weil die Zubereitung zu aufwendig an Zeit und Mühe ist. Aber bei vielen, oft schon den einfachsten Gerichten, kann man sich dem Niveau der besten Köche annähern und das immer durch sorgfältiges, aber nicht notwendig zeitraubendes Arbeiten. Dabei zu helfen ist das Hauptanliegen dieses Buches.

Die großen Kochbücher, besonders die der berühmten Köche, sind unschätzbare Fundgruben für Rezepte und Methoden und zugleich Leitfäden zur Entwicklung des guten Geschmacks. Aber die Methoden der großen Küche sind nicht die des einfachen Haushalts. Dazu kommt etwas anderes: Neuerdings stehen Hilfsmittel wie Tiefkühlung oder Küchenmaschinen zur Verfügung, durch die viel Zeit gespart werden kann; aber auch gute Kochbücher diskutieren die Vorteile und Nachteile dieser Hilfsmittel oft nur unvollständig; man muß erst lernen, wie man damit umgehen muß, ohne die höchste Qualität zu gefährden.

Das Handwerk des Kochens läßt überhaupt viel arbeitssparende Methoden zu, die der Qualität überhaupt nicht schaden, ja sie noch verbessern können. Viele davon sind wenig bekannt; auch erfahrene Hausfrauen haben sich beim Lesen des Manuskripts mit überraschter Zustimmung geäußert. Das Technische ist ein erheblicher Teil dieses Buches.

Arbeit sparen und doch gut kochen bedeutet auch Einschränkung, Verzicht auf manche Gerichte. Der Autor ist glücklich, wenn er in einer österreichischen Familie Apfelstrudel vorgesetzt bekommt, denn für sein System ist die Herstellung eines hervorragenden Strudels zu aufwendig. Dasselbe gilt für Blätterteig, denn er kann sich nicht entschließen, den käuflichen ebenso gut zu finden wie selbstgemachten. Deshalb macht er vielleicht einmal selbst heimlich ein Blätterteiggericht, schreibt es aber nicht ins Buch. Natürlich gibt es Grenzfälle: Nudeln müßte man selbst machen, aber es wäre zuviel verlangt, deshalb auf sie zu verzichten. Und natürlich sind manche Gerichte solche Lieblinge des Autors, daß sie im Buch stehen, obwohl sie nicht wenig Arbeit machen. Immer konsequent sein ist langweilig.

Das Buch ist unter anderem für die gedacht, die allein oder zu zweit leben. Hier zahlt sich Zeitersparnis besonders aus, und es ist schön, wenn man trotzdem noch die Eßkultur pflegen kann. Aber vor allem liegt dem Autor die zwanglose Geselligkeit am Herzen. Vier, sechs, acht Personen zu Tisch, vielleicht ausnahmsweise einmal zehn: wieviel erfreulicher ist das als der Gang zum Restaurant, oder die Einladung zu Wein und Nüssen nach dem Essen! Dies ist ohne großen Aufwand möglich dank arbeitssparenden Techniken, aber auch weil die Erwartungen der Gäste natürlicher geworden sind. Niemand erwartet mehr viele Gänge, großen Aufwand, aber ein einfaches, nicht ganz alltägliches und wohlschmeckendes Gericht wird sehr geschätzt und gelobt. Man darf heute wieder vom Essen reden. Die Gäste unterhalten sich selbst, während der Hausherr den nächsten Gang fertigmacht. Auch ein Minister geht gern in den Keller, wenn der Wein nicht reicht. Hier hat der Autor viele erfreuliche Erfahrungen gesammelt; er möchte gern helfen, diese Art von Gastlichkeit auszubreiten.

Die dienende Funktion des Gastgebers wird in diesem Buch betont. Dazu gehört die Kenntnis der Wünsche seiner Gäste. Hier ist dem Autor sein Interesse für Menschen und das Zusammentreffen mit Menschen aus vielen Ländern und Klassen zugute gekommen. Er kennt die Wünsche seiner Enkel, seiner Schüler und Kollegen in der Welt, die von Bundestagsabgeordneten und Industrieführern, von Nobelpreisträgern und Ministern, und die der Damen. Dies schlägt sich im Buch an vielen Stellen nieder.

Die immerwährende Frage des Kochs und, bei einem Buch, seiner Leser, heißt natürlich: „Ist das, was er kocht und schreibt, wirklich gut?“ Seit der Autor vor fünfzig Jahren seine erste Gemüsesuppe versalzen hat, hat er immer gelernt, von Büchern, durch Probieren, durch das Urteil seiner Gäste, durch Einleben in die Küche eines Landes, durch die besten und die einfachsten Restaurants, durch die Hilfe von Freunden und die schweigende Kritik feindseliger Besucher. Er hat Strömungen der Kochkunst erlebt wie die Nouvelle Cuisine, hat sich gefreut, wenn er eigene Vorschläge bei den großen Köchen wiederfand (nichts ist wirklich neu beim Kochen). Der Autor glaubt, daß fast alles, was er hier schreibt, die freundlich herablassende Zustimmung der größten Köche finden würde. Sie würden auch sicher nichts dagegen sagen, daß er so großen Wert auf die sorgfältige Zubereitung der einfachsten Gerichte legt wie Spiegeleier, Gemüsesuppe, Huhn im Salz, Bratkartoffeln, Obstsalat; und auch daß er mit Gewürzen sehr sparsam umgeht zu Gunsten des Eigengeschmacks der Speisen. Dies ist ein Kochkurs; von ihm aus soll der Weg leicht sein zu den Reichtümern der Küche der Welt.

Dieses Buch verdankt seine Entstehung letztlich meiner Frau Rita, geb. Lepper (1911–1971), die mich die Zuwendung zu Menschen und das Dienen gelehrt hat, und natürlich auch ihre Kochkunst. Daß es schließlich geschrieben wurde, das hat mit dem Beifall und der Ermunterung zu tun, die dem Autor über die Jahre von seinen Gästen, vom französischen Arbeiter bis zum Bundespräsidenten, zuteil wurden. Meine Töchter und eine Anzahl Freunde haben viele der Rezepte aus dem Manuskript durch Nachkochen geprüft. Allen danke ich für alle Hilfe.

Hinweise für den Benutzer

Dieses Buch ist ein Kochkurs. Aber das braucht Sie nicht zu stören. Blättern Sie darin, bis Sie etwas finden, was Sie gern machen wollen, und fangen Sie damit an. Sie finden rechts oben ein Kurzrezept mit Mengenangaben, darunter eine ausführliche, für manche vielleicht zu ausführliche, erklärende Beschreibung von allem, was zu tun ist, dann vielleicht kurze Angaben über Ergänzungen oder Alternativen, über Vorratshaltung, Verwendung von Resten und Tiefkühlung, und schließlich, ganz zusätzlich und nur wenn Sie wollen, Anregungen zum Mikrowellenkochen (siehe dazu auch S. 220).

Links stehen oben Angaben allgemeiner Art über das Gericht und Erfahrungen mit Gästen, unten etwas mehr Technisches zu dem Rezept oder auch allgemein. Die Hoffnung ist, daß Sie die linken Seiten auch mitlesen, wenn Sie etwas kochen, und damit, wenn Sie das Buch eine Zeitlang verwenden, sowohl mehr und mehr im Kochen nach unserer Art geübt werden als auch die Motivation und die Begründung dazu erfahren, zum Vorteil aller Ihrer künftigen kulinarischen und gastlichen Aktivitäten.

In der Mitte der linken Seite steht ein Menü mit dem rechts beschriebenen Gericht als Bestandteil, wieder als Beispiel für künftiges Handeln, denn es sollen ja nicht nur die Speisen eines Gangs zusammenpassen, sondern die ganze Mahlzeit soll eine Einheit bilden. Der Erfolg des Kochs hängt davon ganz wesentlich ab.

Bei den Menüs steht nun, als wesentlicher Bestandteil des Kochkurses, ein Zeitplan für alles, was nach Ankunft der Gäste zu geschehen hat. Dieser Zeitplan hat große Bedeutung aus drei Gründen. Wir glauben, daß die häufigste und schädlichste Sünde beim Kochen das Nichteinhalten der richtigen Kochzeit ist. Und die nächste Sünde ist unnötiges Stehenlassen, Warmhalten oder Wiederaufwärmen fertiger Speisen. Wer diese Sünden vermeiden will, der *muß* sich vorher überlegen, wann und wie lange alles in den Ofen oder auf den Herd kommen soll. Wenn er seinen Plan hat, kann er friedlich die Gäste unterhalten, bis ihn der Küchenwecker in seiner Jackentasche an seine nächste Pflicht erinnert. Ein Vorteil ist, daß bei unserer Kochweise selten etwas endgültig aufgestellt wird, ehe die Gäste da sind. Der verspätete einzelne Gast kann also nichts verderben.

Der dritte Vorteil des Zeitplans ist, daß man auch ein kompliziertes Menü reibungslos ablaufen lassen kann. Mit einiger Übung kann man in dem Plan die Tätigkeiten so zusammenlegen, daß wenige Gänge in die Küche nötig sind mit jeweils wenigen Minuten konzentrierter Tätigkeit. Wir raten also dringend, immer einen solchen Zeitplan zu machen. Das dauert nur wenige Minuten. Und ebenso dringend raten wir zur Verwendung des Küchenweckers. Er ist geradezu ein Kennzeichen unserer Art zu kochen. Er spart Nervenkraft und erspart Mißerfolge; beides kommt Ihren Gästen zugute. Ich selbst mache bei jedem größeren Essen einen Zeitplan, und auch beim kleinsten Essen mit einem Gast verwende ich den Wecker.

Bitte lassen Sie sich von den Zeitplänen in dem Buch nicht erschrecken, auch wenn sie grausam gedrängt aussehen. Kleine und größere Verschiebungen sind harmlos. Sie brauchen weder sich noch Ihre Gäste zu hetzen. Die links angegebenen Zeiten sind übrigens die, zu denen die Speisen die Küche verlassen, nicht die, zu denen der Gast den Löffel hineintaucht. Der Koch muß manchmal in die Küche gehen, ehe die Gäste fertig gegessen haben, und muß eventuell jemanden bitten, ein zweites Mal anzubieten. Dies kann man vermeiden, wenn man will; man muß dafür einen etwas anderen Zeitplan machen.

Die Planung für die Zeiten vor Ankunft der Gäste ist notwendig, aber einfach. Ich überlege mir meist einen oder zwei Tage vorher das Menü, damit nachher nichts fehlt. Am Tag selbst beschließe ich vor dem Aufstehen, was schon zur Frühstückszeit vorbereitet werden muß und wieviel Zeit ich später brauche. Wenn man einmal die Zeit für Kartoffelschälen, Tischdecken und Cocktailvorbereitung nicht mehr unterschätzt, ist schon viel gewonnen. Man soll sich andererseits auch nicht zu viel Zeit nehmen. Wenn man Zeit hat, vertrödelt man sie.

Der Autor hat sich bemüht, Fachausdrücke zu vermeiden, oder wenn er meint, daß der Leser sich daran gewöhnen sollte, sie jedesmal, wenn sie vorkommen, zu erklären. Französische und englische Bezeichnungen hat er nicht vermieden, aber im Anhang finden Sie eine Anleitung zur Aussprache, denn das kann der Leser erwarten.

Maße, Gewichte und Temperaturen: Das Abmessen ist immer eine Schwierigkeit beim Kochen und beim Kochbuch. Entscheidend ist die Einfachheit und Bequemlichkeit für den Anwender. In den USA habe ich mich ganz an das Meßbechersystem gewöhnt (1 cup = 250 ml, 1 gestrichener Eßlöffel = $^{1}/_{16}$ cup), aber das hat nicht nur Vorteile: Man braucht oft extra ein Gefäß zum Messen; es gibt Fälle, wo das Messen nicht so gut geht, etwa gesiebtes oder ungesiebtes Mehl hat verschiedenes Volumen; und für manche Substanzen ist es unbequem oder unmöglich, etwa bei Butter, nicht zu reden von Steak. Ganz neuerdings habe ich mich wieder zum Wiegen bekehrt: Es gibt so praktische Waagen, auf die man Teller, Schüsseln, Töpfe leer oder halbvoll stellen kann. Mit einem Griff wird die Skala auf Null gestellt, und man schüttet in Sekunden eine gewünschte Menge zu oder stellt das Gewicht einer großen Kartoffel fest. Deshalb werden in diesem Buch meist Ge-

wichte in g oder kg angegeben. Bei allen Flüssigkeiten, auch bei Fett, ist etwa 1 g auch 1 ml, 1 kg ist 1 l, 1 cup ist also 250 g. Es ist gut, außer der Waage auch einen graduierten Meßbecher zu haben, etwa bis 500 ccm. Meist ist dieser auch für Mehl, Zucker usw. geeicht.

Backtemperaturen sind in °Celsius angegeben, die Umrechnung auf °Fahrenheit finden Sie auf dem Vorsatz, dort ist auch angegeben, was man etwa unter starker, mäßiger, und schwacher Hitze verstehen kann. Viele Herde haben eine Temperaturskala, auf der man die Hitze einstellen kann. Anderenfalls würde ich vorschlagen, daß Sie mit einem Backofenthermometer nachmessen, welche Temperaturen den verschiedenen Schalterstellungen entsprechen. Von der Backtemperatur hängt oft alles ab, deshalb möchte ich Ihnen raten, Ihre eventuelle Abneigung gegen quantitative Angaben zu überwinden.

Inhaltsverzeichnis: Vor den einzelnen Abschnitten des Kochkurses (etwa „Suppen") finden Sie einen kurzen allgemeinen Artikel und außerdem an ihrem Ende Kurzrezepte für die Speisen, die in den Menüs, aber nicht im Kochkurs erscheinen. Nach dem Kochkurs folgt ein Anhang mit Kapiteln über Gäste und Gastgeber, über Tiefkühltruhe, Umgang mit Kochbüchern, gesunde Ernährung, Mikrowellenherd.

Verstreute Hinweise: *Geräte:* Salatschleuder 16; Schneidbrett, Messer 22; Backofen, Grill, Herd 26, 96; Waagen 28; Suppentassen 54; wassergefüllte Deckel 140; Messermühle (Moulinette, Food Processor) 72; Sauciere mit zwei Ausgüssen 88; abgeänderter Schneebesen 102; Schnitzelmaschine 148; Schaumlöffel, Schöpflöffel, Spatel, Gabel, Kochlöffel, Durchschlag 170; Pfannen, Töpfe 190; Spülmaschine 200.
Materialien, Methoden: Zwiebeln schälen 22; Eier haltbar machen 24; Anbraten oder nicht 48; Brot rösten 58; Essig eindampfen 74; Duxelles 77; Rat suchen 84; Warmes Büffet 86; Gelatine 92, 196; Essenzen 98; Fett 100; Marinieren 104; Geflügelfüllen 117; Muskat 150; heißes Fett 166; Salz und Pfeffer 172; Vorräte im Kühlschrank 174; der „Pot" 176; Milch, Sahne 180; Obst zum Nachtisch 184.

Vorspeisen

Ganz kleine Vorspeisen können, vor der Mahlzeit zum Cocktail gegeben, etwa Ochsenmark mit Salz auf Schwarzbrot oder Hühnerleber auf Weißbrot sein. Bei der klassischen großen Mahlzeit kommt eine kleine nahrhafte Vorspeise vor der Suppe; sie hat dann immer noch eher eine appetitanregende als eine sättigende Funktion. Oder die Vorspeise kommt, ohne daß eine Suppe darauf folgt, vor einem relativ leichten Hauptgericht. In diesem Fall kann sie warm sein, und nahrhaft. Und schließlich macht man heute oft die Vorspeise zum Hauptgericht, etwa vor Käse und einem kräftigen Nachtisch, oder man gibt sie als kleines Einzelgericht allein oder nur mit Salat bei Mahlzeiten außer der Reihe, bei Empfängen oder anstelle einer bayerischen Brotzeit; oder man macht damit am Sonntag aus dem späten Frühstück ein leichtes Mittagessen (das, was die Amerikaner mit dem scheußlichen Wort „Brunch" bezeichnen).
Über Vorspeisen könnte man viele Kochbücher schreiben. Wir haben uns sehr zurückgehalten, obwohl wir hier unter „Vorspeisen" die in vielen Kochbüchern üblichen Abschnitte „Hors d'oeuvres", Warme Vorgerichte", „Eierspeisen" und „Salate" zusammenfassen.

Frische Salate. Ein einfacher Salat wird mehr und mehr geschätzt als Vorspeise vor einem reichen Essen. Aber natürlich ist er, wegen seiner Frische und Säure, eine unentbehrliche Ergänzung vieler Hauptgerichte. Ich gebe dann den Salat am Ende, ohne besonderen Teller.

Gefüllte Auberginen kalt; Gemüse à la grecque. Unter den unendlichen und zum Teil in Restaurants sehr guten kalten Vorgerichten (S. 18) geben wir nur zwei bei uns selten servierte Arten.

Verlorene Eier im Töpfchen. Dieses Rezept geben wir vor allem wegen der sehr delikaten, oft verwendbaren Sauce ohne Mehl.

Harte Eier mit Nudeln. Ein relativ reiches, einfach herzustellendes Vorgericht, das leicht variiert werden kann. Weiche Eier siehe S. 24.

Rührei, Omelett. Wir legen Wert auf die Unterscheidung der Rezepte. Sie schmecken ganz verschieden. Beide sind Grundlage vieler erweiterter Rezepte.

Quiche lorraine. Ein etwas mühsames, aber dafür hervorragendes Rezept, das auch vereinfacht und variiert werden kann.

Käsesoufflé. Hier eine mit Hilfe von Quark sehr vereinfachte Version von Soufflé. Damit braucht sich keine Hausfrau mehr zu fürchten.

Brot-Speck-Auflauf. Beispiel einer „erweiterten“ Eierspeise, schon eher ein Hauptgericht.

KURZREZEPTE

Salade Pauvre homme (Arme-Leute-Salat),
mit gekochtem Rindfleisch.

Salade niçoise,
mit Thunfisch, grünen Bohnen, Sardellenfilet usw.

Kartoffelsalat.
Schwäbisches Rezept.

Krevettencocktail,
Beispiel für eine Vorspeise mit Mayonnaise.

Artischocken vinaigrette.
Gekocht, warm, zum Abzupfen.

3 Rezepte für Spiegeleier.

Ochsenmark auf Brot.
Minivorspeise zum Cocktail. Ebenso die drei folgenden:

Hühnerleber auf Weißbrot.

Sardinen auf Toast.

Zwiebelringe auf Toast.

Eier Benedictine.
Verlorene Eier auf Toast mit Schinken und holländischer Sauce.

Ragu bolognese,
braune Fleischsauce für Nudeln.

Lauchkuchen.

Salate für Puristen

Die großen Versicherungsleute sind eine Art Fürsten innerhalb der Wirtschaft aus Gründen, die ich hier nicht analysieren kann, nicht gleich an Macht den Chefs der großen Konzerne, aber irgendwie im Lebensstil. Ich muß das jedenfalls schließen aus einem Essen der Chefs eines großen Unternehmens in einem der allerbesten Restaurants Deutschlands. Dort gab es etwa das unten beschriebene Menü, ganz einfache Dinge, nur sehr gut. Und die Salate waren entsprechend: Jede Sorte einzeln, keine Salatkräuter, nur das Nötigste daran, aber alles ganz frisch und knackig ohne überschüssige Flüssigkeit. Wenn das die Zukunft unserer Küche auch bei offiziellen Essen ist, dann können wir uns gratulieren.

13.00	Verschiedene frische Salate	12.55	anmachen
13.20	Klare Consommé	13.10	aufs Feuer
13.35	Stubenküken gebraten	13.10	in den Ofen, 13.30 Pfanne ablöschen am Tisch tranchieren
	Kleine Kartoffeln angebraten	13.19	in die Pfanne, 13.27 wenden, 13.32 wenden
13.50	Weißer Käse mit Sahne		
14.00	Frischer Obstsalat	13.11	schälen, 13.45 kleinschneiden, ansetzen

Die kleinen Kartoffeln habe ich eingesetzt, dort gab es Kartoffelkroquetten, die ich nicht billige. Ich glaube, daß es dort auch den weißen Käse nicht gab. Das Essen wird dadurch noch leichter und kürzer, wie das für ein Mittagessen nur legitim ist.

Salate in deutschen Restaurants sind oft (es gibt sehr rühmliche Ausnahmen) ein Trauerspiel: in Wasser eingeweicht, zu sauer, kaum Öl, dafür undefinierbare weiße oder gelbe Massen. Ich halte nichts von fertigen Salatsaucen. Ich würde es auch sehr gutheißen, wenn der Salat am Tisch angemacht würde, wie es von einem der Fürsten der Kochkunst geschah: Weinessig ohne anderen Zusatz (er ist viel weniger sauer als der meist käufliche) aus der mit dem Daumen zugehaltenen Flasche tropfenweise über den Salat verteilt, Salz und Pfeffer aus der Mühle gleichmäßig darüber, als Öl halb Olivenöl, halb Walnußöl reichlich, nur ganz kurz mischen, oder gar nicht, wenn der Salat nur eine dünne Schicht bildet.

Olivenöl gibt es in vielen Qualitäten. Für den Kenner sollte nur die erste Qualität in Frage kommen, aus der ersten Pressung, mit nichts vermischt. Allerdings gibt es hier auch zwei Arten: eine mit zartem Geschmack, die man bei uns in hervorragender Qualität in der Apotheke erhält, und eine sehr viel länger gepreßte mit ganz starkem Geschmack, die man lieber tropfenweise zugeben sollte.

Eine Salatschleuder scheint mir eine sehr gute Anschaffung zu sein, denn die Trockenheit des Salats ist entscheidend (wenn ich weiß, woher er kommt, wasche ich ihn oft überhaupt nicht). Man kann darin den Salat waschen, schleudern, im Sieb in den Kühlschrank geben, man spart also ein Gefäß. In Frankreich gibt es dafür Kugeln aus Drahtgitter, die man im Freien schleudern muß; sehr gut, wenn man Freies bei der Küche hat.

Salatkräuter können herrlich sein, vor allem mit schönem dichten, grünen Kopfsalat als einzigem Salat, oder natürlich mit gemischten Salaten aller Art; ich will hier niemanden hochmütig abschrecken durch meinen Purismus.

Frische Salate

6 Personen
Für 500 g *Salat* (grüner Salat, oder Feldsalat, Endiviensalat, roher Radicchio) 2 Eßlöffel Essig, 12 Eßlöffel Öl, Salz, Pfeffer. Für *Gurken* 2 Eßlöffel Essig, 4 Eßlöffel Öl, 4 Eßlöffel Sahne, Salz, Pfeffer. Für *Chicoree* 1 1/2 Eßlöffel Zitrone, 1/2 Eßlöffel Senf, 4 Eßlöffel Öl, 6 Eßlöffel Sahne, Salz, Pfeffer. Für *Tomaten* 1/2 Eßlöffel Essig, 8 Eßlöffel Öl, Salz, Pfeffer, Petersilie. Für *Sellerie* 1 1/2 Eßlöffel Zitrone, 8 Eßlöffel Öl als Vinaigrette verrührt. Für *Karotten* 1 1/2 Eßlöffel Zitrone, 1 Kaffeelöffel Zucker, wenig Salz.

Blattsalate werden verlesen, Strunk und schlechte Blätter entfernt; die Blätter werden bei Kopfsalat in relativ große Stücke geteilt, wobei man die Rippen der Länge nach teilen kann, aber nicht sie entfernt. Man läßt ein relativ großes Stück als Herz ganz. Kleine Salatköpfe kann man auch ganz in Achtel teilen. Nun wird der Salat gewaschen, sofort in der Salatschleuder oder notfalls unter Wenden im Salatsieb entwässert und kaltgestellt. Die Sauce wird in einem Glas angemacht. Unmittelbar vor dem Essen wird die Sauce noch einmal verrührt, gleichmäßig über den Salat gegossen und mit wenigen Bewegungen (Fachleute nehmen dazu die sauberen Hände, weil man damit ganz sanft zugreifen kann) gemischt.

Für Gurken und Tomaten gibt es zwei Schulen: Die eine entwässert die Gemüsescheiben durch langes Stehenlassen in der Sauce und serviert aus der Sauce heraus (bei Gurken wird man die Sahne erst zum Schluß zugeben). Die andere Schule, und ich bin ihr entschiedener Anhänger, gibt die Sauce im letzten Augenblick dazu und serviert und ißt sofort. Gurken braucht man nicht unbedingt zu schälen; sie sollen keine großen Kerne haben, sonst sollte man die Gurken längs vierteln und die Kerne entfernen. Tomaten werden 10 Sekunden lang in heißes Wasser getaucht, geschält und quer zur Achse in 3 mm dicke Scheiben geschnitten (große Tomaten halbiert man vorher). Man kann, wenn man will, die Kerne entfernen. Die Petersilie wird zum Schluß übergestreut (nicht zuviel!). Chicoree wird nach Abschälen der schlechten Blätter der Länge nach aufgeschnitten, und dann werden Scheiben von 2 bis 3 cm geschnitten, damit man gabelgünstige Stücke erhält. Senf kann man weglassen. Statt Zitrone kann man Essig nehmen. Sellerie wird in Stäbchen geschnitten (2 × 2 × 20 mm) oder entsprechend geraspelt. Dabei mischt man sofort mit etwas Zitrone. Man kann (muß nicht) die Sauce als Vinaigrette herstellen: Essig, Pfeffer, Salz, eventuell Senf werden in der Rührschüssel leicht erwärmt (40°) und geschlagen. Bei laufendem Schneebesen gibt man das nicht zu kalte Öl erst tropfenweise, dann in dünnem Strahl dazu.

Karotten werden einfach ganz fein geraspelt und mit den Zutaten vermischt.

Brunnenkresse wird gewaschen und sorgfältig verlesen. Sie wird ohne Salatsauce serviert.

Doch noch Saures

Im Vergleich zu früher wird heute wenig mit Essig oder Zitrone gekocht, nimmt man Salate aus und die meist scheußlich scharfen eingelegten Zwiebeln und anderes Gemüse. Zum Teil hat hier sicher ein Geschmackswandel stattgefunden. Aber Salat etwa zeigt, daß es komplizierter ist: Meist ist er einfach sauer, es fehlt das Öl. Die Angst vor dem Öl ist noch größer als die vor dem Essig, auf Kosten der guten Küche. In diesem Sinn sind die hier gegebenen Rezepte eine Erholung. Man soll sie nicht zu oft geben und nur in kleinen Mengen, in Kristallschalen mit nicht zu großen Löffeln anbieten. Dann wird sich der Gast über die Abwechslung freuen.

Der Name des ersten Gerichts heißt auf deutsch: „Der Imam verlor die Besinnung". Es ist strittig, ob dies aus Entzücken über den Wohlgeschmack geschah oder weil seine junge Frau für dieses Gericht in wenigen Wochen ihre gesamte aus Olivenöl bestehende Mitgift verbraucht hatte.

20.00	Gefüllte Auberginen		
20.15	Consommé	20.10	heißmachen, 20.14 Butter zugeben
20.40	Kalbsbries	20.28	backen, 20.33 wenden, 20.38 anrichten
	Champignons in Sahne	20.32	in die Pfanne, 20.34 Sahne zugeben
	Reis	19.55	aufstellen
	Grüner Salat	20.37	anmachen
21.00	Käse		
21.20	Mirabellenkompott		

Meine große Autorität, der Gastronomiekritiker der Zeitung ›Le Monde‹, sagt, daß die kalte Küche anspruchsvoller ist als die warme und daß sehr gute kalte Gerichte zu den größten Genüssen gehören. Dem ist zuzustimmen, aber ich meine doch, daß der kluge Koch seine kalte Kunst, außer natürlich auf Salate, auf relativ wenige Gerichte beschränken sollte, denn es gibt viele kalte Gerichte, aber wenige sind gut, und auch bei den guten ist die Konkurrenz der Restaurants und der Feinkostgeschäfte groß. Ich mag ganz einfache Sachen wie einen Ochsenmaulsalat (ja nicht zu sauer) oder eine Knöcherlsulz mit einem Gelee, das fast noch flüssig ist, und dann die hier beschriebenen Gerichte mit Öl und wenig Säure. Gewiß gibt es einen Teil dieser Gerichte auch als Konserven; es scheint aber, daß der Amateur hier Vorteile hat, weil er nicht auf die Haltbarkeit achten muß. Die Gäste jedenfalls sind nach meiner Erfahrung für den Unterschied dankbar.

Gefüllte Auberginen kalt, Gemüse à la grecque

4 Personen
2 Auberginen teilen, aushöhlen, Fruchtfleisch mit 1 Zwiebel, 2 Tomaten, 50 g Rosinen feinschneiden, Salz, Pfeffer, Saft von 1 Zitrone. Mit Olivenöl bedecken, 2 Stunden sanft kochen.
***À la grecque:* Gemüse (70 g pro Person) in Wasser oder Wein, Salz, Pfeffer, etwas Zucker weichkochen, pro Person 1 Eßlöffel Olivenöl, Saft einer halben Zitrone zugeben, aufkochen.**

Die Auberginen werden längs geteilt. Mit einem Löffel schabt man das Fruchtfleisch zum Teil heraus, schneidet es sehr klein, am besten in der Messermühle, es darf aber nicht püriert sein, mischt es mit der ebenso behandelten Zwiebel und den ebenfalls zerkleinerten Rosinen, gibt die enthäuteten, ausgedrückten, in sehr kleine Würfel geschnittenen Tomaten, Salz und Pfeffer dazu, gibt alles in die Auberginenhüllen zurück, legt sie in eine Form, die sie gut ausfüllen, gibt den Zitronensaft darüber und füllt mit Olivenöl auf, bis alles fast bedeckt ist. Man bringt sie zugedeckt langsam zum Kochen und kocht bei ganz kleiner Hitze, bis die Gemüse sehr weich sind und nur noch Öl als Flüssigkeit da ist. Man legt die Auberginen auf ein Sieb und verwendet das Öl für ein Gemüse à la grecque. Gemüse à la grecque werdem kalt in Glasgefäßen serviert. Dazu einige Beispiele:

Lauch:
Dünne Stengel werden in 5-cm-Stücke geschnitten und mit 2 Eßlöffeln Wasser, 1 Eßlöffel Olivenöl, Salz, Pfeffer, 1/2 Zitrone pro Person weichgekocht (etwa 10 Minuten).

Champignons:
Kleine Köpfe, Salz, Pfeffer, etwas Zucker, 1/2 Zitrone pro Person mit je 1 Eßlöffel Wasser, Weißwein, Olivenöl etwa 6 Minuten gekocht.

Zwiebeln:
Kleine Zwiebeln mit der halben Menge Rosinen, Salz, Pfeffer mit (pro Person) 2 Eßlöffeln Weißwein, 1 Eßlöffel Öl 30 Minuten gekocht.

Vorratshaltung:
Die gefüllten Auberginen halten sich etwa 1 Woche, die Gemüse à la grecque sicher zwei Wochen im Kühlschrank.

Die wahre Bechamel-Sauce

Bechamel-Sauce ist ein Sorgenkind der guten Küche. Man braucht sie, aber sie wird mit Mehl gemacht (meist viel zu viel Mehl), und trotz aller Zusätze (Zwiebeln, Schinkenessenz, Gewürze, Butter und, besonders wirksam: Sahne) schmeckt sie nicht ideal. Deshalb ist es interessant zu wissen, daß die Erfindung der Sauce durch den Koch des Grafen Béchamel (der dafür Ruhm am Hofe und den Spott seiner Freunde erntete) ohne Mehl vor sich ging. Wenn man etwa ein Huhn im Schmortopf brät, entsteht eine sehr starke Brühe. Diese kann man auf gutem Feuer mit Sahne „aufziehen“ (monter, unter starkem Rühren sämig werden lassen), und man erhält eine traumhaft wohlschmeckende Sauce, aber natürlich fett, und dafür wenig. Dies ist aber, was wir für richtig halten: Eine sehr gute Sauce darf ruhig schwer sein; dafür muß man wenig davon anbieten, auch wenn die Gäste sehnsüchtig schauen.
Leider ist diese hervorragende Sauce sehr instabil. Man muß sie sofort verwenden. Reste kann man nur kalt oder lauwarm essen. Auch in Aufläufen ist diese Sauce nicht zu brauchen.
Eine warme, reiche Vorspeise braucht ein leichtes Hauptgericht, das zum Teil kalt sein kann. Hier ein Vorschlag:

Verlorene Eier im Töpfchen
Kaltes Boeuf à la mode
Bratkartoffeln
Salat
Käse
Frisches Obst

Der Mikrowellenherd, zusammen mit einer weisen Vorratshaltung in Kühlschrank und Gefriertruhe, erlaubt improvisierte Gastlichkeit mit einem gedrängten Zeitplan in der Küche. Das obige Menü mag dafür als Beispiel dienen (leider nicht für Anfänger!).

18.45 Gast und Gastgeber kommen, ein wenig müde, von einer Sitzung. Es gibt zur Erfrischung Gin Fizz (Zitronen- oder Lime-Saft, Zuckersirup, Soda, Eis) und Nüsse. Der Gast erhält ein Manuskript, das nachher noch diskutiert werden soll. Der Gastgeber entschuldigt sich für 11 Minuten.

19.00 Fleischbrühe und Sahne in großes Glasgefäß abmessen, Pfeffer, Muskat dazu. In den Mikrowellenherd, anstellen. Boeuf à la mode aus der Kühltruhe.

19.01 Zwei Herdplatten und Backofen anstellen, Wasser und Salz aufstellen. Sauce im Mikrowellenherd rühren, Boeuf à la mode 30 Sekunden lang danebenstellen, 2 große gekochte Kartoffeln aus dem Kühlschrank nehmen; noch einmal rühren.

19.03 Ab jetzt auf Überkochen achten. Ein Ei in Tasse schlagen. Nebenbei bis 19.07 Kartoffeln schälen, Salat herausnehmen und schneiden.

19.05 Ei in kochendes Salzwasser. Zweites Ei in Tasse. Töpfchen bereitstellen. Boeuf à la mode noch dreimal 30 Sekunden in den Mikrowellenherd.

19.07 Ei herausnehmen, abspülen, in Töpfchen, zweites Ei kochen. Pfanne mit Butter aufstellen, Bratkartoffeln hineinschneiden.

19.10 Zweites Ei abspülen, in Töpfchen.

19.11 Sauce über die Eier; Töpfchen in den Ofen. Bratkartoffeln wenden.

Der Gastgeber kehrt zurück, mit Servietten, Besteck, Gläsern, Tellern und leichtem Rotwein. Das Essen kann beginnen. Der Salat wird später am Tisch angemacht.

Die starke Salzlösung in dem Rezept bewirkt, daß das Wasser spezifisch schwerer wird als das Ei. Das Ei sinkt deshalb nicht unter und klebt nicht so leicht am Boden fest. Es gibt allerdings Autoren, die gegen Zugabe von Salz sind.

Verlorene Eier im Töpfchen

2 Personen

2 Eier nacheinander in 300 ml mit 30 g Salz kochendes Wasser schlagen, 2 Minuten kochen, mit Wasser abspülen. In gebutterte Töpfchen geben. 100 ml starke Fleischbrühe und 100 ml Sahne, Pfeffer, Muskat auf die Hälfte einkochen, über die Eier gießen. Im Ofen bei 220° 5 Minuten backen.

Eine 10prozentige Salzlösung herstellen, indem man 30 g Salz zu 300 ml Wasser in einen kleinen Topf gibt. Das Wasser soll etwa 5 cm hoch (oder höher) stehen. Wenn man will, kann man 1/2 Eßlöffel Weinessig zugeben. Aufkochen, sanft wallen lassen. Ein Ei in eine Tasse schlagen und in das kochende Wasser gleiten lassen, wobei man mit einem in das Wasser getauchten Eßlöffel nachhelfen kann, daß das Ei beieinander bleibt. 2 Minuten kochen lassen, dabei notfalls mit dem Löffel vom Boden des Topfs abtrennen. Mit dem Schaumlöffel herausnehmen, in warmes Wasser legen (wegen des Salzes). Vorher 2 Töpfchen von etwa 150 ml Inhalt bereitstellen. Das Ei hineinlegen; mit dem zweiten Ei ebenso verfahren. Währenddessen für die *Sauce* 100 ml starke Fleischbrühe, die Gelatine von Kalbs- oder Hühnerknochen oder -Fleisch enthalten soll, in einer großen Pfanne aufkochen und unter Rühren 100 ml Sahne allmählich zugeben, dazu Pfeffer und Muskat. Die Flüssigkeit wird auf etwa die Hälfte eingedampft und wird dabei etwas sämig. Das Eindampfen dauert vielleicht 10 Minuten. Die Sauce sofort über die Eier verteilen. Im auf 220° vorgeheizten Ofen 5 Minuten backen und sofort servieren. Dazu ein wenig Weißbrot ohne Butter, oder gebackene Kartoffeln.

Varianten:

Ein wenig Mehl (etwa 1/2 Kaffeelöffel) hilft die Sauce früher sämig zu machen. Aber Vorsicht: Schon sehr wenig Mehl verändert den Geschmack.

Man kann 1/4 Zwiebel, kleingeschnitten oder püriert, mitkochen, oder eine entsprechende Menge Schalotten.

Man kann statt Sahne zum Teil saure Sahne verwenden, als Geschmacksvariante. Man muß diese aber vorher rasch unter Rühren aufkochen, damit sie nicht gerinnt, und dann sofort zugeben.

Vorratshaltung:

Alles muß frisch sein und gleich verbraucht werden. Nur die Zwiebeln können vorher gedämpft und tiefgekühlt sein.

Mikrowellenherd:

Die Sauce ist sehr geeignet. In einem großen Glasgefäß werden Fleischbrühe, Sahne, Pfeffer, Muskat aufgekocht (2 Minuten) und dabei ein- oder zweimal umgerührt. Dann wird etwa 10 Minuten lang eingedampft. Wenn die Flüssigkeit überkocht, stellt man ein Glas Wasser dazu; wenn nötig, schaltet man den Herd kurz ab. Die Zwiebel wird vorher in Butter weichgedämpft (eventuell schon früher) und erst zum Schluß zugefügt und noch einmal durchgekocht.

Einfache warme Vorgerichte, die auch als kleine Mahlzeiten geeignet sind

Es gibt Menschen (und der Autor ist einer von ihnen), die lieben warme Mahlzeiten; und es gibt andere, die müssen mittags in der Kantine etwas Gleichgültiges essen und wollen dann abends nicht viel, aber wenigstens etwas Gutes und Warmes haben. Dadurch ist das, was man früher warme Vorspeise nannte, aufgerückt zur kleinen Hauptmahlzeit. Die rechts wiedergegebenen Rezepte sind dafür typische Beispiele. Sie können aber noch eine Anwendung finden: Mit Eiern, Nudeln und Gemüsen sind sie relativ vollständig in der Zusammensetzung und brauchen keine Beilagen außer vielleicht Salat, den manche gern durch etwas mehr Wein zum Essen ersetzen werden. Damit werden solche Gerichte Hauptbestandteil von leichten, einfachen Mahlzeiten.

Für ein Kleingericht wird man etwa wählen:
Ei-Auflauf (eines der drei Rezepte rechts)
Tomatensauce (wenn das Rezept ohne Tomate ist)
Grüner Salat oder Chicoreesalat

Ein Beispiel einer leichten, einfachen Mahlzeit wäre:

19.00	Klare Gemüsesuppe	18.50	heißmachen, 18.58 Butter dazu
19.20	Kalbsschnitzel natur	18.57	aufstellen, 19.10 wenden
	Ei-Auflauf	18.40	in den Ofen, 19.11 unter den Grill
	Salat	19.18	anmachen
19.45	Eis mit Himbeeren	19.40	Himbeeren heißmachen

Beim Schälen und Schneiden von Zwiebeln kann man sich unnötig viel Mühe machen. Zwiebeln, die sich schlecht schälen lassen, kann man eine halbe Minute in kochendes Wasser tauchen (man schält dann am besten gleich alle Zwiebeln, die man hat, und hält sie, in Plastiktüten dicht verschlossen, im Kühlschrank).

Zum Schneiden braucht man ein großes Holzbrett (35 mal 50 cm ist nicht zu groß) und ein sehr großes Messer (z. B. mit 30 cm langer Klinge). Man schneidet die Wurzel ab und halbiert die Zwiebel von der Spitze zur Wurzel. Dann legt man sie mit der Spitze zum Körper hin auf das Brett und schneidet mit dem Messer dünne Scheiben senkrecht parallel zur Zwiebelachse, wobei die Messerspitze auf dem Brett ruht und das Messer nur auf- und abwärts bewegt wird. Man schneidet so, daß an der Spitze die Zwiebelscheiben noch ein wenig zusammenhängen. Dann dreht man die Zwiebel um 90° nach rechts und schneidet nun von der Wurzel her wieder dünne Scheiben. Die Zwiebel zerfällt in kleine Würfelchen. Zum Schluß nahe der Spitze, wenn die Scheiben nicht mehr zusammengehalten werden können, gibt man auf und opfert den kleinen Rest, auch wenn man ein sparsamer Schwabe ist, der Zeitersparnis.

Harte Eier mit Zwiebeln und Nudeln gratiniert

4 Personen

200 g Nudeln kochen, 4 Eier hartkochen und vierteln, 2 große Zwiebeln (200 g) kleinschneiden und in 40 g Butter mit Salz, Pfeffer, Muskat weichdämpfen; 100 ml Milch zufügen. Eine Form mit 10 g Butter ausstreichen, die Hälfte der Nudeln hineingeben, darüber ein wenig Käse, die Zwiebelmasse, wieder etwas Käse, die Eier, den Rest der Nudeln, wieder Käse (zusammen 75 g) und 30 g Butterflöckchen. Bei 220° 10 Minuten backen.

Meist wird man schon früher gekochte Nudeln verwenden. Es ist aber gut, wenn alle Zutaten (außer den Eiern und dem Käse) heiß sind, wenn der Auflauf in den Ofen kommt, sonst ist die Backzeit zu lang, und die Eier werden unangenehm hart. Man verfährt also so: Eine flache Form mit Butter ausstreichen, die Nudeln hineingeben und in den 180° heißen Ofen stellen, bis die Zwiebeln fertig sind. Die Eier sollen schon vorher 7 Minuten gekocht, abgekühlt, geschält und geviertelt sein. Die Zwiebeln kleinschneiden oder in der Messermühle in kleinen Portionen hacken (es soll kein Mus geben). Die Butter schmelzen, die Zwiebeln hineingeben, Salz, Pfeffer, ziemlich viel Muskat, zudecken und bei guter Mittelhitze zugedeckt etwa 5 Minuten dämpfen lassen. Wenn sich eine braune Schicht am Boden zu bilden beginnt, unter Rühren weiterdämpfen, bis die Zwiebeln glasig sind (noch etwa 5 Minuten), dann die Milch zugeben und noch 3 Minuten kochen. Jetzt die Hälfte der Nudeln aus der Form nehmen, den Backofen auf 250° oder auf „Grill" stellen, auf die Nudeln in der Form etwas Käse streuen, die Zwiebelsauce darübergeben, noch einmal Käse, dann die Eier, den Rest der Nudeln, nochmals Käse und Butterflöckchen. Sofort in den Ofen geben, unter dem Grill 5 Minuten backen.

Varianten:

Es gibt viele Möglichkeiten, etwa Paprika statt Muskat; Schinken oder Tomaten unter die Nudeln mischen, oder beides, auch frischen grünen oder roten Paprika.
Ähnliche Gerichte mit Nudeln ohne Zwiebeln: je 150 g Erbsen und Artischockenböden, in Wein gedämpft, mit Sahne (100 ml) 15 Minuten backen.
Oder: 200 g gebratene Auberginenscheiben, 100 g Mozzarella in kleinen Würfeln, 150 g Bratwürstchen, 100 ml Sahne und wenig Zwiebeln. Hier kann man auch die Eier weglassen.

Saucen:

Tomatensauce paßt immer, ist aber nicht unbedingt nötig, besonders wenn es Salat dazu gibt. In diesem Fall wird man der Salatsauce etwas mehr Essig als normal zugeben.

Vorratshaltung:

Nudeln und harte Eier sind immer nützlich als Vorrat für einige Tage, für improvisierte Gerichte. Die Zwiebelsauce kann man auch in größerer Menge als im Augenblick benötigt herstellen.

Tiefkühltruhe:

Gekochte Nudeln in flacher Schicht einfrieren, damit man die jeweils benötigte Menge abbrechen kann. Ebenso die Zwiebelsauce; diese hält etwa einen Monat.

Mikrowellenherd:

Die Zwiebelsauce ist sehr geeignet. Die zerkleinerten Zwiebeln (geschnitten oder besser als Mus) mit Butter, Salz, Pfeffer, Muskat etwa 10 Minuten weichdämpfen, dann mit Milch oder besser Sahne (dafür weniger Butter nehmen) aufkochen und einige Minuten eindampfen.

Omelett und Rührei: verwandt und verschieden

Die Begriffe der Küche werden in verschiedenen Ländern verschieden angewandt. Bei uns in Deutschland ist Omelett eher ein Pfannkuchen, und das, was ich hier Omelett nenne, werden die meisten als Rührei bezeichnen.

Rührei ist sanft mit Butter unter Rühren erhitztes Ei mit einer eher pastenähnlichen Beschaffenheit. Omelett, Ei mit oder ohne wenig Milch oder Sahne, wird ganz schnell in heißer Butter oder Öl erhitzt und läßt sich nachher wie ein Pfannkuchen falten. (Es gibt aber auch im Ofen langsam gebackene Omeletts; das soll uns hier nicht stören.)

Von den beiden ist vielleicht das Rührei das Feinere. Es mischt sich mit Kalbsbries, Trüffeln, Champignons, Steinpilzen. „Wer nicht Steinpilz mit Rührei gegessen hat, weiß nicht, wie gut Steinpilz sein kann", schreibt ein Koch. Omelett ist mehr für Kräftiges wie Tomaten, Spinat, Speck, Käse.

Man ißt bei uns beide Gerichte nicht oft. Warme Vorspeisen sind aus der Mode gekommen (Kräuteromelett ist vielleicht eine Ausnahme), und zum Hauptgericht soll es immer Fleisch geben. Deshalb geben wir heute ein Menü, wo das nicht so ist. Das zarte Rührei kontrastiert freundlich mit den kräftigen Gemüsen. Fleisch ist hier Teil der Vorspeise.

19.00	Aufschnitt				
	Gemüse à la grecque				
19.20	Salatsuppe	18.58	heißmachen,	19.15	Ei mit Sahne zugeben
19.40	Rührei	19.30	herstellen		
	Ratatouille	18.30	in den Ofen		
	Grüner Salat	19.38	anmachen		
20.00	Käse				
20.10	Birne in Wein				

Die Kochbücher sind voll mit Eierspeisen; wir haben uns zurückgehalten, großenteils unbewußt, aber wir haben eine Präferenz für zwei Extreme: Eier als Teil einer Suppe (Potage suprême) oder einer Sauce (Holländische Sauce) und natürlich von Desserts; oder Eier als Hauptbestandteil (Omelett, Rührei, Spiegelei, verlorene Eier, harte Eier, Custard, d. h. Ei mit Milch gebacken) mit nicht allzuviel Zutaten. Weiche Eier dürfen wir nicht vergessen, obwohl sie fast nur zum Frühstück in Frage kommen. Das besonders zarte Frühstücksei hat immer wieder die Gemüter bewegt. Im kochenden Wasser wird immer die äußerste Schicht hart. 10 Minuten bei 80° wäre vielleicht ideal, aber wie 80° herstellen und halten? Ein Weg ist: 4 Tassen Wasser aufkochen, vom Feuer auf eine zweite Platte stellen, die so eingestellt ist, daß sie die Temperatur im Topf gerade hält (das muß man natürlich probieren), und das Ei in einer mit kaltem Wasser gefüllten Tasse zugeben. Für jedes weitere Ei wird das kalte Wasser um 30 ml verringert. Ich gebe zu, das ist perfektionistischer Snobismus. Aber der Autor ist beileibe nicht der erste Snob auf diesem Felde; es gibt unendliche Erfindungen, darunter eine Art Drehspieß für perfekte weiche Eier!

Für Nicht-Snobs: 4 bis 4½ Minuten im kochenden Wasser, dann bei etwa 60° warmhalten.

Die Frage der Frische von Eiern scheint heute kein großes Problem mehr zu sein: Die Autoren sind einig, daß das verlorene Ei ganz frisch sein sollte, obwohl es auch mit normalen Eiern gelingt. Bei weichem Ei gibt es Enthusiasten für nur Stunden alte Eier, und Gegner, die mindestens 5 Tage Reifezeit verlangen.

Leider gibt es große Unterschiede im Geschmack von Eiern. Wer eine gute Quelle hat, halte daran fest. Wer verreisen muß, kann Eier 15 Sekunden in kochendes Wasser tauchen und sie dadurch einen Monat haltbar machen. Zwei Wochen sind aber sowieso kein Problem. Eiweiß und Eigelb kann man getrennt einfrieren.

Rührei, Omelett

4 Personen
Rührei: **6 Eier, Salz, Pfeffer verrühren, mit 60 g Butter bei mäßiger Hitze etwa 10 Minuten rühren, bis nichts mehr flüssig ist.**

4 Personen
Omelett: **6 Eier, 4 Eßlöffel Milch oder Sahne, Salz, Pfeffer verrühren, auf großer Hitze in 40 g gerade noch nicht verfärbter Butter stark rühren, bis fast die ganze Masse nicht mehr flüssig ist (etwa 2 Minuten). 10 Sekunden bräunen lassen. Zusammenfalten, Oberfläche mit 20 g Butter bestreichen.**

Rührei:
Man läßt die Butter in einem niederen Topf von etwa 10 cm Durchmesser auf kleiner bis mittlerer Hitze etwa zur Hälfte schmelzen, schlägt inzwischen in einer Schüssel die Eier mit Salz und Pfeffer nur kurz, gibt sie sofort zu der Butter und rührt, ohne aufzuhören, mit einem Spatel mit flachem Ende, indem man dauernd den ganzen Boden der Pfanne abschabt. Es bilden sich allmählich etwas dichtere Stellen; wenn das zu schnell geht, rührt man einen Augenblick auf einer kalten Platte weiter. Zum Schluß muß die ganze Masse fast gleichmäßig weich sein.

Omelett:
Man heizt eine Herdplatte auf stärkste Hitze vor und verrührt inzwischen in einer Schüssel Eier, Milch oder Sahne, Salz, Pfeffer nur so lange, daß das Eiweiß sich einigermaßen mit dem Eigelb mischt (zusammenhängendes Eiweiß macht locker). Nun läßt man die Butter unter Schwenken in einer Pfanne von 25 cm Durchmesser gleichmäßig heiß werden. Sobald die Bläschenbildung aufhört, gießt man die Eier mit Schwung seitlich in die Pfanne, so daß eine kreisende Bewegung entsteht. Man rührt nun sofort und dauernd energisch mit einer Gabel den ganzen Boden entlang, hebt fester werdende Teile hoch und läßt flüssige auf den Boden fließen, bis nur noch ganz wenig von der Masse flüssig ist. Nun läßt man das Omelett 10 Sekunden auf dem Feuer ruhen, damit die Unterfläche ein wenig braun wird, und gibt es aus der geneigten Pfanne auf einen großen Teller, wobei man mit der Gabel nachhilft, daß zuerst das obere Drittel umklappt und dann beim Herausgleiten sich das untere Drittel nach unten legt. Zum Schluß bestreicht man mit der Gabel die Oberfläche mit 20 g Butter.

Varianten für Omelett:
a) 20 g gemischte Kräuter (Schnittlauch, Kerbel, Petersilie, Salatkräuter) der Masse beimischen;
b) 150 g Kartoffeln in kleinen Würfeln in der Pfanne mit 20 g Butter 10 Minuten sanft unter Wenden braten, dann 40 g Butter zugeben und auf großer Hitze das Omelett herstellen;
c) 2 Tomaten enthäuten, ausdrücken, kleinwürfeln, mit 10 g Butter, Salz, Pfeffer, Petersilie in einer zweiten Pfanne kurz heißmachen, der Omelettmasse im letzten Moment zugeben, Milch oder Sahne weglassen.

Reste
soll es keine geben. Sonst ißt man sie am besten kalt auf Brot oder fügt sie einem frischen Salat zu.

Sanft, nahrhaft und wohlschmeckend

Von Frankreich her weiß ich, daß man sich an Quiche lorraine sehr gewöhnen kann. Mit Salat zusammen ist sie eine vollständige kleine Mahlzeit. Man kann sie auch durchaus zum Tee anstelle der furchterregenden süßen Kuchen anbieten. Und als Vorspeise kündet sie ein freundlich wohlschmeckendes, aber nicht raffiniertes Menü an. Quiche lorraine und ihre Verwandten bedürfen allerdings großer Sorgfalt, wenn sie gut gelingen, nicht trocken oder matschig werden, sondern auf der Gabel einen leichten Glanz haben und auf der Zunge vergehen sollen.

Das Menü ist für ein kleines Abendessen für gute Freunde:

19.00	Quiche lorraine	18.40	in den Ofen
	Grüner Salat	18.58	anmachen
19.20	Kalte Spinatsuppe		
19.40	Fasan auf Weinkraut	18.57	in Ofen, 19.15 wenden, 19.30 fertigmachen
	Gnocchi	19.16	in Ofen
20.05	Käse		
20.25	Kirschenkompott		

Wir geben in diesem Buch immer Backtemperaturen in Grad Celsius an (die Umrechnung auf die in den angelsächsischen Ländern üblichen Fahrenheit finden Sie auf dem rechten Vorsatz. Die Idee dabei ist natürlich, daß Sie einen Backofen mit automatischer (und richtiger) Temperatureinstellung haben. Wenn nicht, müßten Sie mit einem Backofenthermometer die Temperatur für alle Stufen nachmessen und aufschreiben. Das braucht nicht besonders genau zu sein (außer bei niedrigen Temperaturen, etwa für Meringuen, S. 193). Oft steht in den Kochbüchern nur schwache, mäßige, mittlere oder große Hitze; das bedeutet etwa 120–160°, 170–190°, 200–230°, 240–270°. Bitte beachten Sie, daß man den Backofen immer etwa 10 Minuten bis eine Viertelstunde vorher anstellen muß. Leider sind viele Backöfen nicht gleichmäßig in der Hitze, man muß die Backstücke drehen. „Oberhitze" oder „Unterhitze" stellt man am besten dadurch her, daß man das Backgut oben oder unten einschiebt. Aber unbedingt empfehlen möchte ich oben eingebaute Grillstäbe. Sehr oft kann man nur so die Oberfläche eines Gerichts rasch zusätzlich bräunen. Dagegen verwende ich Drehspieße selten. Die Mühe ist größer, als wenn man ein oder zwei Male mit der Hand wendet; und oft drehen sie auch zu rasch; die Temperatur sinkt auf der Rückseite, und nichts wird richtig braun. Was man braucht, ist ein Gitter, auf das man die Fleischstücke legen kann, und darunter eine Pfanne für den Bratensaft und beigegebene Gemüse (siehe etwa Gigot, S. 105). Wenn die Bratpfanne zu heiß wird, kann man darunter eine zweite, leere schieben. Bei allem, was überkochen kann, legt man Aluminiumfolie auf den Boden. Dann braucht man keinen selbstreinigenden Ofen. – Mit luftgeheizten Backöfen habe ich keine Erfahrung, habe aber wenig Günstiges gehört. Wenn es geht, würde ich eher zwei Backöfen haben, davon einen in Augenhöhe.

Was den Herd betrifft, so bin ich ganz für einfache Heizplatten mit vielen festen Stufen, verschieden groß und verschieden stark. Die automatischen Schnellkochplatten gehen meist zu stark herauf und herunter in der Temperatur. Wenn ich in Eile bin, wenn die Gäste schon da sind, halte ich immer eine Platte auf stark und eine auf schwach eingeschaltet. Gasherde sind natürlich schneller in der Hitze zu regulieren; man kann sich aber die mittlere Hitze nicht so genau merken, und mindestens bei kleiner Hitze braucht man Töpfe, die die Hitze am Boden gleichmäßig, über die Größe der Flamme hinaus, verteilen.

Quiche lorraine

Hauptgericht: 4 Personen
Vorspeise: 8 Personen
Mürbteig von 2 Eßlöffeln Öl, 2 Eßlöffeln Milch, 1 Ei, Salz, 120 g Butter, 250 g Mehl 15 Minuten bei 200° backen, mit Eiweiß bestreichen, noch 5 Minuten backen.
300 g Speck mit 250 g Zwiebeln anbraten, dazu 6 Eier, Salz, Pfeffer, Muskat, 1/2 l Milch. 20 Minuten bei 200° backen.

Für den Mürbteig schlägt man Öl, Milch, Salz mit dem Ei, gibt die vorgewärmte, aber nicht geschmolzene Butter in Stücken dazu und schlägt alles schaumig. Nun wird das Mehl auf einmal zugegeben, und man rührt kurz weiter, bis das Mehl gut untergemischt ist und der Teig aus erbsengroßen Stücken zu bestehen scheint. Man drückt den Teig zusammen und stellt ihn eine Stunde oder länger in den Kühlschrank. Auf einer bemehlten Fläche rollt man etwa 2/3 der Gesamtmenge (den Rest kann man einfrieren) so aus, daß man eine runde 30 cm-Form mit schrägen Wänden damit auskleiden kann. Man bäckt bei 200° 15 Minuten oder etwas länger, bis der Teig gut gelb ist. Der Teig wird in der Wärme sehr weich, es wird deshalb nötig sein, die Form mit weißen Bohnen zu füllen, damit der Rand nicht zusammenfällt. Diese Bohnen kann man beliebig oft verwenden.
Der gebackene Teig wird sparsam mit Eiweiß bestrichen, damit er für die Füllung undurchlässig wird, und dann noch einmal kurz gebacken (3–5 Minuten).
Für die Fülle schneidet man den geräucherten, mageren Speck in 1/2 cm-Würfel und brät ihn in einer großen Pfanne bei mittlerer Hitze an. Sobald der Speck etwa zur Hälfte ausgelassen ist, gießt man das Fett ab, gibt die sehr fein geschnittenen Zwiebeln, Salz, Pfeffer, Muskat zu. Wenn die Zwiebeln gelb zu werden beginnen, gießt man die mit der Milch gut verrührten Eier dazu, mischt durch, gießt die Füllung über den Teig und bäckt im Ofen bei 200°, bis die Masse am Rand zu kochen beginnt, etwa 20 Minuten.

Varianten:
Man kann der Füllung Käse zufügen, nicht zu viel, vielleicht 50 g geriebenen Gruyère, sanften Käse, damit der Geschmack nicht leidet. Man kann statt Speck mageren Schinken und 30 g Butter nehmen, und dann die Milch durch Sahne oder halb Milch, halb Sahne ersetzen.
Zwiebelkuchen wird offiziell mit Hefeteig gemacht, siehe bei Brot den Teig mit Milch, aber der hier gegebene Mürbteig kann nicht schaden. Für die Füllung braucht man 1100 g Zwiebeln, 100 g Speck, Salz, Pfeffer, 4 Eier und 250 ml Milch oder saure Sahne.

Vorratshaltung:
Die Quiche läßt sich, wenn sie beim ersten Mal nicht zu stark gebacken wurde, leicht wieder aufbacken. Sie schmeckt fast, aber nicht ganz so gut wie beim ersten Mal. Einfrieren empfehle ich nicht.

Mikrowellenherd
ist gut für Schmoren von Speck und Zwiebeln (etwa 5 Minuten für den Speck und 10 Minuten für die Zwiebeln), weil nichts anbrennen kann.

Sanft schaumige Vorspeisen

Der Koch muß ein wenig vorsichtig sein, daß nicht zu viele seiner Rezepte für zahnlose Gäste geeignet sind. Mit den heutigen Mitteln ist das Pürieren und Passieren so einfach geworden, daß man (ganz im Gegensatz zu früher!) damit oft weniger Mühe hat als mit Gerichten in großen Stücken. Man darf sich dadurch nicht den Stil seiner Küche verderben lassen: Die pürierten Gemüse müssen selten sein, und besonders gut. Dies gilt in erhöhtem Maße vom Soufflé, das nicht nur püriert, sondern auch schaumig ist. (Das Einbringen von festen Bestandteilen, in unserem Fall von Schinkenstücken, scheitert meist daran, daß diese sich in der Masse unten absetzen. Der Koch braucht sich dadurch nicht unbedingt abhalten zu lassen. Man kann zum Beispiel viel feste Bestandteile zugeben und in Kauf nehmen, daß das Soufflé dann weniger aufgeht.)

Als Vorspeise vor nicht pürierten Gerichten, wie hier im Menü, oder als kleines Zwischengericht, kann sich aber ein Soufflé immer sehen lassen. Es ist wichtig, dazu einen erfrischenden Salat zu geben.

19.00	Käsesoufflé	18.30	in den Ofen		
	Chicoreesalat	18.58	anmachen		
19.20	Huhn im Salz				
	Tomatensauce	18.30	aufstellen,	19.11	passieren, Butter zugeben
	Bratkartoffeln	18.57	aufstellen,	19.10	wenden
19.45	Käse				
20.05	Apfelkompott mit Himbeermus und Schlagsahne mit Calvados	20.00	Sahne schlagen		

Soufflés kann man in kleinen oder größeren (bis zu 1 Liter) Keramikgefäßen machen; aber das Beste sind spezielle Metallformen mit Griffen. Damit kann man das Soufflé, ehe man es in den Ofen gibt, auf dem Herd kurz erhitzen, damit später nicht das Untere flüssiger ist als das Obere oder sich unten Flüssigkeit ansammelt.

Wir haben an anderer Stelle (S. 12) schon davon gesprochen, daß mit den einfachen Waagen, auf die man alles, auch Töpfe stellen kann, das Wiegen einfacher geworden ist als das Abmessen in Bechern und daß wir deshalb alle Maße in Gramm (g) oder in Millilitern (ml; 1 Liter = 1 l = 1000 ml) angeben. Bei allen Flüssigkeiten ist zahlenmäßig etwa ml gleich Gramm.

1 flacher Eßlöffel ist 16 ml, 1 Teelöffel 4 ml, 1 Tasse (amerikanisches Maß) ist 250 ml, eine deutsche Tasse hat meist etwa 200 ml. Das heißt aber nicht – und hier möchte ich meine Leser beruhigen: ich versuche nicht, die Kochkunst wie ein Physiker zu betreiben –, daß man dauernd wiegen muß. Ich wiege auch bei einem großen Essen höchstens ein- oder zweimal. Oft steht das Gewicht auf der Packung, und man kann einen bestimmten Bruchteil davon abschätzen. Oder man weiß, wieviel man gekauft hat. Bald wird man die Mengen auch einfach schätzen; es gibt wenig Gerichte (außer beim Backen), wo es auf die Mengen genau ankommt.

Das System mit Eßlöffeln funktioniert bei kleinen Mengen sehr gut. Für Mehl, Zucker und andere Schüttgüter kann man die Beziehung zwischen Volumen und Gewicht den Tabellen auf dem linken Vorsatz entnehmen. Kurz: Auch das Abmessen kann man mit einiger Übung so vereinfachen, daß man praktisch keine Zeit damit verliert.

Käsesoufflé

6 Personen
200 g geriebenen Parmesan, 400 g Quark, 50 g Butter, 6 Eier, Salz, Pfeffer, 150 ml Sahne verrühren, in mit 20 g Butter gefettete Form füllen, 20–30 Minuten bei 180° backen.

Das Rezept ist so einfach, daß es eigentlich gar nichts zu erklären gibt. Man mischt Käse, Quark und die aufgeweichte, nicht geschmolzene Butter, gibt Salz (Vorsicht wegen des Käses) und Pfeffer (wenn man will auch Paprika) zu und rührt die Eier und die Sahne ein. Die Mischung ist für ein Soufflé recht flüssig. Inzwischen buttert man mehrere Souffléformen ringsherum (manche empfehlen, nur den Boden zu buttern, weil nachher der Rand das aufgegangene Soufflé festhalte; bei mir geht dann das Soufflé gleich nicht recht auf). Man füllt die Masse bis 1 cm unter dem Rand ein, stellt das Soufflé, wenn es in einem Metallgefäß ist, 2 Minuten auf die mittelheiße Kochplatte des Herdes und dann in den unteren Teil (Keramiktöpfchen sogar auf den Boden) des auf 200° vorgeheizten Herdes. Man verringert die Temperatur sofort auf 180° und bäckt, bis das Soufflé nicht mehr weiter aufgeht (es verdoppelt sich beinahe) und oben hübsch braun ist. Wenn man es kürzer bäckt, hat man im Inneren eine Art Sauce, was auch nicht schlecht ist. Auf jeden Fall sofort servieren und essen.

Varianten:
Die Verwendung von Quark zur Vereinfachung von Souffléherstellung ist bei vielen Rezepten möglich:

Spinat-Quark-Soufflé:
200 g Spinat mit 50 g Butter stark erhitzt, so daß viel Flüssigkeit verdampft, 400 g Quark, Salz, Pfeffer, Muskat, 6 Eier, 200 ml Sahne.

Tomaten-Quark-Soufflé:
200 g 30 Minuten eingedickte, zerdrückte, dann passierte Tomaten, 50 g Brotkrümel, 400 g Quark, 50 g Butter, Salz, Pfeffer, 6 Eier, 100 ml Sahne.

Kartoffel-Quark-Soufflé
mit Zwiebeln: 200 g gekochte, passierte Kartoffeln, 50 g mit 30 g Butter gedämpfte kleingeschnittene Zwiebeln, 400 g Quark, 50 g Butter, Salz, Pfeffer, Paprika, 6 Eier, 100 ml Sahne.

Vorratshaltung:
Das ungekochte Soufflé kann man in kleinen Töpfchen einfrieren. Es kommt unaufgetaut in den 180° heißen Ofen und wird nach etwa 30 Minuten genauso aufgehen wie das frische Soufflé.

Mikrowellenherd
scheint hier keine Vorteile zu haben, obwohl die Erhitzung von innen ein Vorteil sein sollte. Offenbar ist die ungleichmäßige Verteilung der Wärme das Hindernis.

Ein bißchen wie bei Dehmel

In den fünfziger und sechziger Jahren kamen wir oft nach Wien wegen der Atombehörde und wegen unserer Kollegen und Freunde. Dabei versäumten wir nie, einmal um 11 Uhr früh zu Dehmel zu gehen, wo es einen Raum mit Rauchverbot für Kaffee und Kuchen gab und einen zweiten, mit Duldung von Rauchern, wo im Vorraum eine große Zahl von mehr oder weniger warmen Platten mit Fleisch- und Gemüsegerichten stand. Es war immer voll, vor allem mit Amerikanern, deren Sightseeing-Fibeln offenbar Dehmel aufgenommen hatten, und um 12 Uhr war meistens nicht mehr viel zu essen da. Trotzdem traf, ganz zu der Jugendstileinrichtung, an der nichts geändert worden war, passend, immer wieder eine alte Herzogin und kaiserliche Hoheit ein und ließ sich von den in ihren Stiefelchen mit freier Ferse ebensogut zur Einrichtung passenden Bedienungen die Hand küssen.

Ein Teil der Gerichte war atemberaubend gut; ich wünschte, ich könnte eine Gastlichkeit à la Dehmel aufmachen. Dabei waren auch Aufläufe ein wenig nach der Art der rechts beschriebenen, mit Ei und Milch oder Sahne aufgebacken, aber wohl mit weniger als in den Rezepten hier. Sie hatten den Vorteil, daß sie heiß, lauwarm und kalt gleich gut schmeckten.

Diese Gerichte sind sehr gut als kleine Mahlzeiten. Wenn man sie in ein Menü einbaut, muß man vorsichtig sein, damit es nicht überladen wird.

19.00	Brot-Speck-Auflauf	18.40	in den Ofen
	Grüner Salat	18.58	anmachen
19.20	Gazpacho (kalte spanische Suppe)		
19.40	Hackbraten	18.41	in den Ofen
	Polenta	18.42	in den Ofen
	Gedämpfte Tomaten	19.30	in den Ofen
20.05	Käse		
20.20	Crème Caramel		

Hier ist wieder eine Gelegenheit zu betonen, daß die vollen Menüs, wie sie hier gegeben werden, im Alltag eher eine Ausnahme sein werden (S. 76). Der Brot-Speck-Auflauf mit Salat, dazu Bier oder Rotwein, ergibt ein vollwertiges Essen, das vielleicht durch einen leichten Nachtisch oder, stattdessen vielleicht (wegen des Rotweins), durch Käse ergänzt werden kann. Ähnliches gilt für sehr viele Vorspeisen.

Wer nicht stark körperlich arbeitet, kann sich mit Vorteil auf zwei kleine warme Mahlzeiten am Tag einstellen. Wem die Ärzte empfehlen, öfter am Tag eine Kleinigkeit zu essen, der wird zum Frühstück Ei oder Porridge nehmen und später, am frühen Nachmittag oder am frühen Abend, noch eine kleine warme Mahlzeit, dazwischen und später mehrmals Obst, Tee mit etwas Salzigem, kleine Snacks, Käse.

Auch wenn ich mehrere Tage lang Gäste habe, koche ich nur eine vollständige Mahlzeit am Tag und gebe mittags oder abends etwas Leichtes. Man darf ja nicht in den Ruf geraten, seine Gäste zu mästen. Wenn einer Hunger hat, soll er allerdings immer im Kühlschrank sofort etwas finden.

Brot-Speck-Auflauf

6 Personen (als Vorspeise)
300 g Weißbrot in Würfeln mit 350 g magerem Speck im Ofen bei 160° 30 Minuten bräunen, darüber 6 Eier mit 3/4 l Milch, Salz, Pfeffer, Paprika, 1 Eßlöffel Senf. Bei 200° 15 Minuten backen.

In einer Form von 30 cm Durchmesser läßt man den in kleine Würfel geschnittenen mageren, wenig geräucherten Speck im Ofen bei 200° gut heißwerden, so daß ein geringer Teil des Fetts austritt. Man reduziert die Ofenhitze auf 160°, verteilt das in 1-cm-Würfel geschnittene Weißbrot gleichmäßig über die Oberfläche und bäckt weiter, bis die Brotstücke braun und trocken sind, noch etwa 20 Minuten. Während dieser Zeit verrührt man 1 Ei mit dem Senf und rührt die übrigen Eier, Salz, Pfeffer, Paprika (etwa 1 Teelöffel der mäßig scharfen Sorte) und die Milch ein. Man erhöht die Ofenhitze auf 200°, gießt die Mischung über Brot und Speck und bäckt etwa 15 Minuten, bis ein am Rand eingestochenes Messer sauber bleibt. Wenn man das Gericht einige Minuten stehen läßt, wird auch in der Mitte die dort noch etwas flüssige Masse genügend fest sein. Sie soll sehr zart sein.

Varianten
bei denen ein Gericht mit Ei und Milch aufgebacken wird, gibt es ungezählte.

Bohnen und Hühnerleber:
300 g gekochte grüne Bohnen in Stücken, 200 g gekochte Spätzle, 150 g in 50 g Butter ganz schwach angebratene halbierte Hühnerleber in gebutterte Form, darüber 6 Eier, 1/2 l Milch, Salz, Pfeffer, Bohnenkraut (Sariette).

Schinken, Nudeln, Tomaten:
200 g gekochter Schinken in 7-mm-Würfeln, 200 g gekochte Nudeln oder Makkaroni in kurzen Stücken, 200 g enthäutete, ausgedrückte, gewürfelte Tomaten, darüber 4 Eier, 300 g Milch, Salz, Pfeffer, Muskat.

Vorratshaltung:
Man kann die festen Bestandteile einfrieren, möglichst so, daß sie unaufgetaut in die Auflaufform gelegt werden können. Dort läßt man sie zum Teil auftauen, gibt die Milch-Eier-Mischung zu und bäckt etwas länger als oben im Rezept. Merke: Der Auflauf soll immer flach sein, nicht mehr als 3 cm hoch.
Aufwärmen darf man höchstens ganz vorsichtig, das Ei darf nicht hart werden. Lieber ißt man die Reste kalt auf Toast.

Salade Pauvre homme (Arme-Leute-Salat)

6 Personen

600 g gekochtes Rindfleisch ohne Fett und Knorpel in ganz dünne Scheiben schneiden, mit 1 1/2 Eßlöffeln Weinessig, Salz, Pfeffer, 2 Teelöffeln Senf, 2 Eßlöffeln Kapern, 1 kleingeschnittenen Gewürzgurke, 6 Eßlöffeln Öl (zur Hälfte Olivenöl) anmachen, ziehen lassen. Dazu je 200 g grünen Salat, Tomatensalat, Gurkensalat, Chicoreesalat (die beiden letzteren mit Sahne), alle getrennt angerichtet. Dazu kann man 600 g lauwarmen Kartoffelsalat geben, oder Bratkartoffeln; damit hat man ein kleines Hauptgericht.

Salade niçoise

4 Personen

Auf einer großen Platte richtet man in der Mitte 500 g Thunfisch in Öl an, rechts und links 600 g Kartoffelsalat aus Kartoffelwürfeln von 7 mm Kantenlänge, dazwischen 8 Bündelchen von insgesamt 500 g Bohnensalat (feine Böhnchen, ganz, etwa 10 Minuten gekocht, mit Essig, Öl, Salz, Pfeffer angemacht), 4 halbierte harte Eier, über jedes Bündelchen und jedes halbe Ei ein Sardellenfilet. Ringsum je 200 g grünen und Tomatensalat und 100 g schwarze Oliven.

Kartoffelsalat

4–6 Personen

1 kg Kartoffeln (Salatkartoffeln) nicht zu weich kochen, schälen, noch warm in 1 1/2 mm dicke Scheiben schneiden, sofort mit 2 Eßlöffel Essig, 70 ml heißer Fleischbrühe, Salz, Pfeffer, wenig Zucker durch Schütteln mischen; in der Wärme mindestens 15 Minuten stehen lassen, dann 5 Eßlöffel Öl (zur Hälfte Olivenöl) zugeben. Wenn man will, 1 kleingeschnittene Zwiebel mit der Fleischbrühe aufkochen und zugeben. Wenn es zum Gericht paßt, kann man auch 100 g geröstete, sehr klein geschnittene Würfel von magerem Speck zum Schluß zugeben und das Öl auf 3 Eßlöffel verringern.

Krevettencocktail

4 Personen

300 g Krevetten, je 100 g kleingewürfelte Tomaten, Gurken, Äpfel werden mit halb Mayonnaise, halb saurer Sahne, Tabasco angerührt und mit grünem Salat, Toast und Butter serviert.

Mayonnaise:

1 Eigelb, 1 Teelöffel scharfen Senf, Salz, Pfeffer, die Hälfte des Safts von 1 Zitrone verrühren, 10 Minuten stehen lassen. 200 ml Öl erst tropfenweise, später in feinem Strahl unter starkem Rühren mit dem elektrischen Schlagbesen zumischen, die zweite Hälfte des Zitronensafts zufügen.

Alle Zutaten und die Schüssel sollen eher warm als kalt sein.

Artischocken vinaigrette

4 Personen

4 mittelgroße Artischocken ohne Stiele werden mit kochendem Salzwasser und 4 Eßlöffeln Essig bedeckt, etwa 30 Minuten gekocht, bis sich die Blätter leicht herausziehen lassen. Man läßt sie abtropfen und serviert sie auf großen heißen Tellern. Dazu bekommt jeder Gast einen Eierbecher mit Sauce vinaigrette (S. 17). Man taucht die Blattenden in die Sauce und lutscht das Eßbare ab. Dann entfernt man das „Heu“ (die Blütenknospen; Artischocken sind eine Distelart) und zerteilt den Boden.

3 Rezepte für Spiegeleier

a) Für 4 Personen 30 g Butter in einer, wenn nötig, mit Salz ausgeriebenen Pfanne heißmachen, bis sie anfängt, Blasen zu werfen. Inzwischen 8 Eier in eine Schüssel schlagen und auf einmal zugeben, erhitzen, bis sie aufwallen, und im Ofen bei 200° backen, bis nichts mehr glasig ist. Am Tisch salzen und pfeffern.

b) Die Eiweiß von den Eigelb trennen, dem Eiweiß 4 Eßlöffel Sahne zufügen. Sonst wie oben backen. Gut zu Spinat.

c) 30 g Butter auf größter Hitze heißmachen, bis die Blasenbildung aufhört; die Eier zugeben und braten, bis nur noch wenig Eiweiß flüssig ist. Die Eier auf sehr heiße Teller geben, in der Pfanne 60 g Butter erhitzen, bis sie leicht braun ist, und über die Eier gießen. 6 Eßlöffel guten Weinessig in der Pfanne auf $^1/_3$ eindampfen und über die Eier gießen.

Dieses Rezept ist gut am Ende eines Weinabends.

Ochsenmark auf Brot

Markknochen werden in Wasser 20 Minuten gekocht, ausgelöst und auf Graubrotscheiben mit Salz serviert.

Man kann auch das Mark aus dem vom Metzger gespaltenen Knochen lösen und in dünnen Scheiben auf den Brotscheiben grillen, bis es nicht mehr rosa ist.

Hühnerleber auf Weißbrot

Die Hühnerlebern werden geviertelt (es sollen einigermaßen flache Stücke entstehen).

10 g Butter pro Leber wird in einem Pfännchen geschmolzen; die Lebern werden darin rasch angebraten, vor dem Wenden gesalzen und gepfeffert. Sie sollen schwach braun und innen rosa und ganz zart sein. Man serviert sie auf geviertelten, gebutterten Weißbrotscheiben. Die Pfanne wird mit ganz wenig Wasser oder Sherry abgelöscht. Die so entstehende Sauce gießt man über die Lebern und serviert sofort.

Sardinen auf Toast

Schöne Ölsardinen ohne Gräten werden auf Toastscheiben verteilt, mit wenig Zitronensaft begossen und unter dem Grill erhitzt, bis sich Bläschen bilden.

Zwiebelringe auf Toast

Toastscheiben werden geviertelt, mit Butter bestrichen und mit dünnen Scheiben von einer großen Zwiebel belegt. Darüber kommt Pfeffer und noch ein Butterflöckchen. Die Scheiben werden unter dem Grill erhitzt, bis sich auf den Zwiebelscheiben Bläschen bilden.

Eier Benedictine

Pro Person eine Scheibe gebutterter Toast mit dünn geschnittenem rohen Schinken bedeckt, darüber 2 noch heiße verlorene Eier (S. 21) und 3 Eßlöffel holländische Sauce. Das Ganze wird in kleinen Pfännchen unter dem Grill etwa 3 Minuten erhitzt.

Holländische Sauce: Wie Béarnaise, aber nur mit Saft von 1/2 Zitrone, 20 ml Wasser (nicht eindampfen!), Salz, Pfeffer, 6 Eigelb, 200 g Butter.

Ragu bolognese (Fleischsauce für Nudeln)

6 Personen

In 60 ml heißem Öl werden 100 g kleingeschnittene Champignons 1 Minute angebräunt, herausgenommen; dann werden 100 g feingeschnittener magerer Speck (ungeräuchert) gebräunt und je 70 g feingeschnittene Zwiebeln und Karotten zugegeben und 5 Minuten gekocht und wenig gebräunt. Jetzt gibt man 400 g feingewürfeltes Rindfleisch (Gulaschfleisch) dazu, zwei gehäutete und gewürfelte Tomaten, 1/4 l Fleischbrühe und 1/8 l Weißwein, Salz, Pfeffer, wenig Muskat oder stattdessen Oregano. Dies wird eine Stunde lang sanft gekocht. Gegen Schluß gibt man die Pilze wieder zu. Vor dem Auftragen rührt man 1/8 l Sahne ein.

Lauchkuchen

Wie Quiche lorraine, aber mit folgender Fülle:

600 g Weißes vom Lauch in 1 1/2 cm dicke Scheiben schneiden, in 30 g Butter 10 Minuten unter Wenden dünsten. 200 g Quark, 3 Eier, 100 ml saure Sahne, Salz, Pfeffer, Muskat verrühren, unter den Lauch mischen.

Statt der Butter kann man 150 g kleingeschnittenen mageren Speck nehmen, der, ohne zu bräunen, 5 Minuten in der Pfanne erhitzt wird.

Suppen

Der Leser wird feststellen, daß es bei den Menüs in diesem Buch fast immer Suppen gibt. Dies kommt einfach daher, daß der Autor Suppen mag, offenbar überhaupt das Bedürfnis nach etwas Warmem zu Beginn der Mahlzeit hat. Er erinnert sich von vielen Gelegenheiten her lebhaft an den Genuß, den die ersten zwei Löffel Suppe bedeuten (wer meint, daß Suppe dick macht, sollte daran denken und sehr wenig Suppe nehmen; die weiteren Löffel sind mehr Eßgier als Genuß).

Suppenessen ist wohl eine deutsche Eigenschaft, und auch hier sind die Menschen verschieden. In Frankreich gibt es abends auch in guten Lokalen oft allenfalls eine einzige Suppe, und die Vorliebe für kalte Vorspeisen läßt viele die Suppe nicht vermissen. Ich habe darauf verzichtet, bei den Menüs alternativ zur Suppe eine Vorspeise einzusetzen; der Leser wird auch hier seiner Vorliebe für Leichtes oder Kräftiges, Warmes oder Kaltes folgen wollen.

Natürlich kann man auf Vorspeise und gleichzeitig auf Suppe verzichten. Das gefällt mir nicht so gut. Eine kleine Anregung vor dem Hauptgang, und sei es ein Tomatensalat mit feinen Kräutern, dient dem Wohlbefinden.

Meist wird man eine Suppe nach dem Menü aussuchen. Die Suppe soll den Hauptgang zugleich vorbereiten und ergänzen. Man darf nicht mit einem kräftigen Vorgeschmack einen zarten Hauptgang totschlagen; man darf nicht zwei sehr reiche Speisen nacheinander geben, etwa mit Sahne, nicht dieselben oder ähnliche Gemüse; nur Fleischbrühe und Fleisch dürfen (sollen?) vom selben Tier stammen. Es gibt zahllose Gesichtspunkte für die Auswahl der Suppe; da ist es gut, daß es viele Suppen gibt. Man soll Suppen immer variieren, es gibt kaum eine Suppe außer vielleicht Fleischbrühe, die man jeden Tag essen möchte.

Suppen unterscheiden sich durch Zutaten und durch Zubereitung. Bei den ersten soll man nicht zuviel mischen; die besten Suppen sind die, die nach *einer* Zutat schmecken. Bei der Zubereitung ist es gut zu wissen, daß es verschiedene Klassen gibt, in die sich die meisten Suppen einordnen lassen. Oft kann man dadurch schon erstaunlich variieren. Man kann auch die Klassen mischen, also Suppen machen, die mit einer und noch einer Klasse verwandt sind, aber wir kennen nur wenige Fälle, wo wir das empfehlen würden.

Klare Suppen ohne oder mit Einlage: Eine klare Consommé (doppelte Fleischbrühe), möglichst ohne viel Gemüse oder andere Zutaten hergestellt, nur mit etwas Butter vor dem Auftragen, gehört zum Köstlichsten, was die Küche zu bieten hat. Als man noch mit dem Schiff nach Amerika fuhr, war die einfache Fleischbrühe, morgens um 11 Uhr im Freien serviert, einer der Höhepunkte der Überfahrt. Eine sehr gute Fleischbrühe braucht allenfalls wenige oder sehr zarte Beilagen (siehe **Einlaufsuppe** oder **Schwammklößchensuppe**). Je kräftiger die Einlagen werden, desto schwächer muß die Brühe sein **(Grießnockerlsuppe, klare Gemüsesuppe, Brotsuppe mit Zwiebeln)**. Es gibt hervorragende rustikale Suppen (die Brotsuppe mit Zwiebeln ist nur ein Beispiel, Kräutersuppen sind ein anderes), die ganz ohne Fleischbrühe auskommen und vielleicht so am besten sind.

Pürierte Suppen sind einfach herzustellen und haben einen Aspekt von reiner Ehrlichkeit durch die Freiheit von stützenden Zutaten. **Tomatensuppe** ist ein hervorragendes Beispiel, auch für die Verwendbarkeit als Kontrastmittel zum Hauptgericht. **Pürierte Gemüsesuppe** ist ein anderes, bei dem die Reinheit des Geschmacks schon mit einer gewissen Kraft einhergeht. Dies führt logisch weiter bis zu den ganz kräftigen Suppen wie **Erbsensuppe von trockenen und von frischen Erbsen** oder Linsensuppe, wo man sich schon bemühen muß, daß die Feinheit des Geschmacks nicht durch Konzentration der Hauptbestandteile und kräftige Zutaten verloren geht.

Gebundene Suppen haben meist Mehl als Bindemittel **(Champignoncremesuppe)** und erhalten dadurch eine gewisse Weichheit. Bei anderen Suppen, wie Grießsuppe, Gerstensuppen, erfolgt die Bindung durch aus den Körnern austretende Stärke. Kartoffeln sind ein Grenzfall; man kann sie auch zu den pürierten Suppen rechnen. Die Bindung hat immer etwas Rauhes. Gebundene Suppen sind in der feinen Küche etwas vernachlässigt worden. Man muß aber immer schauen, daß die Bindung nicht zu stark und damit aufdringlich wird. Die Zugabe von Sahne ist hier eine Art Allheilmittel, sie verfeinert sowohl pürierte wie gebundene Suppen sehr. Wie mit allen Allheilmitteln muß man auch damit vorsichtig sein. Auf jeden Fall aber gehört Butter, mit oder statt Sahne, zu beiden Arten von Suppen. Sie soll in die Zutaten einziehen, aber mindestens ein Teil davon soll nicht oder wenigstens nicht stark gekocht haben.

Mit Ei (und meistens dazu mit Sahne) gebundene Suppen sind eine Sonderklasse der anspruchsvollen Art, die „Potages suprêmes“. Ei und Sahne mildern scharfen Geschmack und machen die Suppe unglaublich sanft. Unsere Beispiele sind **Perlhuhnsuppe,** wofür auch andere Geflügel- und Wildsuppen stehen könnten, dann **Salatsuppe, Artischockensuppe** und die berühmte **Potage Germiny** (Sauerampfersuppe), die auch kalt sehr gut ist, und schließlich als ein einsames Beispiel einer Fischsuppe **Forellensuppe.** Die Suprêmesuppen brauchen eine kräftige Grundmasse, und dazu gehört wohl fast immer eine starke und stark gewürzte Fleischbrühe. Sie sind reich, und man soll sie nicht zu oft servieren, um nicht einen Überdruß an der feinen Küche zu provozieren. Unser letztes Suppenbeispiel sind **Maultaschen in der Suppe,** schon eher ein Hauptgericht.

KURZREZEPTE

Einlagen für klare Fleischbrühe

Goldgelbe Brötchen
Eierflockensuppe
Omelettsuppe
Consommé mit Tomaten
Consommé mit Morcheln

Vichyssoise
(Lauchsuppe)

Kerbelsuppe

Blumenkohlsuppe

Ochsenschwanzsuppe

Gazpacho
(Kalte Gemüsesuppe mit Tomaten und Gurken)

Kalte Spinatsuppe

Kalte Gurkensuppe

Einlagen für klare Fleischbrühe

Eine starke klare Brühe nur aus Rindfleisch, Wasser und Salz gibt man am besten in Tassen mit ein wenig Butter, sonst nichts. Eine gute Consommé kommt mit kleinen Gemüsen als Einlage aus oder mit Einlagen, die einen ganz zarten Geschmack haben. Wenn man aber etwa Leberspätzle oder Schinkenknödel in der Suppe hat, braucht man eine einfache Fleischbrühe. Die rechts beschriebenen Grießnockerl sind ein Zwischenfall. Sie sind sowohl zart wie kräftig. Sie passen immer. Aber sie dürfen ja nicht zu fest werden. Ich habe einmal, als die Gäste einschließlich des Staatsoberhaupts schon da waren, festgestellt, daß ich nur halb so viel Grieß hatte wie das Rezept verlangte. Dies ergab meine bisher beste Grießnockerlsuppe.
Suppen mit zarten Einlagen nimmt man vor einem reichen, aber feinen Hauptgericht. Etwa:

20.00	Räucherlachs mit Toast	19.50	Toast herstellen		
20.15	Grießnockerlsuppe	19.50	Brühe erhitzen,	20.05	Nockerl machen
20.25	Kalbsragout mit Fenchel	19.40	Ragout in Ofen,	20.20	Zitrone dazu
	Nudeln	19.50	Wasser kochen,	20.04	Nudeln hinein
		20.20	abseihen, Butter		
	Grüner Salat	20.21	Salat anmachen		
20.45	Käseplatte				
21.05	Rote Grütze mit Milch				

Unsere Fleischbrühen werden alle im Zusammenhang mit Fleisch- und Geflügelgerichten gewonnen, ohne jeden helfenden Zusatz außer vielleicht Knochen. Dies scheint mir gerade für Suppen gerechtfertigt, aber ich will keineswegs darauf bestehen, daß dies das allein Seligmachende ist. In den USA gibt es recht gute Fleischbrühen in Dosen; ich selbst verwende gelegentlich eine doppelte Kraftbrühe, die allerdings scheußlich stark gewürzt ist.
Ich nenne noch die Gerichte in diesem Buch, bei denen Fleischbrühe anfällt: Pot au feu für reine Rindfleischbrühe und Consommé, Hühnerfrikassee (und andere Geflügelgerichte) für Hühnerbouillon, Bollito misto für eine kräftige gemischte Brühe mit einem Anteil von Zunge. Auch Schinkenbrühe kann in kleinen Mengen anderer Bouillon zugesetzt werden. Dann gibt es Spezialbrühen von Ente, Perlhuhn, Wild und Wildgeflügel.
Fleischbrühe muß immer sorgfältig abgefettet werden. Das geht bequem nur, wenn man sie über Nacht in den Kühlschrank stellt.

Varianten:

Bei der Einlaufsuppe kann man die Milchmenge, (eventuell auch Sahne), die Temperatur der Brühe, die Geschwindigkeit des Zugießens und die Intensität des Rührens variieren und erhält jeweils verschiedene Resultate. Viel Spaß! Man darf nur die Eier nie hart werden lassen.
Bei der Grießnockerlsuppe kann man, um Zeit zu sparen, die Masse etwas zu weich machen und einfach in die kochende Brühe gießen. Dann sieht die Suppe nicht so hübsch aus, schmeckt aber immer noch gut.
Der Zuppa pavese kann man etwas Spinatblätter oder Sauerampfer zufügen.

Vorratshaltung

lohnt, außer für die Brühen, nicht. Ich finde, daß die Klößchen weitaus am besten sind, wenn sie im letzten Moment hergestellt werden.

Fleischbrühe mit Einlagen

Einlaufsuppe

6 Personen

In 1,2 l Consommé 2 mit 2 Eßlöffeln Milch, Salz, Pfeffer, Muskat verrührte Eier einlaufen lassen, dazu 20 g Butter.

Schwammklößchensuppe

6 Personen

30 g Butter, Salz in 75 ml Wasser aufkochen, dazu 75 ml Hartweizenmehl, rühren, 2 Eier, 60 g Butter, Muskat einrühren. 30 Klößchen formen, in 1,2 l Consommé 10 Minuten garziehen lassen.

Grießnockerlsuppe

6 Personen

250 ml Milch, Salz, Pfeffer, Muskat, 30 g Butter aufkochen, 80 g Grieß mitkochen, 50 g Gruyère, 3 Eier, 50 g Butter einrühren. Kleine Klößchen in 1,5 l Fleischbrühe 10 Minuten ziehen lassen. Mit Schnittlauch servieren.

Zuppa pavese

Pro Person in 300 ml Bouillon 1 Stück gut gebutterten Toast geben, darüber 1 Ei. Im Ofen kurz stocken lassen.

Einlaufsuppe:

Eine vollkommen entfettete Consommé aufkochen, inzwischen Ei, Milch, Salz, Pfeffer, Muskat verrühren (nicht schaumig werden lassen) und unter starkem Rühren in die gut kochende Flüssigkeit gießen. Sofort vom Feuer nehmen, Butter zugeben und servieren.

Schwammklößchensuppe:

Butter, Salz, Wasser aufkochen, Mehl auf einmal zugeben und auf dem Feuer rühren, bis die Masse vom Topf sich löst. Vom Feuer nehmen, Eier einzeln unter starkem Rühren zumischen, zuletzt Butter und Muskat. Bouillon aufkochen, mit zwei Kaffeelöffeln Klößchen formen und in die Brühe fallen lassen. Auf ganz schwachem Feuer 10 Minuten ziehen lassen. (Man kann sie in Salzwasser ziehen lassen und dann in die Brühe geben, dann bleibt die Brühe klar, aber es schmeckt weniger gut.)

Grießnockerlsuppe:

Das Rezept geht genau so wie das für Schwammklößchen. In beiden Fällen wird man für ein optimales Resultat die Mehl- beziehungsweise Grießmenge ein wenig variieren, so wenig nehmen, daß die Klößchen gerade nicht zerfallen oder als flache Kuchen oben schwimmen. Dazu gehört ein bißchen Mut. Aber gut schmeckt es auch bei Mißerfolg.

Zuppa pavese:

Man füllt die kochende Fleischbrühe in gut gewärmte feuerfeste Suppentassen, buttert rasch frische, keinesfalls zu braune Toastscheiben ohne Rinde und gibt sie dazu, schlägt je 1 Ei darüber und stellt die Tasse in den heißen Ofen, bis das Eiweiß einigermaßen geronnen ist.

Ein Testfall für einfaches und geschmacksreines Kochen

Als wir mit einer Delegation des Außenministers in China waren, wurden wir ungeheuer gut bewirtet, am besten in der Großen Halle des Volkes in Peking, an großen runden Tischen für 20 bis 40 Personen, an denen jeder der chinesischen Würdenträger zwei Deutschen links und rechts von sich die Speisen auf den Teller legte, ehe er selbst nahm. Unter den unendlich vielen Speisen ist mir eine besonders in Erinnerung geblieben: ein einfacher, dünner Lauchstengel, weich aber nicht matschig, mit einem unvergleichlichen Aroma. Von diesem Lauchstengel träume ich, wenn ich klare Gemüsesuppe mache.

Das nebenstehende Rezept ist ein Versuch, den natürlichen Geschmack der Gemüse rein herauszubringen. Deshalb wird keine Fleischbrühe verwendet, obwohl die meisten Rezepte das tun. Dem Leser steht es natürlich frei, sich diesen anzuschließen. Früher hat man auch immer die Gemüse mit Butter unter Rühren auf kleinem Feuer 20 Minuten, ohne sie zu bräunen, angedämpft, ehe man Flüssigkeit zufügte. Der Leser möge beide Methoden vergleichen.

In einem Menü muß die einfache klare Suppe mit etwas Reichem kontrastieren, etwa

20.00	Verlorene Eier auf Toast mit Schinken und holländischer Sauce	19.52	Holländische Sauce
		19.56	Toast
		19.59	anrichten
20.20	Klare Gemüsesuppe	20.00	Suppe mit Gemüse erhitzen, 20.15 Butter zugeben
20.35	Filetsteak	20.15	Platten anstellen, 20.20 Pfanne aufstellen
		20.28	wenden, 20.35 ablöschen
	Gratin dauphinois	19.50	in Ofen
	Gebratene Sellerie-Scheiben	20.16	in Ofen
		20.25	wenden
	Grüner Salat	20.30	anmachen
21.00	Apfelscheiben mit Sabayon	20.50	Äpfel schneiden, aufstellen, 20.55 wenden
		20.56	Sabayon rühren

Karotten, Lauch, Sellerie, gewürfelt und gekocht, sowie Gemüsebrühe in der Kühltruhe zu haben erleichtert das Leben des Kochs sehr und erlaubt schnelle Entschlüsse. Die Brühe ersetzt beim Kochen von Fleisch die zugefügten Gemüse und erspart das Abseihen. Die Gemüse sind gute Beilagen in klaren Fleischsuppen; oder, in wenig Bouillon gekocht, zu Ochsenfleisch. Mit Wasser, Fleischbrühe oder mit Milch aufgekocht und passiert geben sie pürierte oder Cremesuppen, allein oder mit anderen Gemüsen gemischt. Auf solche Weise befreit die Kühltruhe den Koch, ohne daß die Qualität leidet, im Gegensatz zu den mit Recht berüchtigten Fernseh-Fertiggerichten.

Klare Gemüsesuppe

6 Personen

120 g Karotten, 120 g Lauch, 120 g Sellerie, in kleine Stifte geschnitten, mit Gemüsebrühe bedecken, mit 30 g Butter 30 Minuten kochen. Brühe auf 1,5 l auffüllen, noch 10 Minuten sanft kochen, Pfeffer, 30 g Butter zufügen.

Gemüsebrühe: **1 kg Karotten, 1 kg Lauch, 1/2 kg Sellerie nacheinander im gleichen Wasser mit Salz, gut bedeckt je 30 Minuten kochen, abseihen.**

Gemüsebrühe:

Karotten schälen, der Länge nach in 2 oder 4 Stangen teilen, so daß die Dicke 1 cm nicht übersteigt, dann in 1 cm lange Stücke schneiden, in reichlich Salzwasser 30 Minuten sanft kochen, so daß die Flüssigkeit klar bleibt; die Karotten auf ein Sieb schütten. Inzwischen den Lauch waschen, der Länge nach teilen, in 1 cm dicke Scheiben schneiden, im gleichen Wasser 30 Minuten kochen, absieben. Selleriewurzel schälen, in 1 cm dicke Scheiben schneiden, aus den Scheiben kleine Stifte schneiden, wieder im selben Wasser 30 Minuten kochen, absieben. Als Deckel verwendet man mit Vorteil eine mit Wasser gefüllte Schüssel. Die Brühe erst zum Schluß salzen.

Suppe:

Die Karotten schälen, in 1 1/2 cm lange Stücke schneiden und zu Rechtecken formen. Nun entlang der Achse 1 1/2 mm dicke Scheiben schneiden. Bei älteren Karotten dabei den hellen, harten Kern übriglassen. Aus den Scheiben 1 1/2 mm dicke Stifte machen. Lauchstengel putzen, längs der Wurzel bis zum Grünen einschneiden und in 1 1/2 mm dicke Scheiben schneiden, die dann als Streifen auseinanderfallen. Kurz abwaschen, zu den Karotten geben. Zuletzt die Sellerieknolle in 1 1/2 cm dicke Scheiben schneiden, daraus 1 1/2 mm dicke Stifte schneiden, wobei schräge Teile nicht verwendet werden. (Die Abfälle beim Schneiden kann man in einem Teil der Gemüsebrühe 2 Stunden lang kochen.) Alle Gemüse mit 30 g Butter 30 Minuten sanft kochen, mit Gemüsebrühe gerade bedeckt (damit die Butter in das Gemüse einzieht). Restliche Brühe kochend zugeben, Pfeffer, noch 10 Minuten ziehen lassen, restliche Butter zugeben, abschmecken, wenn nötig nachsalzen (Salzmangel schadet dem Geschmack hier besonders).

Varianten

gibt es ungezählte: mit Reibkäse servieren; kleingeschnittenen Salat, Sauerampfer oder Stangenbohnen mitkochen; feine Erbsen oder Tomatenwürfel zugeben; 1 verlorenes Ei pro Person, dazu Reibkäse; der Gemüsebrühe Kochwasser von Erbsen oder Linsen zufügen.

Vorratshaltung:

Die rohen Gemüse halten sich, in Plastikfolie verpackt, eine Woche im Kühlschrank. Die gekochten Gemüse kommen, nach Sorten getrennt, in flachen Schichten in die Kühltruhe. Man bricht nach Bedarf davon ab.

Mikrowellenherd:

Die Gemüse für die Suppe kann man mit 5 g Butter und 10 ml Sahne pro Person dämpfen (10 Minuten für 2 Personen, die Sahne muß ganz aufgesogen sein) und dann mit Gemüsebrühe und zusätzlicher Butter aufkochen.

Barbarisch einfach, und doch gut

Cock-a-Leeky ist eine Seemannssuppe, für die es auch verfeinerte Rezepte gibt. Man kann sich den Schiffskoch gut vorstellen: Huhn, Lauch, Wasser, viel Pfeffer, lang kochen, keine Umstände. Daß die Suppe so gut ist, liegt aber gerade daran, daß keine Kunststücke mit Zutaten versucht werden. Damit entfernt man sich von dem Einheitsgeschmack, den auch die gute Küche leicht hat. Unter diesen Umständen nimmt man in Kauf, daß die Zutaten zu weich sind. Die Brühe ohne die Zutaten, mit wenig Butter in Tassen serviert, ist schwer zu übertreffen. Eine solche Suppe kann eine Mahlzeit für sich sein, mit Brot oder mit Reis, der die letzten 20 Minuten mitgekocht wurde. Sonst paßt sie zu einem rustikalen Menü, etwa dem folgenden:

Cock-a-Leeky
Eisbein auf Sauerkraut
mit Erbsenpüree
Zwetschgenkompott

Zeitplanprobleme gibt es bei einem solchen Menü nicht.

In China gibt es Suppe gegen Ende des Mahls. Das hat seinen Grund darin, daß viele der Gerichte in der Brühe bereitet werden, wodurch diese mit der Zeit immer delikater wird. Bei uns wird Suppe gern am Ende einer Geselligkeit gegeben, also etwa um Mitternacht, aber vielleicht auch morgens nach einer sportlichen Leistung in der Kälte. Dabei muß Fleisch der Hauptbestandteil sein, und die Brühe darf nicht fad schmecken. Aber Gemüse sind ganz legitim. Karotten, Navets, Lauch, Sellerie (sparsam) in nicht zu kleinen Würfeln oder Scheiben, Tomaten ohne Haut und Kerne in Vierteln oder Achteln, wenn sie im letzten Augenblick zugegeben sind; auch Kartoffeln (sehr sparsam und nur kurz mitgekocht); Reis und kurze Nudeln, auch nicht zu lang gekocht; schließlich Blattgemüse (Spinatblätter, Salat in Streifen, Sauerampfer, Kerbel, Kresse), diese aber nicht zusammen mit Wurzelgemüsen außer vielleicht Sellerie; schließlich die bei uns fast unbekannten Kichererbsen, die lange getrennt gekocht werden müssen, und Maiskörner. Zucchini, kurz in Butter gedämpft, kann man zum Schluß zugeben. Paprika ist nicht erstklassig.

Cock-a-Leeky

8 Personen
2 Suppenhühner (je 2 kg), 12 Lauchstangen, bedeckt mit 1 Flasche Weißwein und Wasser 3 Stunden kochen.

Die Hühner werden in Eiswasser 2 Stunden lang gewässert, damit die Brühe nicht unrein schmeckt. Herz, Magen, Hals und Flügel (außer dem obersten Teil) kommen ins Innere der Hühner, damit man sie später nicht aus der Brühe herausfischen muß. Der Bürzel wird entfernt; der Springer wird herausgetrennt, um das spätere Tranchieren zu erleichtern. Der Lauch wird gewaschen, das Weiße davon wird in 1 cm dicke Scheiben geschnitten. Man legt die Hühner in einen sehr großen Topf, die Lauchstücke darum und darüber, dazu den Wein (er soll nicht zu sauer, aber trocken sein; man kann ihn auch weglassen) und füllt mit Wasser auf, so daß alles gut bedeckt ist, dazu Salz und 20 Pfefferkörner. Man kocht die Suppe drei Stunden im Ofen bei 170°; die Flüssigkeit soll ganz leicht, kaum bewegt kochen. Die Hühner werden tranchiert, Brust und Beine werden enthäutet, und ihr Fleisch wird in mundgerechte Stücke geschnitten. Der Lauch wird über ein Sieb gegossen und vorsichtig, damit die Lauchstücke nicht zerfallen, abwechselnd mit dem Fleisch in die Suppenschüssel oder gleich in die Teller gegeben. (Dies alles kann am Tisch geschehen). Darüber gießt man eine ausreichende Menge Bouillon; etwa die Hälfte davon soll übrig bleiben.

Reste und Varianten:

Gerippe, Lauch und Hühnerklein werden in der mit Wasser aufs Doppelte aufgefüllten Brühe noch 1 Stunde weitergekocht; dann wird die Brühe abpassiert, über Nacht im Kühlschrank abgekühlt, so daß das Fett leicht entfernt werden kann. Dies gibt eine sehr gute Brühe.

Man kann eine vornehme Version des Rezepts machen, indem man in dieser Brühe noch einmal neue Lauchstangen und Huhn kocht, aber diesmal nur 20 Minuten, und statt der Suppenhühner Brathähnchen nimmt. Mit der ersten Portion werden nur die Bruststücke gegeben; die Beine läßt man noch einige Minuten weiterkochen.

Übriges Fleisch und Gemüse gibt ein einfaches **Huhn-Käse-Soufflé:** 200 g Huhn und Gemüse werden in der Messermühle püriert und mit Worcestersauce und Tabasco, oder auch mit Paprika gewürzt. Mit dem Schneebesen rührt man dazu 100 ml Sahne (eventuell saure Sahne) 120 g Rahmkäse (etwa Philadelphia) und 3 ganze Eier (Mengen für 2 Personen). 2 Förmchen werden mit Butter sorgfältig ausgestrichen und mit der Masse bis 1 cm unter dem Rand gefüllt. Das Ganze wird 25 Minuten bei 200° im Ofen gebacken (die Türe in dieser Zeit nicht öffnen!). Das Soufflé soll auf das Eineinhalbfache oder mehr aufgehen und soll oben gebräunt sein. Die Backzeit ist richtig, wenn das Soufflé aufgehört hat, aufzugehen.

Tiefkühltruhe:

Huhn und Gemüse halten sich gut, ebenso die Brühe. Aber auch die fertige Soufflémasse in der Form kann man in die Tiefkühltruhe geben. Nach Auftauen im Kühlschrank geht sie beim Backen genau so schön auf wie gleich nach der Herstellung.

Suppe passend zum Gast

Ein einfühlsamer Koch wird sicher bei der Wahl der Speisen an seine Gäste denken und sich davon beeinflussen lassen, was zu ihnen paßt. Tomatensuppe erweckt in mir das Bild von einem intelligenten, energischen Gast, verwöhnt aber aktiv, einem Gast, der schon viele raffinierte Mahlzeiten erlebt hat und sich nicht unbedingt etwas Reiches, Sanftes, Sämiges wünscht. Die leichte Säure der Tomaten und der reine Geschmack, ein wenig auch die einmalige Farbe, sind für ihn eine Attraktion. Allerdings muß die Suppe auch entsprechend sein: fast kein oder kein Mehl und keine Zutaten, die den Tomatengeschmack übertönen oder beeinträchtigen. Als leichte Suppe ohne Fleischbrühe, mit dem charakteristischen Tomatengeschmack kommt Tomatensuppe in Frage vor und nach Speisen, die Tomaten als Ergänzung vertragen, etwa

12.30	Kräuteromelett	12.20	Platte anstellen,	12.25	Pfanne auf die Platte
12.45	Tomatensuppe	12.29	Suppe auf schwachem Feuer, etwas Butter,		
		12.44	Butter an Suppe		
13.00	Mousse de truite	12.20	Sahne einrühren,	12.28	in Ofen
	Grüner Salat	12.58	anmachen		
13.20	Crème Caramel				

oder als Eingang eines sehr mächtigen Mahls

Tomatensuppe
Ochsenfleisch mit Beilagen

oder vor einem Gang mit einer Sauce mit viel Fleischbrühe

Tomatensuppe
Gulasch mit Nudeln
Salat

Tomatensuppe ist ein besonders deutliches Beispiel, wie sehr es auf das Ausgangsmaterial ankommt. Tomaten variieren ungeheuer über das Jahr, nach Herkunft und nach Reife. Wenn ich nicht sicher bin, ziehe ich es vor, ausnahmsweise die Suppe zur Hälfte (nie mehr!) aus einem gut bewährten Tomatensaft in Dosen herzustellen. Die dafür verwendeten Tomaten sind vielleicht besser als meine.

Wenn es aber einmal besonders gute Tomaten zu kaufen gibt, bin ich bereit, ein Tomatensuppenkochfest für die Kühltruhe zu veranstalten.

Zum Rezept: Die Kochzeit ist kurz; wer will, kann mit längeren Zeiten experimentieren. Dies mag ein Vorteil sein, wenn die Tomaten nicht vollkommen sind. Sonst würde ich längere Kochzeiten für Saucen reservieren, wo man sowieso die Flüssigkeitsmenge durch Kochen verringern will.

So einfache Gerichte wie das hier beschriebene brauchen die Zugabe von Butter oder Sahne. Der „beurre final“ ist bei französischen Rezepten eine allgemeine, gut begründete Regel. Wenn bis dahin ohne Fett gekocht worden ist, soll nach dem Zugeben eines Teils der Butter gut durchgerührt und fast noch einmal bis zum Kochen erhitzt werden; dadurch wird die ganze Suppe zarter.

Daß die Suppe hier, im Gegensatz zu den meisten Rezepten, ohne Mehl hergestellt wird, bedarf kaum einer Verteidigung. Sie ist als typische Püreesuppe sämig auch ohne Mehl und ohne daß durch langes Kochen die Flüssigkeit eingedampft wird, wenn man nur auf die Zugabe fremder Flüssigkeit, Wasser oder Fleischbrühe verzichtet. Fleischbrühe scheint mir dem feinen Tomatengeschmack eher zu schaden. Das gleiche gilt für die oft geübte Zugabe von Speck zu den Zwiebeln, gar von geräuchertem Speck oder Schinken. Der Rauchgeschmack, der die Speisen in feinen Hotels durchzieht, scheint mir nicht der beste.

Tomatensuppe

wenig für 4 Personen
1 Zwiebel in 1 Eßlöffel Olivenöl dämpfen; 1 kg Tomaten, 4 Zweige Petersilie, wenig Thymian (und Rosmarin), Salz, 1 Teelöffel Zucker, wenig Pfeffer zugeben und 15 Minuten kochen. Mit 30 g Butter vollenden.

Eine mittelgroße Zwiebel, ungeschält in dünne Scheiben geschnitten, in dem Öl ohne Verfärbung dämpfen. Bei den Tomaten den Stielansatz herausschneiden, sie halbieren und unter leichtem Ausquetschen in den Topf geben, dazu Petersilie, ein kleines Zweigchen Rosmarin wenn man will, Salz, Zucker, Pfeffer. 15 Minuten auf Mittelhitze kochen. Durch ein mäßig feines Sieb passieren, was etwa 2 Minuten dauert, die Hälfte der Butter zugeben und auf dem Herd einrühren, aber nicht kochen, die zweite Hälfte der Butter zugeben und auftragen. Fakultativ: 3 Eßlöffel gekochten Reis zugeben; statt der zweiten Butter 50 ml Sahne in den Tassen zugeben. Mit der ersten Butter 50 g geriebenen Gruyère einrühren.
Dies ist eine Püreesuppe (ohne Mehl und ohne Ei), als Beispiel für viele oft sehr wohlschmekkende Rezepte. Ein anderes:

Auberginensuppe (6 Personen):
Eine mittlere Aubergine mit Salz in Scheiben ziehen lassen, in 15 g Butter 15 Minuten im Ofen dämpfen. 400 g Weißes vom Lauch mit den Auberginen in der Messermühle zerkleinern, mit 30 g Butter in großer Pfanne rasch dämpfen, mit 3/4 l kochendem Wasser oder Fleischbrühe, Salz, Pfeffer und 3/4 l Milch auffüllen, 10 Minuten kochen, 70 ml Sahne zugeben.

Tiefkühltruhe:
Es lohnt bei Tomatensuppe sehr, mehr zu kochen und den Überschuß einzulagern.

Mikrowellenherd:
Hat Vorteile beim Dämpfen der Zwiebeln. Hier ein Schnellrezept für 1 Person: 1/4 der Mengen wie oben, Öl und Zwiebelscheiben 6 Minuten in einer mit Papier bedeckten Glasschüssel dämpfen. Tomaten und Zutaten dazu, 8 Minuten dämpfen, in den Suppenteller passieren, Butter dazu und noch einmal heißmachen.

Püree- und Rahmsuppen; nahrhaft und in vielen Varianten gut

Klare und ganz besonders gebundene Gemüsesuppen sind ein Prüfstein für den Koch wie für den Gast. Ich muß gestehen, daß ich selbst immer wieder Bedenken habe, so etwas Einfaches anzubieten. Man kann sich helfen, indem man mehr Sahne als normal zugibt.
Auf jeden Fall muß man die Suppe nicht zu dick machen, damit sie nicht wie ein Eintopf wirkt. Brotwürfel helfen sehr, wenn sie hervorragend gemacht sind, ganz trocken und gerade braun, so daß sie in der Suppe nicht schnell weich werden. Aber das eigentliche Geheimnis ist der reine harmonische Geschmack, ohne Künstlichkeit und viel Gewürze. Hier ist auch der Gast gefordert. Wenn er bei solchen Suppen nichts empfindet, ist die größte Anstrengung des Kochs umsonst.
Heute wird für pürierte Suppen zu oft Fleischbrühe verwendet, weil sie als Extrakt so leicht zu haben ist. Ich meine, Fleischbrühe, selbst gemacht, soll als etwas Kostbares betrachtet werden, und sie soll den Geschmack der Gemüse erhöhen, nicht zudecken. Man muß also überlegen, wo man sie verwenden will und wo nicht.
Püreesuppen sind meist ein Teil eines gut bürgerlichen Essens, das im übrigen nicht zu schwer ist, etwa:

12.30	Pürierte Gemüsesuppe	12.05	Suppe aufkochen,	12.22	pürieren
		12.28	Sahne zugeben		
12.50	Schmorbraten mit Tomatensaft	12.29	Tomatensaft zugeben		
	Spätzle	12.00	Teig herstellen,	12.27	Wasser kochen,
		12.40	Spätzle herstellen		
	Grüner Salat	12.48	anmachen		
13.10	Kirschenkompott	13.08	aus Kühlschrank		

Bei den pürierten Suppen hat man sich von Mehl und anderen Bindemitteln, auch Kartoffeln, eher abgewandt. Das bekommt dem Eigengeschmack der verwendeten Gemüse gut. Ich möchte allerdings Mehl nicht in allen Fällen ablehnen. Etwa eine pürierte Zwiebelsuppe mit Milch kann es gut vertragen; allerdings wird man die in den Rezepten angegebenen Mengen mit Vorteil stark vermindern und dafür mehr Gemüse nehmen.
Pürierte Suppen werden leicht verdorben durch zu viele Gewürze. Aber immer brauchen sie Butter oder Sahne, die den Geschmack der Gemüse erhöhen und verfeinern. Butter soll Gelegenheit haben, einzuziehen, sich mit den Gemüsen zu verbinden, aber sie soll nicht kochen. Eventuell fügt man die Hälfte der Butter erst vor dem Auftragen zu. Die Gemüse anzudämpfen bringt meistens nichts. Ausnahmen sind Zwiebeln und Champignons, vielleicht auch Kräuter wie Kerbel. Bei diesen würde ich vielleicht die Hälfte in Butter andünsten und den Rest dann zugeben.
In Restaurants bekommt man oft Suppen mit Rauchfleischgeschmack. Das würde ich nicht befürworten, wenn nicht Schinken, Speck oder Rauchfleisch Bestandteil der Suppe sind. Erbsensuppe mit Speck, in der ein Schinkenknochen mitgekocht ist, oder Linsensuppe mit Rauchwürsteln sind gute Beispiele.

Pürierte Gemüsesuppe

10 Personen
1 kg Lauch, 1 kg Karotten, 500 g Selleriewurzel mit Wasser bedeckt 30 Minuten kochen, passieren, mit Wasser auf die richtige Konsistenz auffüllen, aufkochen, 100 g Butter oder 200 ml Sahne zugeben. Mit gerösteten Brotwürfeln servieren.

Lauch, Karotten, Sellerie putzen, waschen, in 1- bis 2-cm-Stücke schneiden, in kochendes Wasser geben, so daß die Gemüse bedeckt sind, salzen, eine mit kaltem Wasser gefüllte Schüssel als Deckel, 30 Minuten oder etwas länger kochen, bis die Gemüse weich sind, im Mixer pürieren, mit heißem Wasser so auffüllen, daß die Suppe samig, aber nicht dick ist, aufkochen, Butter oder Sahne zugeben und noch 10 Minuten ziehen lassen.
Brotwürfel: Weißbrotscheiben in 1-cm-Würfel schneiden (etwa 30 g pro Person). In einer großen Form mit 10 g Butter pro Person bei 140° 20 Minuten oder mehr backen, bis die Würfel trocken und etwas braun sind.
Eine andere Zubereitungsart, mit anderem Geschmack, geht schneller und wird zum Ausprobieren empfohlen, besonders wenn es sich um kleinere Mengen, etwa für 2 oder 4 Personen, handelt. Die Gemüse werden, roh oder vorgekocht, in der Messermühle püriert, dabei wird so viel Wasser zugegeben, daß das Gemüse nicht zum Teil unvollständig zerkleinert wird. Das Püree wird mit heißem Wasser nur etwa 5 Minuten gekocht. Dann wird die Suppe wie oben weiterbehandelt.

Varianten:
300 g Kartoffeln mitkochen und pürieren. – 1 Bund Petersilie mitkochen, vor dem Passieren herausnehmen. – Nach dem Passieren Milch statt Wasser zufügen. Dann nur mehr kurz kochen, damit die Milch nicht gerinnt. – In Scheiben geschnittene Würstchen zugeben, bis zu 100 g pro Person. Dann hat man einen Eintopf.

Vorratshaltung:
Die Gemüse können vorher zur Herstellung einer klaren Gemüsebrühe verwendet werden (siehe klare Gemüsesuppe, S. 41). Kurz gekochte Gemüsestücke sind als Ausgangsmaterial in der Kühltruhe sehr nützlich.
Die passierte Suppe (ohne Zugabe von Milch oder Sahne) hält sich sehr gut in der Kühltruhe. Man friert sie am besten portionenweise ein. Reste der fertigen Suppe soll man nur mehr wärmen, nicht kochen.

Mikrowellenherd:
Die zweite Zubereitungsart ist sehr geeignet. Man kann das Püree schon mit Butter ohne Flüssigkeit 5 Minuten erhitzen. Wenn es zu stark kocht, stellt man 2 Gläser Wasser dazu. Dann fügt man Wasser und Milch oder Sahne möglichst schon kochend zu, rührt gut um und kocht noch einmal auf.

Von ganz bürgerlich bis ganz fein

Die wahre Wonne der Suppe von trockenen Erbsen ist die kleine Mahlzeit nach körperlicher Anstrengung, etwa dem Erklimmen eines hochgelegenen Ferienhauses: nur Suppe mit Brotwürfeln und viel Wursträdchen, dazu ein ganz leichter roter Landwein, und nachher Käse.

Aber auch der klassische Eintopf mit viel Rauchfleisch und nicht so viel Kartoffeln gehört unter den einfachen Gerichten, nach denen man sich ja immer wieder sehnt, zum Besten. Man sollte allerdings auch hier den Aspekt der körperlichen Arbeit nicht vergessen. Mindestens sollte es draußen kalt sein.

Die einfache Suppe ersetzt symbolisch den immer etwas schweren Erbsbrei im Hauptgang, wie in dem untenstehenden Menü gezeigt wird.

Die Suppe aus frischen Erbsen und etwas Salat (man kann auch wenig Kerbel dazugeben) gehört zu den besten Suppen überhaupt. Sie hat eine ganz sanfte Konsistenz (besonders wenn sie mit Ei und Sahne gebunden ist), und einen ganz kräftigen Geschmack. Man darf nur mit dem Fett nicht sparen. Ein Menü für diese Suppe findet sich auf S. 106.

19.00	Erbsensuppe von trockenen Erbsen	18.40	wärmen, 18.55 Butter zugeben
19.20	Kassler mit Sauerkraut	19.15	auf Platte anrichten
	Kartoffelsalat	18.58	warmstellen
	Chicoreesalat	19.18	anmachen
19.45	Zwetschgenkuchen mit Schlagsahne	19.40	Sahne schlagen

Ich weiß nicht, ob es eine offizielle Definition gibt, was ein Eintopfgericht ist. „Etwas, das in nur einem Topf gekocht ist", scheint zu weit zu sein. Ein Auflauf ist meines Wissens kein Eintopf. Im Dritten Reich wurde es im Rahmen des von oben organisierten Drucks von unten als nationale Pflicht erklärt, an bestimmten Sonntagen Eintopf zu kochen, und die Zeitungen brandmarkten mit Entrüstung solche, die Huhn auf Reis zum Eintopf erklärten. Offenbar muß Eintopf etwas Suppiges haben, und die Bestandteile müssen ohne weiteres Zerkleinern oder jedenfalls mit dem Löffel eßbar sein. Ich würde vermuten, daß es für guten Eintopf zwei weitere Kriterien gibt: Die Bestandteile, also etwas Fleisch, Suppe, die einzelnen Gemüse müssen für sich erkennbar und trennbar sein; und jeder Bestandteil soll schon allein gut schmecken. Also: Man wird in einer Erbsensuppe nicht Kartoffeln bis zur Unkenntlichkeit verkochen, sondern wird sie in kleinen Schnitzchen zugeben und nur etwa 10 Minuten kochen lassen. Eine klare Brühe soll klar bleiben, Gemüse sollen nicht zerfallen, und Fleischstücke sollen nicht faserig werden oder zerfallen.

Eine Frage ist, ob man Fleisch und Gemüse anbraten soll. Wenn ja, muß man später das Bratfett wieder abzuschöpfen versuchen. Ich meine, daß man meist ohne Anbraten auskommen kann. Allenfalls kann man vor allem Zwiebeln in Butter ohne Bräunung weichwerden lassen, oder Butter etwa in Blumenkohl einziehen lassen. Ich meine auch, daß es nur ganz selten angebracht ist, Mehl zu verwenden. Wenn man will, kann man eine gewisse Sämigkeit durch Mitkochen von Kalbsfuß (s. S. 88) erreichen.

Für das Fett, das man vorher vermieden oder abgeschöpft hat, wird man zum Schluß etwas Butter zugeben und das Gericht unter Rühren fast zum Kochen bringen, damit die Butter in die festen Bestandteile einzieht.

Erbsensuppe von trockenen und von frischen Erbsen

1) 6 Personen
500 g trockene Erbsen 24 Stunden einweichen; mit 200 g Schinkenresten mit Wasser gut bedeckt, 3 Stunden kochen, passieren. Mit 50 g Butter anrichten.
2) 6 Personen
500 g frische Erbsen und 1 Kopfsalat, püriert, mit 1 1/2 l Fleischbrühe 10 Minuten kochen, Salz, Pfeffer; mit 100 ml Sahne und 30 g Butter fast aufkochen.

1) Die Erbsen werden über Nacht eingeweicht. Ein Zusatz von Soda zum Einweichwasser müßte unnötig sein, wenn die Erbsen nicht zu alt sind. Dann kocht man sie, wegen der aufgelösten Mineralsalze am besten mit dem Einweichwasser, unter Zugabe von Schinkenresten (der Knochen eines geräucherten Rohschinkens ist klassisch) oder sonstigem Fleisch und Knochen, gut weich, sonst sinken sie nach dem Passieren in der Brühe zu Boden. Am besten kocht man im Backofen zugedeckt bei 160°, nachdem man auf dem Herd aufgekocht hat. Man passiert, füllt mit kochendem Wasser bis zur gewünschten Konsistenz (nicht allzu dick) auf und fügt Butter dazu.

2) 500 g ausgepulte frische Erbsen und 1 schöner Kopf grüner Salat werden in der Messermühle sorgfältig zerkleinert und in der Fleischbrühe mit Salz, Pfeffer 10 Minuten gekocht. Dann wird Butter und Sahne zugegeben und alles noch einmal beinahe zum Kochen gebracht.

Varianten:

zu dem Rezept 1) Statt der Butter kann man 100 g sehr fein geschnittenen mageren geräucherten Speck mit 50 g darin gebratenen Zwiebelscheiben über die Suppe geben. Man kann ferner geröstete Brotwürfel dazugeben (siehe pürierte Gemüsesuppe).

Als Eintopf ist diese Suppe sehr geeignet mit Wurst oder Rauchfleischstücken, wenn man will mit 300 g 20 Minuten mitgekochten 1-cm-Kartoffelwürfeln.

Zu 2) Man kann die Gemüse auch ganz mitkochen und nach dem Weichwerden pürieren. Man muß dann etwa 30 Minuten kochen. Man kann die Fleischbrühe auch durch 1 Liter Wasser ersetzen und zum Schluß mit 500 ml Milch, 100 ml Sahne aufkochen. Man kann schließlich nur Fleischbrühe nehmen und statt Sahne 60 g Butter. Geröstete Brotwürfel passen auch zu dieser Suppe gut. Man kann eine Handvoll Kerbel mitkochen.

Die roh pürierte Suppe kann man zum Schluß mit 3 Eigelb, 100 ml Sahne binden.

Vorratshaltung:

Die fertige Suppe (vor der Zugabe von Butter, Sahne und Eiern) kann man gut einfrieren, am besten in nicht zu dicker Schicht, damit man gewünschte Mengen mit einem heißen, schweren Messer abschneiden kann.

Mikrowellenherd

ist gut für Speck und Zwiebeln, bei der Suppe mit frischen Erbsen für das Weichkochen ohne Anbrennen und für das Binden mit Ei und Sahne (S. 57). Für langsames Weichkochen hat er keinen Vorteil.

Suppen mit Mehl: Suppen mit wenig Mehl

Seit ich in fünf Jahren Frankreich die feine Küche und seitdem bei vielen offiziellen Essen die sogenannte feine Küche kennen gelernt habe, ist der Wunsch nach einfachen Suppen, wie früher zu Hause, stetig gewachsen. Diese Suppen waren, wenn es nicht klare Suppen waren, immer mit Mehl gemacht, meistens allerdings, und das ist auch in vielen Restaurants so, mit viel zu viel Mehl. Andererseits gibt es Gerichte, gerade mit Champignons, auch mit Huhn, zu denen ein wenig Mehl gut paßt. Man muß allerdings gegenüber den üblichen Rezepten viel weniger, vielleicht 3mal weniger nehmen, und man muß vermeiden, daß das Mehl kleisterartig klebrig wird. Man muß es deshalb anbraten, oder man muß Mehl verwenden, das man bei etwa 150° etwa 20 Minuten lang gebacken hat. Dann gibt das Mehl der Suppe eine weiche Konsistenz und erhöht den Geschmack der anderen Bestandteile, ohne daß die Suppe schwer wird. Wenn man Wiesenchampignons hat, oder noch besser Waldchampignons, oder gar Steinpilze, dann ist die Suppe Bestandteil eines großen Festessens. Mit Zuchtchampignons ist sie ein kräftigender Bestandteil eines bürgerlichen Menüs, etwa:

19.30	Sardinen, heiß auf Toast	19.20	Toast machen, 19.25 mit Sardinen in Backofen
19.45	Champignoncreme-Suppe	19.30	Platte anstellen, 19.40 Brühe kochen, Champignoncreme einrühren
20.05	Kalbsleber	20.00	aufstellen, 20.03 wenden
	Bratkartoffeln	19.55	aufstellen, 20.01 wenden
	Grüner Salat	19.57	anmachen
20.25	Crème Caramel		

Eine Champignoncremesuppe kann – wir hoffen, daß das mit Ihrer so ist – sehr gut sein. Das ist schön, denn die Suppe stimmt den Gast auf die Mahlzeit ein. Sie nimmt den ersten Hunger, und der Gastgeber muß wissen, daß seine Gäste ein wenig erschöpft und meistens wirklich hungrig zu ihm kommen, auch wenn sie nicht – was falsch und ungesund ist – das Mittagessen ausgelassen haben in Erwartung abendlicher Genüsse. Nach dem kalten Cocktail und den mit Vorsicht zu genießenden Nüssen oder Salzstangen (Käsestangen verderben den Geschmack) ist die Suppe die erste wahre Erholung. Der Gastgeber kommt in ein Dilemma: Wenn er große Portionen austeilt oder Suppe nachschenkt, leidet später der Appetit, oder die Gäste essen zuviel und beklagen sich daheim über schweres Essen. Deshalb sollte man wenigstens dann, wenn man selbst weiß, daß der Rest der Mahlzeit auch gut und reichlich ist, eher dem französischen Vorbild folgen und Suppe nur einmal anbieten.

Champignoncremesuppe

6 Personen
500 g Champignons mit dem Saft von 1/2 Zitrone in 30 g Butter mit 5 g Mehl bräunen, 50 ml Sahne zugeben, pürieren; mit 3/4 l Fleischbrühe aufkochen, 1/4 l Sahne zugeben, Salz, Pfeffer.

Die Champignons putzen (nicht schälen) waschen, gut abtropfen. Fleischbrühe aufstellen, in einer großen Pfanne Butter bei starker Hitze zum Schäumen bringen, Champignons und Mehl zugeben und stark rühren, bis sich am Boden eine braune Schicht zu bilden beginnt. Den Saft von 1/2 Zitrone zugeben und in der Messermühle nach Zugabe von 50 ml Sahne 30 Sekunden lang pürieren. Die Masse muß dabei umlaufen, so daß alle Teile fein püriert werden. Notfalls gibt man noch etwas Sahne dazu. Sofort oder später in die kochende Fleischbrühe gießen und aufkochen. Den Rest der Sahne zugeben und noch einmal zum Kochen bringen.

Varianten:
Man kann die Suppe auch länger kochen, etwa 15 Minuten, muß dann aber statt der ersten Sahne Fleischbrühe nehmen. – Statt Fleischbrühe kann man auch Wasser nehmen, 1/2 l Wasser, und zum Schluß statt mit Sahne mit 1/2 l Milch aufkochen und 20 g Butter zufügen. – Man kann auch das Mehl weglassen und stattdessen 30 g Weißbrot ohne Rinde mitpürieren. – Oder man kann die Flüssigkeitsmenge erhöhen und zum Schluß 1 mit der Sahne verrührtes Eigelb einrühren.

Vorratshaltung:
Das Champignonpüree, möglichst mit Fleischbrühe statt Sahne, hält sich gut in der Kühltruhe und kann gefroren in die heiße Brühe gegeben werden. Es eignet sich auch als Gemüsebeilage, als Grundlage für Soufflé und für Füllen.

Mikrowellenherd
ist sehr geeignet. Hier ein etwas variiertes Rezept für 3 Personen: 1/2 Zwiebel mit 15 g Butter und 5 g Mehl 3 Minuten erhitzen, mit 250 g Champignons und dem Saft von 1/4 Zitrone in der Messermühle pürieren, im ersten Topf mit weiteren 15 g Butter 5 Minuten zugedeckt erhitzen, dabei zweimal umrühren, 3/8 l Fleischbrühe, 1/8 l Sahne zugeben, rühren und aufkochen.

Vornehme Abfallverwertung

Consommé (bei Wild und Geflügel sagt man gern Fumet) ist als wohlschmeckende, nicht schwere kleine Suppe sehr beliebt. Man serviert sie in Tassen, allerdings nicht in den lächerlich kleinen Täßchen, in denen man nur wahre Essenzen anbieten darf. Die Hausfrauen wissen meist nicht, wie gut man dafür Gerippe und Reste von Fasan, Wild und ähnlichem verwenden kann. Allerdings kann man nicht erwarten, daß die Brühe klar wird, und deshalb ist das Klären mit Eiweiß angebracht. Es hat gleichzeitig den Vorteil, daß der Wildgeschmack, der recht penetrant sein kann, ein wenig gemildert wird. So sehr ich also das Klären bei Rinds- oder Hühnerbouillon zu vermeiden suche, bei Wild begrüße ich es.

Beim Menü muß man darauf achten, daß diese Suppen (mit Ausnahme von Ente) etwas Preziöses haben, das man nicht mit Deftigem totschlagen darf. Es ist durchaus legitim, sie vor dem zugehörigen Wildgericht zu geben. Sonst geht es zum Beispiel so:

20.00	Krevettencocktail	19.50	aus Kühlschrank
20.15	Perlhuhnsuppe suprême	20.00	Platten anstellen, 20.10 Brühe erhitzen Ei und Sahne anrühren
20.30	Kalbsmedaillons	20.11	anbraten, wenden, 20.14 in Ofen, 20.19 wenden
	mit Morcheln	20.25	anbraten, mit Sahne ablöschen, Morcheln mitkochen
	Spätzle	20.15	Wasser aufstellen,
		20.20	Spätzle herstellen
	Grüner Salat	20.24	anmachen
20.50	Käse		
21.05	Frische Früchte	21.00	aus Kühlschrank

Man kann natürlich bei dem Rezept rechts Fleischbrühe statt Wasser nehmen. In diesem Fall kann man die Flüssigkeitsmengen verdoppeln; man verliert aber an charakteristischem Geschmack. Ich meine, daß es auch hier lohnt, Purist zu sein. Der Koch soll nichts mehr fürchten als den Einheitsgeschmack, mag er wie in den mittleren Küchen von Einheitssaucen und Einheitsbrühen, oder in den besseren Küchen von Einheitsfonds und unkritischer Verwendung von Fleischbrühe kommen.

Perlhuhnsuppe

3 Personen

Leber und Gerippe von 4 Perlhühnern 2 Stunden lang in $^1/_4$ l Wein, $^1/_2$ l Wasser mit je 1 Stück Karotte, Lauch und Zwiebel, Salz auskochen, mit 2 Eiweiß klären. 1 Eigelb und 60 ml Sahne, Pfeffer, Salz, Muskat heiß rühren, die Brühe dazurühren.

4 gebratene Perlhühner, etwa mit Zwiebeln und saurer Sahne, die am Vortag serviert wurden, sind so tranchiert worden, daß das Gerippe, Flügel, Hals und Teile der Haut auf dem Brett bleiben; nur Brust und Beine werden serviert. Die Gerippe werden (wenn man will) 1 Stunde im Ofen bei 200° gebacken, dabei gedreht und mit wenig Wein begossen, so daß die Pfanne nicht schwarz wird. Dann werden sie kleingehackt, mit den Lebern, Karotte, Lauch und Zwiebel, eventuell restlicher Sauce, Wein und Wasser aufgekocht, mit einer mit kaltem Wasser gefüllten Schüssel bedeckt und sanft 2 Stunden durchgekocht, über Nacht im Eisschrank abgekühlt und dann entfettet und passiert. Die Brühe wird mit 2 Eiweiß unter Rühren bei mittlerem Feuer aufgekocht, wobei sich vor dem Kochen plötzlich starker Schaum entwickelt, dann bei kleinem Feuer weitergekocht, bis das Eiweiß nach etwa 20 Minuten feste Klümpchen bildet. Dann wird abgesiebt. In einem zweiten Topf wird das Eigelb mit wenig Sahne, Salz, Pfeffer und Muskat unter starkem Rühren erhitzt. Wenn es anfängt, dick zu werden, wird sofort Sahne zugegeben, weitergerührt, bis es wieder dick wird, bis $^3/_4$ der Sahne verbraucht sind. Der Rest kommt außerhalb des Feuers dazu, und nun wird die heiße Brühe unter Rühren allmählich zugegeben.

Varianten:

Man kann der Suppe vor dem Binden mit Eigelb 1 Eßlöffel voll Perlhuhnfleisch pro Person in kleinen Würfeln zufügen und dann noch etwa 10 Minuten kochen. Man kann $^1/_2$ Eßlöffel Sherry pro Person zum Schluß zugeben, oder 1 Eßlöffel pro Person, der nach dem Klären der Brühe einige Minuten mitgekocht wird. Statt Sherry kann man auch Cognac (etwas weniger) nehmen. Man kann auch sehr kleingeschnittene Gemüse (1 Eßlöffel pro Person) zugeben, die wie bei der klaren Gemüsesuppe behandelt sind.

Ebenso kann man mit Fasan, Ente oder mit Wild verfahren.

Wenn die Brühe ganz ohne Fett war und wenn die Eigelb nicht gekocht haben, kann man diese Suppe auch eisgekühlt servieren.

Vorratshaltung:

Die Brühe (ohne Ei und Sahne) hält sich gut in der Kühltruhe. Man kann sie auch stark einkochen und als Fond für eine braune Sauce verwenden.

Mikrowellenherd:

Das Binden der Suppe mit Eigelb und Sahne geht besonders gut. Man verrührt Eigelb, Sahne, Salz, Pfeffer, Muskat, rührt die heiße Brühe vorsichtig ein und erhitzt im Mikrowellenherd, wobei man jede Minute umrührt und aufhört, wenn die Suppe dick zu werden beginnt.

Ein Menü für 10 Personen ohne Bedienung

Zunächst etwas zu den rechts beschriebenen Suppen: Mit Ei und Sahne gebundene Fleischbrühsuppen sind einfach herzustellen und sehr wohlschmeckend, aber reich. Man darf sie nicht oft anbieten, will man nicht seinen Ruf als „leichter“ und „einfacher“ Koch verlieren. Und man soll sparsam anbieten, nicht mehr als 200 ml, in Suppentassen etwa. Verfeinerungen durch Brotwürfel, Sherry oder dergleichen sind schädlich.
Die Suppen sind leicht für viele Gäste herzustellen. Deshalb hier ein Menü für 10 Gäste, das in der Küche keine besondere Mühe macht:

20.00	Salatsuppe	19.40	Brühe aufkochen, 19.50 Suppe legieren
20.20	Filet Châteaubriand	19.50	Filets scharf anbraten, 19.55 Filets in Ofen
	mit	20.08	Filets wenden
	Schloßkartoffeln	19.30	in Ofen, 19.50 wenden, 20.10 wenden
	Champignons und	20.15	in Pfanne
	gebackenen Tomaten	20.05	in Ofen
20.45	Käse		
21.05	Apfel Kardinal		

Oder: Bei Beginn des Essens sind die Filets bei 70° warmgestellt, damit das Innere rosa und nicht mehr blutig ist. Noch besser allerdings ist es meiner Meinung nach, so zu verfahren, wie der Zeitplan des Menüs es vorsieht.
Wir nehmen an, daß es eine Hausfrau gibt, die sich selbst in der Küche vorsteht, und einen Hausherrn, der bereit und fähig ist, sich um den Wein zu kümmern und das Fleisch aufzuschneiden, und der außerdem die Tätigkeiten der Hausherrin aufmerksam und mit Verständnis verfolgt, so daß er etwa die notwendige Unterbrechung des allgemeinen Gesprächs beim Wechseln von Tellern und Speisen fördern kann. Dafür nimmt auch die Dame des Hauses auf ihn Rücksicht; sie trifft ihn nicht oft mit tadelnden Blicken, und sie unterbricht nicht seine schönste, schon zu oft gehörte Geschichte vor der Pointe mit der Aufforderung, die Teller einzusammeln.
Es ist gut, einen Beistelltisch zu haben. Die Suppe kommt mit den heißen Suppentassen (es ist gut, wenn sie keine Henkel haben und deshalb stapelbar sind) aus der Küche. Auf dem Beistelltisch wird eingeschenkt, und die Tassen werden mit den Untertellern, die schon vorher dort standen, zum Tisch gereicht, wo die Gäste sie weitergeben. Die Hausherrin geht, sobald sie gegessen hat, in die Küche und nimmt auf dem Weg die Cocktailgläser mit hinaus. Sie brät die Champignons und bringt Champignons, Tomaten und Kartoffeln und Sauce in je zwei Schüsseln auf den Tisch, so daß jede Tischhälfte autark ist. Jetzt werden die Suppentassen eingesammelt. Das geht leichter, wenn die Suppenlöffel kurz sind und nicht so leicht herunterfallen. Dann kommt das Fleisch auf einem großen Tranchierbrett auf den Beistelltisch, dazu die gewärmten Teller, und der Hausherr tranchiert, während die Hausfrau das Fleisch auf die Teller gibt und dabei die Wünsche jedes Gastes nach Menge und ob stark oder weniger stark gebraten berücksichtigt. Die Gäste nehmen von den Schüsseln auf dem Tisch selbst. Jetzt ist das Essen gewonnen. Warmhalten der Speisen lohnt kaum, denn nur wenig Gäste nehmen zweimal; nur die Hausfrau muß es tun und hält sich deshalb beim ersten Mal zurück.

Bei den Suppen der hier beschriebenen Art kann das Eigelb ein wenig gerinnen. Wenn das passiert, fasse man sich in Ruhe; die Suppe schmeckt trotzdem gut. In dem Rezept wird das Gerinnen durch die Zugabe der kalten Sahne und vorsichtiges Zugießen der heißen Brühe unter starkem Rühren vermieden.

Salatsuppe, Artischockensuppe, Potage Germiny

8–10 Personen
300 g äußere grüne Salatblätter (von 3 Salatköpfen) pürieren, in 800 g gut gewürzter starker Fleischbrühe 10 Minuten kochen. Mit 8 Eigelb, 300 ml Sahne, nochmals 300 ml Sahne legieren, mit Salz, Pfeffer abschmecken.

Die Fleischbrühe wird auf mittlerem Feuer aufgestellt. Von drei Salatköpfen nimmt man die äußeren grünen Blätter, wäscht sie kurz und püriert sie in der Messermühle in zwei Portionen. Von der ersten Portion gibt man nicht alles in die Fleischbrühe; der Rest in der Mühle hilft, daß die Blätter der zweiten Portion schnell von den Messern erfaßt werden (die pürierte Masse muß als Ganzes umlaufen, sonst bleiben größere Blattstücke). Nun kocht man die ganze Masse in der Fleischbrühe 10 Minuten. Vorher hat man die 8 Eigelb mit etwa 50 ml Sahne in einem nicht zu kleinen flachen Topf bereitgestellt. Man stellt sie auf die heiße Platte, auf der die Fleischbrühe zum Kochen gebracht wurde (die Fleischbrühe kocht auf einer zweiten Platte bei kleiner Hitze weiter), und rührt mit einem Holzspatel oder Kochlöffel mit geradem Ende immer am Boden entlang, um fest werdendes Eigelb sofort abzulösen. Sobald die Masse zu stocken beginnt, gibt man 50 ml Sahne zu und fährt so unter dauerndem Rühren fort, bis die ganze Sahne verbraucht ist und die Masse gerade anfängt, Blasen zu werfen. Nun gibt man die restlichen 300 ml Sahne zu und rührt gut durch. Inzwischen ist die Salatbrühe fertig gekocht; man gießt sie langsam unter Rühren in die Ei-Sahnemasse, würzt mit Salz, Pfeffer und, wenn man will, Muskat und trägt in einer heißen Terrine und mit heißen Suppentassen auf.

Ähnlich: Artischockensuppe:
Die Brühe zu 1/4 durch Artischockenkochbrühe ersetzen. Statt des Salats 300 g Artischockenpüree (siehe bei Artischocken); zum Schluß drei kleingewürfelte, in etwas Sherry erhitzte Artischockenböden zugeben.

Potage Germiny (Sauerampfersuppe):
Statt des Salats Sauerampferblätter (oder, damit die Suppe weniger sauer ist, halb Sauerampfer und halb Salat oder Spinat).

Variante:
Die Sahne kann man zum Teil (etwa zu 1/4) durch saure Sahne ersetzen. Man beginnt mit der sauren Sahne!

Vorratshaltung:
Alle drei Suppen können auch kalt gegessen werden. Man darf dann keine Butter verwendet haben, sonst gibt es kleine Körnchen in der Suppe.

Tiefkühltruhe:
Die Pürees halten sich hervorragend. Damit wird die Zubereitung dieser Suppen noch schneller und einfacher.

Mikrowellenherd:
Kann verwendet werden, um mit wenig Brühe die Gemüse zu dämpfen und um die Eier mit Sahne zu binden (siehe bei Forellensuppe, S. 57).

Fischsuppe für Binnenlandbewohner

Fisch darf bei den Suppen nicht fehlen, sozusagen als Erinnerungsposten für unendliche Möglichkeiten, die vor allem den Küstenbewohnern und den Großstädtern mit hervorragenden Fischgeschäften zur Verfügung stehen. Ich gebe ein Rezept für Forellen, weil man diese ganz frisch kauft und sicher einen einwandfreien Sud bekommt. Der trockene Wein gibt der Suppe eine gewisse Frische.

Die zarte Suppe verlangt danach etwas Kräftiges, aber Delikates, etwa so:

20.00	Forellensuppe	19.37	Forellen ziehen lassen, Bechamel herstellen,
		19.45	Forellen aus dem Sud, schneiden, Brühe mit Eigelb und Sahne legieren
20.15	Lammcarré	19.40	in Ofen, 20.05 wenden
	Gratin dauphinois	19.41	in Ofen
	Grüne Bohnen	19.50	in kochendes Wasser, 20.05 mit Butter dämpfen
	Brunnenkresse		
20.35	Käse		
20.50	Pfirsich Melba	20.14	Eis aus Kühltruhe, 20.45 Sahne schlagen

Das Geheimnis bei Fisch ist immer wieder die Zeit und die Temperatur der Zubereitung. Es ist ganz ähnlich wie beim gekochten Ei. Kochendes Wasser läßt sofort mindestens die Außenseite des Fisches hart werden. Etwa 75° ist ideal, dann kann die Wärme auch langsam ins Innere dringen. Für die hier beschriebene Suppe müssen die Forellen zunächst nur so weit gar sein, daß man die Filets gut ablösen kann. Dies merkt man daran, daß sich die Rückenflosse leicht herausbrechen läßt.

Man mag fragen, ob die Verwendung von Mehl in dem Rezept rechts gerechtfertigt ist, auch wenn seine Menge, wie hier, sechsmal kleiner ist als in den üblichen Rezepten. Diese kleine Menge erleichtert das Gelingen des Rezepts erheblich. Sie gibt der Suppe eine gewisse Weichheit; und man braucht etwas weniger Butter zum Binden. Andererseits muß man sagen, daß der Geschmack nicht ganz derselbe ist wie beim Binden ohne Mehl. Puristen, die das Mehl ganz weglassen wollen, sind also willkommen.

Forellensuppe

6 Personen

In einem Sud von 1/2 l Wasser, 1/2 l Weißwein, Zwiebel, Lorbeer, Nelken, (Knoblauch), Salz Gräten und Kopf von 4–6 Forellen 1 Stunde kochen, darin 2 Forellen 8 Minuten ziehen lassen. 15 g Butter, 10 g Mehl dünsten, mit der Brühe ablöschen, mit 3 Eigelb, Pfeffer und 1/2 l Sahne abziehen, Forellenfilets kleingeschnitten zugeben, dazu Dill oder Schnittlauch.

Dazu 200 g Weißbrotscheiben, mit 30 g Butter gebräunt.

Nach einem Gericht mit Forellenfilets macht man den Sud mit den Fischresten mit Weißwein, Wasser, 1 in Scheiben geschnittenen Zwiebel, 1 Lorbeerblatt, 1 Nelke, wenn man will 2 Zehen Knoblauch, kocht 1 Stunde mit einer mit kaltem Wasser gefüllten Schüssel als Deckel, läßt 2 Forellen darin 8 Minuten ziehen, nimmt sie heraus. Inzwischen hat man 10 g Mehl in 15 g Butter angeschwitzt, gießt die Brühe unter Rühren durch ein Sieb darauf und läßt 10 Minuten kochen, löst inzwischen die Forellenfilets aus und schneidet sie in kleine Stücke. Die Eigelb mit Pfeffer werden unter Rühren mit allmählicher Sahnezugabe erhitzt, bis die Masse dicklich wird. Dann wird die restliche Sahne zugegeben (etwa 1/4 der Gesamtmenge) und die heiße Brühe unter Rühren dazugeschüttet, die Forellenfilets und Dill oder Schnittlauch zugegeben.

Varianten:

Diese Suppe ist schon fast eine Zwischenstufe zu einem Vorgericht: Wenn man das Wasser wegläßt, den fertigen Sud etwas eindampft, die Fischfilets ganz läßt, das Gericht auf feuerfesten Tellern anrichtet und zum Schluß 5 Minuten unter den Grill stellt, dann kann man es „Gratin de truites“ nennen, ähnlich dem berühmten „Gratin d'écrevisses“ (Krebsauflauf), der in Frankreich zur köstlichsten Art gehört, Krebse zuzubereiten, und der auch fast eine Suppe ist.

Wenn man die Sahne und die Eier ganz oder fast ganz wegläßt, die Fischmenge und Gewürzmenge erhöht und mit Safran ergänzt, kommt man in die Nähe der klassischen französischen Fischsuppen. Man wird dann am besten eine Mischung aller Süßwasserfische verwenden, die man bekommen kann.

Dazu gibt man mit Vorteil sehr dünne Weißbrotscheiben, mit wenig Butter etwa 20 Minuten bei 150° im Ofen getrocknet und wenig gebräunt.

Mikrowellenherd:

Sehr gut für das Binden mit Eigelb. Eigelb und Sahne, dazu 1/3 der Brühe erhitzen, einmal pro Minute rühren, bis die Masse dick wird, dann Rest der heißen Brühe einrühren.

Soupe statt Potage: Bäuerliche Suppe mit Brot

Im Krieg gab es (weil man in unserem Gemüsedorf manchmal Zwiebeln bekam) oft die „Brotsuppe Birkenmeier“, benannt nach einer Nachbarin: Zwiebeln in der Pfanne erhitzt, dazu Wasser mit Brotscheiben. Heute gibt es wieder Butter und Käse, und damit die rechts beschriebene Suppe, die ich als ein Schlüsselrezept dieses Kochkurses betrachte: Der Verzicht auf Zutaten wie Fleischbrühe, Fleisch, Eier führt zu einer Feinheit des Geschmacks, die schwer zu übertreffen ist.

Aber natürlich will ich meinen Lesern nicht meinen Geschmack aufzwingen. Wer es kräftiger liebt, ist willkommen und findet seine Varianten rechts. Ich muß gestehen, daß ich selbst, obwohl das Rezept zweimal, wenig variiert, auf meinen Zetteln stand, es jetzt noch einmal probierte, weil ich wieder zweifelte, ob so etwas Einfaches gut sein kann.

Ein einfaches Gericht verlangt ein einfaches Menü:

12.30	Brotsuppe mit Zwiebeln	12.10	Zwiebeln dämpfen, Wasser kochen
		12.12	Brote bestreichen, 12.20 in Ofen
12.50	Hackfleischbraten	12.00	herstellen, 12.10 in Ofen
	Spinat	12.40	erhitzen, Sahne zugeben
	Kapernsauce	12.45	Bechamel erhitzen, Kapern zugeben
	Salzkartoffeln	12.20	schneiden, Wasser kochen, 12.30 Kartoffeln kochen
13.10	Rote Grütze mit Milch		

Weißbrot in der Küche. In vielen Rezepten wird Brot verwendet. Fast immer muß man darauf achten, daß man beim fertigen Gericht noch etwas davon merken soll. In Füllen etwa soll man es locker verarbeiten, so daß noch Stücke bleiben; oder man verwendet geröstete Brotwürfel, die eine gewisse Festigkeit haben.

Unsere Suppe gibt ein Beispiel der möglichen Vielfalt von Geschmack und Konsistenz: frisches Weißbrot (die Rinde soll man entfernen) gibt eine flaumige Masse, die den Geschmack von Brühe, Butter und Käse ganz aufsaugt. Der Brotgeschmack wird etwas stärker, wenn man das Brot im Ofen trocknet, so daß es fast hart, aber noch ja nicht braun ist. Toast ist außen braun, aber innen noch weich, man wird ihn am ehesten in die fertige Suppe tun. Mit Butter im Ofen bei etwa 140° gebräunte Schnitten oder Brotwürfel sind durch und durch fest und lassen sich leicht brechen, besonders die nur 1/2 cm dicken Croutons, die man extra zur Suppe gibt. Immer muß man starke Bräunung vermeiden, weil das Brot dann bitter schmeckt. Deshalb röste ich Brot immer im Ofen, nicht in der Pfanne. Und ich nehme mehr Brot, um es nach wenigen Tagen weiter zu verwenden.

Brotsuppe mit Zwiebeln

4 Personen

200 g Zwiebeln kleinschneiden, in 20 g Butter und 30 ml Sahne weichdämpfen. 200 g rindenlose Weißbrotscheiben mit 60 g Butter bestreichen, über die Zwiebeln schichten, 50 g Käse zwischen die Schichten streuen. Mit 1 $^1/_2$ l Wasser, Salz, Pfeffer im Ofen bei 200° aufkochen und gratinieren.

Man schneidet die Zwiebeln in 1 bis 2 mm dicke, kurze Streifen und dünstet sie möglichst schon in der Form, in der die Suppe in den Ofen kommt, bei kleiner Hitze unter häufigem Rühren weich, bis alle Flüssigkeit verdampft ist. Es darf aber nicht die geringste Bräunung über ein sanftes Gelb hinaus eintreten. Man schneidet das Brot (etwa ein französisches Weißbrot von etwa 6 cm Durchmesser) in 1 cm dicke Scheiben, bestreicht sie mit fast der gesamten Butter, legt eine Schicht über die Zwiebeln, darüber streut man Käse so, daß er nirgends in dicker Schicht liegt und beim Kochen klumpen würde; dazu Pfeffer, Muskat. Über die letzte Schicht gibt man die restliche Butter in Flöckchen. Inzwischen hat man 1$^1/_2$ l Wasser mit Salz (wenig wegen des Käses) zum Kochen gebracht, gießt es vom Rand her in die Form und stellt diese in den auf 200° vorgeheizten Ofen, bis die Flüssigkeit lebhaft kocht und die Oberfläche braun zu werden beginnt.

Varianten

gibt es unzählige. Man kann vor dem Dünsten der Zwiebeln einen Kaffeelöffel Zucker braun werden lassen, um der Suppe Farbe zu geben. – Man kann statt Wasser nehmen: $^1/_3$ milden Weißwein, $^2/_3$ Wasser; oder Fleischbrühe. – Man kann das Weißbrot toasten, oder es mit Butter im Ofen bei 140° sanft bräunen. – Man kann den Käse (100 g Gruyère) in dünnen Scheiben auf die Brotschnitten legen. – Wenn man Fleischbrühe nimmt, kann man sich auf eine oder zwei Schichten von Brot beschränken, dafür 150 g Zwiebeln nehmen. – Man kann die Zwiebeln passieren (auch hier 150 g), mit Milch aufkochen, mit einem Eigelb abziehen und $^1/_2$ cm starke geröstete Brotscheiben (Croutons) extra geben.

Vorratshaltung:

Die Zwiebeln kann man in größerer Menge dünsten und in einer Tüte in dünner Schicht in der Kühltruhe lagern. Bei Bedarf bricht man davon ein Stück ab.

Mikrowellenherd

ist hervorragend zum Dünsten der Zwiebeln. Man rührt einmal um und dünstet etwa 4 Minuten, bis die Flüssigkeit verschwindet. Hier ist der Vorteil, daß jedes Bitterwerden durch gebräunte Zwiebeln vermieden wird.

Suppe als Hauptgericht

Unter den sogenannten Eintopfgerichten schätze ich besonders die, die eine einigermaßen klare Brühe und dann wenigstens *einen* nicht zu kräftigen Anteil haben. Und da wiederum sind für den geborenen Schwaben Maultaschen das Höchste. Wenn es früher bei uns Maultaschen gab, mußten ungeheure Mengen gemacht werden. Ich erinnere mich, daß ich allein mehr als 12 Stück essen konnte. Dazu gab es Salat, und dabei mußte nach schwäbischer Tradition viel Kartoffelsalat sein, und einen leichten Nachtisch. Ich gebe ein Menü, das unser Präsidium bekommen hat:

12.30	Maultaschen in der Suppe	12.00	Wasser kochen, 12.10 Maultaschen in Brühe
	Kartoffelsalat	12.00	Kartoffeln kochen, 12.20 schneiden
	Chicoreesalat	12.02	anmachen
	Tomatensalat	12.04	schneiden, 12.28 anmachen
	Grüner Salat	12.29	anmachen
12.50	Gebackene Äpfel	12.15	vorrichten, 12.20 in Ofen

Dazu schwäbischer Apfelmost, oder Cider, oder Weißwein.

Nudeln selbst zu machen ist nicht so sehr vom Arbeitsaufwand her schlimm. Eine halbe Stunde pro Pfund Mehl müßte reichen, wenn man es einmal kann. Aber man muß ein bißchen üben, bis die Nudelbahnen wirklich dünn werden, und man braucht eine kräftige Teigrührmaschine.

In der Schüssel rührt man

500 g gesiebtes Mehl (bestes Hartweizenmehl), 15 g Salz, 20 g Butter oder Öl, 7 ganze Eier (mittelgroß) oder, vornehmer, statt der 7 Eier 8 Eigelb, 2 ganze Eier, oder, der Gipfel der Feinheit, 18 Eigelb.

10–20 Minuten lang rühren, einige Stunden ruhen lassen. Der Teig soll sehr fest sein, aber sich noch auswellen lassen. Die oben angegebenen Mengen muß man je nach Mehl und Größe der Eier ein wenig variieren. Das Stehenlassen bewirkt, daß der Teig nicht mehr elastisch ist, das heißt, sich beim Auswellen nicht wieder zusammenzieht. Man teilt nun den Teig in 8 Teile und wellt jedes Stück auf einer bemehlten Platte auf eine Fläche von mindestens 20 × 40 cm aus; 30 × 50 cm ist das Ideal. Man tut das, indem man den Teig öfter wendet und jedesmal vorher wenig Mehl über die Oberfläche verteilt.

Die fertigen Stücke läßt man 1 Stunde lang trocknen. Man kann sie dazu auf eine Leine hängen. Will man Nudeln machen, läßt man länger trocknen, so daß sie gerade noch nicht spröd werden; dann rollt man sie zusammen und schneidet die Rolle in Scheiben, deren Dicke der gewünschten Nudelbreite (z. B. 1 cm) entspricht.

Maultaschen in der Suppe

Vorspeise: 10 Personen
Hauptgericht: 5 Personen
Fülle aus 500 g Hackfleisch vom Rind, 500 g Brät, 200 g magerem Speck, 500 g passiertem Spinat, 2 Zwiebeln und 50 g Petersilie, 50 g Butter, Salz, Pfeffer, Muskat, 3 Eiern auf 0,3 Quadratmeter Nudelteig verteilen, mit ebensoviel Teig bedecken, in Stücke schneiden, in Portionen in Wasser, Salz, Pfeffer mit 100 g in 40 g Butter gedämpften Zwiebeln 15 Minuten kochen.

Speck in sehr kleine Würfel schneiden oder (weniger gut) in der Messermühle zerkleinern, Petersilie und Zwiebeln kleinschneiden, alle Zutaten der Fülle gut mischen („Brät" ist feines Wurstfleisch). Auf der Hälfte der fertig gekauften Nudelbahnen gleichmäßig ausbreiten, dabei einen Rand von 1 cm lassen; mit der anderen Hälfte der Nudelbahnen bedecken. Nun mit einem großen Teller mit nicht zu scharfem Rand (am besten einem Steingutteller) „abradeln", das heißt den Teller aufdrücken und so abrollen, daß die Teighälften zusammengedrückt und sozusagen verschweißt werden, während sich gleichzeitig die Stücke trennen. Man beginnt mit den Rändern und schneidet dann, am besten diagonal, so daß man Rhomben statt Rechtecken erhält, Stücke von 6 bis 10 cm Seitenlänge ab.
Inzwischen hat man die Zwiebeln für die Suppe in Butter oder Öl gedämpft, fügt kochendes Wasser, Salz, Pfeffer dazu, legt die Hälfte der Maultaschen hinein, füllt mit Wasser auf, so daß sie reichlich bedeckt sind, kocht sie 15 Minuten, trägt sie mit der Hälfte der Flüssigkeit und 30 g Butter auf und kocht, eventuell unter Nachfüllen von Wasser, die zweite Hälfte gar.

Alternativen:
Die Fülle kann man variieren: wenig oder gar kein Spinat bis zu wenig oder gar kein Fleisch. Man kann 200 g frisches Weckmehl mit 50 g Fleischbrühe zufügen, oder einen Teil des Spinats durch Champignonpüree oder Kerbel ersetzen. Man kann statt der Teigbahnen käufliche Lasagne nehmen und die Fülle auf ein Stück streichen, ein anderes darüberlegen. Oder schließlich, man kann die Nudelbahnen selbst machen, siehe links. Bei der Brühe kann man statt Wasser leichte Fleischbrühe nehmen, und man kann die Zwiebeln, mit Speck angebraten, erst am Schluß über die Suppe geben. Dann soll das Kochwasser aber etwas Butter oder Öl enthalten, damit die Maultaschen nicht so leicht zusammenkleben.

Reste und Vorratshaltung:
Reste sind bei Maultaschen fast die Hauptsache. Man kann die Suppe aufwärmen, sie soll aber nicht mehr kochen. Man kann die Maultaschen als Ganzes schmälzen: Mit sehr wenig Flüssigkeit zugedeckt erhitzen, darüber in Butter gebräuntes Weckmehl. Man kann sie in $1^1/_2$ cm dicke Stücke schneiden und diese in Butter sanft anbraten. Dabei kann man wenig Käse überstreuen, der nicht anbrennen darf, oder man gibt Streukäse extra. Oder man kann über den angebratenen Maultaschen eine Eimasse mit wenig Milch (1 Eßlöffel Milch pro Ei, Salz, Pfeffer, Muskat) stocken lassen.
Alle Reste lassen sich gut einfrieren. Brühe und Maultaschen muß man aber trennen.

Mikrowellenherd
ist gut zum Aufwärmen der Suppe und der Maultaschen, und auch für das Schmälzen des Weckmehls.

Einlagen für klare Fleischbrühe

Goldgelbe Brötchen

6 Personen

2 Eier, Salz, Pfeffer wie für Omelett schlagen, in einen großen flachen Teller geben, die Masse in 6 1 cm starke Weißbrotscheiben ohne Rinde einziehen lassen. Inzwischen eine feingeschnittene Zwiebel (100 g) in 10 ml Öl, 10 g Butter in einer großen Pfanne gelb werden lassen, die Brötchen zugeben und auf beiden Seiten leicht braten; sie nehmen dabei die Zwiebeln auf. Mit 1½ l kochender Fleischbrühe servieren.

Omelettsuppe

„Flädle“ herstellen (siehe Crêpes, S. 191, aber ohne Zucker), erkalten lassen, beschweren. Unmittelbar vor dem Essen 50 g pro Person in ½ cm breite Streifen schneiden, in die kochende Brühe geben, dazu 5 g Butter pro Person, Schnittlauch.

Consommé mit Tomaten

Pro Person die Hälfte einer sehr schönen Tomate, geschält, ausgedrückt (ganz ohne Kerne), gewürfelt. Die Brühe aufkochen, die Tomatenwürfel zugeben, noch 3 Minuten sehr sanft kochen, 5 g Butter pro Person zugeben, noch einmal fast kochen lassen.
Diese Consommé kann man kalt geben, aber dann muß es eine Brühe sein, die fast zu Gelee erstarrt, und man muß die Butter weglassen.

Consommé mit Morcheln

Frische gewürfelte Morcheln (30 g pro Person) in sehr guter Fleischbrühe 2 Minuten kochen. ½ Eßlöffel Porto und 5 g Butter pro Person zugeben, noch einmal fast aufkochen.

Vichyssoise (Lauchsuppe)

12 Personen

1 kg Lauch in dünnen Scheiben mit 100 g Salatblättern in 20 ml Öl im Ofen bei 160° 1 Stunde backen, dabei einmal durchrühren. 250 g Karotten, 150 g Sellerie, 150 g Kartoffeln in Stücken in 1½ l Wasser 40 Minuten kochen, die letzten Minuten ein halbes Sträußchen Petersilie zugeben, Salz, Pfeffer. Die Flüssigkeit abseihen, alle Gemüse (nicht die Petersilie) pürieren, wieder zugeben.

Heiße Suppe

Mit Milch (halbsoviel wie die Masse) aufkochen. 30 g Butter zugeben. Dazu Brotwürfel (S. 47).

Kalte Suppe

Halbsoviel Sahne wie die Masse unterrühren. Mit Schnittlauch servieren.

Kerbelsuppe

4 Personen

200 g Kerbel pürieren, 50 g davon mit 20 g Butter anbraten, 10 g Mehl mitkochen, mit 0,5 l Wasser, 0,5 l Milch und dem Rest des Kerbels aufkochen, 0,2 l Sahne zugeben, Salz, Pfeffer, noch einmal heißmachen.

Hierzu gibt es alle erdenkbaren Varianten: Kerbel nur aufkochen, Fleischbrühe statt Wasser und Milch, mit Ei und Sahne abziehen, oder schließlich wie Potage Germiny (S. 55) herstellen.

Blumenkohlsuppe

6 Personen

500 g Blumenkohl, zerpflückt, und 100 g Kartoffeln in Scheiben, mit Wasser gerade bedeckt, 30 Minuten kochen, passieren, Salz, Pfeffer, mit Milch (etwa 0,8 l) bis zur richtigen Konsistenz auffüllen, aufkochen, 30 g Butter und ½ Löffel feingeschnittenen Kerbel zugeben.

Man kann die Suppe ohne Kartoffeln machen, mit einer Bechamel von 10 g Mehl und mit Fleischbrühe statt Wasser und Milch, und sie mit 3 Eigelb und 200 ml Sahne abziehen.

Ochsenschwanzsuppe

6 Personen

1 kg Ochsenschwanz mit 100 g Karotten, 100 g Sellerie, 100 g Lauch, 100 g Zwiebeln in 40 ml Öl, 40 g Butter anbraten, mit 0,5 l Rotwein ablöschen, im Ofen bei 200° einkochen lassen (etwa 40 Minuten), mit 2 l Wasser auffüllen, Salz, Pfeffer, 2 Stunden im Ofen bei 160° zugedeckt kochen, Fleisch ablösen, Knochen zurückgeben, noch 2 Stunden kochen. Inzwischen 30 g Mehl in 60 ml Öl im Ofen langsam bräunen. Mit einem Teil der Flüssigkeit ablöschen, 1 Stunde auf schwachem Feuer ganz sanft kochen und immer wieder das Fett abschöpfen. Die übrige Flüssigkeit abpassieren, entfetten und mit dem Fleisch zur Sauce geben. Noch ½ Stunde kochen. Zum Schluß 50 ml Sherry und 50 g Butter zugeben.

Gazpacho

6 Personen

7 Tomaten schälen, ausdrücken, 5 davon mit $^{3}/_{4}$ einer geschälten Gurke, 1 mittelgroßen Gewürzgurke, 2 grünen Paprika (inneres Weißes und Kerne entfernt), 2 Zehen Knoblauch, geschält, 1 Zwiebel, Salz, Pfeffer, wenig Oregano und Basilikum (ein wenig Kümmel) pürieren, 150 g frisches Weckmehl unterrühren mit 170 ml Olivenöl (10 Eßlöffel) und 3 Eßlöffeln Essig. Rest von Tomaten und Gurke würfeln, extra servieren; wenn man will, geröstete Brotwürfel (S. 47) dazu.

Kalte Spinatsuppe

6 Personen

100 g Gurke, geschält und gewürfelt, 2 Tomaten, geschält, ausgedrückt, gewürfelt, 300 g frischen Spinat, gewaschen und püriert, Salz, Pfeffer, mit $^{1}/_{2}$ l Sahne, $^{1}/_{2}$ l Milch und dem Saft von $^{1}/_{4}$ Zitrone ($^{3}/_{4}$ Eßlöffel) rasch verrühren. Alle Zutaten sollen ganz kalt sein. Sofort servieren.

Kalte Gurkensuppe

6 Personen

2 Gurken (1000 g) schälen, in Stücke schneiden. $^{4}/_{5}$ davon in $^{1}/_{2}$ l Fleischbrühe mit 1 kleinen Zwiebel, 1 Eßlöffel Dillkraut, Pfeffer, wenig Salz weichkochen (etwa 20 Minuten); passieren, im Kühlschrank erkalten lassen.

Rest der Gurken mit 1 Eßlöffel Dillkraut, 1 Eßlöffel Schnittlauch pürieren, kurz vor dem Auftragen mit $^{1}/_{4}$ l Sahne, Saft von $^{1}/_{4}$ Zitrone, Tabasco und der kalten Suppe verrühren.

Saucen

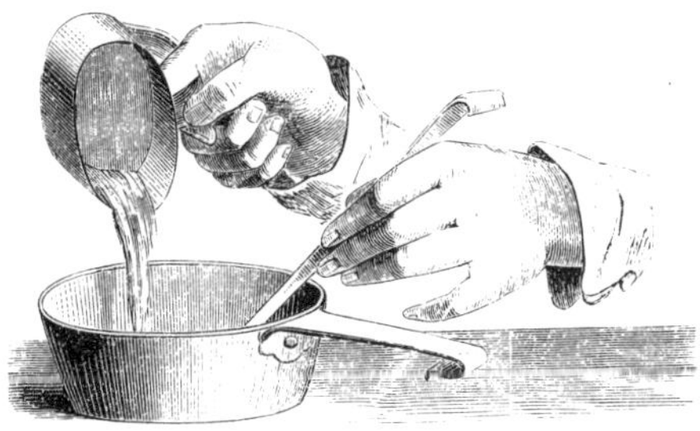

In unserem Kochkurs sind die Saucen bei den einzelnen Gerichten beschrieben, weil Gericht und Sauce zusammengehören. Universalsaucen sind meistens ein Greuel. Aber wir müssen trotzdem von den Saucen gesondert sprechen, denn erstens sind sie entscheidend für jede Küche (nicht umsonst ist der Saucier der vornehmste Koch der Equipe), und zweitens hat sich hier sehr viel zum besseren verändert. Jeder, der mit älteren Rezepten umgehen will, muß darauf Rücksicht nehmen.
Man macht heute Saucen in geringeren Mengen, dafür mit mehr natürlichem, aus Bestandteilen des Gerichts gewonnenem Geschmack, und man vermeidet Mehl, wo man kann. Das ist meist nicht sehr schwer: Weniger Sauce bedeutet, daß sie flüssiger sein kann, so wie der braune Fleischsaft der bayerischen Kalbshaxe, der außerdem deshalb gut ist, weil die geringe Menge konzentriert ist. Natürlich muß man bei den Beilagen Rücksicht nehmen. Zur Kalbshaxe gibt es also Kartoffelsalat, vielleicht auch mit Butter geschmälzte Spätzle, statt der saucenfressenden, meist viel zu weich gekochten Salzkartoffeln.
Im Gegensatz zu manchen Puristen schlagen wir nicht vor, auf Mehl immer und überall zu verzichten. Die gute alte **Bechamelsauce** (S. 143) ist nach wie vor Bestandteil vieler Saucen und vieler Gerichte. Man muß nur beachten: mindestens dreimal weniger Mehl, oder dreimal weniger Bechamelbestandteil in einer Sauce oder einem Gemüse, Auflauf oder Soufflé, als die alten Rezepte vorschreiben (S. 73). Eine Bechamel kann man auch mit wenig Mehl anfangen (ebensoviel Gramm Butter wie Mehl), aber dafür zum Schluß mehr frische Butter, oder entsprechend Sahne zugeben (S. 135).
Bechamel wird man kaum je in reiner Form geben. Sie ist Bestandteil vieler Saucen, etwa

Zwiebelsauce (S. 23)

Sauce Soubise (S. 161)

Meerrettichsauce (S. 85)

Senfsauce (S. 85)

Krevettensauce (S. 73)

Käsesauce (S. 85, 151)

Kapernsauce: statt Käse 20 g Kapern

Immer dient sie dazu, der Sauce eine gewisse Konsistenz zu geben, wobei die Sauce heute ruhig flüssiger sein darf als früher. Der Geschmack muß vor allem von den anderen Zutaten kommen. Die Bechamelsauce trägt dazu eine gewisse Weichheit bei, die recht angenehm sein kann, auch bei Saucen, die an sich mit Ei gebunden sind (siehe etwa S. 119, Hühnerfrikassee).
Eine Verbesserung der Bechamelsauce erreicht man, wenn man das Mehl vorher im Ofen etwa 20 Minuten bei 140° erhitzt (es soll nicht braun oder gelb werden); damit wird der leicht klebrige Geschmack vermieden, den man sonst nur durch langes Kochen los wird (S. 139).

Weiße Saucen kann man auch ohne Mehl und ohne Ei sämig machen. Die ursprüngliche Sauce Bechamel (S. 21) wird nur aus Fleischbrühe und Sahne eingedickt und gehört zum Delikatesten, was es gibt. Ähnliche Saucen entstehen, wenn man den natürlichen Saft von weißem Fleisch (S. 97), Geflügel (S. 121) oder Fisch mit Sahne oder mit saurer Sahne (S. 123) eindickt. Auch Gemüse, etwa Spinat (S. 151), kann man auf diese Weise mit einer zarten Sauce versehen.

Klare Saucen. Auch ohne Sahne kann man sämige Saucen erhalten. Die Verwendung von Kalbsfuß ist dazu ein Mittel (S. 93). Kalbsfuß erhöht zugleich den Wohlgeschmack. Sonst kann man auch Gelatine verwenden (Vorsicht wegen der Menge! Man nimmt immer weniger, als das Rezept sagt). Solche Saucen werden fast immer eingedickt, entweder während des Kochens oder Bratens oder zum Schluß (zum Eindampfen große Pfanne verwenden, S. 150). Immer ist wichtig: wenig Flüssigkeit. Die Flüssigkeit kann Fleischbrühe sein, oder Wein (s. etwa S. 89), oder ein Fischsud, der stark konzentriert ist (S. 71). Gerade die klaren Saucen brauchen starke Brühen.

Zugabe von Butter zum Schluß (in die kochende Flüssigkeit) kann eine Sauce ebenfalls sämig machen. Auch hier macht man natürlich wenig Sauce, sonst wird die Mahlzeit zu schwer.

Tomatensauce (S. 159) ist am besten ohne Mehl und fast ohne fremde Zutaten. Durch die Kochzeit und den Grad des Eindampfens lassen sich Geschmack und Konsistenz sehr beeinflussen.

Im allgemeinen macht man heute die Saucen flüssiger als früher. Das gilt auch bei den mit **Eigelb abgezogenen Saucen** (S. 73). In diesen Saucen trägt das Eigelb nicht viel zum Geschmack bei; man geht sparsam damit um und erhitzt lieber die Sauce nach dem Binden noch etwas nach. Mit Ei gebundene Saucen sind durchaus geeignet, um ein mit ihnen ganz bedecktes Gericht zu gratinieren (S. 75).

Besonders kritisch ist es mit der Verwendung von Mehl bei

braunen Saucen. In diesem Buch haben wir ganz darauf verzichtet. Die spanische Sauce, das viele Stunden gekochte und abgeschöpfte Kunstwerk, kommt nicht mehr vor. Es gibt braunen Bratensaft, der durch Ablöschen des Pfannenbodens mit Wasser oder Wein erhalten wird (S. 103). Oder die Sauce wird durch Braten von Geflügelgerippe und Ablöschen mit sehr starker Brühe gewonnen (S. 125). Immer gibt es nur ganz wenig braune Sauce.

Braune Saucen mit Zutaten ergeben eine Fülle von Möglichkeiten, z. B. **Paprika und saure Sahne** bei Schweinefleisch mit Sauerkraut (S. 101), **saure Sahne** bei Reh (S. 112), **Sahne** bei Kalbsschnitzel (S. 109). Viel Sahne zu verwenden ist verführerisch, denn sie schmeckt gut; aber man muß vermeiden, daß man zu sehr in die „beige Küche" gerät, weil man ihrer leicht überdrüssig wird.

Ein Sonderfall sind die Saucen, die vor allem aus Butter bestehen, etwa **holländische Sauce** (S. 33), **Sauce béarnaise** (S. 103), **Choronsauce** (S. 103), oder die unvergleichliche Fischsauce **Beurre blanc** (S. 69). Man darf ja nicht zuviel davon geben, denn sie sind schwer, und man sollte sie auch nicht zu oft geben, so groß die Versuchung sein mag, gerade einfache Gerichte wie Gemüse damit zu einem Festmahl zu machen (siehe etwa S. 153). Man kann diese Saucen (siehe S. 102) ganz schnell, auf großem Feuer, herstellen, wenn man einen unten flachen Kochlöffel hat oder, noch besser, einen leicht abgeänderten Schneebesen verwendet.

Das Einfachste, **geschmolzene Butter** etwa zu Forelle (Zitrone nicht vergessen, S. 71, 78), kann so gut sein wie die raffinierteste Sauce. Butter ist ja überhaupt im Geschmack sehr vielseitig. **Braune Butter** (s. etwa S. 77) kann ein Gericht ganz verändern, kann wie Nuß und wie Zitrone schmecken. Und **Butterflöckchen** über dem fertigen Gericht können Wunder wirken (S. 95). Mit Gewürzen oder Kräutern angerührte Butter oder etwa **Sardellenbutter** (S. 117) kann man als Kontrast zu einem zarten Geschmack einsetzen.

Die kalten Saucen, **Mayonnaise** (S. 32), **Sauce tartare** (Mayonnaise ohne Ei), **Sauce vinaigrette** (S. 17), **Grüne Sauce** (S. 87, 117), **Remoulade** (S. 105), nennen wir als Beispiele kalter Saucen. Die beiden letzteren passen gut zu warmen Gerichten, etwa Ochsenfleisch (S. 87) oder gekochtem Huhn (S. 117). Ebenfalls hier zu nennen ist **Sahnemeerrettich** (S. 66). **Cocktailsaucen** auf der Basis von Mayonnaise (S. 32) sind gut für kalte Meeresfrüchte. Sie sollen nicht zu dick sein. **Gelee, Aspik, Sülze** (Beispiel S. 93) soll man nicht zuviel verwenden, und ja nicht in zu fester Form.

Fisch

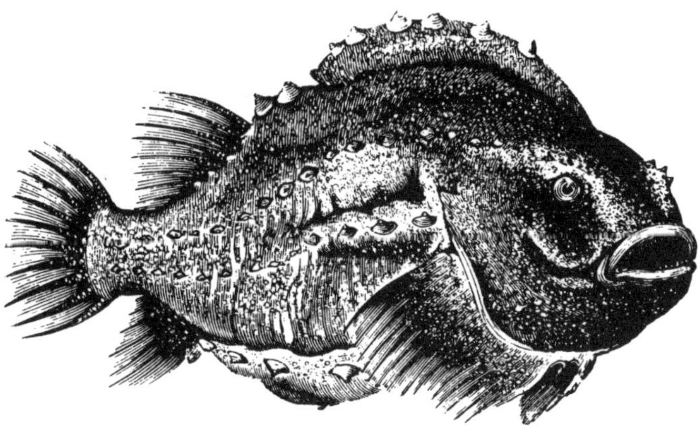

Der Autor ißt leidenschaftlich gern Fisch, hat aber zu wenig Gelegenheit dazu gehabt. Deshalb ist dieses Kapitel kurz. Leider gibt es auch viele, die Fisch nicht gern mögen. Man kann ihn deshalb nur vertrauten Freunden als Hauptgericht anbieten (S. 70); sonst wird man ihn als besonderen Gang vor dem Hauptgericht geben oder vielleicht, was oft elegant ist, als warme Vorspeise, mit Salat (S. 69).

Fisch muß natürlich frisch sein; darauf kann man sich heute meistens verlassen. Der nächste Hauptpunkt ist, daß er nie zu lang oder zu heiß erhitzt wird. Und der dritte ist: vorsichtiger Umgang mit den Zutaten, vor allem mit Butter. Jede Lieblosigkeit rächt sich besonders. Und ein letztes: immer Zitrone dazu anbieten. Sie wirkt Wunder. Manche mögen Zitrone nicht; sie tun mir leid.

Saint Pierre mit Beurre blanc. Dieses Rezept ist für jeden feinen gekochten Fisch geeignet, vorzugsweise für Hecht. Beurre blanc gehört zum besten, was es gibt.

Kabeljau mit Wein gedämpft. Ein Hausmannsgericht für Verwöhnte. Durch den mit Wasser gefüllten Deckel wird der Fischgeruch vermieden.

Mousse von Forellen. Heute leicht herzustellen, für alle nicht zu feinen Kochfische geeignet. – Ein Festtags-Vorgericht.

Forellenauflauf. Wohlschmeckendes Rezept für Zuchtforellen und für faule Esser.

Felchen Müllerin Art. Hier ist die richtige Behandlung der Butter entscheidend für den Erfolg.

KURZREZEPTE

Forelle blau. Die beste Art für Bachforellen.

Karpfen mit Wurzelgemüsen. Ein einfaches und klassisches Familien-Feiertags-Gericht.

Oft Fisch?

Der Gastgeber, besonders wenn er im Binnenland lebt, wo viele nie Fisch essen, ist in einer schwierigen Lage. Er muß immer mit Gästen rechnen, denen Fisch nichts sagt, die ihn ablehnen oder nicht vertragen. Dies hat uns dazu geführt, relativ selten Fisch anzubieten, obwohl wir selbst kaum etwas Besseres kennen. Forelle blau kann man schon einmal riskieren; Schellfisch, so gut und geeignet er als Hauptgericht ist, schon weniger. Deshalb geben wir nur, und das nicht oft, Fisch als Zwischengang vor dem Fleisch, und dann in geringen Mengen und mit dem Anspruch, daß er sehr, sehr gut ist. Wir neigen dabei zu „reinen" Zubereitungen, mit wenig Zutaten. Forelle blau, ohne alle Zutaten im Sud außer Salz und vielleicht ein wenig Zitrone, ist, besonders wenn es eine Bachforelle ist, besser als eine gebratene Forelle mit Mandeln. Seezunge, die gekocht nicht besonders schmeckt, ist unvergleichlich unzerteilt in viel Butter bei schwacher Hitze gebraten und nur mit Salat serviert. Es gibt hinreißend gute Saucen zu Fisch mit Sahne, Ei, Champignons, aber sie sind mehr ein Zeichen für guten Sud als für guten Fisch. Und als Zutat, trotz aller Wünsche, raffiniert zu kochen, geht nichts über Salzkartoffeln (ja nicht zu lang gekocht!), vielleicht Reis, grünen Salat. Sauerampferpüree, auch vielleicht Spinat, gehören zu den wenigen positiven Ausnahmen. Es gibt noch mehr Ausnahmen, und ich will ja nicht großen Köchen und ihren Rezepten widersprechen. Ich gebe zu, daß meine Bescheidenheit zum Teil ihre Ursache in geringer Erfahrung hat.

Ein Menü mit Fisch als Zwischengang muß insgesamt leicht sein. Hier ein Beispiel:

20.00	Kerbelsuppe	19.45	erhitzen, 19.55 Sahne zugeben
20.25	St. Pierre mit	20.10	aufstellen
	Beurre blanc	20.15	herstellen
	Grüner Salat	20.24	anmachen
20.45	Kalbsleber	20.35	herstellen
	Kartoffelpüree	20.36	passieren, Milch und Sahne einrühren
	Grüne Bohnen	20.23	in kochendes Wasser, 20.34 Butter zugeben
21.05	Crème Caramel		

Die Mengen, die man bei Fisch vorsehen muß: 200 g pro Person als eßbarer Anteil ist reichlich, wenn man Fisch als Zwischengang gibt. Man soll nachher noch hungrig sein. Bei St. Pierre muß man mehr als noch einmal so viel als Abfall rechnen, bei Kabeljau oder Thunfisch fast nichts. Bei einem einfachen Essen, wo der Fisch ein Hauptgang ist, kann man leicht die doppelte Menge rechnen, zum Beispiel bei Felchen oder bei Karpfen.

Saint Pierre mit Beurre blanc

Vorspeise: 4 Personen
1 kg Fischabfälle in $^3/_4$ l Wein, $^3/_4$ l Wasser, je 100 g Karotten, Lauch, Zwiebeln, 50 g Sellerie, Lorbeer, wenig Salz, Pfeffer 1 Stunde kochen, passieren.
1 Fisch (1,5 kg) in $^3/_4$ der obigen Brühe 12 Minuten ziehen lassen. Fischfond: Rest der Brühe auf 100 ml eindampfen.
***Beurre blanc:* 50 ml Fischfond, Saft von $^1/_4$ Zitrone erhitzen, 150 g Butter bei schwacher Wärme einrühren.**

Für die Brühe nimmt man Gräten und Fischfleisch von beliebigen Fischen (Seezunge gilt als besonders fein, die meisten Autoren erlauben auch die Köpfe von Fischen; Haut nimmt man besser nicht) und kocht sie mit den Zutaten 1 Stunde ganz schwach, damit die Brühe nicht trüb wird, und passiert durch ein feines Sieb. $^1/_4$ dieser Brühe wird in einer nicht zu kleinen Pfanne auf 100 ml eingedampft und gibt den Fischfond.

Der Fisch wird gewaschen; man kann die größten Stacheln und Gräten abschneiden. Die Brühe läßt man aufkochen, gibt den Fisch hinein und läßt ihn auf schwacher Wärme ohne Kochen ziehen. Wenn er von der Brühe nicht bedeckt ist, wendet man ihn nach der halben Zeit. Man nimmt ihn heraus und legt ihn auf eine große heiße Platte, auf der er später am Tisch tranchiert wird.

50 ml Fischfond (4 Eßlöffel) und der Saft von $^1/_4$ Zitrone werden in einer kleinen Pfanne auf sehr schwacher Hitze erwärmt. Dann wird $^1/_4$ der Butter zugegeben und stark gerührt, bis sie zu schmelzen beginnt. Man gibt sofort das nächste Viertel dazu und wiederholt den Prozeß, bis alle Butter verbraucht ist und man eine Art Pomade, ähnlich einer sehr festen Sauce hollandaise, hat.

Zum Tranchieren schneidet man die Haut am Kopf und entlang der Hauptgräte ein und löst, bei Kopf und Hauptgräte beginnend, die Filets ab.

Varianten:

Das Rezept ist klassisch für Hecht. Wir haben es für Saint Pierre gegeben, weil Hecht mit Recht wegen der vielen Gräten gefürchtet ist. Man kann Beurre blanc zu jedem feinen gekochten Fisch geben, auch zu Forelle. Eine große Lachsforelle ist damit ein ungeheurer Genuß.

Vorratshaltung:

Keine, außer für Brühe und Fond, die für den nächsten Fisch oder für Suppe eingefroren werden können.

Mikrowellenherd

kann verwendet werden, um nicht zu große Fische (zum Beispiel 2 Forellen) in wenig Flüssigkeit zuzubereiten. Man muß Kochen vermeiden und die Fische einmal umdrehen und das Gefäß verschieben. Die Garzeit verringert sich um etwa $^1/_3$.

Fisch als extra Gang

Wir sagen an anderer Stelle, daß nicht alle Fisch mögen. Das Gericht rechts ist schön in der Familie oder mit Freunden, wenn man von jedem Esser weiß, was er mag (ich würde auch von Kindern nicht verlangen, daß sie Fisch mögen). Sonst gebe ich, wie in dem Menü hier, Fisch vor dem Fleisch. Eine Hilfe ist dabei der mit Wasser gefüllte Deckel, der verhindert, daß der Fischgeruch die ganze moderne Wohnung durchzieht.
Wir geben ein Menü, bei dem der Hauptgang leichter ist als normal. Die saure Vorspeise erfüllt ein Bedürfnis, das beim Fisch auftritt.

20.00	Auberginen gefüllt, kalt				
20.15	Kabeljau mit Wein	19.58	aufstellen,	20.12	Butter schmelzen
	Salzkartoffeln	19.59	aufstellen		
	Grüner Salat	20.13	anmachen		
20.35	Kalbsleber	20.28	aufstellen,	20.31	wenden
	Gratin dauphinois	19.55	in Ofen		
	Grüne Bohnen	20.10	in Wasser,	20.25	mit Butter in Ofen
20.55	Käse				
21.15	Bayerische Creme von Erdbeeren				
	Friandises				

Wir haben an anderer Stelle (S. 140) von der hier verwendeten Methode berichtet, mit einem wassergefüllten Deckel alles beim Kochen verdampfende Wasser in den Topf zurücktropfen zu lassen. Dies funktioniert wunderbar, solange die Hitze nicht viel zu stark oder viel zu schwach ist. Nichts riecht, nichts brennt an, nichts kocht über. Ich verwende die Methode immer, wenn ich koche, und ich wünschte, eine der großen Firmen würde sich entschließen, Schüsseln aus rostfreiem Stahl anzubieten, die man nicht nur als normale Schüsseln, sondern auch als wassergefüllte Deckel verwenden kann. Vom Kochen ohne Wasser kann man dabei nicht sprechen. Aber sehr wenig Wasser kann genügen, denn es bleibt ja über lange Zeit erhalten.
Es gibt eine alternative Methode, die von den Herstellern von Töpfen mit gut wärmeleitendem Boden propagiert wird: Man erhitzt das Kochgut mit ganz wenig Wasser, zunächst bei guter Hitze. Dabei verdampft das bißchen Wasser am Boden rasch, und das wegen der guten Wärmeleitung des Bodens überall gleichmäßig. Aber der Dampf kondensiert überall, wo die Temperatur noch niedrig ist; Kondensation von Dampf führt zu rascher Erwärmung, wie jeder weiß, der sich einmal im Dampf verbrannt hat. Also erwärmen sich zunächst die unteren, dann immer höhere Schichten des Kochguts und schließlich auch der Deckel. Sobald der Deckel heiß wird, stellt man die Hitze ganz klein: Es verdampft fast kein Wasser mehr am Boden, der Deckel bleibt heiß, aber immer noch kalt genug, daß an ihm das bißchen auftretender Dampf kondensieren kann und zum Boden zurücktropft. Die Temperatur im Kochgut ist überall etwas unter 100°, und es gart etwas langsamer als bei normalem Kochen, aber einigermaßen gleichmäßig.
Bei dieser Methode kann man mehreres richtig oder falsch machen. Vor allem kommt es sehr auf die Hitzestufe beim sanften Kochen an. Das Garen unterhalb von 100° kann in manchen Fällen, vor allem bei Fisch und Fleisch, günstig sein. Begabte Experimentatoren sind eingeladen, es zu versuchen. Ich bin ein erfahrener Experimentalphysiker, aber ich gestehe, daß ich, ohne Thermometer und ohne genau reproduzierbare Verhältnisse, mich zu fürchten geneigt bin.

Kabeljau mit Wein gedämpft

6 Personen

1,5 kg Kabeljau auf 100 g Zwiebeln, 100 g Karotten mit 1/8 l Weißwein, Salz, Pfeffer 12 Minuten dämpfen. Dazu 150 g flüssige Butter, 2 Zitronen in Vierteln getrennt servieren.

Der Fisch sollte ein schönes Stück von etwa 4 cm Dicke sein. Einen Topf, in den er gerade gut hineinpaßt, legt man mit etwa 1 cm dicken Scheiben von Karotten und Zwiebeln aus, gießt den Wein dazu, legt den Fisch darüber (er soll nicht in der Flüssigkeit liegen), bedeckt mit einer mit Wasser gefüllten Schüssel (S. 140) und erhitzt auf der mittelheiß eingestellten, vorgeheizten Platte 12 Minuten ab dem Beginn des Siedens, bei einem dickeren Stück 16 Minuten. Man nimmt den Fisch und die Gemüse heraus, stellt sie auf der Servierplatte warm (nicht über 60°) und kocht die Flüssigkeit fast vollständig ein (bis auf 1/2 Eßlöffel). Inzwischen hat man die Butter auf kleiner Hitze geschmolzen. Man gibt die Flüssigkeit in die Butter und rührt um.

Varianten:

Dieses Rezept ist geeignet für alle Stücke von großen Fischen, die gekocht gegessen werden. Man frage seinen Fischhändler; er freut sich, guten Rat zu geben.

Statt der geschmolzenen Butter kann man Beurre blanc geben (S. 69). In diesem Fall kocht man die Flüssigkeit auf 1 Eßlöffel ein und macht damit den Beurre blanc.

Man kann die Gemüse mitservieren. Dann muß man sie eventuell im Wein einige Minuten zugedeckt kochen, ehe man den Fisch zugibt, damit sie nicht hart auf den Tisch kommen. Man muß überhaupt die Kochzeit ein wenig ausprobieren. Sie hängt von der Heizstufe der Kochplatte ab. Man notiert also am besten die Heizstufe und die beste Kochzeit.

Man kann andere Gemüse zugeben, etwa Spinat in Blättern, Champignons in Scheiben. In diesem Fall wird man der Brühe 10 bis 20 g Butter zugeben, damit diese in die Gemüse einzieht.

Vorratshaltung:

Gefrorener Fisch ist durchaus eßbar, wenn er vorsichtig aufgetaut ist. Er soll aber nicht aus dem Kühlschrank in den Topf kommen, denn dann ist das Innere 20° kälter als bei Zimmertemperatur und braucht länger, um gar zu werden, während das Äußere in beiden Fällen gleich schnell gart.

Selbst einfrieren würde ich Meeresfisch nicht. Bei frischen Süßwasserfischen ist das in Ordnung, aber vor allem fette Fische soll man höchstens 1 Monat lagern.

Reste

kann man natürlich einfrieren und später für Salate verwenden.

Mikrowellenherd

ist im Prinzip für Fisch gut, weil er von innen erwärmt. Der Fisch muß aber im Sud liegen, sonst wird die Oberfläche nicht wie beim Dämpfen befeuchtet, und er muß viel bewegt werden, weil die Hitze im Ofen nicht gleichmäßig ist. Ich zögere deshalb, hier eine Empfehlung auszusprechen, aber ich mag mich irren.

Mousse leicht gemacht

Gerichte, die früher – mit Mörser und Schlagbesen – zu den Schrecken des Kochs gehörten, sind heute mit Maschinen und Gefrierschrank ein Kinderspiel. Vielleicht werden deshalb so delikate Zubereitungen wie die hier beschriebene bald auf vielen Speisezetteln auftauchen.
Ein so reiches Fischgericht kann kein Hauptgang sein. Es gibt auch keine Beilagen, die dazu in größerer Menge passen; es ist also ein Vor- oder Zwischengericht. Man sollte den Gästen überlassen, wieviel sie davon nehmen wollen; ich bin deshalb gegen die Herstellung in Portionsgefäßen. Man soll gute Fische dazu nehmen, aber keine extrafeinen wie Bachforellen oder Saint Pierre, für die nur die einfachste Zubereitung gut genug ist.
Der beste Platz für die Mousse ist entweder als eine kleine Speise mit Salat als einziges Gericht statt einer richtigen Mahlzeit, oder dann bei einem großen Essen, wo die Teilnehmer viel erwarten. Ich gebe deshalb hier das größte Menü, das ich bisher gemacht habe:

Salade Pauvre homme (Bohnen, Tomaten, Chicoree, Rindfleisch)
Grießnockerlsuppe
Mousse von Seezunge mit Sauerampfer
Krevettensauce
Zitronensorbet in Wodka
Huhn mit Schalotten
Gratin dauphinois
Auberginenauflauf
Brunnenkresse
Käseplatte
Tarte Tatin

Zu diesem Menü gebe ich keinen Zeitplan, weil es die Hilfe einer zweiten Person in der Küche braucht.

Die Messermühle (Moulinette, Food Processor) bringt eine große Arbeitserleichterung und neue Möglichkeiten für den zeitsparenden Koch. Ob man Zwiebeln, Champignons oder Karotten kleinschneiden will (dazu nur kleine Mengen einfüllen) oder pürieren (größere Mengen, eventuell ein wenig Flüssigkeit zufügen), ob man Petersilie, Brot oder Käse in Sekundenschnelle zerkleinern oder Fleisch oder Fisch für Mousse verarbeiten will: Überall spart man Zeit, und dazu ist die Reinigung schnell und einfach. Ich empfehle dringend, sich an diese Hilfe zu gewöhnen (man muß die Gebrauchsanweisung lesen, und am Anfang macht man sicher nicht alles richtig). Ich verwende sie sozusagen jeden Tag.

Forellenschaumauflauf (Mousse de truite)

Vorspeise: 6 Personen
500 g Forellenfilet fein mahlen, Salz, Pfeffer, 2 Eiweiß einrühren, stark kühlen. 700 ml gekühlte Sahne einrühren.
Etwa 20 Minuten bei milder Hitze backen.
***Krevettensauce:* 30 g Butter, 10 g Mehl, 250 ml Fischsud, Anchovisessenz, 100 g Krevetten.**

Die Fische (3 bis 4 große Forellen) werden filettiert: Man schneidet sie am Rücken vom Kopf aus bis zum Schwanz entlang den Gräten bis zum Rückgrat auf und löst dann die Filets bis zum Bauch ab. Man legt die Filets mit der Haut nach unten auf ein Brett, hält die Haut am Schwanz fest und löst das Fleisch mit einem flachen Messer ab. Das Fleisch wird in der Messermühle gemahlen, mit Salz und Pfeffer; dann werden mit dem Schlagbesen die Eiweiß eingerührt, und die Masse wird, gleichzeitig mit der Sahne, für etwa 1 Stunde in die Gefriertruhe gestellt. Es macht nichts, wenn sie dabei ein wenig gefriert.

Inzwischen wird der Fischsud hergestellt. Die Hälfte der Abfälle, Gräten, Haut, Köpfe (Puristen nehmen nur Gräten und Fischfleisch, dann aber von mehr Fischen), werden über 1 Teelöffel geschmolzener Butter, 20 g Weißem von Lauch, einer Spur Knoblauch und 1/2 Zwiebel in Scheiben, 1 Tomate und 1 Messerspitze Thymian bei mäßiger Hitze angeschwitzt, bis es anfängt zu brutzeln, dann mit herbem Weißwein aufgefüllt und 1/2 Stunde sanft gekocht, wobei zur Erhaltung des Aromas eine mit kaltem Wasser gefüllte Schüssel als Deckel dient. Die Masse wird abgeseiht, und im gleichen Topf wird der Rest der Abfälle mit derselben Flüssigkeit noch 1/2 Stunde gekocht. Das ist besser, als wenn man die Flüssigkeit eindampft.

In die gekühlte Fischmasse die gekühlte Sahne langsam einrühren und die Masse in eine Form nicht mehr als 3 cm hoch einfüllen und bei mäßiger Hitze (180°) etwa 20 Minuten backen. Die Masse muß hochsteigen, darf nicht braun werden. Sofort auftragen.

Für die Sauce Butter mit Mehl bis zum Schäumen erhitzen, mit dem Fischfond ablöschen, einige Minuten sanft kochen, mit Anchovisessenz abschmecken, Krevetten zufügen und fast zum Kochen bringen.

Varianten:

Viele andere Fische: Hecht, Lachs, Heilbutt, auch Kabeljau (mit Paprika), überhaupt einfache Fische (z. B. Seelachs).

Saucen: Käsesauce, Tomatensauce, Kapernsauce, Kräutersaucen.

Beilagen: Champignons in Butter gebraten, Muscheln, Krebse; Erbsen in Butter, Artischokkenböden in Butter.

Man kann die Mousse auf einem 1 cm dicken Bett von Sauerampfer backen und unter die Mousse rohe Forellenfilets legen.

Die Krevettensauce kann man auch mit 2 Eigelb aufziehen (statt Mehl) und die Butter am Schluß zugeben.

Reste:

Von der Mousse möglichst keine; eventuell in Suppe geben, oder kalt auf Toast. Fond und Sauce (ohne Krevetten) einige Monate im Gefrierschrank gut haltbar.

Mikrowellenherd:

Die Sauce kann mit Vorteil dort gemacht werden. 2 Minuten Mehl mit Butter, 4 Minuten mit der eingerührten Flüssigkeit, 1 Minute mit den Krevetten.

Ein Gericht für faule Esser mit zwei linken Händen

Es ist erstaunlich, wieviele Menschen Schwierigkeiten mit unzerlegtem Fisch haben. Bei einem Essen zuhause kann man unmöglich (außer für einen einzigen Gast, und da ist es schon ein bißchen peinlich, man muß es abseits vom Tisch für Gast und Hausherrn tun) Forellen für jeden Gast zerlegen, deshalb sind Forellen blau nur erlaubt, wenn sie Bachforellen sind, die so gut sind, daß sie auch mit der Haut gegessen werden können, oder wenn man seine Gäste als geschickt und tatendurstig kennt. Deshalb findet der Forellenauflauf spontan Freunde in den höchsten Kreisen („So kann auch ich Forellen essen!").

Beim Menü ist wieder zu beachten: Fisch nicht als Hauptgang, und im übrigen Leichtes.

20.00	Artischocken vinaigrette	
20.25	Forellenauflauf	19.45 aufstellen, 19.53 filettieren, 20.15 Sauce rühren, 20.20 gratinieren
	Reis	19.58 aufstellen
	Grüner Salat	20.23 anmachen
20.50	Wiener Schnitzel	20.35 braten, 20.42 wenden
	Gnocchi	20.37 in Ofen
	Blattspinat	20.44 aufstellen, 20.48 Sahne zugeben
21.10	Käse	
21.25	Aprikosenmousse	
	Friandises	

Wir kochen hier Forellen in einem Wein- und Wurzelsud. Das wäre eine Sünde, wenn es sich um Bachforellen mit ihrem delikaten Geschmack handelte. Zuchtforellen können sehr wohl eine kleine Auffrischung ihres eine Spur dumpfen Geschmacks brauchen.

Bei unserem Rezept wie auch sonst oft tritt die Frage der Verwendung von Essig auf. Mit Essig meinen wir immer einen guten Weißwein- oder Rotweinessig ohne etwas anderes. Man muß bei alten Rezepten aufpassen, offenbar war damals der Essig schwächer. Die Hälfte von dem, was angegeben ist, ist meist mehr als ausreichend. Aber darüber hinaus hat überhaupt eine Entwicklung vom Sauren weg stattgefunden: Wer bestellt heute noch Saure Nieren, oder in Württemberg Saure Kutteln, Saure Kartoffeln mit ihrer merkwürdigen braunen Sauce? In den großen französischen Restaurants gibt es manchmal warme Gerichte „au vinaigre", aber sie haben bei meinen Begleitern regelmäßig weniger Entzücken hervorgerufen als bei mir. Die Lehre für mich war: Ich verwende Essig sehr sparsam in Hauptgerichten, und nie als Hauptgeschmack.

Es gibt natürlich Gerichte wie die Sauce béarnaise (S. 103), die unbedingt Essig brauchen. Dabei muß man auf eines achten: Beim Eindampfen, wie man es oft mit Flüssigkeit über Kräutern macht, verdampft die Essigsäure, aber erst zum Schluß. Der Säuregrad der Gerichte hängt also sehr stark davon ab, wie weit man das Eindampfen getrieben hat. Es kann gut sein, beim ersten Mal mit viel Essig ganz einzudampfen, und dann beim zweiten Mal noch ein wenig Essig zuzugeben.

Forellenauflauf

6 Personen

4 große Forellen in Sud aus 1/2 l Wein, 1 Eßlöffel Essig, 1/2 l Wasser, 50 g Karotten, 50 g Zwiebeln, 50 g Lauch, Salz, Pfeffer 8 Minuten pochieren, Sud auf 200 ml reduzieren, mit 6 Eigelb, 400 ml Sahne, Muskat verrühren, 5 Minuten gratinieren.

Der Sud wird mit allen Bestandteilen 1 Stunde lang gekocht. In einem ovalen Topf, in den die Forellen gerade hineinpassen, wird die Flüssigkeit aufgekocht, die Forellen werden hineingelegt und auf kleiner Hitze wieder erhitzt, keinesfalls bis zum Kochen. Man muß die Rückenflossen gerade leicht herausziehen können. Mit dem Filettieren beginnt man auf der Rückenseite des Kopfes. Man hebt das Filet etwas nach oben ab nach den Rippen hin, so daß alle großen und kleinen Gräten am Gerippe bleiben, und schreitet bis zum Schwanz fort. Das zweite Filet erhält man einfach durch Abziehen des Gerippes. Die Haut läßt sich in einem Stück abziehen, wieder am Rücken beim Kopf beginnend. Man stellt die Filets in einer Backform warm, nicht über 60°. Inzwischen hat man den Sud auf etwa 200 ml eingedampft. Man gibt 1/4 davon mit dem Eigelb in einen flachen Topf, dazu Muskat, und rührt auf mittlerer Hitze mit dem Holzspatel oder mit dem abgeänderten Schneebesen (S. 102), bis die Mischung fest zu werden beginnt, gibt Sahne zu, rührt weiter fort, bis die Konsistenz die einer etwas dicken Sauce ist. Man nimmt sofort vom Feuer und rührt etwa 60 ml kalte Sahne ein. Der Rest des Suds wird noch einmal aufgekocht mit der restlichen Sahne, außer 60 ml. Diesen Rest rührt man wieder weg vom Herd ein. Nun gießt man vorsichtig unter Rühren die Eimischung in den Sud und gibt das ganze über die Fische. Die Backform wird 5 Minuten unter den Grill gestellt. Die Flüssigkeit und die Fische werden dabei nicht mehr erhitzt.

Die Gefahr bei diesem Gericht ist, daß die Eier gerinnen. Man muß deshalb schnell arbeiten und nichts zu heiß werden lassen.

Varianten:

Es ist gut, wenn in dem Fischsud vorher andere Fische, oder Gräten von solchen, gekocht haben. Man soll das aber nicht übertreiben. – Man kann über die Fische zwei enthäutete, entkernte, in kleine Würfel geschnittene Tomaten geben. Man kann auch in die Sauce wenig sehr fein geriebenen Parmesan einrühren; wenn die Fische gut und zart sind, wäre das schade. – Man kann auch statt der Hälfte der Sahne saure Sahne nehmen, muß dann aber gewaltig rühren.

Vorratshaltung:

Man kann doppelt so viele Fische filettieren und die Hälfte einfrieren, nach bis zu einem Monat langsam auftauen und in dem neuen von anderen Fischen stammenden Fischsud auf 60° erwärmen. Auf diese Weise kann man die lästige Arbeit des Filettierens auf ein Mal konzentrieren.

Mikrowellenherd

ist ideal für das Binden der Eier. Man muß oft rühren und aufhören, wenn trotzdem am Rand sich dickere Massen bilden.

Felchen und andere Süßwasserfische: regionaler Charme

Felchen, Renken, Fera, alles dieselben Fische, wenn auch verschiedene Namen: so sind sie mir ganz verbunden mit schöner Landschaft, mit Ausflügen zu den bayerischen Seen, ins Salzburgische, mit Konferenzen in Genf, mit Reisen in der Gegend von Neuchâtel, auch am Bodensee, obwohl damals, vor Jahren, das schlechte Wasser ihren Geschmack verdarb, das ist seitdem besser geworden. So ein Fisch läßt sich nicht leicht weit weg vom Ursprung zubereiten, ohne die schöne Landschaft, ohne die Menschen und die Lebensgewohnheiten. Ich bin überhaupt nicht so sicher, ob man die regionale Küche so leicht übertragen kann. Es fehlt immer etwas Wichtiges, und das Heimische kommt zu kurz. Ich komme mir da manchmal vor wie auf der Fifth Avenue in New York: Alles, was gut und teuer ist, muß von Europa kommen; dabei gibt es in den USA so schöne Dinge. Also: ich hoffe, der Leser ersetzt die Renken, wenn er weit weg von ihnen wohnt, durch einen anderen der vielen wunderbaren Süßwasserfische, die es gibt.

Beim Menü haben wir wieder Rücksicht genommen auf den unbekannten Gast, der keinen Fisch mag. Sonst würde ich den Fleischgang überhaupt weglassen, dafür größere Felchen nehmen und vielleicht etwas Käse vor dem Nachtisch geben.

12.30	Pürierte Gemüsesuppe	12.15	heißmachen,	12.25	Sahne zugeben
12.55	Felchen Müllerin Art	12.40	aufsetzen		
	Salzkartoffeln	12.28	aufsetzen,	12.48	abgießen
	Grüner Salat	12.53	anmachen		
13.15	Huhn im Salz				
	Tomatensauce	13.05	heißmachen,	13.13	Butter zugeben
	Champignons mit Sahne	13.10	herstellen		
13.35	Birnenkompott				

Vielleicht ist es wichtig, noch einmal eine allgemeine Aussage zu den Menüs zu machen. Der Autor stellt sich keineswegs vor, daß man jeden Tag so essen soll oder kann, wie es seine Menüs zeigen. Die hier gegebenen Menüs sind alle für Gelegenheiten gedacht, die ein bißchen etwas Besonderes sind: Die Enkel kommen zu Besuch; ein lieber Freund aus dem Ausland ist nur für einen Abend da; eine dienstliche Besprechung soll mit einer freundlichen Bewirtung ausklingen; oder man will seinen Gästen zeigen, wie man sich freut, daß sie da sind, will sich für sie Mühe geben, will ihnen dienen. Wir haben an anderer Stelle gesagt, daß man sich Mühe geben muß, die Gäste nicht mit Essen zu überladen; man muß wenig anbieten (natürlich nachreichen) und die Gänge nicht so schnell folgen lassen. Und vor allem muß die Darbietung mühelos sein. Es darf bei den Gästen keine Peinlichkeit wegen der Bemühung der Hausfrau oder des Gastgebers aufkommen. Der Hauptzweck des Menüs ist, im Detail zu zeigen, wieviel man ohne sichtbare Mühe bieten kann. Jeder Leser ist frei, davon nach seinem Belieben wegzulassen, seine Einstellung zu seinen Gästen zu verwirklichen.

Felchen Müllerin Art

4 Personen
40 ml Öl heißmachen, 4 Felchen, mit wenig Mehl bestreut, auf beiden Seiten rasch anbraten, im Ofen (200°) auf jeder Seite 6 Minuten braten; 50 g Butter und Saft von 1 Zitrone erhitzen, 2 Eßlöffel Petersilie über die Fische geben.

In einer Pfanne, in die die Fische, ohne übereinander zu liegen, passen, das Öl heißmachen mit ein wenig Butter, bis die Butter keine Blasen mehr bildet. Die mit ganz wenig Mehl bestäubten Fische hineingeben, etwa 1/2 Minute auf jeder Seite anbraten, dabei die gerade gewendete Seite salzen und pfeffern; jetzt in den auf 200° vorgeheizten Ofen geben und auf jeder Seite 6 Minuten braten, mit zwei breiten Spateln vorsichtig wenden, auf gut vorgewärmte große Platte geben. Das Öl wegschütten, Butter heißwerden lassen, bis sie gerade anfängt, braun zu werden. Zitronensaft unter Rühren zugeben, kochend über die Fische geben, Petersilie darüber streuen, sofort mit sehr heißen Tellern servieren.

Variante:
Fisch mit Duxelles; paßt zu allen Fischen, die gebraten und mit der Haut gegessen werden, aber auch für die käuflichen Fischfilets.

Duxelles:
50 g feingeschnittene Schalotten in 30 g Butter in einer großen Pfanne bei kleiner Hitze glasig werden lassen, 250 g kleingeschnittene Champignons zugeben, auf großer Hitze leicht bräunen und alle Flüssigkeit unter starkem Rühren verdampfen lassen, Salz, Pfeffer, 50 ml Weißwein zugeben und unter Rühren verdampfen lassen. Weg vom Feuer, vor dem Auftragen noch 30 g Butter und Saft von 1/4 Zitrone zugeben.

Fischfilets:
Pro Person 200 g. In einer Form, in die die Fischfilets in einer Schicht passen, 10 g Butter pro Person erhitzen, bis sie fast nicht mehr schäumt, die ganz wenig bemehlten Filets darin umdrehen, Salz, Pfeffer, und sofort in sehr heißem Ofen (270°), mit Aluminiumfolie abgedeckt, 6 Minuten braten. Auf heiße Platte legen, darüber die Duxelles ohne Butter und Zitrone. Pfanne mit 50 ml Sahne, 30 g Butter, Saft von 1/2 Zitrone ablöschen, ganz heiß über die Duxelles gießen.

Vorratshaltung:
Duxelles kann ohne Zugabe von Butter und Zitrone eingefroren werden, in flacher Schicht, man bricht bei Bedarf davon ab.

Mikrowellenherd
ist geeignet für die Duxelles: Man gibt mit den Champignons 2 Eßlöffel Sahne zu, läßt ganz eindampfen (etwa 10 Minuten), dann den Wein und läßt nochmals ganz eindampfen.

Forelle blau

Möglichst nur Bachforellen verwenden, pro Person 1 mittelgroße Forelle. Für 6 Personen 1 ½ l Wasser mit 1 Eßlöffel Essig, Salz aufkochen, die Forellen ausnehmen, einlegen und auf ganz schwachem Feuer 10 Minuten ziehen lassen (ja nicht kochen!); wenn sie nicht ganz bedeckt sind, einmal vorsichtig wenden.

Zerlassene Butter

Natürlich kann man die Butter einfach schmelzen. Etwas besser aber ist sie mit wenig Wasser und Zitrone: 2 Eßlöffel Wasser aufkochen, wenn man will, Saft von ½ Zitrone zugeben, in die kochende Flüssigkeit 60 g Butter in großen Stücken unter starkem Rühren zugeben, vom Herd nehmen, noch 60 g Butter gerade schmelzen lassen.

Karpfen mit Wurzelgemüsen

3 Personen

Man macht einen Sud von ½ l Weißwein, 500 g Fisch oder Gräten, Salz, Pfeffer, Lorbeer, ½ Zwiebel mit 2 Nelken, kocht zugedeckt sanft 1 Stunde. Inzwischen schneidet man 100 g Karotten, 100 g Zwiebeln, 100 g Lauch, 50 g Sellerie in 1-mm-Streifen. Man kocht diese im abgeseihten Sud 20 Minuten, legt einen Karpfen von 1 bis 1 ½ kg dazu und läßt ihn unter einmaligem Wenden gut zugedeckt im Ofen bei 140° 20 Minuten ziehen, das heißt fast kochen. Zum Schluß gibt man 50 g Butter zu.

Dazu gibt man auf jeden Fall Sahnemeerrettich (3 Teile Schlagsahne, 1 Teil Meerrettich).

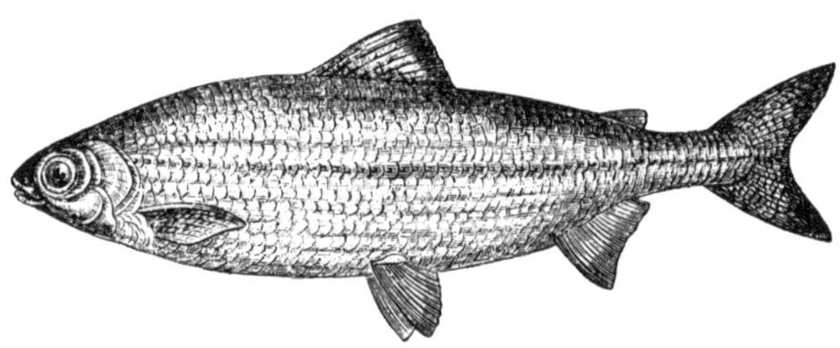

Kocharten und -methoden für Fleisch und Geflügel

Die Vielfalt der Küche mit ihren Methoden kommt bei den Fleischspeisen besonders heraus, und sie wird auch gebraucht, weil Fleisch so verschieden ist, ganz zart, so daß man es auch roh essen könnte, oder hart, so daß es langer Erhitzung in der Flüssigkeit bedarf; mit Eigengeschmack, der ganz rein herauskommen soll, oder der der Ergänzung durch Fett, Gewürzzutaten oder der Veränderung der Oberfläche durch Braten bedarf.

Für den reinen Geschmack haben wir zwei extreme Beispiele: **gekochtes Ochsenfleisch** nur mit Salz (S. 85) und **Huhn im Salz** (S. 131). Mit Gewürzen und Zutaten halten wir uns überhaupt zurück. Wir wollen dem Leser unsere Richtung, auch wenn sie der der besten Köche entspricht, nicht aufzwingen. Es ist aber viel leichter, ein einfaches aber schon gutes Gericht durch Zutaten zu bereichern, als die Güte erst durch die Zutaten zu erzwingen. Beim Würzen gibt es zwei Möglichkeiten: Entweder man läßt ein Gewürz stark hervortreten und benennt dann am besten das Gericht danach (siehe etwa **Lamm mit Estragonsauce**, S. 91), oder man versucht ein harmonisches Zusammenwirken vieler kleiner Beiträge zu erreichen. Ein Meister darin war Ali Bab; ich gebe als Beispiel seine Zutaten für eine kalte Consommé mit Tomaten und Porto:

1200 g Hochrippe
1000 g Mittelrippe
1000 g Karotten
300 g Hackfleisch
300 g Tomaten
250 g Knochen von der Ferse
10 ml Portwein
100 g Weiße Rübchen
75 g Weißes vom Lauch
30 g Salz
$^1/_2$ g Pfeffer
4 l Wasser
3 Hühnergerippe
2 Eiweiß
Pastinak, Sellerie, Lorbeer, Thymian, Nelke, Knoblauch – nach Geschmack

Dem kann man nicht ohne großen Zeitaufwand nacheifern. Wir meinen, daß eine Vereinfachung der Qualität so wenig schadet, daß wir sie hier vertreten können. Wir arbeiten mit Salz und Pfeffer, wenig Muskat, wo es paßt, viel mit Karotten und Lauch, die beide sanft aber deutlich schmecken, vorsichtig mit Tomaten und sehr vorsichtig mit Zwiebeln. Die starken Gewürze werden selten verwendet; man soll sie leicht herausschmecken können.

Bei den Rezepten ist relativ viel **Gekochtes.**

Das scheint ein moderner Trend zu sein, aber er findet sich durchaus schon in alten Kochbüchern, und natürlich in England. Filet, Lende, Hammel, Gans, Truthahn gekocht, das alles gibt es schon. Dabei gibt es sehr kurzes Kochen, etwa bei den beiden ersten, und immer sehr schwaches Kochen, so daß die Temperatur am Fleischstück unter 100° ist, damit keine starke Turbulenz die Oberfläche verdirbt und die Brühe klar bleibt.

Dämpfen: Das Kochgut liegt mindestens mit wesentlichen Teilen oberhalb der Flüssigkeit. Die Erwärmung beruht darauf, daß der aufsteigende Dampf sich überall da niederschlägt, wo die Temperatur niedriger ist als die der dampfgesättigten heißen Luft. Bei diesem Kondensieren überträgt jedes Gramm Dampf so viel Wärme, wie wenn es mehrere hundert Grad gehabt hätte (ohne daß so hohe Temperaturen auftreten). Gleichzeitig wird der Oberfläche Wasser zugeführt, das Kochgut wird also sanft mit heißem Wasser gespült, und zwar mit reinem Wasser; Fett und alles Feste bleiben unten in der Flüssigkeit, auch wenn sie aus dem Kochgut dorthin gespült worden sind. Wie schnell die Erwärmung geht, hängt davon ab, wie kalt das Kochgut noch ist (kalt bedeutet, daß viel Dampf kondensiert) und wie schnell der wärmespendende Dampf nachgeliefert wird, also wie stark die Flüssigkeit kocht. Wenn die Wärmeentwicklung nicht groß ist, kann die Temperatur des Kochguts deutlich unter 100° bleiben; wir glauben, daß deshalb bei dem Rezept **Huhn mit grüner Sauce** (S. 117) die Brust, die man natürlich nach oben legt, so besonders zart bleibt.

Dämpfen hat also Vorteile: Die Temperatur am Fleischstück bleibt unter 100°; man braucht nur wenig Flüssigkeit; diese Flüssigkeit wird beim Kochen sehr angereichert und gibt eine ganz konzentrierte Brühe. Es hat auch Nachteile: Wenig Flüssigkeit verdunstet schnell, und alles brennt an; die Garzeit hängt etwas von der Dampfentwicklung, also von der Heizleistung ab; und vor allem, das Kochgut wird nur abgewaschen, die Geschmackstoffe sammeln sich unten.

Gegen den Nachteil des Verdampfens helfen die anderswo (S. 140) beschriebenen mit kaltem Wasser gefüllten Deckel, die dem Koch die ganze Sorge der Überwachung abnehmen. Die Heizleistung (etwa die Stufen der Kochplatte) kann man für immer so festlegen, daß das Kochen der Flüssigkeit gerade gut gesichert bleibt, und dann kann man Erfahrungswerte für die Kochdauer bestimmen. Die Geschmackstoffe wird man dem Kochgut durch kurzes Erhitzen etwa der tranchierten Stücke in der Flüssigkeit zuführen; dabei wird man auch etwas Butter zusetzen und wenn nötig nachsalzen.

Die anderen Kocharten brauchen wir nicht so ausführlich zu behandeln. **Schmoren** ist eine Mischung von Kochen, Dämpfen und Braten. Durch Wenden wird das Kochgut mit der Flüssigkeit in Kontakt gehalten. Durch Anbraten vor der Flüssigkeitszugabe wird die Oberfläche verändert, Fett aufgenommen und, bei Bestäuben mit Mehl wie etwa beim **Swiss Steak** (S. 95), die Oberfläche getrock-

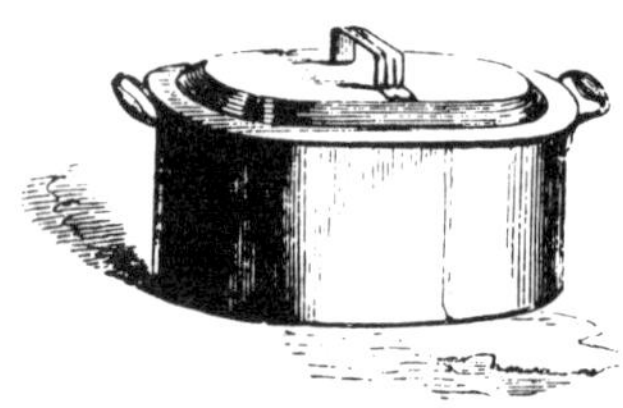

net und das Mehl mit Fett und Geschmackstoffen getränkt.

Die nächste Stufe ist, etwa wie beim **Huhn mit Schalotten** (S. 121), daß das Stück trocken (mit Fett) gebraten wird und dann mit dem ausgetretenen Saft eine Sauce hergestellt wird, in der es vielleicht zum Schluß noch einmal erwärmt wird.

Beim **Braten** selbst kann man sich dem Schmoren nähern (siehe **Kalbsbraten im eigenen Saft,** S. 110), indem man trocken anbrät, dann zudeckt und mit dem aus dem Stück austretendem Saft begießt. Oder man kann trocken ohne Zudecken im Ofen oder unter dem Grill braten, und nur dann begießen, wenn man Fett herauslösen (**Schweinebraten,** S. 111, oder **Gans,** S. 132) oder die Oberfläche aromatisieren will (**Gigot,** S. 105).

Im folgenden soll zusammengefaßt werden, was wir Besonderes für die Qualität des Gerichts vorschlagen und was dabei an arbeitszeitsparenden Methoden möglich ist.

Wir propagieren gekochtes Fleisch, weil es oft hervorragend schmeckt; wenn es sanft gekocht wird, erhält man eine klare wohlschmeckende Brühe, selbst ohne Gewürze (**Ochsenfleisch,** S. 85), die durch Nachkochen von Abfällen und Resten noch sehr verbessert werden kann. Zeit sparen kann man, indem man Brühe von der **Gemüsesuppe** (S. 41) statt Suppengemüse verwendet. Mit der Brühe, die gut eingefroren werden kann, hat man die Basis für weitere Gerichte; man kann diese zu Fleischglace eindampfen, wobei es vorteilhaft ist, Kalbsfuß mitzuverwenden (**Bollito misto,** S. 87). Durch Dämpfen erhält man konzentrierte Brühe als Sauce (**Huhn mit grüner Sauce,** S. 117); auch hier kann Kalbsfuß viel helfen, vor allem, um Reste kalt in Aspik zu reichen (**Ochsenschulter,** S. 89). Bei allem Kochen spart der mit kaltem Wasser gefüllte Deckel Zeit und Aufmerksamkeit, besonders beim Dämpfen mit wenig Flüssigkeit (**Huhn mit grüner Sauce,** S. 117).

Bei den Saucen haben wir uns weitgehend den Feinden von Mehl und von fertigen Grundsaucen, vor allem der braunen spanischen Sauce, angeschlossen. Sämige helle Sauce erreicht man mit Kalbsfuß (**Ochsenschulter,** S. 89), mit Fleischglace (**Huhn mit Schalotten,** S. 121) und vor allem durch Eindampfen von Fleischsaft mit Sahne und mit Butter (**Lamm mit Estragonsauce,** S. 91). Sahne ist überhaupt wichtig: sie bringt feine Geschmacksnuancen heraus und mildert gleichzeitig zu Kräftiges.

Wir sind aber keine absoluten Mehlfeinde: Fleisch mit wenig Mehl bestäubt und dann angebraten (**Hühnerfrikassee,** S. 119) gibt einen hervorragenden Geschmack und eine sämige Sauce, allerdings wenig Sauce. Allgemein heißt wenig Sauce gute Sauce (**eingemachtes Kalbfleisch,** S. 109), und in diesem Sinn ist auch die gute alte Sauce Bechamel als Bestandteil zugelassen. Die Regel: „dreimal weniger Mehl als in den alten Rezepten" ist durchaus als Erlaubnis zu verstehen, besonders wenn man vorher leicht gebackenes Mehl verwendet. Es ist eigentlich immer leicht, durch die Wahl der Beilagen das Bedürfnis nach viel Sauce zu vermeiden.

Natürlich kann man da auch einmal ausreißen wie bei der alten Version von **eingemachtem Kalbfleisch** (S. 109).

Die Qualität eines Gerichts wird sehr verbessert, wenn der Geschmack von Sauce oder Beilage nicht allein aus dem Fleisch des Gerichts gezogen wird, sondern aus einem vorher mitgekochtem Stück (**Hühnerfrikassee,** S. 119, **Fasan auf Weinkraut,** S. 132). Diese Technik führt auch zur Zeitersparnis, denn das erste Stück und die Sauce können für andere, schnell zu erstellende Gerichte verwendet werden, wobei wieder die Kühltruhe als Zwischenstufe hilft. Ähnlich ist es mit Essenzen (**Schinken mit Sahne und Champignons,** S. 99), die man oft aus Resten nebenher herstellen und später sehr nützlich verwenden kann.

Besonders wichtig sind die Reste bei den braunen Saucen ohne Mehl. Bei den meisten Braten kann man einfach den Fleischsaft von der Bratpfanne mit wenig Wasser ablösen (**Filet Châteaubriand,** S. 103); aber bei einem so delikaten Gericht wie **Ente mit Pfirsichen** (S. 125) ist es fast unentbehrlich, auf ein vorher gebratenes Entengerippe als Basis der braunen Sauce zurückzugreifen. Überhaupt kann die Verwertung der beim Tranchieren bleibenden Reste (und auch des Geflügelkleins) nicht genug betont werden.

Beim Braten kann man Zeit und Aufmerksamkeit sparen, wenn man die Temperaturen seines Ofens kennt und die Bratzeiten einhält (rechter Vorsatz). Wir schlagen überhaupt sehr oft die Verwendung des Backofens statt der Herdplatte vor (etwa **Kalbsbries,** S. 87), weil man die Bedingungen gut einhalten kann und wenig Überwachung braucht.

Wir sind sehr für Geschmackshilfsmittel wie Marinieren (**Gigot,** S. 105), angebratenen Speck (ungeräuchert! S. 93), sparsame Verwendung von Essig oder Zitrone (S. 112 und 109), und natürlich saurer Sahne (**Perlhuhn,** S. 123); auch Injizieren von Gewürzen (S. 105) kann ganz in Ordnung sein. Wir verzichten auf das zeitraubende Spicken. Ich würde ruhig stattdessen Butter aus einer heißen Spritze in das Stücke injizieren. Aber meist genügt es, eine ungeräucherte Speckscheibe über das Fleisch zu legen (**Fasan auf Weinkraut,** S. 132).

Auf Fritieren haben wir in diesem Buch verzichtet, mit Bedauern wegen ganz weniger Rezepte wie Backhuhn. Der Aufwand scheint uns nicht zu lohnen. Fritieren führt zu leicht zu zweitklassigen Resultaten.

Der Leser sieht aus dieser Zusammenstellung, daß wir viel mehr von der Qualität als vom Zeitsparen reden. Die Qualität ist in der Tat das erste Anliegen dieses Buchs. Zeitsparen kommt aber doch auf vielen Wegen herein: durch die Auswahl der Gerichte, die Einfachheit von Zutaten, durch das Aufstellen von auf andere Rezepte anwendbaren Prinzipien, durch die Wahl der Methoden und durch die freundliche Disziplin etwa mit Hilfe der Küchenuhr, zu der wir unsere Leser anregen wollen.

Fleisch

Der Kochkurs besteht aus den folgenden Rezepten:

Gekochtes Ochsenfleisch, ein Standardrezept, das ich schon wegen der Brühe sehr oft mache.

Bollito misto (Rindfleisch, Huhn, Zunge [Schinken], [Gans]) ist für eine große Zahl von Gästen geeignet und gibt viel kräftige Brühe.

Ochsenschulter mit Schweinefleisch und Gemüse wird mit wenig Flüssigkeit gemacht und verwendet Kalbsfuß zum Sämigmachen.

Lamm mit Estragonsauce ist gekochtes Fleisch mit einer Rahmsauce ohne Mehl, sehr delikat.

Zunge à la mode, in allem dem berühmten Boeuf à la mode ähnlich, rühmt eine zu selten verwendete Fleischart.

Schmorbraten in Tomatensaft (Swiss Steak), die einfachste Art zu schmoren.

Kalbsbries gedämpft, eine sehr zarte Zubereitung. Dabei auch **Paniertes Kalbsbries.**

Schinken mit Sahne und Champignons, eine auch in der großen Küche willkommene Zubereitung.

Schweinefleisch mit Sauerkraut, ein einfaches Beispiel eines Schweinefleischgerichts, bei dem der Bratensaft dem Geschmack des Sauerkrauts dient.

Filet Châteaubriand ist geeignet für eine größere Gästezahl, weil es 6 cm dick ist; es ist besonders zart.

Gigot (Hammelkeule), das klassische Gericht von jungem Hammel oder Lamm, auch in einer geschmorten Version für ältere Tiere.

Lamm-Kronenbraten, ebenso repräsentativ wie wohlschmeckend.

Nun die Kurzrezepte für Speisen, die bei den Menüs im Kochbuch vorkommen, nach Fleischarten geordnet.

Rindergulasch, einfaches Rezept mit viel Zwiebeln.

Hackbraten, Fleischpflanzerl, gut, weil man im Inneren würzen kann.

Filetsteak als Beispiel des klassischen Kurzgebratenen.

Roastbeef, der große Braten.

Eingemachtes Kalbfleisch, mit wenig Sauce oder auf alte Art.

Kalbsragout mit Fenchel, ein Beispiel für das Schmoren kleiner Stücke.

Kalbsschnitzel mit Sauerampfersauce, die den zarten Geschmack des Schnitzels ergänzt.

Wiener Schnitzel, ganz dünn.

Saltimbocca, Kalb und Schinken für kleine Parties.

Kalbsleber, zart gebraten mit ganz wenig Mehl.

Kalbsbraten im eigenen Saft, lang gebraten und aromatisiert.

Kassler mit Sauerkraut, auch Eisbein; deftige Gerichte für kalte Tage.

Schweinebraten, der bayerische Klassiker.

Lammcarré, der feinste Lammbraten.

Rehrücken, rosa gebraten, leider das einzige Beispiel für Wild.

Gekochtes Fleisch für anspruchsvolle Gäste

Gekochtes Ochsenfleisch mit Beilagen gehört zu den Gerichten, die Sie den verwöhntesten Gästen vorsetzen können, offenbar weil nichts Künstliches daran ist. Unerläßlich ist: Das Fleisch muß von einem jungen Tier sein, es muß zart werden, ohne zu zerfasern, es darf nicht zu lange und nur ganz sanft kochen und nicht lang warmgehalten oder gar aufgewärmt werden.
Wichtig sind die Beilagen: möglichst immer Meerrettichsauce, nach Belieben Preiselbeeren, Gürkchen, süßsaurer Kürbis, Kirschen, Pflaumen, Mango-Chutney; wenig gutgewürzte Bouillonkartoffeln mit Butter; entweder Karotten, Lauch und Sellerie, in großen Stücken in der Brühe weichgekocht oder ein kräftiges Gemüse wie Spinat oder Broccoli.
Man rechnet am besten 400 g Fleisch (mit Knochen) pro Person, denn beim Kochen und Tranchieren gibt es Verluste. Gekochtes Ochsenfleisch ist ein großes Hauptgericht, das wenig Vor- und Nachspeise duldet, vor allem nichts Raffiniertes.

Vorher:
Ochsenmark auf Schwarzbrot zum Cocktail
Tomatensuppe oder Kerbelsuppe (nicht mit Fleischbrühe)
Nachher:
Apfelscheiben oder Apfelkompott oder Rote Grütze oder Fruchtsalat.

Übrig gebliebenes Ochsenfleisch (man rechne nicht damit, es ist erstaunlich, was die Gäste oft essen) findet zahlreiche Anwendungen, siehe das Stichwort Pauvre homme (S. 32, 159)*.
Fleischbrühe ist das unschätzbare Neben-, oder aber Hauptprodukt; sie ist der Grund, daß ich immer eine Kochserie mit Ochsenfleisch beginne. Wenn die Gäste bis nach Mitternacht bleiben, besteht allerdings wenig Chance, daß die Fleischbrühe das überlebt. Zu viele wissen, daß es nach Mitternacht nichts Besseres gibt als eine oder viele Tassen klare Brühe mit wenig Butter.

Das heiße Wasser, mit dem das Fleisch aufgestellt wird, ist ein Kompromiß. Aufstellen mit kaltem Wasser gibt eine gute Brühe. Kochendes Wasser schließt die Poren an der Oberfläche und gibt deshalb, wenn man ganz sanft weiterkocht, zarteres Fleisch.
Ich will nicht versuchen, Ratschläge für die Auswahl der Fleischarten und Stücke zu geben. Am besten macht man es wie fast alle wichtigen Leute: Es ist eines ihrer Kennzeichen, daß sie mehr als andere kompetenten Rat suchen. Ihr Metzger ist kompetent. Er wird sich freuen, wenn Sie das anerkennen und sich sagen lassen, was diese Woche besonders gut ist, was eine gute Brühe gibt oder was nach Wegschneiden von Fett (fette Stücke sind meist zarter) am besten schmeckt. Sie müssen allerdings erkennen lassen, daß Sie etwas verstehen. Ungezieltes Lob schätzt der Experte nicht.
Ein solches Verhalten hilft oft. Es macht Menschen, die sich bemühen, zu Freunden (wenn Sie selbst nicht zu denen gehörten, die sich bemühen, hätten Sie dieses Buch nicht bis hierher gelesen). Mißtrauen sollte auf die notwendigen Fälle beschränkt bleiben.

* Früher bekamen die Armen das Fleisch, aus dem für die Reichen Brühe gemacht wurde.

Gekochtes Ochsenfleisch

5 Personen
2 kg Ochsenfleisch mit 3 l heißem Wasser, Salz aufkochen lassen, abschäumen, 2 Stunden leise kochen lassen, nach 1 Stunde je 100 g Zwiebeln, Karotten, Weißes vom Lauch, 40 g Sellerie, 30 Pfefferkörner zugeben.
Meerrettichsauce: **30 g Butter, 10 g Mehl erhitzen, 300 ml Fleischbrühe, 150 g Meerrettich, Pfeffer, 80 ml Sahne zugeben.**

In einen großen hohen Topf gibt man heißes Wasser (etwa 60°), Salz und das Fleisch, läßt bei mäßiger Hitze aufkochen, nimmt den aufsteigenden Schaum zweimal ab, verringert die Hitze. Das Wasser darf nie stark kochen, es soll kaum sichtbar wallen. Wenn die Hitze in das Fleisch eingedrungen ist (nach ca. 20 Minuten), muß man das Feuer noch einmal schwächer stellen. Ich stelle statt Deckel eine mit Wasser gefüllte Blechschüssel auf den Topf, so daß aller Dampf an ihrer Unterfläche kondensiert und das ganze Aroma im Topf bleibt. Wenn das Wasser oben heiß wird, wird es erneuert.

Die Kochzeit hängt etwas vom Fleisch ab. 2 Stunden sollten genügen. Nach 1 Stunde werden die Suppengemüse und der Pfeffer zugefügt. Auf dem Tranchierbrett werden noch in der Küche Knochen, Sehnen und Fett entfernt, im übrigen wird am Tisch tranchiert. Die Gäste wählen ihnen zusagende Stücke.

Knochen, (auch zusätzliche Rindsknochen bis zur Hälfte des Fleischgewichts) und Abgeschnittenes kommen wieder in den Topf und können noch vielleicht 4 Stunden sanft weiterkochen. Am nächsten Tag ist das Fett an der Oberfläche fest geworden. Jetzt wird abgesiebt. Die Brühe muß ganz klar sein.

Meerrettichsauce: Kurz vor dem Auftragen werden Butter und Mehl erhitzt, bis es schäumt; die heiße Fleischbrühe wird auf einmal zugegeben und 2 Minuten gekocht. Dann wird der geriebene Meerrettich, Pfeffer, Sahne zugegeben und unter Rühren bis kurz vor dem Kochen erhitzt.

Varianten:

Statt der Suppengemüse kann gleich am Anfang Gemüsebrühe von der klaren Gemüsesuppe (S. 41) zugefügt werden, etwa 1/20 der Flüssigkeitsmenge.

Für eine hervorragend starke und zugleich zarte doppelte Fleischbrühe wird das Fleisch nur mit Salz und wenig Wasser gekocht.

Man kann den Kochvorgang in zwei Teile aufteilen: Erst mit Knochen und mit Fleisch von den unteren Enden der Rippe wie oben kochen, dann in der Brühe ein anderes Stück, etwa den berühmten Tafelspitz oder gar Rinderlende, die kürzere Kochzeit braucht, kochen. Das erste Fleisch kann man die letzten 10 Minuten wieder zugeben, oder man kann es für andere Rezepte verwenden.

Statt Meerrettichsauce kann man Senfsauce (50 g Senf statt des Meerrettichs) oder Käsesauce (70 g Käse) herstellen.

Das Rezept gilt auch für große Mengen, z. B. 20 Personen, wenn man einen genügend großen (hohen) Topf hat. Die Kochzeit verlängert sich bei großen Stücken (z. B. etwa 3 Stunden für 4 kg).

Gefriertruhe:

Rohes Ochsenfleisch, Knochen, übrig gebliebenes gekochtes Fleisch, Brühe sind hervorragend geeignet zum Einfrieren.

Mikrowellenherd:

Die Sauce kann dort hergestellt werden, am besten gleich in der Sauciere. Aufwärmen geht gut, aber nicht kochen lassen.

Ein Essen für viele Gäste

15 Personen, das ist keine bequeme Zahl für ein Essen. Man kann sich am Tisch nicht mehr gemeinsam unterhalten, und man hat Schwierigkeiten mit der Bedienung, wenn es nicht wenige Stücke pro Speise gibt. Oft jedoch kann man über die Zahl der Gäste nicht selbst bestimmen, also muß alles möglich sein. Unser Beispiel stammt von einer Präsidiumssitzung, bei der uns der Minister mit seiner Begleitung besuchte. Für eine solche Gelegenheit ist gekochtes Fleisch sehr geeignet. Einer der Ministerialbeamten sagte: „Wenn man mich nahher fragt, was es bei dem berühmten Amateurkoch gegeben hat, kann ich sagen: Ich habe Kochwurst bekommen." Hier das Menü:

20.30	Salatsuppe	20.20	Ei und Sahne einrühren
20.50	Bollito misto	20.20	Wurst zugeben
	Salsa verde		
	Ratatouille	20.29	in den Ofen
	Gratin dauphinois	20.00	in den Ofen
21.20	Käse		
21.40	Pfirsich Melba		

(Die Abstände zwischen den Gängen sind länger als normal wegen des Servierens und wegen der Tischgespräche.)

Der Erfolg eines Essens hängt sehr von der Bedienung ab. Im vorliegenden Fall ist sie schwierig, weil es sechserlei Fleisch und sechserlei Gemüse gibt. Man kann für je 5 Personen eine Platte von jedem Gericht auf den Tisch stellen und die Gäste selbst nehmen lassen. Wenn man bedienen will, darf man nicht mit den Platten ringsherum gehen und anbieten: Die Gäste würden zu langsam nehmen. Also füllt man die Teller an einem Serviertisch: Zwei Personen legen kleine Portionen von jeder Fleisch- und Gemüseart auf die Teller, einer trägt sie auf. Beim zweiten Mal trägt man die Platten herum und läßt jeden Gast wählen. Die Erfahrung zeigt hier, daß fast jeder zweimal nimmt.

Bei 15 und mehr Personen lohnt es aber auch schon, ein warmes Buffet zu veranstalten. Die Suppe wird am Tisch serviert. Inzwischen schneidet der Hausherr am Buffet-Tisch die Fleischstücke auf und legt sie auf gewärmte Platten, nach Fleischarten getrennt, 2 Stücke pro Person. Die Gemüse und Kartoffeln kommen im letzten Augenblick vom Ofen herein. Die Sauce steht in mehreren Saucieren bereit. Wenn die meisten Gäste zum zweiten Mal genommen haben, werden die Platten zusammengerückt, und der Käse wird auf zwei großen Brettern aufgetragen, mit Tellern, Brot und Butter, so, daß die Gäste sich an zwei Stellen bedienen können. Dies alles kann der Hausherr allein machen, es ist aber nett, wenn ihm jemand hilft.

Bollito misto (Gemischtes gekochtes Fleisch) mit Salsa verde

15 Personen

2 kg Rindfleisch, 2 Suppenhühner, 1 Rinderzunge, (1 Gans), (1 kg Schinken), 1000 g Kochwurst mit 1 l Wein, 2 l Wasser, Salz, Pfefferkörner, Karotten, Sellerie, Lauch nacheinander je etwa 2 Stunden kochen. ***Salsa verde:*** **4 Eßlöffel Essig, 1 Eßlöffel Senf, $^1/_4$ l Olivenöl, 200 g gemischte Kräuter, 50 g Kapern, 100 g Gewürzgurken, Salz, Pfeffer, 100 g geriebenes Weißbrot.**

Die kochfertigen Suppenhühner werden 2 Stunden in kaltem Wasser im Kühlschrank gewässert. Die Zunge (sie soll gepökelt, aber nicht geräuchert sein) wird ebenfalls 2 Stunden gewässert. Gans nehme ich, wenn ich vorher für 2 Personen gebratene Gans gegeben habe. Das Fleisch wird ausgelöst und enthäutet. Nun werden in einem Topf die Suppenhühner, mit Wasser bedeckt, 1 Stunde gekocht, ausgebeint, enthäutet. Knochen, Haut und Fleischreste von Gans und Geflügel werden noch $1^1/_2$ Stunden weitergekocht und dann abgeseiht. Wenn man Schinken geben will, kocht man ihn mit der Geflügelbrühe mit. Wenn er gepökelt ist, muß er vorher 2 Stunden gewässert werden. (Inzwischen wird die Zunge getrennt in Wasser 1 Stunde gekocht und dann enthäutet; das macht leider etwas Mühe.) Der Kochflüssigkeit werden Wein, Salz, Pfefferkörner, das Gemüse und das Rindfleisch zugegeben und noch 2 Stunden gekocht. Die Zunge wird nach dem Schälen dazugegeben. Für die letzte halbe Stunde vereinigt man alle Fleischstücke, mit Flüssigkeit aus beiden Töpfen gerade bedeckt, und läßt ganz leicht kochen. Die Fleischwurst (Lyoner oder was Ihnen sonst gut schmeckt) wird 15 Minuten in getrenntem Wasser ohne Kochen erhitzt. Auf einer oder zwei großen Platten serviert man nach Fleischarten getrennt und so aufgeschnitten, daß jeder von allem 2 Stücke nehmen kann.

Salsa verde: Der Essig wird etwas erwärmt (etwa 40°) und dann mit dem Senf, Salz und Pfeffer mit dem Schlagbesen gut verrührt. Das Öl wird anfangs tropfenweise, dann in stärkerem Strahl unter starkem Rühren zugegeben. Die Masse soll fast wie Mayonnaise sein. Nun mischt man die übrigen Zutaten darunter (die Gurken werden in kleine Würfel geschnitten; als gemischte Kräuter nimmt man Schnittlauch, Kerbel, Estragon, Petersilie, Sauerampfer, Borretsch und andere Salatkräuter, auch Dill, kurz alles, was man frisch bekommt) und läßt die Sauce $^1/_2$ Stunde oder länger stehen. Sie soll nicht flüssig, aber auch nicht zu dick sein. Nötigenfalls gibt man noch Öl zu.

Reste:

Die vereinigte Suppe wird noch einmal aufgekocht und dabei sorgfältig von aufsteigenden Unreinheiten befreit. Man hat eine hervorragende, starkschmeckende Brühe für alle Anwendungen, außer denen, die einen ganz reinen Rind- oder Geflügelgeschmack verlangen. Fleischstücke werden kalt weiterverwendet (mit der Sauce), oder sie dienen für dieselben Gerichte wie kaltes Ochsenfleisch.

Das Ministerpräsidentenessen

Das hier beschriebene Rezept ist sehr geeignet für eine größere Mahlzeit mit Ministern oder anderen hohen Gästen. Es ist kein Luxus, und es ist überraschend wohlschmeckend, vor allem wohl dank den Kalbsfüßen, die den Geschmack und die Textur der Sauce bestimmen. Die Kalbsfußstücke selbst allerdings darf man nur auf ausdrücklichen Wunsch und äußerst sparsam servieren. Es finden sich immer Mutige, aber nachher schmeckt es ihnen doch nicht.
Früher hat man die Fleischstücke immer mit viel Fett (Öl oder Butter) stark angebraten. Heute weiß man, daß dies für den Geschmack nicht entscheidend ist. Ich empfehle dem Leser, selbst zu probieren: einmal scharf anbraten, einmal ganz sanft und nur mit dem aus dem Schweinefleisch austretenden Fett unter dem Grill anbraten; und einmal wie im Hauptrezept gar nicht anbraten. Im letzteren Fall kann man eventuell der gut entfetteten Sauce zum Schluß ein wenig Butter (20 g) zufügen.
Ein Vorteil des Gerichts ist, daß es dunkel ist (es gehört nicht zur »beigen Küche«) und keine Sahne enthält. Das gibt Freiheit für die anderen Gänge. Hier ein Menü, geeignet für viele Personen:

20.00	Salatsuppe	19.40	heißmachen,	19.55	binden
20.20	Ochsenschulter mit Schweinefleisch und Gemüse	20.10	abfetten		
	Nudeln, mit Käse gratiniert	19.58	in den Ofen		
	Verschiedene Salate	20.18	anmachen		
20.50	Käse				
21.05	Bayerische Creme von Orangen				

Das kalte Gericht ist hervorragend als kleines Abendmenü mit Bratkartoffeln und grünem Salat. Anschließend ein wenig Obst.

Kälberfüße werden in vielen Gegenden kaum verkauft, weil das Säubern nicht lohnt. Man versuche mit einem Metzger, der selbst schlachtet, eine Vereinbarung zu treffen. Leider sind sie oft nicht ganz frisch. Wenn man schöne Kälberfüße findet, soll man kaufen, soviel man bekommt, für die Gefriertruhe. In Bayern gibt es solche Probleme nicht; Kälberfuß, paniert und gebacken, steht auf vielen Menüs. Der Metzger und Wirt in Garching zum Beispiel war selbst ein großer Liebhaber davon und behauptete, Kälberfüße seien gut für den Magen. Ob das wahr ist, weiß ich nicht.
Das Entfetten der Sauce unmittelbar vor der Mahlzeit ist sehr lästig. Es gibt aber etwas sehr Praktisches: Saucieren mit zwei Ausgüssen, von denen der eine vom Boden weg gießt. Man schüttet einen Teil der Sauce hinein, wartet 2 Minuten und gießt dann von unten ab, ganz ohne Fett, auf das Fleisch und in eine zweite kleine Sauciere.

Ochsenschulter mit Schweinefleisch und Gemüse

8 Personen

1,5 kg Ochsenschulter und 1 kg Schweinegrat (fettes Fleisch) in 3-cm-Würfeln über eine Schicht von 200 g Karotten- und 200 g Zwiebelscheiben und zwei Kalbsfüßen schichten, 1/2 Lorbeerblatt, 1 Zweig Thymian, 20 Pfefferkörner, Salz. Mit 1/2 l trockenem Weißwein 10 Minuten offen, 2 Stunden zugedeckt kochen. 500 g Karotten, 500 g Lauch, 200 g Sellerie in großen Stücken obenauf legen, noch 1 Stunde sanft kochen.

200 g Karotten und 200 g Zwiebeln in 5 mm starke Scheiben schneiden, damit den Boden eines großen hohen Topfes von etwa 6 l Inhalt auslegen. Darüber die 2 längsgeteilten Kalbsfüße legen, sowie Lorbeerblatt, Thymian, Pfefferkörner und Salz; darüber die Ochsenschulterwürfel und über sie die Schweinefleischwürfel. Auf großem Feuer mit 1/2 l Weißwein 10 Minuten kochen, damit der Alkohol verdampft. Dann mit einer großen, mit kaltem Wasser gefüllten Schüssel aus rostfreiem Stahl, die den Topf gut abschließt, bedecken und 2 Stunden bei mäßiger Hitze kochen, dabei das Wasser in der oberen Schüssel erneuern, wenn es heiß wird. Die Kalbsfußhälften herausziehen. 500 g Karotten, 500 g Weißes vom Lauch und 200 g Selleriewurzel in 5 cm lange Stücke schneiden, die ruhig 2 cm dick sein dürfen; auf das Fleisch legen, darüber die Kälberfüße, und, mit der Schüssel bedeckt, noch 1 Stunde sanft kochen, dabei einige Male mit der Brühe begießen. Auf einer großen warmen Platte Rindfleisch, Schweinefleisch, Kälberfußfleisch, grob geschnitten, und die zuletzt zugegebenen Gemüse getrennt anordnen. Die Sauce entfetten (siehe links) und einen Teil davon über das Fleisch gießen.

Alternative:

Die Kalbsfüße mit Wein und Gewürzen 2 Stunden kochen, kleinschneiden. In einer großen Pfanne unter dem Grill erst das Schweinefleisch, dann das Rindfleisch anbraten; das letztere dabei mit Butter bestreichen. Dann alles in den großen Topf schichten, Kälberfüße oben. Sonst wie im Rezept.

Reste

sind sehr erwünscht. In einer flachen Form die festen Bestandteile anordnen, dazu Gewürzgurken in Scheiben und halbierte saure Perlzwiebeln, wenn man will. Die sehr gut entfettete Sauce erwärmen, nach Belieben 1 Teelöffel Essig und 2 Teelöffel Sherry pro Person zugeben und damit die Fleischstücke bedecken. Kühlen.

Gefriertruhe:

Das rohe Fleisch hält sich gut; man kann also auf Vorrat kaufen, auch die Kälberfüße. Diese sollten 10 Minuten in kochendem Wasser blanchiert werden. Auch die Reste halten sich gut in der Truhe. Übrige Sauce ist äußerst wertvoll. Man läßt sie erstarren und friert sie in kleinen Portionen in einer großen Tüte ein. Die Stücke dienen als weißer Fond für sämige Sauce ohne Mehl.

Mikrowellenherd:

Hier keine Anwendung.

Zauberhafte Rahmsaucen: aber nicht zu oft

In den großen Restaurants gehören die weißen oder bräunlichen Rahmsaucen zu den Höhepunkten, zu dem, was die Köchin oder der Koch daheim nicht hoffen kann zu erreichen. Ich glaube, daß kein Koch hier seine Geheimnisse ganz verrät und daß kein Rezept in einem Buch ganz vollständig ist. Man muß selbst experimentieren, aber unser Rezept gibt dazu wenigstens die technische Grundlage. Die harmonische Synthese verschiedener gewohnter oder ungewohnter Gewürze ist eine ewige Aufgabe. Oft ist es aber eine gute Methode, alle Gewürze, Gemüse, Kräuter wegzulassen bis auf eines, das den Geschmack des Gerichts, zusammen mit dem Geschmack, den das Fleisch der Brühe gegeben hat, bestimmt. Sahne hat dabei die merkwürdige Eigenschaft, daß sie feine Geschmacksnuancen herausbringt und grobe mildert. Auf jeden Fall darf man Gerichte dieser Art (mit konzentrierter Fleischbrühe und Sahne) nicht oft geben. Ich neige dazu, beim Servieren mit der Sauce zu sparen, wenn die Gäste nicht zu sehnsüchtig nach ihr schauen; ich gebe jedenfalls beim ersten Mal nicht zuviel auf den Teller. Dies ist eine der Saucen, die am besten schmeckt und auch am besten bekommt, wenn man nicht zuviel davon nimmt. Sehr achten muß man bei dem Menü darauf, daß kein anderes Gericht ähnlich reich ist.

20.00	Geräuchertes Forellenfilet mit Meerrettich-Honig		
20.20	Tomatensuppe	19.50	passieren, 20.10 wieder heißmachen Butter zugeben
20.40	Lamm mit Estragonsauce	19.55	Sauce aufstellen, 20.15 Sahne zugeben
		20.30	Fleisch zugeben
	Reis	20.10	Wasser kochen, 20.20 Reis zugeben
	Feldsalat	20.35	anmachen
21.05	Melone orientalisch		

Von den Mengen, die man pro Person rechnen muß, ist an anderer Stelle die Rede, aber vielleicht darf ich etwas Allgemeines sagen: Man soll nicht zuviel kochen, oder jedenfalls nicht zuviel auf den Tisch bringen; denn erstens hat man oft mit größeren Mengen mehr Mühe; zweitens wird es schwieriger, alles im letzten Augenblick zu machen, Fleisch aufzuschneiden, Geflügel zu tranchieren, Früchte für Obstsalat zu schnitzeln; drittens – und das gilt vor allem für Speisen, die aus fertigen Stücken bestehen oder auf die Teller verteilt werden – ist es den Gästen peinlich, wenn sie viel übriglassen müssen; wenn fast alles gegessen wird, sind sie ebenso zufrieden wie die Hausfrau, und nichts ist ihnen unangenehmer, als sich moralisch genötigt zu sehen, mehr zu essen, als gut für sie ist.

Es gibt allerdings die Geschichte von dem alten Pfarrer und dem jungen Kaplan, die zu einer Hochzeit auf dem Lande eingeladen waren. Auf dem Heimweg schwärmt der Junge, wie gut das Essen war und wie reichlich. Der Alte, satt und träge, brummelt nur: „Ja, aber die Nötigung war schwach.“

Lamm mit Estragonsauce

4 Personen

1 kg Lammfleisch (Schulter und Hals) 1 1/2 Stunden in 1 1/2 l Wasser kochen mit 50 g Karotten, 50 g Lauch, Salz, Lorbeer, Nelken. Sauce aus 350 ml Fleischbrühe, 250 ml Sahne, Pfeffer, 50 g frischem Estragon, 50 g Schalotten.

Das Fleisch (am besten nimmt man gleich die doppelte Menge für später) sorgfältig vom Fett befreien, mit Wasser (wenn man will 1/3 Weißwein) und den Zutaten aufsetzen; wenn es zum Kochen kommt, abschäumen und, um starkes Kochen zu verhindern, auf eine zweite schwach vorgeheizte Platte stellen, auf der es sanft, mit geringer Blasenbildung weiterkocht, damit die Brühe klar bleibt.

Die Brühe wird mit dem Estragon (man reserviert 20 Blätter) und den halbierten Schalotten (mit Schale) in einer großen flachen Pfanne bei gutem Feuer eingedampft, auf etwa 1/3; die Gemüse, Gewürze, Estragonzweige und Schalotten werden abgeseiht. Dann wird die Sahne zugegeben und weiter unter Rühren eingedampft, bis die Sauce leicht sämig wird. Man gibt das aufgeschnittene Fleisch und die grobgeschnittenen 20 Estragonblätter hinein und kocht noch einmal auf. Das Fleisch wird mit einem Teil der Sauce aufgetragen. Den Rest gibt man gesondert.

Varianten:

Man kann der Sauce etwas Sherry, trockenen Wermut oder Cognac zugeben, am besten nach dem Eindampfen der Fleischbrühe, vom Sherry ein wenig auch am Schluß.

Man kann auch, extreme Reinheit des Rezepts, alle Zutaten bei der Brühe weglassen außer Salz, Pfeffer, Estragon.

Wenn man will, kann man der Sauce 5 g (1 Kaffeelöffel) Stärkemehl zugeben, um sie zu stabilisieren. Dann kann man sie leichter wieder aufwärmen. Aber Vorsicht! Auch wenig Mehl verändert den Geschmack.

Reste:

Restliches Fleisch wird wie Ochsenfleisch verwendet. Übrige Sauce würde ich verwenden, um damit Fleischstücke direkt auf einem Teller zu überziehen, und sie kalt mit Bratkartoffeln und grünem Salat servieren. (Bratkartoffeln passen hervorragend zu kaltem Fleisch.)

Vorratshaltung und Tiefkühltruhe:

Frisches Lammfleisch hält sich gut in der Kühltruhe, jedenfalls 1–2 Monate, ebenso gekochtes Fleisch. Sauce kann man in dünner Schicht einfrieren und, am besten auf Fleischscheiben, leicht erwärmen.

Mikrowellenherd

ist hervorragend für die Sauce. Man hat nichts zu tun, als die Zutaten in eine große Glasschale hineinzugeben und zu erhitzen, bis genug eingedampft ist. Die Sahne gibt man am besten, wie im Rezept, nach dem ersten Eindampfen zu und nimmt vorher Estragon und Schalotten heraus.

Auch zum Aufwärmen ist der Mikrowellenherd das beste.

Zunge, ein nicht genügend populäres Gericht

Zunge als kalten Aufschnitt mag fast jeder. Als warmes Gericht wird sie aber meist in einer Sauce mit Mehl, eingeweicht und ertränkt, serviert. Vielleicht ist das der Grund für eine verbreitete Abneigung. Das hier gegebene Rezept ist eines der besten, basierend auf dem berühmten Boeuf à la mode, das sich auch in Bayern unter dem Namen Biflamod durchgesetzt hat. Es gibt aber in den Kochbüchern viele gute Rezepte, auch für die kleinen Kalbs- und Schweinszüngerl, die ebenfalls in Bayern sehr beliebt sind. Der Leser ist zu weiteren Forschungen eingeladen.

Zunge paßt sowohl für eine große, üppige Mahlzeit (siehe dazu das Menü zu Tarte Tatin) wie insbesondere für die bürgerliche Küche. Dazu hier ein Menü:

20.00	Pürierte Gemüsesuppe mit Karotten, Lauch, Sellerie, Kartoffeln	19.50	Sahne zugeben
20.20	Zunge à la mode mit Karotten und Zwiebeln	20.10	tranchieren
	Nudeln	19.58	aufstellen, 20.15 Butter zugeben
	Grüner Salat	20.18	anmachen
20.50	Gemischtes Kompott		

Das Geheimnis des Rezepts ist die Verwendung von Kalbsfuß. Man wird beim Anbieten vorsichtig sein und von niemandem verlangen, daß er davon ißt (ich werde nie das Entsetzen eines fränkischen – in Wirklichkeit norddeutschen – Bürgermeisters vergessen, der wegen unseres Atomreaktors nach Garching gekommen war und nach gelungener Verhandlung im Dorfgasthof ebenso wie ich panierte Kälberfüße bestellte, denkend, es seien Kalbshaxen). Das Wesentliche ist der Einfluß auf den Geschmack des Fleisches und auf die Sämigkeit der Sauce. Man könnte natürlich stattdessen Gelatine einsetzen, die ja auch in der großen Küche durchaus verwendet wird und ganz geschmacksneutral ist. Aber bei diesen und ähnlichen Gerichten kommt es gerade an auf den fast unmerklichen, aber ganz typischen Geschmacksbeitrag der Kalbsfüße. Die Gäste werden nicht wissen, warum es ihnen so gut schmeckt.

Zunge à la mode

für 6 Personen warm
und für 6 Personen kalt

2 kg gepökelte Rinderzunge 4 Stunden wässern, 20 Minuten kochen, die Haut abziehen. In 20 ml Öl mit 500 g magerem Speck anbraten, mit 50 g Schwarte, 2 Kalbsfüßen, 1/2 Bündel Petersilie, 1 Lorbeerblatt, wenig Thymian, 1 Karotte, 1 Zwiebel, 2 Knoblauchzehen, 1/2 l herbem Weißwein 3 Stunden sanft kochen. Kalbsfüße ausbeinen, Sauce passieren und abfetten. Zunge, Kalbsfüße, Sauce noch 1 Stunde sanft kochen.

Eine große Rinderzunge (oder 2 kleinere) läßt man beim Metzger pökeln, nach Möglichkeit nur schwach. Sie wird etwa 4 Stunden in reichlich sehr kaltem Wasser gewässert, und dann, mit kochendem Wasser schwach bedeckt, 20 Minuten gekocht. Jetzt kann man, noch heiß, die Haut abziehen. Inzwischen werden 2 Kalbsfüße und die frischen Schwarten vom Schwein 10 Minuten gekocht. Der magere Speck (ungeräuchert) wird in 2 cm starke Würfel geschnitten und 5 Minuten angebraten. In einem Topf, der das Gericht gerade gut aufnimmt, wird das Öl erhitzt und die Zunge mit dem Speck von allen Seiten angebraten, dann werden Karotte und Zwiebel zugefügt und leicht gebräunt. Jetzt wird der Speck herausgenommen, Wein, Kalbsfüße, Schwarte, Gewürze werden zugefügt, aufgekocht und im Ofen bei 200° zugedeckt unter einmaligem Wenden 2 Stunden sanft gekocht. Dann wird die Zunge herausgenommen, die Kalbsfüße werden ausgebeint und in grobe Stücke geschnitten. Die Sauce wird passiert und abgefettet, am besten mit einer Sauciere mit zwei Ausgüssen, wo man den fettarmen Teil von unten abgießen kann. Zunge, Kalbsfüße und Sauce kommen wieder in den Topf und werden noch 1 Stunde sanft gekocht. Dabei wird die Flüssigkeit mit Wasser auf etwa 2/3 des Anfangsvolumens ergänzt.

Garnitur: Wenn man will, kann man in der letzten Stunde 6 Karotten und 12 kleine, vorher in 20 g Butter 20 Minuten gedämpfte Zwiebeln mitkochen.

Die Hälfte der Zunge wird etwa 6 mm dick aufgeschnitten und auf einer heißen Platte mit den Kalbsfüßen, den Speckwürfeln und eventuell der Garnitur, mit wenig Sauce serviert. Rest der Sauce extra.

Reste:

Das Gericht ist sehr gut kalt. Die Zunge wird aufgeschnitten und in eine vorher mit wenig Sauce ausgekleidete Form (die Sauce geliert beim Erkalten und haftet an den Wänden) gelegt, dazu der Kalbsfuß, Scheiben von Gewürzgurken und in der Sauce gedämpfte Stückchen von Karotten und Sellerie. Die Sauce hat man vorher festwerden lassen. Wenn sie dabei zu fest wird, fügt man etwas Fleischbrühe zu, erwärmt und läßt wieder erkalten. Sie soll gerade auf der Gabel bleiben. Man gießt die erwärmte Sauce über das Fleisch und stellt das Gericht kalt. Bratkartoffeln und Salat passen gut dazu.

Vorratshaltung:

Es lohnt sich, zuviel zu machen. Zunge ist vielseitig verwendbar.

Tiefkühlen:

Das kalte Gericht läßt sich gut einfrieren, entweder in der Form, in der es erstarrt ist, oder in kleinen Portionen in Tüten. Die Sauce allein ist sehr wertvoll als Fleischglace für Saucen, die ohne Mehl sämig sein sollen. Man friert sie in einer Tüte in kleinen Stücken ein. Man darf nie viel davon auf einmal verwenden, damit der Geschmack der Zunge nicht durchschlägt. Kalbsfüße, schon kurz vorgekocht, halten sich ausgezeichnet in der Kühltruhe. Sie gehören zu meinen Standardvorräten.

Einfache Gerichte: hohe Kochkunst

Als ich in Frankreich war, gab es für unser Institut eine Kantine mit einem Separatraum, in dem Besucher bewirtet wurden. Außerdem gab es ein Gästehaus mit einem sehr guten Koch. In der Kantine gab es immer nur gebratenes Fleisch, aber im Gästehaus traute sich der Koch, Boeuf à la mode und Boeuf Bourguignon anzubieten, und nur Nichtkenner und Snobs rümpften da die Nase. Wenn Sie also wissen, daß solche nicht unter Ihren Gästen sind, geben Sie Geschmortes, es kann hinreißend schmecken. Besonderen Erfolg werden Sie bei mit Fest- und Arbeitsessen „Verwöhnten" haben, wo es nur Gebratenes, und meist zu lang Gebratenes oder Warmgehaltenes, meist in Sauce eingeweicht, gibt. Man muß sich allerdings Mühe geben, auch das übrige Menü mit einfachen Zutaten gut zu machen.

19.30	Pfannkuchensuppe	19.20	heißmachen,	19.25	Flädle zugeben
19.50	Swiss Steak				
	Nudelgratin	19.29	in Ofen		
	Chicoreesalat	19.48	anmachen		
20.15	Käse				
20.30	Apfelscheiben mit Sabayon	20.25	Sabayon herstellen		

Daß die Flüssigkeit in unserem Rezept kochend zugegeben wird, soll helfen, die Poren zu schließen und so das Fleisch saftig zu erhalten. Die Zugabe von Tomatensaft am Ende soll nicht nur Flüssigkeitsverluste ausgleichen, sondern auch der Sauce eine gewisse Frische geben. Mit Tomatensaft ist nicht unbedingt der aus der Dose oder (besser) dem Glas gemeint. Wenn man schöne Tomaten hat, wäscht man sie, entfernt die Stiele und kocht die Früchte, ein wenig zerdrückt, mit dem Wein 15 Minuten lang und passiert sie dann über das Fleisch.

Die Zugabe von Butter am Ende ist etwas, was wir wegen des Geschmacks sehr empfehlen. Dafür üben wir größte Sparsamkeit bei allem Fett, das zum Anbraten verwendet wird. Man kann die Butter einfach vor dem Auftragen in die Sauce rühren, oder man kann das Gericht im letzten Augenblick gerade noch einmal unter Rühren fast aufkochen lassen. Ich finde, die letztere Methode gibt mehr Wohlgeschmack.

Schmorbraten in Tomatensaft (Swiss Steak)

8 Personen
2 kg Ochsenfleisch bemehlen, mit 10 g Butter, 10 ml Öl anbraten, mit Salz, Pfeffer, Lorbeer, Nelken, 1/4 l Wein und 1 l Tomatensaft 1 1/2 Stunden bei 180° schmoren.

Man läßt sich beim Metzger ein schönes Stück Fleisch geben von der Qualität, wie sie für Boeuf à la mode oder für Sauerbraten verwendet wird, ohne Knochen und in 1 oder 2 Stücken von 5 cm Dicke; es soll die Bodenfläche einer großen hohen Pfanne gerade ausfüllen. Man bestreicht es mit Mehl und klopft das Mehl, so gut es geht, ins Fleisch hinein, so daß es in einer dünnen Schicht auf beiden Seiten haftet. Das Mehl zieht Flüssigkeit aus der Oberfläche heraus, das erleichtert das Anbraten. In der Pfanne werden Butter und Öl erhitzt, bis die Blasenbildung gerade aufhört, und nun wird bei großer Hitze das Fleisch auf beiden Seiten scharf angebraten, gesalzen und leicht gepfeffert. Inzwischen hat man den Wein und die Hälfte des Tomatensaftes aufgekocht, gießt sie mit 2 Nelken und 1 Lorbeerblatt über das Fleisch, das fast ganz bedeckt sein soll. Die Schmorzeit (zugedeckt im Ofen bei 180°, die Sauce soll kaum sichtbar kochen) richtet sich nach der Qualität des Fleisches und kann zwischen 1 und 2 Stunden variieren; während dieser Zeit muß man mehrmals sorgfältig das oben schwimmende Fett abschöpfen. Das Fleisch soll sich leicht schneiden lassen, aber keinesfalls faserig werden. 20 Minuten vor dem Ende gibt man den Rest des Tomatensafts zu und noch etwas Pfeffer. Wenn man will, kann man am Schluß 40 g Butter in die Sauce rühren.

Varianten:
Man kann das Fleisch bemehlen, anbraten und nur mit Tomatensaft und Salz kochen. Oder sogar ganz extrem: Fleisch einfach mit Tomatensaft und Salz kochen. Jede Variante schmeckt anders; jede ist gut.

Tiefkühlen:
Das frische Fleisch hält sich sehr gut für Monate, wenn es nicht fett ist. Das fertige Gericht läßt sich, Fleisch aufgeschnitten und von der Sauce getrennt, portionsweise einfrieren und im Ofen unter Zugabe von etwas Wein erwärmen.

Mikrowellenherd:
Sehr gut für eine kleine Portion, etwa ein übriggebliebenes rohes Steak. Man gießt wenig Sauce über das Fleisch (bemehlt oder nicht) und erhitzt etwa 20 Minuten. Die Sauce soll sich auf etwa die Hälfte reduzieren.

Ein nobles Gericht, sehr heikel

Der Autor muß gestehen, daß er Bries nicht oft serviert. Bries ist teuer und mancherorts, vor allem in Bayern, nicht leicht zu bekommen. Bries ist sehr schwer gut zu kochen; es darf nicht zu roh und nicht zu lang gekocht sein; es braucht Fett, das langsam eindringen kann (früher hat man es gespickt), und die Zutaten müssen stimmen. Und, leider, zu viele Gäste machen sich nichts aus Bries. Vielleicht haben sie nie erlebt, wie hinreißend gut es schmecken kann, wenn es gut gemacht ist. Deshalb ist das Rezept auch nur für 4 Personen, für vertraute Freunde.
Das ganze Menü muß darauf eingestellt sein, daß Bries nicht etwas ist, wovon man viel nimmt, und daß es einen gewissen Kontrastes bedarf, als Gegengewicht zu seiner sonst unauffälligen Zartheit. Unser Menü enthält deshalb vor dem Hauptgang ein Vorgericht nach italienischer Art, und neben dem Bries mit den gleichfalls sehr vornehmen, aber im Geschmack ganz abgesetzten Pommes de terre Anna gibt es Tomaten, mit leichter Säure und zusätzlicher Flüssigkeit.

20.00	Melonen mit Schinken		
20.15	Spaghetti bolognese	19.55	aufstellen, 20.10 abschütten, Sauce warmmachen
	Grüner Salat	20.13	anmachen
20.30	Kalbsbries gedämpft	20.05	in Ofen, 20.09, 20.14, 20.20 begießen
		20.27	Sahne dazu
	Pommes de terre Anna	19.55	in Ofen
	Gedämpfte Tomaten	20.21	in Ofen
20.55	Käse		
21.15	Crème Caramel		

Der Leser wird bemerkt haben, daß wir sehr viel mehr im Backofen machen, als meist üblich ist. Dafür gibt es verschiedene Gründe. Die Hitze im Backofen ist gleichmäßig und sanft. Man braucht deshalb weniger Überwachung als auf dem Herd. Zu einem geschlossenen Gefäß kommt die Hitze von allen Seiten, die Speisen garen gleichmäßig; die Wahrscheinlichkeit des Anbrennens ist sehr gering, schon weil man mit dem Thermostaten die Wärme gut einstellen kann; man braucht deshalb auch kaum zu rühren. Bei offenem Gefäß läßt sich leicht braten, denn der Wärmetransport durch Strahlung von oben ist beträchtlich und kann durch den Grill noch sehr gesteigert werden. Für den vielbeschäftigten Koch ist der Backofen unentbehrlich; er nimmt deshalb den größeren Energieverbrauch (der so schlimm auch wieder nicht ist) in Kauf.

Kalbsbries gedämpft

4 Personen

600 g Kalbsbries wässern, 2 Minuten blanchieren, putzen. Mit 60 g Zwiebeln, 60 g Lauch, 60 g Karotten mit 10 g Butter und 60 ml Fleischbrühe 20 Minuten im Ofen bei 180° backen, dabei mit 30 g Butter bestreichen. Bries herausnehmen, Rest mit 60 ml Sahne aufkochen, Saft von 1/2 Zitrone, Pfeffer.

Das Kalbsbries wird in viel kaltem Wasser etwa 4 Stunden lang gewässert, bis alles Blut herausgelöst ist. Dann wird es mit kaltem Wasser aufgesetzt, langsam zum Kochen gebracht und 2 Minuten gekocht (blanchiert). Man läßt etwas erkalten und löst alle Röhren und dicken Haute ab; dann legt man einen Teller auf die Stücke, damit die Dicke einigermaßen gleichmäßig wird. Die Gemüse werden in 2-mm-Streifen geschnitten und mit wenig Butter und Fleischbrühe in einen nicht zu großen Topf mit Deckel gegeben. Man legt die Briesstücke auf die Gemüse und bäckt zugedeckt unter kräftigem Bestreichen mit Butter und Begießen mit der Flüssigkeit, bis die Briesstücke „glaciert", glänzend sind. (Wenn die Flüssigkeit zu sehr verdampft, gießt man wenig Fleischbrühe nach). Man legt die Briesstücke vorsichtig auf eine heiße Platte, kocht die Gemüse rasch mit der Sahne und dem Pfeffer auf, gibt den Saft von 1/2 Zitrone darüber und serviert alles zusammen.

Varianten:

Man kann, ehe die Gemüse gedünstet werden, 150 g Speck in Stäbchen 4 × 4 × 20 mm anbraten, das austretende Fett abschöpfen und dann die Gemüse zugeben. Der Speck soll mager sein, ungeräuchert, er kann gesalzen sein. – Man kann die Sahne zum Schluß weglassen. – Man kann am Anfang statt der Fleischbrühe halb Fleischbrühe halb Wein nehmen.

Bries gebacken: Man bestäubt die gepreßten Briesstücke mit Mehl, zieht sie durch Mehl mit wenig Zitrone, Salz, Pfeffer und wälzt sie in Weckmehl. Dann brät man sie langsam unter mehrfachem Wenden in Butter etwa 5 Minuten auf jeder Seite.

Manche Autoren halten das Blanchieren und Pressen für unnötig.

Vorratshaltung:

Bries, blanchiert und gepreßt, oder auch roh, hält sich gut in der Kühltruhe.

Mikrowellenherd:

Für 2 Personen 30 g Zwiebeln, 30 g Lauch, 30 g Karotten in Streifen mit 30 ml Fleischbrühe, 30 ml Sahne, Pfeffer in gedecktem Topf, 300 g Bries darüber verteilen. 10 Minuten erhitzen, nach der Hälfte die Briesstücke wenden.

Das beste vom Schwein?

Man hört oft: Wenn es keinen Schinken gäbe, könnte man auf Schwein in der Küche verzichten. Das scheint mir übertrieben, wenn ich auch zugeben muß, daß ich Schweinefleisch nicht so oft verwende wie andere Fleischarten. Andererseits ist es mit dem Schinken so eine Sache. Unbehandelt ist er wie anderes Schweinefleisch. Beim Pökeln und Räuchern gibt es aber so viele Möglichkeiten, daß es großer Kenntnis bedarf, um für ein bestimmtes Rezept die richtige Art zu finden. Parmaschinken zum Beispiel ist göttlich gut, wenn er höchstens 1/2 mm dick geschnitten wird, sonst ist er fast ungenießbar. Gekochter Schinken ist oft hart und kann nur dünn geschnitten werden. Man muß also nach zartem Schinken suchen und darf ihn nur vorsichtig erhitzen, sonst wird er auch hart.

Ein großer gekochter heißer Schinken in Brot- und Blätterteig kann die Krönung eines Festmahls oder eines großen Buffets sein. Das hier gegebene Rezept eignet sich für ein kleines Menü:

20.00	Vichyssoise (kalte Lauchsuppe)		
20.20	Schinken mit Sahne	20.09	unter den Grill, 20.11 wenden
	und Champignons	20.05	Pfanne heißmachen, 20.10 Champignons braten
		20.12	Sahne zugeben, 20.14 alles in Ofen
	Spätzle	19.50	Wasser kochen, 20.06 und 20.10 Spätzleteig eingeben
		20.15	Butter heißmachen
	Chicoreesalat	20.19	anmachen
20.50	Käse		
21.20	Pfirsich Kardinal		

Essenzen sind oder waren das A und O der großen Köche. Es gibt die Geschichte von dem Koch des Grafen Soubise, der für einen Schinken, der auf den Tisch kam, 49 für die Herstellung von Essenzen verlangte. Heute gibt es wenige Personen, die 49 ausgekochte Schinken zu essen bereit sind. Außerdem gibt es für vieles künstliche Essenzen oder Ersatzgeschmack, und deren Mißbrauch hat nicht nur zu einem Mißtrauen gegenüber der Ernährungsindustrie geführt, sondern vielleicht auch dazu, daß auch die großen Köche sparsam mit den natürlichen Essenzen umgehen. Der Geschmack geht immer wieder auf Einfaches. Aber natürlich ist es schön, wenn man etwa den etwas faden Geschmack von Zuchtchampignons aufbessern kann. Ich empfehle also sehr die Bereitung von Essenzen, wann immer man dafür Material, vor allem Reste, zur Verfügung hat. Man muß bei der Verwendung Gleiches zu Gleichem tun: Wildessenz etwa zu Reh, Champignonessenz zu Pilzen, Entenessenz zu Ente. Nur Geflügelessenz (wenn die Tiere vorher gewässert wurden) und einfache Rindfleischessenz sind vielseitiger verwendbar.

Essenzen lagert man in der Kühltruhe und bricht oder schmilzt bei Bedarf etwas davon ab. Der Mikrowellenherd ist für die Schlußphase der Bereitung von Essenzen sehr gut, weil nicht leicht etwas anbrennt.

Schinken mit Sahne und Champignons

6 Personen

3 Scheiben gekochten Schinken (1200 g) mit 30 g Butter auf jeder Seite 2 Minuten grillen. 1 kg Champignons mit Saft von 1 Zitrone in 50 ml Öl, 50 g Butter mit 10 g Mehl stark erhitzen, mit 200 ml Sahne (und 50 g Schinkenessenz) ablöschen, Pfeffer, Muskat. Alles 4 Minuten grillen.

Von einem sehr zarten gekochten Schinken entfernt man anhängendes Fett und Schwarte, schneidet 3 dicke Scheiben, teilt jede nach dem Muster des Mercedessterns in drei Sektoren, gibt sie in eine gebutterte Form, bestreicht sie mit etwas flüssiger Butter und gibt sie 2 Minuten unter den Grill (etwa 12 cm unter den glühenden Stäben), wendet sie und grillt noch einmal ebenso. Das Ziel ist, daß die Oberfläche ein wenig heiße Butter aufnimmt und daß dabei das Innere gerade ein wenig warm und überhaupt nicht zäh wird. Inzwischen hat man in einer sehr großen Pfanne Öl und Butter bei größter Hitze heiß gemacht, bis die Blasenbildung gerade aufhört. Die Champignons wurden vorher geputzt, soweit nötig (man braucht sie nicht zu schälen), je nach Größe halbiert oder geviertelt und mit dem Saft einer Zitrone vermischt. Man schüttet die Champignons auf ein Mal in die Pfanne und läßt sie zunächst ohne Rühren von unten heiß werden (etwa 2 Minuten), währenddessen stäubt man das Mehl darüber. Nun rührt man stark um; es tritt ein wenig Saft aus, der sich zum Teil am Mehl bindet, zum Teil kocht. Nach weiteren 2 Minuten gießt man Sahne darüber und rührt unter Zugabe von Pfeffer noch weiter, bis alles kocht. Das Ganze wird über die Schinkenstücke verteilt und noch 2 Minuten unter den Grill gestellt, bis sich erste Anzeichen von Bräunung einstellen.
Das Gericht wird verfeinert, wenn man Schinkenessenz hat, etwa von Schinkenabfällen oder von einem zu hart gekochten Schinken in Brotteig.

Schinkenessenz:
1 kg Schinkenreste (gewässert, kleingeschnitten), 1 Karotte, 1 Zwiebel, $^1/_2$ l Wein fast ganz einkochen, mit 1 l Fleischbrühe auffüllen, auf $^1/_5$ reduzieren (insgesamt etwa 3 Stunden), abpassieren und dabei ausdrücken. Dies ergibt etwa das Vierfache von dem, was hier benötigt wird. Statt 200 ml Sahne nimmt man 150 ml Sahne und 50 ml Schinkenessenz.

Varianten:
Man kann auch Champignonessenz machen ($^1/_2$ kg Champignons statt 1 kg Schinken, sonst wie oben, aber nur $1^1/_2$ Stunden kochen). Man kann auch eine Essenz aus Schinken *und* Champignons machen. Dabei werden die Champignons erst nach der halben Kochzeit zugegeben.

Reste
kann man sehr vorsichtig warmmachen, nachdem man den Schinken grob gewürfelt hat: auf Toast geben und 2 Minuten unter den Grill. Mit Salat servieren.

Tiefkühltruhe:
Gekochter Schinken hält sich 1 Monat oder länger. Man legt zwischen die dicken Scheiben leere Tüten, damit man die Stücke voneinander lösen kann.

Mikrowellenherd
ist gut für die Herstellung der Essenzen und für das vorsichtige Aufwärmen von Resten.

Schweinefleisch mit Sauerkraut: eine glückliche Ehe

Unter den Rezepten der feinsten Küche kommt Schweinefleisch nicht oft vor (außer Schinken), und die meisten empfinden es als weniger hochrangig als Rind oder Kalb. Das kommt sicher zum Teil daher, daß Schweinefleisch oft nachlässig zubereitet wird, mit zu viel Fett und vor allem mit viel zu langen Kochzeiten, durch die sich Textur und vor allem Geschmack verändern. Schweinefleisch soll nie blutig oder rosa sein, aber dazu genügen mäßige Kochzeiten. Ein Schweinebraten in Bayern, etwa von der Schulter mit in Karrees geschnittener, unter Bierzugabe rösch gebratener Schwarte, ist eine Delikatesse, wenn er frisch ist, etwa Samstagmittag in einem Landgasthaus; und die Kellnerin, die ihre Gäste liebt, wird anderenfalls nicht versäumen zu warnen: „den nehmen's net, der is von gestern".

Sicher spielt auch eine Rolle, daß Schweinefleisch fetter ist als anderes (20 bis 40 Prozent Fettgehalt gegenüber 10 Prozent beim mageren Rind), wobei gerade fette Stücke besonders saftig sind. Außerdem braucht es einen kräftigen und eher frischen Geschmack dazu. Sauerkraut ist geradezu ideal dafür, und was das Fett betrifft: Sauerkraut mag Fett, es schmeckt nur mit Fett gut; so wird das fette Schweinefleisch, mit relativ magerem Sauerkraut gegessen, nützlich. Das hier beschriebene Rezept ist im Prinzip ungarisch. Wir haben versucht, die Fleischwürfel in gebratenem Zustand anzubieten, nicht in der Sauce gekocht. Das Fleisch sieht das Sauerkraut erst beim Auftragen.

Wir empfehlen (eine Ausnahme) Sauerkraut aus Dosen, obwohl es vielleicht irgendwo noch besseres frisches Sauerkraut gibt. Für Dosen spricht nicht nur die Arbeitsersparnis (man muß das Kraut nicht waschen, die Kochzeit ist kurz), sondern auch die sicher optimale Herstellung im großen Betrieb und die Tatsache, die schon Wilhelm Busch feiert, daß Sauerkraut aufgewärmt besonders gut schmeckt.

Das Gericht ist sehr geeignet für eine große Zahl von Gästen. Bei dem Menü muß man darauf achten, daß sonst nichts Fettes angeboten wird. Etwa (ein Ministermenü):

19.00	Tomatensuppe	18.51 warmmachen 18.55 Butter dazu
19.20	Schweinefleisch mit Sauerkraut	18.50 braten 18.59 wenden 19.08 Sauce machen
	Spätzle	18.50 Wasser aufstellen 19.10 Spätzle machen 19.12 Butter erhitzen
	Grüner Salat	19.18 anmachen
19.40	Käse	
20.05	Flambierte Pfirsiche mit Mandelgebäck	20.00 heißmachen 20.03 flambieren

---

Hier ist vielleicht der Ort, von Fett zu sprechen. Den Streit um Butter und tierische Fette oder Margarine und Keimöl wollen wir auslassen. Aber der Anteil des Fetts an der täglichen Nahrungsmenge soll nicht zu groß sein, vielleicht 80 g für den normalen Menschen; das heißt, daß man nicht viel mehr als 40 g sichtbares Fett (etwa Butter) essen soll. Das ist schon ein Problem, auf das man achten muß. Bei unserem Menü hat man etwa: Tomatensuppe 5 g, Speck 20 g, Schweinefleisch 40 g (wenn nicht abgefettet wird!), saure Sahne 8 g, 50 g Käse 10 g Fett. Das wäre die ganze Tagesration. Man sieht, wie wichtig das Abfetten ist. Und der Gast muß selbst wissen, ob er die ihm hier angebotenen 180 g Fleisch auch essen will.

Wir halten gar nichts von extremen Maßnahmen, etwa von besonders fettarmer Küche, schon gar nicht ohne Butter und Sahne. Schmecken soll das Essen schon. Aber immerhin: Nicht jeden Tag Schweinefleisch; und vor allem immer wieder: Von allem mäßig essen, wenn man nicht körperlich viel arbeitet.

Schweinefleisch mit Sauerkraut

4 Personen

150 g mageren Speck in Würfeln anbraten, dazu 1/2 Zwiebel anbräunen, 2 Teelöffel süßen Paprika, 750 g Sauerkraut aus der Dose, 6 Wacholderbeeren, 100 ml Weißwein, 100 ml Fleischbrühe, 30 Minuten kochen. 750 g Schweinefleisch in Würfeln im Ofen bei 250 ° 20 Minuten braten (Salz, Pfeffer). Mit der Sauerkrautflüssigkeit ablöschen, 300 ml kochende saure Sahne dazu.

In einem flachen Topf wird der kleingeschnittene Speck leicht gebräunt. Nach 2 Minuten wird die feingeschnittene Zwiebel zugefügt und glasig gedünstet (etwa 3 Minuten auf mittlerer Hitze). Darüber kommt zum Schluß der Paprika, dann das Sauerkraut, in dem die Wacholderbeeren begraben werden, herber Weißwein und leichte Fleischbrühe. 30 Minuten kochen, dabei einmal umrühren, so daß der obere Teil nach unten kommt. Man kann einen mit Wasser gefüllten Deckel verwenden.

Inzwischen wird das Fleisch in 3-cm-Würfel geschnitten und in einer Pfanne, die groß genug ist, daß die Würfel nicht übereinanderliegen, im heißen Ofen (250 °) unter einmaligem Wenden, wobei Salz und Pfeffer zugefügt wird, gut gebräunt. Die Würfel sollen gerade anfangen, kleiner zu werden. Sie werden herausgenommen, die Sauerkrautflüssigkeit wird durch ein Sieb in die Pfanne gegossen und unter Kratzen mit einer Gabel aufgekocht. Wenn man will, kann man die Sauce jetzt abfetten, indem man sie einige Minuten stehen läßt und das Fett oben abschöpft, oder indem man aus der Sauciere mit 2 Ausgüssen (siehe S. 88) von unten die Sauce abgießt. Inzwischen erhitzt man die saure Sahne unter Rühren zum Kochen, gibt die Sauce zu und füllt ein Drittel davon in eine Saucenschüssel. Man legt das Sauerkraut auf eine flache Platte, das Fleisch darüber und gießt den Rest der Sauce gleichmäßig über das Ganze, wenn nötig durch ein Sieb.

Varianten:

Das Fleisch allein, wie oben zubereitet, schmeckt ausgezeichnet. Man serviert es an Stelle etwa von Schweineschnitzeln. Man kann den Bratsatz in der Pfanne mit sehr wenig Weißwein ablöschen und über die Fleischwürfel gießen.

Man kann dem Sauerkraut einen kleingeschnittenen Apfel zugeben. Es wird dadurch etwas milder.

Am einfachsten und doch durchaus wohlschmeckend ist folgende Variante: Speck und Zwiebeln weglassen, nicht abfetten. Die Arbeitszeit ist etwa 3 Minuten, in etwa 32 Minuten ist alles fertig

Vorratshaltung:

Es lohnt, das Sauerkraut in größerer Menge zu kochen und einen Teil davon mit etwas Flüssigkeit im Kühlschrank oder in der Kühltruhe zu lagern, am besten in flachen Formen, die in den Ofen oder den Mikrowellenherd gehen. Beim Heißmachen mischt man Rauchfleisch oder Kochwürstchen unter das Sauerkraut, oder man legt Bratwürstchen obenauf. Man kann auch Weckmehl und Butterflöckchen aufstreuen und im Ofen braun werden lassen. Wenn das Sauerkraut als Beilage etwa zu Fasan dient, kann man es mit etwas Sekt, der vom Cocktail übrig geblieben ist, kurz aufkochen.

In der Tiefkühltruhe hält Sauerkraut einige Monate. Man sollte aber möglichst nicht das fertige Gericht einfrieren, es wird unansehnlich.

Mikrowellenherd:

Man kann darin das Sauerkraut kochen, ohne Speck und Zwiebeln anzubraten. Kochzeit etwa 15 Minuten nach dem ersten Aufkochen; zweimal umrühren. Reste lassen sich gut aufwärmen; man vermeide, sie zu kochen.

Grillen oder braten?

Wenn man sieht, was in den Restaurants, auch oft in guten und auch in Frankreich, mit gebratenem Fleisch und mit Saucen angestellt wird, dann kann man gut verstehen, daß viele nur gegrillte Steaks essen mögen. Dagegen ist nichts zu sagen, besonders wenn sie so gut sind wie die von Prime Beef in den USA. Aber das heißt noch nicht, daß gegrilltes Fleisch besser ist als gut gebratenes. Zwar wird seit Jahrtausenden gegrillt („Grillen ist das erste Stammeln der Kochkunst", sagt ein französischer Kritiker), aber beim Braten kann man mehr variieren, und man bekommt ohne Schaden für das Fleisch eine kleine Menge delikater Sauce.

Daß ich gerade Filet Châteaubriand beschreibe, liegt daran, daß es leicht zu machen ist; wegen der großen Dicke bleibt es innen rot, auch wenn es etwas zu lange gebraten wird. Unter 4 cm Dicke sollte man nicht gehen. Durch Stehenlassen in mäßiger Wärme kann ein leichtes Nachgaren in der Mitte erreicht werden, und beim Aufschneiden tritt nicht so viel Fleischsaft aus. Dies ist aber eine Methode, die ich nur mit großer Vorsicht anwende. Lieber brate ich auf Wunsch ein zu rohes schon aufgeschnittenes Stück ganz kurz nach.

Ein weiterer Vorteil ist, daß wegen der großen Dicke viel Fleisch in eine Pfanne paßt. Das ist gut bei einem Menü für viele Personen, man muß nur die anderen Gerichte entsprechend wählen. Bratkartoffeln etwa kann man nicht für viele Personen machen. Man darf auch nicht zu viele Gerichte geben, sonst dauert das Servieren zu lange.

Zu Filet darf man nichts Grobes geben. Hier ein Menü:

20.00	Kerbelsuppe	19.40	heißmachen, 19.55 Sahne dazu
20.25	Filet Châteaubriand	19.50	anbraten, 19.54 wenden, 19.58 wenden, 20.10 wenden,
		20.20	herausnehmen, am Tisch tranchieren
	Schloßkartoffeln	19.40	in Ofen, 19.59 wenden, 20.09 wenden
	Broccoli	19.41	kochen, 20.11 mit Butter warmstellen
	Choronsauce	20.15	herstellen
20.50	Käse		
21.10	Sauerkirschen flambiert mit Vanilleeis	21.00	heißmachen, am Tisch flambieren

Filet hat den Vorteil, daß die Metzger in Deutschland gelernt haben, es sehr gut abzuhängen. Die vielen anderen Steakarten, vor allem die mit den amerikanischen Namen, ißt man mit großem Vorteil in den USA, sie sind da unvergleichlich besser, selbst besser als das teure Filet, dem in Frankreich manche nachsagen, es schmecke langweilig. Am besten lassen Sie sich auch hier von Ihrem Metzger beraten. Ich hoffe, er mag Sie, weil Sie nicht immer nur Steak kaufen.

Saucen wie die Béarnaise, aber auch das Binden von Suppen mit Ei und Sahne (z. B. Salatsuppe, S. 55) verlangt, Eigelb und Flüssigkeit in der Wärme zu schlagen. Dabei setzt das fest werdende Eigelb sich leicht am Boden fest. Deshalb wird meist Erhitzen im Wasserbad vorgeschlagen. Das ist aber langwierig; wir empfehlen stattdessen, mit einem Kochlöffel, der ein gerades Ende hat, am Boden der Pfanne entlang zu rühren, dann kann sie, wenn sie einen dicken Boden hat, direkt auf relativ starker Hitze stehen. Noch besser ist der abgeänderte Schlagbesen, der auf dem Rücken dieses Buches abgebildet ist. Zwei oder drei Drähte sind so gebogen, daß sie gerade Stücke haben; so kann man beim Schlagen leicht am Boden Haftendes ablösen. Ich hoffe, daß jemand bereit ist, solche Schlagbesen herzustellen. Inzwischen aber kann man das Biegen leicht selbst vornehmen.

Filet Châteaubriand mit Choronsauce

8 Personen

In 10 ml Öl, 10 g Butter 2 kg Rindsfilet in 6 cm dicken Scheiben 15 Minuten braten, dabei mit 20 g Butter, Salz, Pfeffer bestreichen. Sauce mit 1/8 l Weißwein ablöschen.

***Choronsauce:* 50 g Schalotten, je 20 g Estragon und Kerbel mit 1/10 l Weißwein und 2 Eßlöffel Essig, Salz, Pfeffer 20 Minuten kochen, mit 6 Eigelb und 200 g Butter aufziehen, 100 g gewürfelte Tomaten unterziehen.**

Das Fleisch (am besten aus der Mitte des Filets) in 6 cm dicke Scheiben schneiden. In einer Pfanne, die gerade groß genug für die Filets sein soll, Öl und Butter bei starker Hitze heißmachen, bis sich keine Bläschen mehr bilden. Die Filets rasch anbraten, dabei stark bräunen, wenden, auf die gebratene Seite Salz, Pfeffer, ein kleines Butterflöckchen auf jedem Stück verteilen, Feuer reduzieren, noch einmal wenden und die andere Seite ebenso behandeln; weiterbraten, dabei mindestens einmal wenden. Es ist sehr wichtig, die Hitze so zu führen, daß einerseits kaum Fleischsaft in der Pfanne sichtbar wird (dadurch würde das Fleisch sehr schnell ausgelaugt) und daß andererseits der braune Satz in der Pfanne nicht schwarz wird. Wenn die Filets anfangen, sich fest anzufühlen, werden sie herausgenommen und warmgestellt. Der Bodensatz in der Pfanne wird mit dem Wein unter Aufkochen durch Kratzen mit der Gabel aufgelöst und gesondert serviert. Man tranchiert die Steaks fast senkrecht zur Faser in 1 cm dicke Scheiben und kann so die Wünsche der Gäste (rosa oder blutig) befriedigen.

Choronsauce

ist eine Sauce béarnaise mit Zusatz von Tomaten. Schalotten, Estragon, Kerbel werden mit Wein und Essig in etwa 20 Minuten fast eingekocht. Man soll noch 2 Eßlöffel Flüssigkeit haben; das ist wichtig, denn die Säure der Sauce hängt davon ab, wieviel Essig mit der Flüssigkeit verdampft ist. Die Flüssigkeit wird abpassiert in eine flache Saucenpfanne, in die nach Erkalten die 6 Eigelb geschlagen werden. Die Tomaten werden 10 Sekunden in kochendes Wasser gegeben, geschält und in 1/2 cm große Würfel geschnitten, nachdem die Kerne und die Flüssigkeit ausgedrückt wurden. Kurz vor dem Auftragen erhitzt man auf mittlerer Hitze die Eigelb, mit einem Kochlöffel mit flachem Ende rührend, wobei man ein eigroßes Stück Butter zugibt. Wenn diese schmilzt, gibt man mehr Butter in großen Stücken, unter starkem Rühren, hinzu, bis alle Butter verbraucht ist und die Sauce fester als Mayonnaise ist. Nun werden die Tomatenwürfel untergerührt.

Vorratshaltung, Reste:

Das Filet, unzerschnitten, hält sich gut in der Kühltruhe. Man kann mit einem sehr großen Messer mit dicker Klinge, das mit heißem Wasser immer wieder erwärmt wird, davon Stücke abschneiden.

Reste ißt man kalt. Die Sauce wird in dünner Schicht eingefroren. Bei Bedarf bricht man Stücke ab und legt sie auf gebratenes Fleisch oder heißes Gemüse.

Lieblingsfleisch für Gäste, die man kennt

Man kann mir kaum eine größere Freude machen als mich zu einem schönen Gigot mit Gemüsen einzuladen. Deshalb lade ich auch umgekehrt Freunde dazu ein, wenn ich weiß, daß sie so denken wie ich. Zum Glück kann man heute auch bei uns gutes Hammelfleisch bekommen, oder jedenfalls Lamm, das etwas weniger kräftig schmeckt, aber unerhört zart ist. In Frankreich gibt es Lamm „des prés salées“, von den Marschwiesen, das mindestens ebenso gut ist. Leider wird es meistens so blutig gebraten, daß es einen nicht mehr freut und man nicht weiß, wohin mit dem vielen austretenden Saft. Wir streben einen Mittelwert an: gut rosa, aber nicht roh.

Ein Menü für Gigot ist leicht zu entwerfen, weil das Fleisch kräftig schmeckt und doch nicht schwer ist.

19.40	Zum Cocktail:				
	Hühnerleber auf Weißbrot	19.35	braten		
20.00	Artischockensuppe in Tassen	19.39	heißmachen,	19.50	Ei nebst Sahne dazu
20.20	Gigot mit Gemüsen	20.15	vom Feuer		
	Gratin dauphinois	19.39	in Ofen		
	Grüner Salat	20.18	anmachen		
20.50	Kirschenkompott				
	Friandises				
21.10	Irish Coffee				

Heutzutage wird nicht mehr so viel mariniert wie früher. Damals gab es noch keine elektrischen Kühlschränke; Marinieren war eine Möglichkeit, Fleisch nach dem Schlachttag länger zu konservieren. Und heute neigt man dazu, nur die besten und zartesten Stücke zu verwenden. Marinieren ist auch gleichzeitig Ablagern; das Fleisch auch von älteren Tieren wird zarter, und mit einer etwas längeren Bratzeit hat man schöne Erfolge. Dabei kann man den relativ starken Eigengeschmack der älteren Tiere vorteilhaft kombinieren mit den vielen Nuancen, die eine Marinade erlaubt. Das Ergebnis kann hervorragend sein, besonders wenn man nicht zu kurz, sondern mehrere Tage lang mariniert (jedenfalls bei einem großen Stück). Deshalb haben wir hier ein charakteristisches Beispiel für die Methode des Marinierens gebracht. Das Ergebnis 2) ist völlig verschieden von dem Ergebnis 1), aber beide sind interessant. Ganz ähnlich ist es bei Schmorbraten und Roastbeef; bei Suppenhuhn und Brathähnchen; bei einer großen Ente und Caneton. Marinieren ist eine Bereicherung der Kochkunst.

Meist enthalten Marinaden Essig als wesentlichen Bestandteil. Hier hat sich offenbar der Geschmack gewandelt. In dem vorliegenden Rezept haben die Orangen eine gewisse Säure, und außerdem wird bei der Sauce saure Sahne verwendet. Der Leser sollte aber durchaus auch öfter an die Verwendung von mehr Essig denken.

Gigot (Hammelkeule)

6–8 Personen
1) Hammelkeule (3 kg)
mit 2 Knoblauchzehen gespickt über einem Bett von 500 g Lauch, 500 g Karotten, 300 g Sellerie, 6 halbierten Orangen, 50 g Butter, Salz, Pfeffer 80 Minuten bei 200 ° unter Wenden und Begießen mit $^1/_8$ l Weißwein braten.

8–10 Personen
2) Hammelkeule (4 kg)
4 Tage in $^1/_2$ l Burgunder, $^1/_4$ l Olivenöl, mit 2 Zwiebeln, 2 Karotten, 1 Lauchstengel, 100 g Sellerie, 1 Lorbeerblatt, 2 Nelken, 20 Wacholderbeeren, 2 Knoblauchzehen, 2 Orangen, Salz, Pfeffer, 2 Kaffeelöffeln Zucker marinieren, dabei täglich etwas Marinade einspritzen. 2 $^1/_2$ Stunden bei 180° braten.

1) Die Hammelkeule (mit dem Schenkelknochen) befreit man von fast allem Fett, ohne die Muskeln zu verletzen. Dann schiebt man Achtel von geschälten Knoblauchzehen in kleine Schlitze, die man neben den Muskeln eingeschnitten hat. Die Gemüse werden in mundgerechte Stücke geschnitten und auf einem tiefen Kuchenblech verteilt, wobei man die einzelnen Gemüse getrennt hält. Die Butter wird vor allem über die Zwiebeln verteilt. Darüber kommen die ungeschälten, in Scheiben geschnittenen Orangen (sie sollen verhindern, daß die Gemüse eintrocknen). Die Hammelkeule wird auf ein Gitter über dem Backblech gelegt. Nach 15 Minuten Backen bei 200 ° wird die Keule gesalzen, gepfeffert, gewendet und mit dem Wein übergossen. Man wendet dann noch zweimal und begießt mehrere Male, wobei man auch die Gemüse gleichmäßig bedenkt. Gegen Schluß kann man mit dem Grill nachhelfen, um eine schöne Bräunung zu erzielen. Der Gigot wird am Tisch tranchiert, die Gemüse kommen im Kuchenblech auf einem Holzbrett auf oder neben den Tisch, nachdem man die Orangen entfernt und durch ein Sieb ein wenig über die Gemüse ausgedrückt hat.

2) In einer großen Schüssel vereinigt man alle Zutaten der Marinade, kleingeschnitten. Die Hammelkeule (von einem nicht zu jungen Tier) wird wie bei 1) vorbereitet, in die Marinade gelegt und täglich mindestens zweimal gewendet und begossen (man stellt die Schüssel zugedeckt an einen kühlen Ort oder in den Kühlschrank; man kann auch die Keule mit einem reinen Tuch bedecken und dieses begießen). Außerdem spritzt man täglich ein- oder zweimal 50 ml Marinade in das Fleisch an verschiedenen Stellen ein (es gibt dafür Spritzen im Handel, sonst nimmt man eine medizinische Spritze mit einer weiten Kanüle). Zum Braten wählt man die Anordnung wie bei 1), gibt unten die festen Bestandteile der Marinade hinein und begießt häufig mit der Marinadeflüssigkeit. In der zweiten Hälfte der Bratzeit kann man das erwähnte Tuch über den Braten legen und begießen, damit das Fleisch nicht trocken wird. Zum Schluß wird die Marinade abgeseiht, wobei man die festen Bestandteile (die man nicht serviert) ausdrückt, aber nicht passiert, und der Sauce 100 ml saure Sahne zugibt.

Reste
kann man kalt mit Remoulade (Mayonnaise mit Gürkchen und Kräutern) essen, oder sie vorsichtig ein wenig aufwärmen und mit kochender Sauce begießen.

Lamm, bei uns viel zu wenig geschätzt

Es gibt erstaunlich viele Menschen, die bei Hammel oder Lamm die Nase rümpfen, und nicht wenige, die solches Fleisch ganz ablehnen. Ich selbst habe eine kleine Zahl von ihnen bekehrt, aber nicht absichtlich, sondern nur, weil ich von ihrer Abneigung nichts wußte und sie harmlos einlud. Aber auf solche Bekehrung darf man sich nicht verlassen. Man muß seine Gäste kennen, oder man muß sie fragen, ob sie mit Lamm einverstanden sind.

Lammcarré ist das Höchste, was es an Fleisch gibt außer den besten Stücken vom besten Rind. Man braucht es nicht als Krone zu machen; man kann es gerade lassen. Es gibt auch eine Methode, bei der man das Fleisch vom oberen Teil der Rippen löst, diese verkürzt und dann das Fleisch zu einer Art Rollbraten wickelt, wobei zum Schluß die Rippenenden wieder durch Schlitze im Fleisch gesteckt werden. Dadurch wird ebenfalls ungleichmäßiges Braten vermieden.

Lamm braucht kräftige und wohlschmeckende Beilagen; bei den Gängen vorher und nachher darf man aber Feines betonen. Hier ein Menü:

20.00	Suppe von frischen Erbsen	19.45	heißmachen, 19.55 Sahne zugeben
20.20	Lamm-Kronenbraten	19.20	Fülle zugeben
	Gratin dauphinois	19.33	in Ofen
	Grüne Bohnen	19.45	Wasser aufstellen, 19.56 Bohnen kochen
		20.10	Butter zugeben
	Gedämpfte Tomaten	20.10	in Ofen
	Brunnenkresse		
20.50	Käse		
21.15	Omelette surprise	21.00	Eiweiß schlagen, 21.05 in Ofen

Es ist nicht so, daß es in Deutschland kein Lamm gibt, aber es lohnt für die Metzger nicht, weil die Kunden nur Koteletts kaufen wollen. Deshalb könnte man daran denken, ein halbes oder ganzes Lamm zu nehmen und in Portionen in die Kühltruhe zu legen. Dann hat man:

Lammkoteletts
Lammcarré
Lammkeule zum Braten
Schulter und Hals zum Braten oder Kochen
Lamm-Ragout
Eventuell Nieren, Leber, Hirn.

Das gibt alles sehr gute und bei uns ungewöhnliche Gerichte für gute Freunde. Etwas Ungewöhnliches zu bieten ist zwar kein Vorteil für sich, aber es erleichtert einen Erfolg des Kochs.

Lamm-Kronenbraten

6–8 Personen

2 kg Lammcarré, Salz, Pfeffer, Knoblauch, zur Krone gebogen über einem Bett von 200 g Zwiebeln, 200 g Karotten 1 1/4 Stunden bei 200 ° braten. Nach 20 Minuten den Innenraum füllen mit 500 g Lammfilet, 100 g Brot, 4 Eiern, 50 ml Fleischbrühe, Salz, Pfeffer, Bohnenkraut, 40 g Butter.

Das Lammcarré (eine Hälfte des Lammrückens mit Rippen und Kotelettstücken) wird, nachdem der Metzger die Wirbelsäule entfernt und die Knochenansätze dort eingehackt hat, zur Krone gebogen, so daß die Rippen außen sind, und mit Metallspießen zusammengehalten. Das Fleisch wird mit Salz, Pfeffer und mit in kleine Einschnitte gesteckten Stückchen von Knoblauchzehen gewürzt. In eine Pfanne, die wenig größer ist als die Krone, legt man die in 5 mm dicke Scheiben geschnittenen Gemüse, darüber auf einem Gitter die Krone und brät sie in dem auf 200 ° vorgeheizten Ofen. Inzwischen hackt man das Filet (oder auch Lammschulter) in der Messermühle, dann das Brot und vermischt beides mit Eiern, Fleischbrühe, Butter und Gewürz. Nach 20 Minuten, wenn das Fleisch innerhalb der Krone Farbe angenommen hat, gibt man die Fülle in die Öffnung und brät noch fast 1 Stunde weiter. Wenn die Gemüse in der Pfanne zu dunkel werden, gießt man etwas Wasser oder Weißwein zu. Fleisch und Fülle sollen zum Schluß noch rosa sein. Die Fülle verhindert, daß der obere, dünne Teil der Koteletts stärker gebraten wird als der untere.

Den Satz in der Pfanne kann man mit Wasser ablöschen. Man erhält eine kleine Menge Sauce, der man die Gemüse, wenn man will, zugeben kann.

Statt Bohnenkraut kann man auch Basilikum oder Rosmarin nehmen.

Varianten:

Dasselbe Gericht kann man mit Schweinecarré machen. Dies ergibt allerdings einen viel größeren Braten. Füllen ist in diesem Fall nicht nötig, weil das Fleisch sowieso gut durchgebraten sein soll.

Reste

sollte man vermeiden. Sonst schneidet man das Fleisch in Koteletts und erhitzt es mit der Fülle ganz kurz in der Pfanne.

Rindergulasch

4 Personen

In 40 g Schweinefett 700 g (!) feingeschnittene Zwiebeln gelb rösten, 1 kg in 3-cm-Würfel geschnittenes Rindfleisch (z. B. Schulter) andünsten, 40 g süßes Paprikapulver (Knoblauch), 5 g Mehl, dünsten, Salz, Wasser zugeben, eindampfen und dieses wiederholen, bis nach 1 1/4 Stunden das Fleisch fast gar ist. Fett abschöpfen, mit 100 ml Fleischbrühe aufkochen und 200 ml saure Sahne einrühren.

Mögliche andere Zutaten: Essig, Kümmel, Majoran, Tomaten, Kapern, Karotten, Sellerie, Lauch, Petersilie, Erbsen.

Hackbraten, Fleischpflanzerl

4 Personen

1/2 kg zartes Rindfleisch, halb gehackt, halb feingeschnitten, mit 50 g Brotkrümeln, 20 g Butter, Salz, Pfeffer, 30 g feingeschnittenen Zwiebeln, 50 ml Fleischbrühe, 1 Ei leicht mischen, in gebutterter Form 45 Minuten bei 180° backen.

Oder 8 Fleischküchlein formen (wenn nötig weniger Brühe nehmen) und mit 50 g Butter bei Mittelhitze auf jeder Seite 3 Minuten braten.

Andere Zutaten: Pilze, Oliven; bei Hackbraten ein hartes Ei oder verschiedene Gemüse im Innern; Schnittlauch, Chilisauce, Anchovis, Nüsse, Paprika, Zitrone, Muskat, Senf und was man sonst noch will.

Filetsteak

4 Personen

Den Grill (glühende Stäbe oben im Backofen) gründlich vorheizen, 4 Steaks (je 200 g) von 2 cm Dicke auf ein Gitter 10 cm unter dem Grill legen, nach 1/2 Minute mit Butter auf einer Gabel bestreichen, noch 3 Minuten grillen, salzen, pfeffern, wenden und das Verfahren wiederholen. Die Zeiten muß man ausprobieren. Nach dem Grillen noch 10 Minuten in der Wärme (nicht über 60°) stehen lassen, damit Temperaturausgleich eintritt und der Saft sich gleichmäßig verteilt.

Andere Methode: wie Filet Châteaubriand in der Pfanne braten, aber nur halb so lang.

Roastbeef

20 Personen

4 kg Roastbeef (z. B. Lende, der Metzger rät Ihnen) auf einem Gitter im Backofen bei 260° 30 Minuten, dann bei 165° noch etwa 80 Minuten braten. Ein in das Fleisch gestecktes Thermometer soll 60° zeigen (für „rare"; manche wollen es noch blutiger). Man kann etwa 20 Minuten pro 1/2 kg rechnen, bei einem flachen Braten weniger. Nach dem Anbraten wird der Braten gepfeffert. Ein Stück unter dem Braten steht eine flache Pfanne, in die Fett und Saft tropfen. Damit sollte man alle 20 Minuten den Braten bestreichen. Gesalzen wird meistens nicht; das kann man nach dem Tranchieren tun. In der Pfanne kann man während des Bratens eine Ratatouille backen (S. 145) mit Tomaten als oberster Schicht. Man kann dann mit dem Saft die Ratatouille begießen.

Den fertigen Braten läßt man 15–20 Minuten in der Wärme stehen (unter 60°) und tranchiert ihn dann in Scheiben von etwa 6 mm Dicke.

Eingemachtes Kalbfleisch

6 Personen

1 kg Kalbfleisch von der Brust (es kann ruhig ein wenig knorpelig sein) wird in Stücke von etwa 40 g geschnitten, in 50 g Butter blond gedämpft, dabei mit 10 g Mehl bestäubt, dann mit 1/4 l Weißwein, 1 Teelöffel Essig und 1/2 l Brühe von Kalbsknochen, 1 Lorbeerblatt, 1 mit zwei Nelken besteckten Zwiebel, 1 Scheibe Sellerie (50 g), Salz, Pfeffer, Muskat, 1/2 ungespritzten Zitrone 1 Stunde sanft gekocht, wobei die Flüssigkeit zu etwa 1/3 verdampft. Man kann zum Schluß 100 ml Sahne zugeben.

Variante: Man kann mehr Mehl und mehr Flüssigkeit nehmen, wie das früher üblich war. Die Sauce soll sämig, aber ja nicht dick sein.

Kalbsragout mit Fenchel

4 Personen

700 g Kalbfleisch aus der Haxe (das gibt eine sämige Sauce) in etwa 16 Stücke schneiden, in 30 g Butter, 10 ml Öl ringsum etwa 10 Minuten lang anbraten (auf mittlerem Feuer; nichts soll dunkel werden), Salz, Pfeffer. Dann 2 Fenchelknollen, halbiert oder geviertelt, zugeben, mit der Schnittseite auf den Boden der Pfanne. Im Ofen bei 170 ° 40 Minuten lang zugedeckt kochen, dabei gelegentlich begießen. Zum Schluß den Saft von 1/4 Zitrone einrühren.

Kalbsschnitzel mit Sauerampfersauce

4 Personen

4 Schnitzel von 180 g klopfen, mit 40 g Butter, 20 ml Öl erst auf beiden Seiten anbraten, dann langsam 12 Minuten braten, herausnehmen, im gleichen Fett 30 g feingeschnittene Schalotten glasig werden lassen, 100 g Sauerampfer und 150 g Spinat, roh in Streifen geschnitten, und 250 ml Sahne, Salz, Pfeffer zugeben und zugedeckt 12 Minuten lang ein wenig einkochen lassen. Zum Schluß die Kalbsschnitzel wieder zugeben und 3 Minuten erhitzen.

Mögliche Zutaten: frischer Ingwer zum Spinat. Man kann auch nur Spinat nehmen, oder halb Spinat, halb Kerbel, oder Brunnenkresse. Von den beiden letzteren gibt man zum Schluß einige Stengel obenauf.

Wiener Schnitzel

4–8 Personen

Pro Person 1 oder 2 Schnitzel von 120 g auf 8 mm Dicke ausklopfen. 1 Ei mit 1 Eßlöffel Öl mischen, auf einen Teller geben, die Schnitzel durchziehen, so daß sie überall erfaßt sind, auf einen zweiten Teller 80–160 g nicht ganz trockene Brösel (aus altem Weißbrot, mit der Messermühle hergestellt) geben, Salz, Pfeffer, die Schnitzel andrücken, so daß die ganze Oberfläche bedeckt ist.

4 Schnitzel mit 40 g Butter, 20 ml Öl bei guter Hitze auf beiden Seiten mittelbraun braten (nicht zu dunkel, das Ei verbrennt!), dann auf einer weniger heißen Platte 8 Minuten fertigbraten. Inzwischen 40 g Butter zu hellbrauner Farbe erhitzen (beurre noisette), die Schnitzel auf sehr heißen Tellern anrichten, Butter und Saft von 1/2 Zitrone darübergeben. Anschließend die zweite Portion backen.

Mögliche Zugabe: Grüne kernlose Oliven in Scheiben, Sardellenfilets.

Saltimbocca

4 Personen

Aus 750 g Kalbsfilet kleine Schnitzel von etwa 60 g quer zur Faser schneiden, klopfen, mit je einer gleichgroßen Scheibe dünnen rohen Schinkens mit einem Zahnstocher zusammenstecken und in 50 g Butter, 30 ml Öl unter Zugabe von Rosmarin, Salz, Pfeffer in Portionen je 8 Minuten (auf jeder Seite 4 Minuten) braten und jeweils sofort servieren, dabei jedes Stück mit 3 g Butter bestreichen.

Kalbsleber

4 Personen

1/2 kg Leber in 8-mm-Scheiben schneiden, schwach bemehlen. In 30 g mäßig heißer Butter auf jeder Seite 2 Minuten braten, Salz, Pfeffer. Die Leber soll nicht mehr blutig, aber noch nicht hart sein. 15 g heiße, goldgelbe Butter (beurre noisette) und Saft von 1/4 Zitrone darübergießen. Auf sehr heißen Tellern servieren.

Andere Zutaten: Speck, Apfelscheiben, Zwiebelringe, Schalotten, Ochsenmark, Petersilie.

Kalbsbraten im eigenen Saft

8 Personen

Etwa 1/2 kg Kalbsknochen und 200 g Gemüse (Lauch, Karotten, Zwiebeln) mit 40 g Butter, 20 ml Öl sanft anbraten; 2 kg Kalbfleisch (Carré oder Nuß) darauflegen, im Ofen mit Hilfe des Grills auf allen Seiten bräunen (etwa 15 Minuten), salzen, pfeffern, 200 g geschälte Tomaten ohne Kerne in Würfeln zufügen. Dann gut zugedeckt bei 170 ° 2 1/2 Stunden lang braten. Es entsteht eine geringe Menge Fleischsaft, mit der man den Braten von Zeit zu Zeit begießt. Wenn sie zu verdampfen droht, muß man ein wenig Fleischbrühe nachfüllen.

Kassler mit Sauerkraut

8 Personen

$1^1/_2$ kg Sauerkraut, wenn es nicht aus der Dose kommt, waschen, die Hälfte mit $^1/_2$ l Weißwein, 20 Wacholderbeeren, 1 Lorbeerblatt, 2 Nelken, je 1 Zwiebel und 1 Karotte und 10 Zweigen Petersilie, alles in der Messermühle püriert, in einen großen Topf mit dichtschließendem Deckel geben, Pfeffer. Darin einbetten $1^1/_2$ kg Kassler Rippenspeer; mit dem Rest des Sauerkrauts auffüllen. 500 g mageren, wenig geräucherten Speck in 1-cm-Scheiben und 100 g Gänsefett obenauf verteilen, mit leichter Fleischbrühe auffüllen (alles dicht packen, damit man nicht zu viel Flüssigkeit hat). Aufkochen und dann im Ofen 2–3 Stunden bei 150° dicht zugedeckt kochen.

Mit Surhaxe (Eisbein) ist das Rezept dasselbe, man nimmt aber die Haxe heraus, wenn sie gar ist.

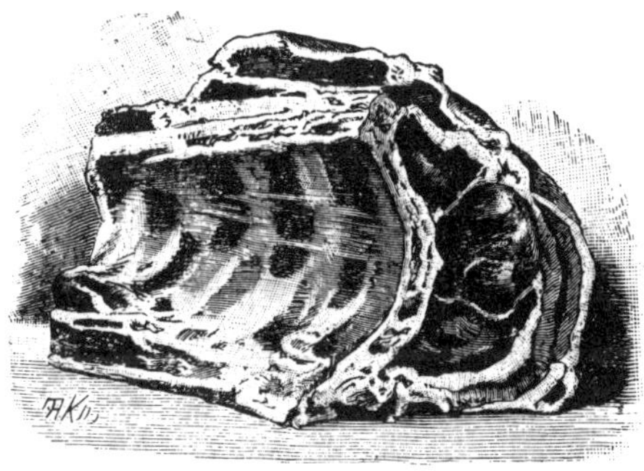

Schweinebraten

6–8 Personen

2 kg Schweineschulter mit in $1^1/_2$-cm-Quadrate eingeschnittener Schwarte salzen, pfeffern, mit 30 ml Öl auf allen Seiten anbraten, mit der Schwarte nach unten auf das Gitter über einer Pfanne in den 200° heißen Ofen. In der Pfanne 300 g grobgeschnittene Gemüse (Karotten, Sellerie – wenig –, Lauch, Zwiebeln). Wenn die Gemüse anfangen braun zu werden, $^1/_4$ l Weißwein und $^1/_4$ l Fleischbrühe zugeben, häufig den Braten und die Gemüse begießen, Wasser zugeben, wenn die Menge zu gering wird. Nach 1 Stunde den Braten wenden, Schwarte nach oben, nach 1 weiteren Stunde die Hitze auf 250° erhöhen, die Schwarte oft mit Bier oder Wasser begießen, bis sie knusprig und eßbar wird. Den Braten quer zur Faser in $1^1/_2$ cm dicke Scheiben tranchieren. Die Sauce abfetten und getrennt servieren (man soll noch etwa $^1/_4$ l haben).

Lammcarré

4 Personen

Lammcarré gehört zum Besten, was man seinen Gästen anbieten kann. (Es handelt sich um das Stück, aus dem die Lammkoteletts geschnitten werden.) Die Rippen werden verkürzt, und die äußere Fettschicht wird entfernt. Das Rückgrat wird vom Metzger so weit abgehackt, daß man beim Tranchieren zwischen den Rippen durchschneiden kann.

Das Lammcarré wird auf einem Bett von Knochen und wenig Gemüsen im sehr heißen Ofen (270 °) 20 Minuten pro kg unter Wenden gebraten (mit Salz und Pfeffer). Wenn die Oberfläche nicht rechtzeitig braun wird, hilft man mit dem Grill nach.

Rehrücken

4–6 Personen

2 kg Rehrücken 24 Stunden marinieren mit 50 g Schalotten, 100 g Zwiebeln, 100 g Karotten, alles feingeschnitten, Salz, 20 Pfefferkörnern, 20 Wacholderbeeren, Lorbeer, 1/4 l Weißwein, 4 Eßlöffeln Öl und 1 Eßlöffel Essig. Im heißen Ofen auf einem Gitter braten, dabei mit Butter bestreichen und teils mit dem austretenden Saft, teils mit der Marinade begießen. Bratzeit etwa 40 Minuten, das Fleisch soll noch ein wenig rosa sein.

Der Bratensatz wird mit 100 ml saurer Sahne abgelöscht und in einer Sauciere gereicht.

Geflügel

Durch die Vielfalt der Arten und der Zubereitungsmöglichkeiten von Geflügel und Wildgeflügel hat der Koch eine reiche Palette für Gerichte, die noch dazu heute in vielen Fällen nicht kostspielig sind. Wir können hier nur eine sehr kleine Auswahl bringen, haben uns aber bemüht, die typischen Zubereitungsarten zu berücksichtigen. Wildgeflügel haben wir mangels viel eigener Erfahrung nicht in besonderen Rezepten behandelt. Für Fasan ist das Perlhuhnrezept ohne Einschränkung geeignet.

Kochen des Geflügels ist einfach und heute wieder modern; man kocht Huhn, Ente, Gans, Truthahn, sei es mit viel Flüssigkeit, so daß man nachher auch Brühe hat **(Ente gekocht),** sei es mit wenig Flüssigkeit **(Huhn mit Gemüsen),** wo ein Teil der Wärme durch Dampf übertragen wird. Zerkleinertes Geflügel kann ohne Bräunung gegart werden **(Hühnerfrikassee),** oder es kann sautiert, also angebraten werden **(Huhn mit Schalotten und Cognac)** oder schließlich geschmort, das heißt, erst angebraten und dann mit wenig Flüssigkeit zugedeckt weitergekocht **(Perlhuhn oder Fasan mit Zwiebeln und saurer Sahne).** Ganz junge Tiere werden gebraten **(Ente mit Pfirsichen),** ebenso die großen Tiere bis zum Truthahn. Eine große Rolle spielt dabei das Füllen, durch das man das Gericht reichlicher machen oder den Geschmack glücklich ergänzen kann **(Stubenküken mit wildem Reis und Foie gras** und die dort erwähnten Füllungen). Ob ein Braten mit oder ohne Fülle besser ist, muß man in jedem Fall überlegen. **Truthahn mit Blutwurst** ist ein Beispiel, wo die Fülle den ein wenig faden Geschmack hebt. Ein Sonderfall ist das Backen im Salz **(Huhn im Salz),** ein ganz trockenes Verfahren, das das Aroma sehr gut erhält, mit oder ohne Füllen. Weitere Geflügelgerichte finden wir bei den Vorspeisen und bei den Suppen. Geflügel ist überhaupt sehr geeignet als Bestandteil anderer Gerichte. Das kann man immer ausnützen, wenn man Reste hat (siehe etwa das Hühnersoufflé bei der Suppe Cock-a-Leeky).

KURZREZEPTE, die in den Menüs vorkommen:

Suprêmes de volaille
(Hühnerbrust), ein ganz zartes Gericht.

Gebratene Gans,
das deutsche Familien-Festgericht.

Fasan auf Weinkraut
(auch Rebhuhn), ein Klassiker. Auch: Junger Fasan gebraten; Brathähnchen; Estragonhähnchen.

Gekochtes Geflügel: ungewöhnlich und ungewöhnlich gut

Die Vorliebe für gekochtes Fleisch ist mit ein Teil der neuen Küche, sie hat aber eine lange Tradition, in Norddeutschland und vor allem in England. Ente ist ein schönes Beispiel, in den neuen Kochbüchern habe ich aber auch Gans (mit Wacholderbeeren) und jungen Truthahn gefunden.

Man kann ein Entenfest veranstalten, die Ente als großen Hauptgang geben, nur mit Brot oder vielleicht mit Kartoffelsalat und grünem Salat und später einen Obstkuchen als Nachtisch. In diesem Fall reicht das Rezept für höchstens 4 Personen. Oder man kann sie in ein nicht zu anspruchsvolles Menü einbauen, etwa:

20.00	Warmer Zwiebelkuchen	19.30	in Ofen
20.30	Ente gekocht mit Gemüse, Sahnemeerrettich und Sardellenbutter und Brühe	19.50	Gemüse zugeben
		20.15	Tomaten zugeben
20.40	Gnocchi	19.55	in Ofen
	Grüner Salat	20.38	anmachen
21.00	Käse		
21.20	Birne Helene	21.10	Schokolade heißmachen

Unser Rezept ist darauf abgestellt, daß der Koch wenig Zeit in der Küche verbringen muß, sowohl vor wie nach Ankunft der Gäste. Wenn man viele Gäste hat (es ist kein Grund, daß es nicht 20 sein können), muß man anders vorgehen und das Prinzip verlassen, daß nichts zweimal heißgemacht wird. Das Verfahren ist langwierig, gut geeignet für einen Samstag oder Sonntag, wo man zuhause arbeitet und dabei immer wieder, von der Weckuhr gemahnt, in die Küche geht.

Man bringt pro Person ¾ l Sud (wie im Rezept) zum Kochen und kocht die Enten (eine für 2 Personen) einzeln oder paarweise je 30 Minuten, trennt die Beine und Bruststücke ab, enthäutet sie, schneidet sie in Stücke (bei den Beinen kann man die Knochen entfernen) und bewahrt Brust- und Beinstücke getrennt bis zum Abend auf. Inzwischen kocht man Gerippe und Haut aus, passiert die Brühe, fettet sie sorgfältig ab und gibt sie in den Topf zurück. Die Brühe muß ganz klar sein. Bei dem ganzen Kochprozeß arbeitet man mit einer mit kaltem Wasser gefüllten Schüssel als Deckel, damit das Aroma in der Brühe bleibt.

1 Stunde vor dem Essen bringt man die Brühe wieder zum Kochen, kocht die Gemüse; 10 Minuten vor dem Auftragen gibt man die Beinstücke dazu, 5 Minuten später die Tomaten und die Bruststücke. Man kann jetzt das Ganze als Suppe servieren, mit Sardellenbutter und Zitrone nach Wahl des Gastes. Auch die Gnocchi werden als Klößchen in die Suppe gegeben. Als Besteck gibt man Löffel, Messer und Gabel.

Ente gekocht

4–8 Personen

2 Enten, je 2 kg, in 1/2 l Weißwein, 1 l Gemüsebrühe, 2 l Entenbrühe 1 1/2 Stunden sanft kochen, für 30 Minuten 700 g Karotten, 500 g Kohlrabi oder Navets, 300 g Sellerie in großen Stücken und für 5 Minuten 15 kleine Tomaten zugeben. Dazu 150 g Meerrettichsahne, 150 g Sardellenbutter und 1/4 Zitrone pro Person.

Die Gemüse schälen, die Karotten und den Sellerie in 1 cm dicke, 5 cm lange Stücke schneiden, die Kohlrabi in 1 cm dicke Scheiben, alle einigermaßen gleichmäßig; die dabei abfallenden Stücke, etwa 300 g, mit 200 g Lauch und einer kleinen Zwiebel, 1 Lorbeerblatt, 2 Nelken in 1,2 l Wasser 1 Stunde kochen. Die Enten 1 Stunde in sehr kaltes Wasser legen, Bürzel abschneiden, Hals, Flügel, Herz, Magen und überschüssige Haut mit etwas Salz und Pfefferkörnern ins Innere legen. Wein in einem großen Topf 10 Minuten kochen, die abgeseihte Gemüsebrühe und die Entenbrühe (von einer früheren Mahlzeit) mit aufkochen, die Enten zugeben und zum Kochen bringen, dabei den Schaum mehrmals abschöpfen. Ganz sanft, kaum merklich kochen lassen. Die Kochzeit hängt von den Enten ab, man muß sie probieren und dann immer wieder Enten aus derselben Quelle verwenden. Die Bruststücke sollen gerade noch eine Spur rosa sein. Eine halbe Stunde vor Schluß gibt man die Gemüse zu, läßt auf einer heißen Platte aufkochen und kocht sanft weiter. 3 Minuten vor dem Auftragen kommen die Tomaten dazu; man schöpft mit einem großen Löffel das Fett von der Brühe ab und trägt auf, das heißt, man stellt den Topf auf eine Spiritusflamme oder Elektroplatte nahe beim Tisch. Eine Person gibt die Gemüse auf zwei kleine Platten; der Koch tranchiert die Enten, zuerst die Beine: Sie werden enthäutet und kommen in die Brühe zurück. Dann wird der Springer ausgelöst (er behindert das Tranchieren der Brust), die Haut von der Brust gelöst und die Bruststücke entlang dem Körper, beim Brustbein beginnend, in Streifen auf jeder Seite abgeschnitten. Beim zweiten Service werden die Beine, die jetzt nicht mehr rot sind, in je drei Teile aufgeschnitten. Die Brühe, die ganz klar sein muß, wird in Tassen neben dem Hauptgang serviert. Alles muß gut heiß sein.

Später werden Entenklein, Gerippe (zerkleinern!) und Haut in der restlichen Brühe noch 2 Stunden ebenso sanft wie vorher gekocht. Dies gibt die Entenbrühe für das nächste Mal, oder für eine Suppe.

Vorratshaltung, Reste:

Übriges Fleisch kann man in Entenfett sanft anbraten und im Fett aufbewahren. Gemüse wird püriert und mit Wasser und wenig Sahne als Suppe gegeben. Dazu Brotwürfel und, wenn man will, Würstchen in Scheiben.

Die Brühe wird bis zur nächsten Ente eingefroren, oder sie wird für eine Suppe verwendet.

Delikat paßt zu sauer

Es gibt eine ganze Anzahl von Dingen, deren vor allem der Restaurantesser mit der Zeit überdrüssig werden kann: unnötig erhitztes Fett, Mehlsaucen und pürierte Gemüse, zu lang gekochtes Fleisch; aber auch bei der feinsten Küche die angebratenen, glacierten Fleischstücke und die überfeinerten Rahmsaucen, die „beigefarbene Küche", wie eine sehr nette, champagnergewohnte Dame zu sagen pflegt.

Das nebenstehende Gericht kann als ein freundlicher Protest gegen das alles betrachtet werden, jedenfalls als eine Abwechslung. Es gehört zu denen, die ich gerade sehr verwöhnten Gästen gerne vorsetzen möchte. Huhn und Gemüse sind so einfach wie die Kochflüssigkeit (man könnte statt des Weißweins Sherry oder Marsala nehmen, aber da habe ich schon Bedenken). Das Gegengewicht bildet die saure Sauce mit den Kräutern, ganz ohne Ei und doch fest. Schwierig ist die Entscheidung, was man als Beilage geben soll. Man kann ins Extrem gehen und einfach Brot, Salzkartoffeln mit Butter oder Polenta dazu geben. Ich meine aber, daß man bei einem solchen Gericht das Bedürfnis nach etwas haben kann, was zwar delikat ist, aber kräftig genug, um unabhängig genossen zu werden. Deshalb habe ich meine geliebten Bratkartoffeln eingefügt, die man für zwei oder vier Personen noch ohne Nachteil machen kann. Bei mehr müßte man zu Rösti übergehen, oder zu Kartoffelküchlein in individuellen Pfannen, oder zu Gratin dauphinois mit wenig Flüssigkeit. Hier ein Menü:

20.00	Auberginensuppe	19.30	in Ofen bei 200° (in der Terrine),
		19.59	Sahne zufügen
20.20	Huhn mit Gemüsen und grüner Sauce	19.30	auf den Herd, 20.15 tranchieren
	Bratkartoffeln	19.50	Platte anstellen, 19.58 aufstellen,
		20.12	wenden
	Grüner Salat	20.14	anmachen
20.45	Apfelkompott mit Weinschaumcreme und Kleingebäck (Friandises)	20.40	herstellen

Bei einem Gericht wie diesem würde ich ein frisches Huhn vorziehen, vorausgesetzt, es kommt von einer sehr guten Quelle. Beim Dünsten soll die Brust ein wenig anschwellen; sie hat dann, wenn sie gerade richtig, ja nicht zu lang gekocht ist, eine ungeheuer zarte Konsistenz. Dies ist auch der Grund, weshalb ich vorschlage, die Brust zuerst zu servieren. Es ist wie bei einem Soufflé: Wenn das Fleisch einmal zusammengefallen ist, dann ist das endgültig. Besonders frappant ist der Effekt, wenn man beste Bruststücke, ein wenig bemehlt, mit Butter sanft anbrät: Sobald sie aufgehen, muß man sie essen.

Huhn mit Gemüsen und grüner Sauce

4 Personen

Poularde (1500 g) auf einem Bett von 100 g Karotten, 100 g Lauch, 100 g Zwiebel, 50 g Sellerie mit $^1/_8$ l Weißwein, Salz, Pfeffer 45 Minuten dünsten; Brust und Beine enthäuten und in der Brühe mit 20 g Butter heißmachen.

***Grüne Sauce:* 2 Eßlöffel Essig, 1 Eßlöffel Senf mit 10 Eßlöffel Öl aufschlagen, 40 g feine Kräuter untermischen.**

Um jeden falschen Geschmack zu vermeiden, legt man das Huhn 2–4 Stunden lang in Wasser mit Eiswürfeln und dem Saft von 1 Zitrone in den Kühlschrank. Die Zwiebeln werden je nach Größe geviertelt oder halbiert und ebenso wie der Lauch in 5 mm dicke Scheiben geschnitten (die Dicke entspricht der für das Huhn nötigen Kochzeit); Sellerie und Karotten werden in 3 mm dicke Stifte beziehungsweise Scheiben geschnitten. Die Gemüse werden mit dem Wein kurz aufgekocht. Darüber kommt das Huhn, bei dem der Springer entfernt und die Flügel- und Beinenden sowie der Bürzel abgeschnitten werden – Salz, Pfeffer (auch in das Innere des Huhns) –, mit der Brustseite nach oben; es soll nicht in der Flüssigkeit liegen. Auf den Topf kommt ein mit Wasser gefüllter Deckel. Bei der Ankunft der Gäste wird der Topf auf eine vorher stark erhitzte Platte gestellt und die Hitze auf mittelstark reduziert. Nach 45 Minuten werden Brühe und Gemüse in einer flachen Pfanne am Tisch auf eine schwach kochende Spiritusflamme gestellt. Die Beine werden mit möglichst viel Fleisch vom Gerippe getrennt; die Bruststücke werden tranchiert, enthäutet, halbiert, mit 20 g Butter in der Brühe erhitzt und serviert. Inzwischen werden die Beine abgehäutet, geteilt, wenn man will entbeint und mit dem Rest der Brühe für den zweiten Service aufs Feuer gegeben.

Grüne Sauce: Essig und Senf in heißem Wasser kurz auf etwa 40° erwärmen, Salz und Pfeffer dazu, mit dem elektrischen Schneebesen stark schlagen, das Öl erst tropfenweise und später in dünnem Strahl unter Rühren zugeben. Die Kräuter (nach Belieben Schnittlauch, Borretsch, Pimpernelle, Sauerampfer, Kerbel, Petersilie, wenn man will auch Dill oder Kapern) in der Messermühle zerkleinern und untermischen. Die Sauce soll ziemlich fest sein, damit man genug davon mit den Fleisch- und Gemüsestücken auf die Gabel nehmen kann.

Vorratshaltung: Die Sauce hält sich einige Tage im Kühlschrank. Haut und Gerippe werden unter Zusatz von Wasser oder Wein noch 1–2 Stunden ausgekocht, eventuell mit einem Suppenhuhn. Man erhält Brühe für Suppe, und man kann mit einem Teil davon, und mit restlichem Gemüse oder einer fein geschnittenen Julienne von Gemüsen, Hühnerbrust in feiner Rahmsauce machen, (siehe dazu Eier im Töpfchen, S. 21; wir geben untenstehend die Mikrowellenherdversion). Gekochtes Hühnerfleisch läßt sich gut einfrieren, getrennt von der Brühe.

Mikrowellenherd:

Hühnerfleisch mit Gemüsen in feiner Rahmsauce (2 Personen): In einem nicht zu kleinen Glasgefäß 100 ml von der Fleischbrühe in etwa 15 Minuten auf $^1/_3$ eindampfen, 100 ml Sahne zufügen, noch etwa 10 Minuten, mit Papier zugedeckt, eindampfen, bis die Sauce sämig ist. 100 g von dem Gemüse, 200 g mundgerechte Stücke von dem Hühnerfleisch untermischen, noch 1 Minute erhitzen. (Wenn die Sahne zu stark überkochen sollte, ein Glas kalten Wassers dazustellen.) Mit Zitronenvierteln zum Ausdrücken servieren.

Reste läßt man im Kühlschrank in einem flachen Gefäß in einer 8 mm dicken Schicht erstarren. Sie sind ausgezeichnet auf Toast.

Ein Aufwand, der lohnt

Das rechts beschriebene Rezept ist sicher nicht einfach. Es wird hier trotzdem dargestellt, weil es zeigt, wie man in der Qualität über das Übliche hinauskommen kann. Man erhält eine gute Brühe, wenn man 2 Hühner für 2 l Brühe verwendet und die nicht zum Verzehr dienenden Teile davon 4 Stunden kocht. Bruststücke schmecken besser ohne Haut. Hühnerbeine sind noch besser als Brust, wenn Knochen und Sehnen entfernt sind. Die Haut ist nötig, um die Stücke zusammenzuhalten. Beim Anbraten bindet das Mehl die austretende Flüssigkeit und verhindert so das Hartwerden des Fleisches. Dasselbe gilt für die Champignons. Bei beiden wird die Kochzeit möglichst gering gehalten.

Hühnerfrikassee ist Teil eines relativ leichten Essens. Dazu gehört auf jeden Fall Reis oder breite Nudeln. Ein mögliches Menü:

12.40	Hühnerfrikassee	12.14 anbraten, 12.30 Champignons zugeben, 12.32 Sahne und Brühe aufkochen
	Breite Nudeln	12.19 kochen, 12.30 abschütten
	Chicoree- und Tomatensalat	
13.00	Erdbeersorbet mit Meringuen und Schlagsahne mit Kirsch	12.55 Sahne schlagen

---

Das Rezept wird wesentlich vereinfacht, wenn man von früher her eine starke Hühnerbrühe hat, etwa in der Kühltruhe, oder gar eine daraus durch Eindampfen auf $^{1}/_{4}$ erhaltene Essenz, eventuell auch Champignonessenz, und schon gedämpfte Perlzwiebeln, die sich in der Kühltruhe auch gut halten. Das Rezept heißt dann etwa so: Zutaten auftauen, Brathuhn wie rechts ausbeinen. $^{1}/_{4}$ l Wein zur Hälfte eindampfen, 300 ml Hühnerbrühe und Champignonessenz zugeben und unter Rühren sanft auf die Hälfte einkochen. Inzwischen die Hühnerstücke in 10 ml Öl, 20 g Butter mit 10 g Mehl anbraten, Zwiebeln und Sauce zugeben, 10 Minuten kochen, aber die Bruststücke nach 5 Minuten herausnehmen. Die frischen Champignons werden im letzten Moment wie rechts behandelt und zugegeben. Gerippe und Hühnerklein werden Bestandteil der nächsten Brühe. In der Qualität ist dieses Verfahren ebenso gut wie das rechts beschriebene.

Das einfachste, etwas mühsamer zu essende, aber doch ganz wohlschmeckende Rezept ist: 1 Brathuhn in 10 Stücke schneiden, diese mit 20 ml Öl, 20 g Butter, Salz, 20 g darübergestäubtem Mehl unter Wenden 5 Minuten lang anbraten, mit 150 ml Wein, $^{1}/_{2}$ in Stücke geschnittenen Zitrone 5 Minuten kochen, Brust herausnehmen, nach weiteren 10 Minuten Fleisch herausnehmen, stark aufkochen, 150 ml Sahne, Pfeffer zufügen, kurz einkochen. Fleisch wieder zufügen, umrühren. Zwiebeln und Champignons kann man weglassen, oder sie wie rechts behandeln.

Hühnerfrikassee

4 Personen

Brühe von 1 kg Suppenhuhn, und von 1 kg Brathuhn ohne Brust und Beine. Diese mit 10 g Mehl, 10 g Butter, 10 ml Öl anbraten, mit 1/2 l Brühe 10 Minuten kochen, dazu die Köpfe von 500 g Champignons und 12 kleine in 30 g Butter gedämpfte Zwiebeln sowie 100 ml Sahne. Noch 10 Minuten kochen.

Suppenhuhn und Brathuhn 2 Stunden in kaltes Wasser legen (im Kühlschrank). Suppenhuhn mit kaltem Wasser bedeckt (etwa 3 l) bei starker Hitze aufstellen. Sobald Schaum aufsteigt, Hitze verringern, den Schaum einige Male abschöpfen. Wenn die Flüssigkeit kocht, eine mit Wasser gefüllte Schüssel als Deckel aufsetzen und 2 Stunden sanft kochen.

Inzwischen bei dem Brathuhn den Springerknochen herausschneiden, die Flügel mit möglichst wenig Fleisch abschneiden und dann die Beine abtrennen, wobei das kleine Stück Fleisch, das in einer Mulde am Rücken liegt, am Bein bleibt. Die Brusthälften in je einem Stück ablösen bis zum Rücken; die Haut abziehen. Bei den Beinen vom Oberschenkelknochen her die Knochen auslösen, nachdem zuerst am Unterschenkel unten ringsum bis zum Knochen eingeschnitten wurde. Mit einem scharfen Messer geht das Auslösen leicht, man muß nur immer die Sehnen nahe am Knochen durchschneiden. Das losgelöste Fleisch wird zurückgestreift, bis man alles gelöst hat und die beiden noch zusammenhängenden Knochen herausziehen kann. Alles außer Brust und Beinfleisch kommt zur Brühe. Auch vom Suppenhuhn werden Brust und Beine abgeschnitten und für andere Zwecke vorgesehen, der Rest wird in der Brühe noch 2 Stunden gekocht.

Inzwischen die Champignons waschen, die Köpfe abschneiden, wenn sie zu groß sind, teilen, mit Saft von 1/2 Zitrone beträufeln, stehen lassen. Die Stiele, mit Brühe schwach bedeckt, 1 Stunde kochen, absieben und dabei ausdrücken. Die Zwiebeln schälen (wenn das schlecht geht, 1 Minute in kochendes Wasser tauchen), mit 20 g Butter und einem Teil der Champignonbrühe 20 Minuten lang schmoren. Die Brühe soll fast ganz verdampfen.

Öl und Butter in einer Pfanne heißmachen, die Hühnerstücke anbraten, dabei mit 10 g Mehl bestäuben, wenden, Salz, Pfeffer; die Bruststücke nach 5 Minuten, die Beine nach 10 Minuten herausnehmen. Die Champignonköpfe auf großer Hitze mit 10 g zusätzlicher Butter braten, dabei sofort 10 g Mehl dazugeben, oft wenden, nach 1/2 Minute 100 ml Sahne dazugeben. Nach 1 Minute mit der Zwiebel- und Champignonbrühe, insgesamt 300 ml, ablöschen, Hühnerstücke, Fleischbrühe und Zwiebeln dazugeben, aufkochen.

Vorratshaltung:

Die Hühner können aus der Tiefkühltruhe kommen. Übriges Fleisch wird am besten getrennt von der Sauce eingefroren. Champignons sind nicht zum Einfrieren geeignet.

Mikrowellenherd:

Das Dünsten der Zwiebeln geschieht mit Vorteil im Mikrowellenherd, mit wenig Brühe und etwa 30 ml Sahne, etwa 10 Minuten. Die Flüssigkeit soll überschäumen und zum Schluß fast verschwunden sein. Die Champignonbrühe, mit zusätzlicher Brühe oder mit Wein bis auf 1 l aufgefüllt, kann im Mikrowellenherd auf 0,3 l eingedampft werden. Das dauert etwa 1 Stunde.

Huhn, harmonisch und leicht zu essen

Huhn galt früher als etwas besonders Gutes. Das hat sich gewandelt, vor allem wohl, weil es heute billig ist. Der Koch muß sich deshalb besondere Mühe geben. Zunächst muß das Huhn (Poulet oder Poularde) von einer bewährten Quelle kommen, es muß schon für sich wohlschmeckend sein, nicht fett und natürlich zart. Dann muß die Sauce etwas Besonderes sein, damit sie den Geschmack des Huhns zugleich ergänzt und hebt. Das Beispiel rechts ist eines von vielen Rezepten ähnlicher Art (Huhn mit Sahne, mit Estragon, mit Zwiebeln, mit Auberginen, mit Champignons, mit Tomaten, mit Käse und viele andere), wenn es auch unter ihnen herausragt. Ferner ist besonders wichtig, daß das Fleisch ganz zart bleibt. Also kurz braten und die Bruststücke früher als die anderen vom Feuer nehmen. Und schließlich gibt es noch etwas, an das der Koch selbst nicht so leicht denkt: Ich bin überzeugt, daß viele Gäste es hassen, Hühnerstücke mit Knochen zu teilen. Vor allem Gelenke sind ihnen ein Greuel; man muß nur schauen, wie ihr Teller am Schluß aussieht. Deshalb ist das Huhn im Rezept ausgebeint. Gästen, denen ich besondere Empfindlichkeit zutraue, gebe ich nach Möglichkeit ein Stück ganz ohne Knochen.

Dies ist ein Gericht, das man einfach mit grünem Salat, Weißbrot und einem leichten Rotwein geben kann. Andere Beilagen müssen zart und nicht schwer sein. Für die anderen Gänge bringt unser Gericht keine Beschränkung. Man wird es allerdings nicht gerade zu Erbsensuppe bringen. Hier ein Menü:

19.30	Schinken mit Petersilie, kalt		
19.50	Zuppa pavese	19.40	Toast, Suppe kochen
		19.46	Eier in Suppe
20.20	Huhn mit Schalotten	19.45	anbraten, 19.48 in Ofen
		20.05	Schalotten dazu, 20.10 flambieren
	Gebratene Nußkartoffeln	20.00	Kartoffeln braten, 20.04 wenden
	feine Erbsen	20.05	aufstellen, 20.15 Butter zufügen
	Tomatensalat	20.10	anmachen
20.40	Schokoladencreme		

Es gibt einen Einwand gegen das Ausbeinen, nämlich daß das Fleisch am Knochen zarter bleibt. Deshalb geben wir noch eine zweite Version des Rezepts, bei der ein großer Teil der Zubereitung am Tisch erfolgt.

Das Huhn wird mit einem großen Messer durch das Rückgrat geteilt, während die Brust beisammenbleibt, und dann wie im Hauptrezept gebraten, nur daß die Knochenseite etwas länger gebraten wird. Die Schalotten und Champignons werden in einem Pfännchen extra gedämpft. Dann wird am Tisch mit Cognac flambiert, das Huhn kommt auf das Schneidbrett; während der Fond, den man aus anderer Quelle haben muß, auf der Spiritusflamme oder einer kleinen elektrischen Platte aufkocht, wird das Huhn in 8 Stücke tranchiert, wobei das Gerippe übrigbleibt; die Stücke werden wieder in die Pfanne gelegt, die Sahne wird zugefügt, und das Ganze wird unter Wenden aufgekocht. In diesem Fall wird nicht passiert. Die Knochen werden nachträglich mit dem Geflügelklein ausgekocht.

Huhn mit Schalotten und Cognac

4 Personen
Poularde (1500 g), ausgebeint und flach, mit 10 g Butter, 10 ml Öl 20 Minuten braten, 30 g Schalotten dazu. Mit 50 ml Cognac flambieren. Mit 100 ml Hühnerfond, 50 g Champignons, 100 ml Sahne ablöschen und aufkochen.

Eine nicht zu große Poularde wenn nötig waschen und abtrocknen, Bürzel abschneiden, den Rücken entlang bis zum Knochen einschneiden und mit einem scharfen, vorne runden Messer das Gerippe herauslösen. Dabei fängt man mit den Beinen an, sie werden im Gelenk vom Gerippe getrennt. Unter der Brust löst man die Schlüsselbeine mit vom Gerippe und trennt sie vom Brustbein ab. (Wenn man will, kann man sie anschließend vom Fleisch und vom Flügelansatz lösen.) Die Beine werden durch Durchtrennen der Unterschenkelknochen oberhalb des letzten Gelenks etwas gekürzt, die äußersten Flügelglieder werden abgeschnitten. Der Hals und ein großer Teil der anhängenden Haut bleiben am Gerippe.

Beim Gerippe nimmt man die Innereien heraus und achtet darauf, daß die ganze Speiseröhre mitgeht. Wenn die Galle nicht intakt ist, muß man das Innere sorgfältig auswaschen. Der Magen wird aufgeschnitten, die innere rauhe Haut wird abgezogen, Magen und Herz werden gewaschen, mit dem in Stücke geschnittenen Gerippe und mit den Flügelenden und den Schulterblättern in ¼ l Weißwein und ½ l Wasser, mit wenig Salz, Pfefferkörnern, 1 kleinen Zwiebel 1 Stunde sanft gekocht, nach dem Erkalten abgeseiht und abgefettet. ¼ l davon wird mit einem Zweig Estragon und, wenn man will, mit Champignonresten, auf 100 ml Fond eingedampft.

Kurz vor dem Essen werden die Champignons geputzt und mit Zitrone eingerieben; die Schalotten werden kleingeschnitten. In einer Pfanne, die gerade groß genug ist für das flach ausgebreitete Huhn, werden Öl und Butter bei starker Hitze heißgemacht, bis die Butter nur noch wenig schäumt. Das Huhn wird auf der Hautseite angebraten, bis leichte Bräunung eintritt, dann gesalzen, gepfeffert und auf der anderen Seite ebenso behandelt. Dann kommt die Pfanne für 15 Minuten in den heißen Ofen (250 °). Während dieser Zeit wird einmal mit dem Fett in der Pfanne begossen. Es soll sich keine Flüssigkeit absondern. Nun schneidet man das Huhn in 4 Teile, legt die Bruststücke in eine vorgewärmte feuerfeste Form, stellt sie warm, gibt die beiden anderen Stücke mit den Schalotten in die Pfanne, dämpft bei guter Hitze, aber so, daß die Schalotten hell bleiben, und gibt zum Schluß die Champignons für 1 Minute dazu, übergießt mit dem Cognac und brennt ihn ab. Nun gibt man die Hühnerteile und die Champignons zu den Bruststücken (am besten halbiert man alle Stücke, so daß man 8 Teile hat), löscht die Pfanne mit dem Fond ab, kocht auf, gibt die Sahne zu und kocht wieder auf, passiert dann die Sauce über die Hühnerstücke und serviert sofort.

Reste:

Die Leber gibt man, in Butter mit Pfeffer und Salz rosa gebraten, auf kleinen mit Butter bestrichenen Weißbrotscheiben zum Cocktail. Das Geflügelklein (Hals, Kragen, Herz) kann man, wenn es nicht zu lang gekocht hat, mit Brühe und mit Nudeln als Suppe geben. Übrig gebliebenes Huhn kann kalt gegessen, auch eingefroren werden.

Mikrowellenherd

kommt in Frage zum Eindampfen der Brühe, zum Dämpfen der Schalotten in Butter, und schließlich zum Aufwärmen, wobei aber nichts kochen soll, weil die Sahne sofort zu Fett wird.

Ein Menü für furchterregende Gäste

Der Autor fürchtet sich nicht so leicht, aber irgend etwas muß mit den Perlhühnern sein. Er setzt sie Gästen vor, über deren Geschmack und Einstellung er nicht ganz sicher ist. Er bietet dabei zwei Überraschungen an: Perlhühner sind nicht sehr bekannt, und sie schmecken erstaunlich gut, ein bißchen wie Fasan, aber feiner als jedenfalls die Zuchtfasanen schmecken. Er hat auch großes Lob von einem französischen Minister, von Botschaftern, ja vom Bundespräsidenten bekommen. Aber bei einem Essen für eine deutsche Ministerin ist ihm eines von drei Perlhühnern vom Tisch gefallen. Und eine etwas gespenstische Erinnerung bleibt der Besuch des Präsidenten der amerikanischen Atomkommission vor Jahren, mit seiner Frau, Nobelpreisträger mit mehr Würde, als ein Mensch normalerweise aushält. Er durfte nur mit seinem Assistenten und Leibwächter kommen, das fanden wir sehr störend. Aber es kam alles anders und besser. Dem Präsidenten war über Nobelpreis und Würde die Lust abhanden gekommen, ernsthafte oder intelligente Gespräche zu führen. Aber er war doch ein Mensch: Bei der Grießnockerlsuppe blühte er auf und nahm zum Erstaunen seiner unter der Dauerlast der Würde verblaßten Frau („Wissen Sie, mein Mann ißt überall fast nichts") dreimal davon, und ebenso nachher von Perlhuhn und Apfelkuchen. Er erhob darauf die Unterhaltung bis zu der Klage, daß seine vielen Kinder immer Filet Mignon essen wollen (in den USA habe ich das Gefühl, daß man Mignon mit Magnum verwechselt; er beklagte sich auch vor allem über den Preis). Seine Frau hatte dem nichts hinzuzufügen. Aber von wem kam die Rettung? von der Frau des Assistenten und Leibwächters, einer ganz warmherzigen und munteren Person, von der wir immer wieder sprechen. Durch sie ist das Perlhuhn mit freundlichster Erinnerung verbunden. Aus dieser Erinnerung gebe ich das damalige Menü:

20.00	Melone mit Portwein				
20.10	Grießnockerlsuppe	19.45	heißmachen, Nockerl herstellen,	19.55	einlegen
20.40	Perlhuhn mit Zwiebeln und saurer Sahne	19.45	in Ofen,	20.25	tranchieren
20.50	Gratin dauphinois Brunnenkresse	19.59	in Ofen		
21.10	Käse				
21.25	Tarte Tatin	20.39	in Ofen,	21.09	herausnehmen

Das Fleisch von Perlhuhn (wie übrigens auch das von Fasan, für den das Rezept sehr geeignet ist) ist gern ein wenig trocken. Dagegen hilft die Verwendung der Sahne; sie muß aber wenigstens einige Minuten einziehen können. Man kann auch dünne Speckscheiben (aber bitte nicht geräuchert!) über die Brust binden. Das bringt ein wenig falsches Fett in die Sauce (dieses abzuschöpfen ist mühsam), aber der Geschmack leidet kaum, denn angebratener Speck schmeckt auch gut.

Von Frankreich weiß ich, daß es sehr schöne Rezepte für geschmortes Geflügel gibt. Ich finde es sehr schwer, den optimalen Geschmack und die optimale Konsistenz zu erreichen. Das hier gegebene Rezept ist eines meiner wenigen Erfolge im Schmoren, vor allem wohl wegen der kurzen Garzeit. Man muß diese durch Probieren ermitteln. Das Brustfleisch soll noch ein klein wenig rosa sein.

Perlhuhn oder Fasan mit Zwiebeln und saurer Sahne

4–6 Personen
2 Perlhühner mit 2 Zwiebeln anbraten, mit $^1/_8$ l Weißwein, Salz, Pfeffer 50 Minuten schmoren, mit 100 ml Perlhuhnbrühe und $^1/_4$ l Sahne mit Saft von 1 Zitrone ablöschen. Tranchierte Stücke und 6 Zwiebeln (je 50 g in 10 g Butter, 20 ml Fleischbrühe, 20 ml Sahne, Salz, Pfeffer 30 Minuten gedämpft) zugeben und 5 Minuten kochen.

Die Perlhühner, wenn sie nicht frisch ausgenommen sind, innen waschen, Bürzel abschneiden; Flügelenden, Enden der Unterschenkelknochen, Hals, Magen, Herz mit Wasser und Pfefferkörnern 1 Stunde lang auskochen. In einer Pfanne, die beide Hühner faßt, diese in 10 g Butter, 10 ml Öl auf 3 Seiten je 4 Minuten anbraten, salzen, pfeffern, herausnehmen, 2 in 1 cm dicke Scheiben geschnittene Zwiebeln auf beiden Seiten leicht bräunen, Hühner mit Weißwein zugeben, 50 Minuten (bei jungen Tieren 35 Minuten) bei 220 ° im Ofen zugedeckt schmoren.
Inzwischen 6 Zwiebeln schälen, mit Butter, Sahne, Salz, Pfeffer zugedeckt aufkochen (die Flüssigkeit soll über die Zwiebeln schäumen) und im Ofen weiterkochen.
Hühner herausnehmen, Perlhuhnbrühe zugeben, aufkochen, Sahne zugeben, aufkochen. Inzwischen die Hühner tranchieren: Beine mit Fleisch vom Rücken, ganze Bruststücke (der Springer wird vorher entfernt) mit den Flügeln zusammen. Hühnerstücke und Zwiebeln in eine vorgewärmte Pfanne geben, in der sie nachher serviert werden. Zitronensaft in die kochende Sauce geben, durch ein feines Sieb über die Hühner passieren, 5 Minuten aufkochen und sofort servieren. Am Tisch alle Fleischstücke noch einmal zweiteilen.

Reste
ißt man am besten kalt auf Toast oder mit Bratkartoffeln und grünem Salat. Übrige Zwiebeln werden für eine Suppe oder Sauce Soubise (vgl. S. 161) verwendet.
Die Gerippe werden in der Hühnerkleinbrühe unter Zusatz von Wasser oder Weißwein noch 1 bis 2 Stunden ausgekocht.
Die frischen Hühner kann man unbedenklich einfrieren.

Mikrowellenherd
ist hervorragend geeignet für die Zwiebeln. Man kocht sie mit der Sahne in einer großen Glasschüssel, mit Papier zugedeckt, 20 Minuten ohne weitere Aufsicht.

Ein schwieriges, aber dankbares Gericht

Gebratene Ente ist eine unglückliche Liebe von mir. Überall in den besten Restaurants probiere ich sie (sie ist auch dort nicht immer sehr gut), und immer wieder versuche ich sie so gut zu machen, wie sie bei Lucas-Carton, dem berühmten Pariser Restaurant nahe der Madeleine, geschmeckt hat. Es gelingt nicht oft, zu erreichen, daß die Brust ganz zart und ein wenig rosa, die Haut würzig und knusprig braun, die Sauce konzentriert ist. Nach der letzten Ente bei mir hat das Staatsoberhaupt geschrieben: „Ihre Kochkunst ist ungebrochen". Wenn ich diese höfliche Sprache richtig verstehe, heißt das, daß es nicht so gut war wie das letzte Mal, und wenn ich an die Enten denke, hat er wahrhaftig recht; als wir später die Schenkel aßen, mußten wir sie in ganz kleine Stücke schneiden, so zäh waren sie. Ich werde dieses Essen nie vergessen. Der Fisch war nicht so zart, wie er hätte sein können, die Sauerampferbutter war zu heiß geworden, und die Pommes de terre Anna waren nicht so gut wie sonst mein Gratin dauphinois, offenbar fehlte die Trüffelessenz, die man in den großen Restaurants hineingibt. Ich gebe trotzdem das Menü:

20.00	Artischockensuppe	19.45	Suppe erhitzen, 19.50 Ei und Sahne einrühren
		19.55	Artischockenwürfel dämpfen
20.15	Saint Pierre mit	19.59	in den Sud, 20.15 am Tisch tranchieren
	Sauerampferbutter	20.10	fertigmachen
	Salat	20.14	anmachen
20.40	Entenbrust mit Pfirsichen	19.58	Ente in Ofen, 20.14 wenden, 20.30 tranchieren, Sauce aufkochen
	Pommes de terre Anna	20.09	in den Ofen
	Grüne Bohnen	20.09	kochen, 20.25 mit Butter warmstellen
21.05	Käse		
21.25	Aprikosenschaum halbgefroren mit Zitronenhimbeersauce		

Eine gute Ente zum Braten muß natürlich jung sein (Caneton sagen die Franzosen, statt Canard), und sie soll nicht fett sein, obwohl fettes Fleisch wohlschmeckender ist als mageres. Bei einer Ente, die ein bißchen fett ist, wird man erst mit schwacher Hitze braten, vielleicht 30 Minuten bei 170°; dabei läuft das Fett weitgehend aus und wird abgeschöpft; und dann wird noch 20 Minuten bei 250° fertiggebraten, unter einmaligem Wenden; wenn die Haut nicht recht braun werden will, kann man auch den Grill verwenden. Die Haut wird besonders knusprig, wenn man sie gegen Ende mit Flüssigkeit bestreicht, mit dem Bratensaft, oder wenn man will, mit Wein oder Bier.

Manche großen Köche schlagen vor, die Ente nach dem Braten stehen zu lassen, ja sie schon am Morgen zu braten. Ich kann mich damit nicht anfreunden, und ich möchte mich denen anschließen, die auch im Restaurant die Ente erst in den Ofen geben, wenn der Gast sie bestellt hat. Nur das Vorbraten, wie bei der fetten Ente beschrieben, könnte vorher geschehen.

Ente mit Pfirsichen

2 Personen

2 Pfirsiche mit 1 Eßlöffel Zucker, Saft von 1/2 Zitrone in 1/10 l Weißwein 5 Minuten kochen. Fond von 1–2 Entengerippen, 80 g Karotten, 40 g Sellerie, 1 Zwiebel, 6 Wacholderbeeren, 2/10 l Weißwein. Ente 50 Minuten braten. Fond mit Pfirsichsaft aufkochen.

Wenn man nicht schon eine sehr gute braune Entenbrühe hat, zerkleinert man 1–2 Gerippe und Entenklein von früheren Gerichten, gibt sie mit Karotten und Zwiebel 40 Minuten in den Ofen bei 160°, damit alles braun, aber nicht schwarz wird, gibt Sellerie und Wacholderbeeren, 2/10 l Weißwein zu und dünstet im Ofen unter Nachgießen von Wasser, wobei man die Stücke gelegentlich wendet.

Inzwischen schält man die Pfirsiche (wenn das schlecht geht, legt man sie 1 Minute lang in kochendes Wasser), halbiert sie, indem man rings um den Kern einschneidet und dann die Hälften gegeneinander dreht, und kocht sie in Weißwein mit Zucker und Zitronensaft 5 Minuten.

Die bratfertige Ente wird innen und außen gesalzen und gepfeffert und mit 10 g Butter eingerieben; dann kommt sie auf ein Gitter oberhalb der Pfanne mit dem Fond und wird bei 250°, unter Wenden und Begießen mit dem Fond, 30–50 Minuten gebraten (die genaue Zeit hängt von der Ente ab; der beim Einstechen in die Brust austretende Saft soll noch leicht rosa sein). Nun wird der Fond passiert, in der Sauciere mit Ausguß unten (s. S. 88) vom Fett getrennt und mit dem Pfirsichsaft aufgekocht. Man soll etwa 100 ml Sauce haben. Die Ente wird inzwischen tranchiert. Die Bruststücke schneidet man in 1 1/2 cm breite Streifen und trägt sie auf einer sehr heißen Platte mit den Pfirsichen, im letzten Augenblick mit der Sauce übergossen, auf. Die Beine kann man in der Pfanne im Ofen warmhalten und nachbraten lassen; man kann sie dann nachservieren, muß sie aber in den Gelenken teilen, weil damit die Gäste immer Schwierigkeiten haben.

Reste:

Gerippe und Entenklein werden für das nächste Gericht verarbeitet. Fleischreste, alle kleingeschnitten, passen gut in Entensuppe suprême (siehe Perlhuhnsuppe, S. 53). Alles kann man gut einfrieren. Ich friere auch Enten ein; es ist so selten, daß man gute bekommt.

Mikrowellenherd:

Ist sehr gut für die Pfirsiche. Man kocht dann nur 3 Minuten.

Gefülltes Geflügel, füllend oder reich

Geflügel kann man füllen: um das Gericht ergiebiger zu machen (Beispiel Ente oder Gans); um den Geschmack anzureichern (gekochte Poularde, Orangen in Ente); um einem streng schmeckenden Fleisch etwas Mildes zuzufügen (Gans); oder schließlich, und das ist unser Beispiel hier, um etwas ganz Reiches verborgen darzubieten. Früher war dafür das Beispiel der ausgebeinte, bis zur Kugel mit Trüffeln gefüllte Kapaun, so vornehm, daß (laut Brillat-Savarin) die Gäste nicht mehr das Gericht, sondern allenfalls den Koch loben durften.

Der hier beschriebene Luxus ist etwas, was man für einen Gast tun sollte, dem man wirklich eine Freude machen will und der mag, was gut ist; für ein Geburtstagsfrühstück zu zweit (mit Sekt); oder für chinesische Kollegen, die man 30 Jahre nicht gesehen hat (sie wissen auch, was gut ist).

Hier ein Menü:

19.40	Quiche lorraine	19.15	in Ofen
20.00	Consommé suprême	19.50	heißmachen, 19.55 Ei und Sahne
20.20	Stubenküken mit Foie gras und wildem Reis	19.55	in Ofen, 20.15 Sauce machen
	Grüner Salat	20.10	anmachen
20.45	Bayerische Creme von Erdbeeren mit Erdbeer-Zitronenmus		

Etwas Teures soll man nicht oft essen; lieber einmal im Jahr und dann genug davon. Bei unserem Gericht ist die Menge durch das Volumen innerhalb des Kükens und auch durch die Gesamtmenge Huhn, Reis, Foie gras begrenzt, deren feiner Geschmack sich ergänzt.

Zu Foie gras ist zu sagen, daß es verschiedene Arten gibt. Die weitaus besten sind ganze Stücke mit Trüffeln, nicht konserviert, die man kurz vorher bestellen muß. Diese kleine Mühe lohnt sehr. Wenn man schon einmal bestellt hat, kann man am nächsten Tag Bohnensalat mit Foie gras geben, oder einfach, noch mehr Luxus, Foie gras und grünen Salat als Hauptgericht.

Foie gras ist übrigens eines der ganz wenigen Gerichte, zu denen man den berühmten süßen Sauterne (wenn schon, dann Château Yquem) geben kann. Ich wünsche Ihnen gute Erholung von Ihrem Ausflug in die Welt des großen Luxus!

Stubenküken, mit wildem Reis und Foie gras gefüllt

4 Personen

4 Stubenküken, gefüllt mit 100 g Gänseleberpastete, 50 g mit in 150 ml Wasser gekochtem wilden Reis, mit Saft von 1/2 Zitrone und 20 g Butter eingerieben auf Bett von 50 g Karotten, 50 g Lauch, 50 g Schalotten mit 20 g Butter und dem Saft von 1/2 Zitrone gebraten. Sauce mit 50 ml Sahne, 30 ml Cognac.

Den wilden Reis gut waschen, kalt mit dem Wasser und wenig Salz aufstellen und ganz sanft 30 Minuten kochen, bis die schwarzen Körner aufgesprungen sind und die Hülle sich so zurückgebogen hat, daß man das Schwarze kaum mehr sieht. Das Innere der Küken leicht salzen und pfeffern, etwas Reis einfüllen, ein Stück Gänseleberpastete zugeben und Reis nachfüllen, so daß sie von Reis ganz umgeben ist. Die Öffnung des Huhns mit einem kleinen Spieß oder rostfreiem Draht zuklammern, oder sie zunähen, wenn man so etwas nicht hat. Die Küken mit dem Saft von 1/2 Zitrone und 20 g Butter einreiben, salzen, pfeffern. Die Gemüse in 5 mm dicke Scheiben schneiden, auf dem Boden einer Pfanne verteilen, die gerade groß genug ist für die 4 Küken. Butter zufügen, auf guter Hitze anbraten, bis sich Bräunung zeigt. Die Hühnchen darauflegen, im Ofen unter dem Grill etwa 15 Minuten unter Wenden und Bestreichen mit der Butter in der Pfanne braten. Zum Servieren mit einem großen Messer in zwei gleiche Hälften teilen. Sahne und Cognac in die Pfanne geben, noch 3 Minuten unter Rühren kochen. Die Gemüse sollten dann gerade weich genug sein.

Reste

wird es kaum geben; sonst erwärmt man sie auf Toast mit Butter im Ofen.

Andere Geflügelfüllen:

Die Füllen sollen locker sein. Man gibt deshalb zum Beispiel Brot in 1-cm-Würfeln dazu, Fleisch teils gekocht, teils in etwas größere Stücke geschnitten, wenig Ei, aber Butter und etwas Fleischbrühe, und man vermischt nur ganz leicht mit zwei Gabeln.

1) 200 g Brotwürfel, 40 g gekochte Petersilie (oder feine Kräuter), 50 g gerade geschmolzene Butter, 3 ganze Eier, mit 100 ml Fleischbrühe geschlagen, Salz, Pfeffer. (Für Huhn, Ente oder Gans; in letzterem Fall die doppelte Menge, aber mit weniger Butter.)

2) 2 Brötchen, 250 g gehacktes Rindfleisch, 250 g Gansleber in 1-cm-Würfeln, Pfeffer, Salz, Beifuß, 2 Eier in 100 ml Fleischbrühe verrührt (Gans).

3) 2 angebratene Hühnerlebern und 100 g Schinken in 5-mm-Würfeln, 20 g Petersilie, 10 g Estragon, 1 Knoblauchzehe und 2 Schalotten, alles sehr klein gehackt, 50 g Butter, 50 g Brot in Würfeln, 2 Eier in 50 ml Brühe verrührt, Salz, Pfeffer (Poularde gekocht).

4) 500 g Brät (feines Wurstfleisch), 500 g mit 2 Messern gehacktes Kalbfleisch, 300 g Champignons gewürfelt, in 50 g Butter mit Saft von 1 Zitrone 1 Minute gedämpft, Salz, Pfeffer, 50 g Petersilie, 100 g Sellerie gerieben, 150 ml Wein, 250 ml Fleischbrühe, zum Schluß 8 trockene Brötchen in Würfeln oder Scheiben („Knödelbrot") (für Truthahn).

5) 1 Schweinefuß im Ofen bei 220° 1 Stunde gebacken, 2 Eßlöffel Weckmehl mitgebräunt, gehackt, 125 ml Wein, 125 ml Fleischbrühe, 10 g Petersilie, 10 g frischer Salbei, 60 g Brotwürfel, 1 Ei, 50 ml Cognac. Übrige Fülle auf einer Speckscheibe mitbraten (Poularde).

6) Nur Äpfel und etwas Zitronensaft (Gans).

7) Orangen, scharf geschält, so daß nichts Weißes daran ist; dazu einige Stücke der Schale (Ente).

Großes Familienessen

In den USA, wo am Thanksgiving Day fast alle Truthahn essen müssen, ist die Misere eines traditionellen Gerichts sichtbar: Es ist sehr schwer, jedes Jahr etwas zu verbessern, man muß alles fast genau wie die anderen machen, ein Überdruß ist unvermeidlich. Für den Fremden, der zum ersten Mal dabei ist, ist trotzdem der Entwicklungszustand ein überwältigender Eindruck.

In Europa haben wir es leichter, wir haben mehr Freiheit, etwas zu tun, was in den USA überholt wäre oder was dort (noch?) nicht üblich ist. In dem Rezept, das wir hier geben, stammt die Blutwurst aus dem Kochbuch von Alexandre Dumas. Sein Rezept heißt „Dinde des artistes", und er verwendet als Fülle zum Teil „Rebhuhn, wenn man hat". Die Blutwurst führt den Truthahn aus den Höhen der großen Küche, in der sich allenfalls der junge und kleinere Dindonneau halten kann, zurück zur bürgerlichen Küche, zum Mahl in der großen Familie oder unter Freunden. Aber außerdem hebt sie den Geschmack des leicht etwas faden Fleisches in bescheidener, aber angenehmer Weise.

Bei dem Menü habe ich versucht zu berücksichtigen, daß der Hauptgang so mächtig ist. Vorspeisen und Suppe sind leicht und verderben nicht den Gaumen oder den Appetit. Der Kürbispie mit der vielen Muskatblüte ist natürlich eine Verbeugung vor den amerikanischen Freunden.

19.00	Frische Salate	18.55	anmachen		
19.20	Consommé suprême	19.10	heißmachen,	19.15	Ei und Sahne zugeben
19.40	Truthahn	19.30	Sauce machen		
	Polenta	18.50	in den Ofen		
	Ratatouille	19.11	in den Ofen		
20.10	Käse				
20.30	Kürbiskuchen	20.00	in den Ofen		
20.45	Kaffee	20.40	herstellen		

Bei dem Rezept rechts ist es sehr wichtig, zwischen Brust und Haut zu füllen. Dadurch wird die Brust nicht trocken, und das Fleisch wird durch die Fülle aromatisiert.

Beim Tranchieren entfernt man zunächst ein Bein, indem man zwischen Brust und Schlegel die Haut durchschneidet, das Bein vom Körper biegt und entlang dem Gerippe hinten einschneidet, bis man im Gelenk abbiegen und dieses durchtrennen kann. Man schneidet weiter entlang dem Gerippe bis zum Rückgrat und erhält so das ganze Fleisch des hinteren Viertels in einem Stück.

Von der Brust entfernt man die ganze Haut mit der Fülle. Dann schneidet man die Flügel rings um das Gelenk ab, ohne ihnen zu viel Fleisch zu lassen. Man findet das Gelenk leicht, wenn man nach den ersten Einschnitten den Flügel bewegt. Nun ist die Bahn frei für die Brust. Man beginnt in der halben Höhe des Vogels dünne Scheiben parallel zur Achse des Vogels, also zum Brustbein, zu schneiden, bis man bei diesem ankommt. Dann schneidet man, vom Brustbein aus dem Gerippe entlangfahrend, alle Scheiben auf einmal ab.

Truthahn, gefüllt mit Blutwurst

8–10 Personen

Truthahn von 6 kg füllen mit: 500 g Brät (feines Wurstfleisch), 200 g Weißbrotwürfeln, 500 g Blutwurst, 20 Maronen, 6 Eiern, 300 ml Fleischbrühe, Salz, Pfeffer, Petersilie, 100 g Butter. Bei 160 ° 4 Stunden braten über einer Pfanne mit je 200 g Karotten und Zwiebeln, 100 g Sellerie, 50 g Butter unter Begießen mit 1/4 l Wein und 1/4 l Fleischbrühe.

Der Truthahn wird innen mit Salz und Pfeffer ausgerieben. Die Maronen werden eingeschnitten, im Ofen bei 200 ° 15 Minuten lang erhitzt, geschält, in wenig Butter und Fleischbrühe 10 Minuten lang erhitzt, grob zerkleinert. Das Brot wird in 8 mm-Würfel geschnitten und im Ofen bei 140 ° 30 Minuten getrocknet. Es soll ganz leicht braun sein. Die Blutwurst wird klein gewürfelt, die Petersilie kleingeschnitten; die Butter wird warmgemacht, aber nicht geschmolzen; man gibt sie in kleinen Stücken zu den Bestandteilen der Füllung und rührt diese kurz zusammen, wobei man die Eier einzeln zugibt. Das Innere des Truthahns wird locker gefüllt. Außerdem greift man vom Hals her zwischen Brust und Haut und füllt die ganze Oberfläche der Brust mit einer 1 bis 2 cm dicken Schicht Fülle. Die Öffnungen werden mit Metallspießchen verschlossen. Der Truthahn kommt, Brustseite nach unten, auf ein Gitter in der Mitte des Backofens. Darunter wird die Oberfläche der Backpfanne mit den kleingeschnittenen Gemüsen bedeckt. Man brät ohne Flüssigkeit eine Stunde lang, bis das Gemüse anfängt braun zu werden, eventuell muß man die Temperatur auf 180 ° erhöhen. Dann begießt man mit Wein, salzt und pfeffert den Truthahn. Nach 2 Stunden wird er gewendet, wieder gesalzen, gepfeffert, mit Fleischbrühe und später mit der Flüssigkeit aus der Bratpfanne begossen. Die letzte halbe Stunde wird die Hitze auf 220 ° erhöht, wenn der Truthahn nicht schon vorher braun war. Der Truthahn wird auf dem Tranchierbrett im Ofen warmgehalten, während man die Sauce absiebt, auf 200 ml einkocht und abschmeckt.

Vorratshaltung:

Der Truthahn wird aller Wahrscheinlichkeit nach tiefgekühlt gekauft werden müssen. Das ist in Ordnung, wenn er nie aufgetaut war.

Gerippe und Fleischreste werden zerkleinert ausgekocht für eine legierte Suppe.

Fleischreste gibt man kalt, etwa als Sandwich mit viel Fleisch und wenig Brot. Oder man friert sie ein und verwendet sie in Salaten. Wärmen ist gefährlich; am besten schüttet man nur heiße Sauce darüber.

Mikrowellenherd

hat wie immer Vorteile beim Wärmen der Butter. Die Kastanien können in ihm gedämpft werden (10 Minuten). Fleisch läßt sich gut aufwärmen, wenn es nicht zum Kochen kommt.

Eine hübsche Überraschung und sehr wenig Arbeit

Huhn im Salz ist bei uns kaum bekannt. Sie, lieber Leser, werden nicht der einzige sein, der zweifelt. Auch ich habe lange gezögert. Inzwischen aber sind alle meine Freunde überzeugt. Nur die äußerste Hautschicht ist stark gesalzen, insgesamt ist es gerade richtig. Und durch das Salz wird die Oberfläche so stark getrocknet und damit abgeschlossen, daß das Huhn ungewöhnlich saftig bleibt, mit einem ganz reinen Geschmack, so rein, daß Puristen sogar gegen das Estragonsträußchen als viel zu aufdringlich Protest erheben. Man muß natürlich ein einwandfrei ernährtes Tier haben (bei Hühnern kommt alles auf die Quelle an), aber dann versteht man bei diesem Rezept, warum früher, als ein Poulet noch nicht billiger war als Rindfleisch, das Huhn als Leckerbissen galt und die französischen Kochbücher voll mit schönen Rezepten dafür sind. Heute ist das zu Unrecht anders. Ich erinnere mich, daß einer unserer großen Firmenchefs seinen Stellvertreter verachtete, weil er sich von uns zu einem Essen mit Poulet einladen ließ: „Wie kann man wegen so etwas aus dem Haus gehen!"

Ein so zartes Gericht braucht ein sanftes Menü, etwa

20.00	Consommé suprême	19.50	heißmachen,	19.55	binden
20.15	Huhn im Salz				
	Pommes de terre Anna	19.45	in den Ofen		
	Artischocken auf Champignonpüree	19.58	in den Ofen		
	Gedämpfte Tomaten	20.08	in den Ofen		
	Grüner Salat	20.12	anmachen		
20.45	Apfel Kardinal				

Backen im Salz kann dann gut sein, wenn das Fleisch durchgebraten sein soll (die Hitze dringt durch das Salz relativ langsam durch, erreicht aber gerade deshalb alle Teile des Fleisches), wenn es weder zu mager noch zu fett ist und wenn es einen zarten Geschmack hat, außerdem eine solche Form, daß es in einen Topf paßt und gut bedeckt werden kann. Man kann das Salz mit etwas Eiweiß binden und damit das Fleisch umgeben. Ich fand das nicht ganz so gut. Restliches Salz kann insoweit wiederverwendet werden, als es nicht von Fett oder Bratensaft durchtränkt ist.

In den USA, wo die Hausfrauen sehr viel mehr als wir bereit sind, technische und quantitative Verfahren und Angaben anzunehmen, ist der Gebrauch des Fleischthermometers häufig. Man steckt die temperaturempfindliche Spitze etwa in die Mitte des Fleischstücks (nicht an einen Knochen) und brät, bis die gewünschte Temperatur erreicht ist. Eine Tabelle für verschiedene Fleischarten und Garungsgrade finden Sie auf dem Vorsatz des Buches.

Ich finde die Methode gut, aber ich verwende sie nicht oft. Bratzeit und Ofentemperatur sollten genügen (wenn man seinen Ofen kennt und ein gutes Kochbuch hat). Einstechen mit einer Nadel zeigt, ob der Saft noch blutig ist; durch Betasten kann man feststellen, wie fest das Fleisch geworden ist.

Huhn im Salz

2–4 Personen
1 Brathuhn oder Poularde in einem Topf, ganz mit 1 cm oder mehr grobem Salz, möglichst Jodsalz, umgeben, bei großer Hitze 1 1/4 Stunde oder länger backen.

Man wählt einen schweren Emailtopf, in den das Huhn nach Länge und Breite gut hineinpaßt, füllt eine Schicht von 2 cm grobem Salz ein, legt das Huhn hinein und gießt ringsherum Salz so ein, daß der Abstand Huhn – Wand überall größer als 1 cm ist (man kann dazu das Huhn ruhig drücken, das Salz, einmal eingefüllt, gibt nicht mehr nach). Dann füllt man mit Salz weiter auf, bis das Huhn unter mindestens 2 cm Salz begraben ist. Das Huhn soll trocken sein; nötigenfalls schiebt man es einige Minuten in den heißen Ofen, ehe es ins Salz kommt. Wenn man kein Jodsalz hat, kann man ein Sträußchen Estragon ins Innere stecken. Die Backzeit im sehr heißen Ofen ist 1 1/4 Stunden oder mehr, je nach Größe des Huhns und nach gewünschter Konsistenz. Es soll sanft braun und weich, aber nicht zu weich sein. Man schüttet den Inhalt des Topfes auf ein großes Kuchenblech (am Tisch, damit die Gäste sich wundern können) und klopft anhängendes Salz vom Huhn ab. Dann tranchiert man (nach Entfernen des Springers) die Beine ab, dann Brust mit Flügel und halbiert schließlich jedes der 4 Stücke.

Varianten:

gibt es kaum. Man kann das Huhn füllen, etwa mit Röstbrot, Petersilie, Ei und Butter, aber die Fülle muß immer relativ fest und nicht zu fett sein, damit nicht viel ins Salz tropft. Dazu ist eine leichte kurz gekochte Tomatensauce ohne Mehl gut, weil sie frisch schmeckt und der Trockenheit entgegenwirkt.

Vorratshaltung:

Das Huhn kann aus der Kühltruhe kommen, muß dann aber gut getrocknet werden. Es direkt gefroren ins Salz zu setzen habe ich nie versucht.

Übrigbleibendes Fleisch gibt Brotbelag oder Salat. Das Gerippe wird für Fleischbrühe mitverwendet.

Suprêmes de volaille (Hühnerbrust)

4 Personen

Von zwei schönen Poulets (nicht gefroren) die Bruststücke ablösen, nachdem man vorher den Springer herausgeschnitten hat. Ofen auf 270° oder höher vorheizen. In einer Pfanne, in die die 4 Bruststücke gerade passen, 40 g Butter erhitzen, bis sie noch wenig schäumt. Inzwischen (nicht früher) die Bruststücke salzen, pfeffern, mit ganz wenig Mehl bestreuen, in die heiße Butter geben und wenden, so daß die Oberseite überall gebuttert ist. Sofort mit einem leichten Deckel bedeckt, in den Ofen stellen und etwa 5 Minuten braten (große Stücke 7 Minuten). Gleich auf sehr heiße Teller geben. 60 ml Sahne in die Pfanne gießen, auf großem Feuer unter Rühren mit einer Gabel und Zugabe von wenig Muskat, Salz, Pfeffer sämig werden lassen, noch 30 g Butter zugeben und über die Bruststücke gießen.
Alles muß blitzschnell geschehen, dann gehen die Suprêmes wie ein Kissen auf.

Gebratene Gans

4–6 Personen

Eine zarte Gans von 4 kg, innen mit Salz und Pfeffer ausgerieben, mit 1 kg geschälten Äpfeln gefüllt, in einer Bratpfanne über je 200 g kleingeschnittenen Karotten und Lauch, Beifuß, und 500 g zerkleinerten Hühner-, Gänse- oder Kalbsknochen $2^1/_2$ bis 3 Stunden bei 180° braten, nach der halben Zeit wenden. Mit $^1/_4$ l Weißwein, dem ausgetretenen Bratfett und die letzte halbe Stunde mit kaltem Wasser begießen. Die Pfanne von unten vor zu starker Hitze schützen. Die fertige Gans 20 Minuten warmstellen, währenddessen die Sauce abschütten und, so gut es geht, entfetten. Man soll etwa 150 ml Flüssigkeit haben.

Fasan auf Weinkraut und junger Fasan gebraten auch: Brathähnchen, Estragonhähnchen

3 Personen

1 kg Weißkraut, ohne Strunk, kleingeschnitten, mit Salz und Pfeffer, $^1/_2$ l Wein, $^1/_2$ l Bouillon, 200 g magerem, nicht geräuchertem Speck in $1^1/_2$ cm-Würfeln über einem älteren, mit 40 g Butter ringsum gebräunten Fasan anordnen, aufkochen, dann im Ofen bei 160° 2 Stunden zugedeckt sanft kochen. Die letzte halbe Stunde zurück auf den Herd bei sehr schwacher Hitze. Einen jungen Fasan, innen gesalzen und gepfeffert, die Brust mit frischem Speck umwickelt, im Ofen mit 50 g Butter in einer flachen, nicht zu großen Form unter Wenden und häufigem Begießen mit der Butter bei großer Hitze (250°) 30 Minuten braten, die letzten 5 Minuten ohne den Speck, Brust nach oben, mit mehrfachem Begießen. Der Fasan soll innen leicht rosa sein, auch die Brust.
Auf einer flachen Schüssel das Kraut so anordnen, daß der im Topf oben liegende Teil nach unten kommt, die Speckwürfel am Rand, obenauf der gebratene Fasan. Die Butter in der Bratpfanne mit 40 ml Cognac, 60 ml Fleisch- oder besser Fasanenglace (Glace = auf $^1/_4$ eingedampfte Fleischbrühe) aufkochen, auf die Hälfte eindampfen, in Sauciere reichen.

Brathähnchen wird genauso gebraten, aber bei gleichem Gewicht etwas länger, es soll nicht blutig sein. Beim Ablöschen der Sauce läßt man den Cognac weg.

Estragonhähnchen: Man füllt das Innere mit 50 g Estragon und gibt der Sauce 20 Estragonblätter zu, die einige Sekunden mitgekocht werden.

Gemüse

Der Autor glaubt, daß nach den Saucen und vielleicht nach Fisch die Gemüse den guten Koch anzeigen. Schon daß er fast immer ein oder zwei passende Gemüse zum Hauptgang (oder vielleicht anschließend, vielleicht auch als Vorspeise) anbietet, kennzeichnet ihn. Aber vor allem kommt es beim Gemüse darauf an, den eigenen Wohlgeschmack zu erhalten und herauszuarbeiten und zu vermeiden, daß unansehnliche weiche Massen auf den Tisch kommen. Unsere kleine Auswahl versucht dafür Beispiele zu geben.

Auberginen, in Scheiben gebraten mit Sahne, oder mit Tomaten gratiniert, oder schließlich püriert und mit Ei gebacken.

Chicoree als Gemüse, mit wenig Fleischbrühe gebacken.

Chicoreesoufflé als Beispiel für viele Gemüse, heute leicht herzustellen und eindrucksvoll.

Feine Erbsen, mit Salatblättern ohne Wasserzugabe gekocht.

Pilze, gegrillt oder scharf angebraten mit wenig Sahne, oder als Püree.

Ratatouille. Auberginen, Zucchini, Tomaten und andere Gemüse gekocht und passiert, oder in Stücken zusammen oder getrennt gebacken.

Sellerie, als Steak gebacken mit wenig Sahne oder als Püree.

Spargelspitzen, mit einer altmodischen Art von holländischer Sauce.

Spinat in Blättern mit wenig Sahne, oder püriert mit Mehl, mit oder ohne Käsesauce.

Spinatauflauf mit Champignonpüree, ein reiches Gemüsegericht.

Tomaten, ganz oder halbiert gebacken, auch mit Champignons gefüllt.

Weißkraut mit Wein und Butter.

Krautaufläufe ohne oder mit Fleisch, unendlich viel besser als ihr Ruf.

Zucchini Pauvre homme, mit gekochtem Rindfleisch und saurer Sahne gebacken.

Zwiebeln: kleine Zwiebeln in Butter gedämpft, oder mit Hackfleisch gebacken, oder mit wenig Sahnesauce; alles viel zu selten angeboten.

KURZREZEPTE

Auberginen gefüllt
(mit Fleisch).

Grüne Bohnen.
Das einfachste Rezept für sehr zarte Bohnen.

Broccoli
mit Butter.

Rosenkohl,
nicht zu weich.

Püree von trockenen Erbsen.

Fenchel,
mit Milch gedämpft.

Rotkraut
mit Apfel und Essig.

Kichererbsen,
bei uns zu wenig bekannt.

Ein Gemüse, mit Sorgfalt zuzubereiten

Auberginen sind einer der kleinen Gründe, weshalb ich gerne lang leben möchte: Ich würde gerne weiter lernen, sie gut und immer besser zuzubereiten. In der Türkei habe ich hinreißende Gerichte mit Auberginen gegessen, und seitdem bin ich voll Sehnsucht nach Perfektion. In den Rezepten hier wird vor allem von Auberginen ohne andere Gemüse oder Fleisch gesprochen, obwohl hier große Möglichkeiten liegen: Tomaten natürlich; Schalotten; Hackfleisch in Füllen, wobei ich nicht meine, daß man die Auberginen aushöhlen und wieder füllen muß. „Fülle“ auf oder neben Gemüsescheiben schmeckt genausogut, und es ist leichter, beide richtig zuzubereiten. Auberginenmus ist immer ein wichtiger Bestandteil, ja das Geheimnis der Füllen.

Auberginen sind Bestandteil von Ratatouille (S. 145) und anderen Gerichten mit vielen Gemüsen. Dort werden sie aber meist etwas lieblos behandelt. Ich glaube, daß jeder Gast zufrieden sein wird, Auberginen, sehr sorgfältig zubereitet, einmal als einziges Gemüse vorgesetzt zu bekommen, etwa in dem folgenden Menü, das für ein kleines Mittagessen geeignet ist.

12.30	Vichyssoise		
12.45	Hühnerbrust gebraten	12.35	aufsetzen, 12.38 wenden
	Auberginen	12.36	grillen, 12.40 wenden
	Tomatensauce	12.39	heißmachen
	Roh gebratene Kartoffeln	12.28	in Ofen
13.10	Käse		
13.25	Birne mit Sabayon	13.20	herstellen

Die Rezepte rechts erlauben die Hauptpunkte, die man beachten muß, kennenzulernen. Ein Punkt ist: Auberginen mögen gern Fett, sie schlucken etwa das Öl beim Braten in ungeheurer Menge auf; man kann kaum schnell genug nachfüllen, damit nichts anbrennt. Das ist aber nicht ohne Grenzen gut. Der Koch hat sowieso Mühe, den Fettgehalt seiner Speisen niedrig zu halten. Andererseits: Auberginen ohne Fett schmecken nicht; es bleibt also nur übrig, die Auberginenmenge nicht zu groß zu machen. Außerdem ziehe ich die Zubereitung im Ofen unter dem Grill vor; dort hat man es in der Hand, wieviel Fett man zugeben will. Das Fett (und deshalb kann man hier Butter verwenden) zieht in das Gemüse ein, ehe es zu heiß wird, brennt also nicht an, und der Geschmack bleibt delikat.

Der zweite Hauptpunkt bei Auberginen ist die Konsistenz. Meistens werden sie zu weich serviert; aber neuerdings gibt es Köche, die dem Gast mit harten Scheiben ein Gefühl von Nouvelle Cuisine geben wollen. Der richtige Bereich dazwischen ist ganz schmal; auch deshalb ist es gut, den Ofen mit bekannter Temperatur, Abstand vom Grill und Grillzeit zu verwenden. Der Koch muß einmal probieren und dann die besten Bedingungen aufschreiben.

Auberginen

1) 4 Personen 2) 4–6 Personen 3) 4 Personen

1) 500 g Auberginen in Scheiben mit Salz 20 Minuten ziehen lassen. In 60 ml Öl 7 Minuten braten; oder 7 Minuten mit Butter grillen.

2) Wie 1), aber kürzer grillen. 500 g Auberginen, 100 g Tomaten in Scheiben, 50 g Weckmehl, Salz, Pfeffer, 20 g Butter. 10 Minuten im Ofen bei 250 °.

3) Wie 1), dann Auberginen pürieren, mit 4 Eiern verrühren, Salz, Pfeffer, 30 g Butter, im Ofen 20 Minuten backen bei 200 °.

1) Die Auberginen werden ungeschält in 1 cm dicke Scheiben geschnitten, wenn man will auch der Länge nach geteilt. Alle Schnittflächen werden mit Salz bestreut. Die Scheiben läßt man 20 Minuten ziehen; dann werden sie ausgedrückt, abgewaschen und abgetrocknet.

In einer Pfanne macht man Öl (etwa 4 Eßlöffel für eine Pfanne von 25 cm Durchmesser der Bodenfläche) heiß, legt eine Schicht Scheiben hinein und brät bei mittlerer Hitze auf beiden Seiten an, so daß die Scheiben leicht braun sind. 50 ml Sahne zugeben, aufkochen lassen, die Scheiben wenden und die Sahne einziehen lassen.

Stattdessen kann man die Scheiben unter dem Grill erhitzen, wenn sie warm sind, mit soviel Butter bestreichen, wie darauf haftet, leicht bräunen, die andere Seite ebenso behandeln. In diesem Fall braucht man keine Sahne. Die Auberginen sollen in beiden Fällen gerade weich, aber nicht matschig sein. Man muß den richtigen Abstand zum Grill (etwa 15 cm) finden, damit Bräunung und Weichwerden zusammenfallen.

2) Die Auberginen nach 1) herstellen, aber kürzer und dafür heißer anbraten; keine Sahne. In eine sehr große flache Form legen, darüber die enthäuteten, von den Kernen befreiten und in 5 mm dicke Scheiben geschnittenen Tomaten, Salz, Pfeffer, eine Schicht Weckmehl und die Butter in Flocken. In sehr heißem Ofen backen, bis die Oberfläche gebräunt ist.

3) Auberginen, nach 1) gebraten (man kann sie vor dem Braten schälen), mit der Messermühle pürieren, mit den Eiern, der flüssig gemachten Butter, Pfeffer, wenig Salz verrühren, in gut gebutterte Förmchen von etwa 150 ml Inhalt füllen und bei 200° im Ofen backen, bis sie aufhören aufzugehen und bis die Oberfläche gebräunt ist.

Varianten:

Bei 1) kann man die Sahne weglassen. Pfeffer ist eine Frage des Geschmacks. Bei den sehr delikaten gegrillten Auberginen würde ich keinen Pfeffer nehmen.

Ob das Salzen nötig ist, ist auch umstritten. Früher meinten wir, daß ohne diese Methode die Auberginen leicht seifig schmecken. Vielleicht lag das an den damaligen Auberginen.

Auberginenpüree: Wie bei Champignons kann man die pürierten Auberginen erhitzen, etwas eindampfen, 1/5 des Volumens dicke Bechamel und ebensoviel Sahne zufügen, durchkochen lassen.

Vorratshaltung, Reste:

Auberginen halten sich leicht 1 Woche im Kühlschrank, in Plastiktüten, damit sie nicht austrocknen. Das Püree kann man einfrieren. Übriggebliebene Auberginen werden püriert (auch mit den Tomaten) und als Suppe verwendet.

Mikrowellenherd

ist sehr gut für das Püree mit Bechamel: 5 g Mehl und 20 g Butter 2 Minuten, wenn man will, mit 150 g feingeschnittenen Schalotten 10 Minuten erhitzen, 500 g Auberginenmus einrühren, 10 Minuten einschalten, wenn man will Saft von 1/2 Zitrone einrühren, 100 ml Sahne, Salz, Pfeffer, noch 5 Minuten erhitzen.

Man kann auch einfach 200 g Auberginenscheiben, mit 50 ml Sahne, Salz, etwa 5 Minuten erhitzen, bis die Sahne fast eingezogen ist.

Ein wenig bitter

Wir sagten schon, daß viele Menschen an Gemüse nicht sehr gewöhnt sind und daß die verschiedenen Gemüsearten bei verschiedenen Personen die unterschiedlichsten Geschmacksempfindungen hervorrufen. Meine Erfahrungen mit Chicoree sind aber insgesamt positiv. Der etwas bittere Geschmack läßt sich mit ein wenig Sahne sehr mildern, und dann ist Chicoree ein belebender Begleiter für Gerichte mit sanftem Geschmack wie gegrillter Fisch oder gebratenes Kalbfleisch. Man kann sicherheitshalber noch ein zweites Gemüse zur Wahl geben, etwa Tomaten oder Broccoli oder Zuckererbsen, aber nötig ist das nicht.
Das ganze Menü soll nicht zu schwer sein, etwa

19.00	Fleischbrühe mit Eierflocken	18.50	heißmachen,	18.55	Eier zugeben
19.20	Kalbsschnitzel natur	18.58	aufstellen,	19.10	wenden
	Nudeln mit geriebenem Käse	18.55	aufstellen,	19.12	Butter dazu
	Chicoree	18.53	aufstellen		
	(Tomaten)				
19.40	Käse				
20.00	Obstsalat	19.38	Zucker zugeben		

Ein Menü wie das hier genannte ist sehr geeignet für eine improvisierte Mahlzeit für 4 bis 6 Personen. Chicoree und Tomaten (möglichst schon geschält) habe ich fast immer im Kühlschrank, ebenso Äpfel, Orangen, Zitronen. Fleischbrühe und gekochte Nudeln (oder Spätzle, oder Polenta) sollten normalerweise in der Tiefkühltruhe sein. Dazuzukaufen wären also nur die Kalbsschnitzel und eventuell ein schöner Briekäse. Die Herstellung kann beginnen, wenn die Gäste schon da sind. Man beginnt mit dem Chicoree, taut Fleischbrühe und Nudeln auf (die Nudeln kann man auch frisch kochen) und schält inzwischen das Obst. Die Kalbsschnitzel werden aufgestellt, ehe die Suppe aufgetragen wird; nachher kommen die Tomaten in den Ofen. Der Obstsalat wird nach der Suppe geschnitten.

Leider ist eine improvisierte Einladung nicht sehr häufig willkommen, außer etwa bei Ausländern, die man unerwartet trifft, oder anderen unvorhergesehenen Ereignissen. Ich selbst hätte manchmal plötzlich Zeit und würde mich freuen, Freunde zu bewirten, aber es gibt nicht viele, die es nicht ein wenig übelnehmen, wenn sie erst am Vormittag desselben Tages eingeladen werden. Das ist nicht unberechtigt, denn erstens verlangt der Einladende einen plötzlichen Entschluß, und zweitens impliziert er, daß seine Zeit knapper ist als die der Eingeladenen, was gerade die übelnehmen, die relativ viel Zeit haben. Ich habe deshalb paradoxerweise die besten Erfahrungen gemacht mit Gästen, die selbst sehr beschäftigt sind und die die Ausfüllung eines auch für sie unerwarteten freien Abends durch eine freundliche Einladung selbst als eine unverhoffte Freude empfinden.

Chicoree als Gemüse

6 Personen
1000 g Chicoree putzen, der Länge nach halbieren, mit 100 g Butter, 50 ml Fleischbrühe, Salz, Pfeffer 1 Stunde bei 200 ° zugedeckt backen.

Von etwa gleich großen Chicoreestangen die äußeren Blätter wegnehmen; das untere Ende kürzen und die großen Blattenden wegschneiden. Kurz waschen, wenn nötig (längeres Liegen im Wasser führt angeblich zu bitterem Geschmack). Eine große flache Form (etwa 30 cm) gut buttern, die Chicoree der Länge nach halbiert mit der flachen Seite nach unten hineinlegen, Salz, Pfeffer, Fleischbrühe und Butterflocken darüber. Bei 200 ° mit Pergamentpapier zugedeckt 1 Stunde backen, dabei ein- oder zweimal mit dem Buttersaft begießen. Zum Schluß soll die Flüssigkeit fast verschwunden sein.

Varianten:

Statt Fleischbrühe kann man Sahne zufügen und die Buttermenge etwas verringern. Man kann den Saft von 1/4 Zitrone zugeben.

Nach 2/3 der Backzeit kann man 100 g Frühstücksspeck in Scheiben auf die Chicoree legen und offen weiterbacken.

Man kann die Stangen von Anfang an in 2–3 cm lange Stücke schneiden. Das Schneiden auf dem Teller braucht sehr scharfe Messer.

Chicoree mit Champignonpüree gratiniert.

Man stellt von 500 g Champignons, Bechamelsauce und 30 g geriebenem Käse Champignonmus her und richtet es in der Mitte einer Form an, darum 1000 g Chicoree, 20 Minuten in 200 ml Fleischbrühe und 30 g Butter gedämpft (es soll nur noch wenig Flüssigkeit da sein). Darüber 30 g geriebener Käse, 40 g Weckmehl, 30 g Butterflöckchen. 15 Minuten bei 220 ° backen.

Ähnlich kann man **Salat** behandeln, etwa große Köpfe geviertelt und mit Bindfaden geschnürt, auch Brunnenkresse.

Vorratshaltung:

Chicoree hält sich, dicht in Plastikfolie gepackt, gut im Kühlschrank.

Reste

werden am besten püriert, für Suppe oder als Beilage oder als Fülle mit oder ohne Fleisch.

Tiefkühlen kommt für das Püree in Frage.

Mikrowellenherd

ist für Chicoree und ähnliches Gemüse hervorragend. Etwa ein schnelles Gericht für 2 Personen: 50 g Frühstücksspeck grob zerkleinert (oder 30 g Schinken und 20 g Butter), 200 g Chicoree in 3 cm langen Stücken, 40 ml Sahne, Pfeffer. Das Ganze in einer großen Glasschüssel etwa 10 Minuten lang kochen, auf Überkochen achten. Zum Schluß soll die Flüssigkeit fast verschwunden sein.

Statt Sahne kann man auch Fleischbrühe und ein wenig Bechamelsauce nehmen; mit Sahne ist der Geschmack sanft, aber kräftig. In beiden Fällen kommt es darauf an, daß die Flüssigkeit über das Gemüse schäumt, so daß dieses gleichmäßig erhitzt wird und die Flüssigkeit überall einzieht.

Soufflé: genau nach Vorschrift

Frauen, die behaupten, sie kochen nicht nach Rezepten, sondern nach Phantasie und ohne sich um Mengen und Maße zu kümmern, sind immer interessant. Entweder sagen sie die Wahrheit, dann darf man sich nicht einladen lassen, aber ganz sicher haben sie etwas besonders Sympathisches, wegen dessen sie zu der netten Gesellschaft, wo man sie trifft, eingeladen sind. Oder sie wollen verbergen, daß sie genau wissen, wie wichtig die Kenntnis und Anwendung früherer Erfahrungen beim Kochen ist. Sie besitzen eine Selbstbeherrschung, die man bewundern muß, und wahrscheinlich versuchen sie, noch andere hervorragende Eigenschaften nicht publik zu machen.

Frauen (und Männer), die Soufflés machen, gehören zur zweiten Klasse; denn hier kommt es auf Mengen und Regeln an. Das ist leider oft so beim Kochen. Ich muß das sagen, bei aller Sympathie, die ich für Andersdenkende habe.

Im übrigen gehört Gemüse-Soufflé heute zu den schnellen Gerichten, weil man das Gemüse mit der Messermühle so leicht zerkleinern kann. Ein Soufflé ist sehr geeignet als Vorspeise vor einem leichten Hauptgericht ohne Gemüse, etwa

20.00	Chicoreesoufflé		
20.20	Huhn im Salz		
	Pommes de terre Anna	19.50	in Ofen
	Grüner Salat	20.18	anmachen
	Bayerische Creme von Orangen		

Sehr gut ist es allein, als kleine Mahlzeit, etwa mit Tomatensalat. In diesem Fall reicht das Rezept für 2 statt 4 Personen.

Soufflé ist gefürchtet, weil es oft nicht aufgeht. Diese Furcht ist unbegründet, wenn man eine Anzahl von Regeln beachtet.

1) Die Souffléform (aus Metall mit fast zylindrischen Wänden, aber auch aus Steingut oder Glaskeramik) soll sehr gut gebuttert sein, damit das Soufflé an der Wand hoch aufgehen kann.

2) Die Masse (vor der Zugabe von Eigelb und Eiweiß) soll nicht zu flüssig sein. Meist gibt man Mehl zu (etwa als Bestandteil einer Bechamelsauce). 20 g Mehl auf 250 g Masse dürfte etwa richtig sein. Das Soufflé soll weder wäßrig sein noch wie ein Kuchen schmecken.

3) Auf 250 g Masse rechnet man 3 Eigelb und 5 Eiweiß (bei kleinen Eiern etwas mehr).

4) Das Eiweiß schlägt sich leichter, wenn es warm ist (um 30 °). Man schlägt es am besten mit dem elektrischen Schneebesen in einem Metallgefäß, das man ruhig einen Moment auf den Herd stellen kann. Man darf es nicht zu stark schlagen. Es soll sich leicht unterziehen lassen.

5) Beim Untermischen rührt man zuerst einige Eßlöffel Eiweiß in die Masse ein, damit sie geschmeidig wird, und verfährt dann wie im Rezept beschrieben.

6) Die Wärme soll vor allem von unten kommen. Man stellt die Form auf den Boden des Backofens. Man kann sie auch kurze Zeit auf dem Herd vorwärmen. Das Soufflé soll oben braun werden erst, nachdem es aufgegangen ist.

7) Nach dem Aufgehen soll das Soufflé noch einige Minuten im Ofen bleiben, damit das Eiweiß innen nicht mehr flüssig ist. Es darf aber nicht hart werden.

Chicoree-Soufflé

2–4 Personen

200 g Chicoree pürieren, mit 60 g angebratenem Schinkenspeck 10 Minuten dämpfen, 20 g Mehl und 80 ml Sahne, 4 Eigelb, Pfeffer, 60 g geriebenen Käse zugeben. 6 Eiweiß schlagen und unterziehen; etwa 20 Minuten bei 200 ° backen.

In einer großen Pfanne den Speck erhitzen. Den Chicoree waschen, portionsweise in der Messermühle pürieren und bei großer Hitze unter Rühren fast zur Hälfte eindampfen (etwa 10 Minuten). Gegen Ende 20 g Mehl darüber streuen, einrühren und ein wenig mitkochen (am besten Mehl, das bei 140 ° 20 Minuten im Backofen getrocknet wurde). 80 ml Sahne zufügen, aufkochen. Vom Feuer nehmen, Eigelb, Pfeffer, Käse einrühren.

Die Eiweiß in einer angewärmten Schüssel sehr fest schlagen, aber nicht so, daß vom Löffel Stücke abbrechen. Etwa 1/4 davon in die Masse einrühren, dann den Rest darüber schütten und mit einem Spatel unterheben. Man hebt die Masse aus der Mitte hoch und dreht dabei die Pfanne langsam gegen den Uhrzeigersinn (im Uhrzeigersinn, wenn man Linkshänder ist).

Man füllt eine passende, gut gebutterte Form bis 1 cm unter den Rand und streicht das Soufflé nach der Mitte zu hoch, so gut es geht. Man stellt die Form auf die Unterfläche eines auf 220 ° geheizten Ofens und verringert die Hitze sofort auf 180 °. Die Backzeit ist etwa 20 Minuten. Wenn das Soufflé aufgegangen ist, soll es noch etwa 5 Minuten weitergebacken werden, ohne weiter aufzugehen. Es muß sofort aufgetragen und gegessen werden, ehe es zusammenfällt.

Man kann das Soufflé auch in kleinen Förmchen backen. Die Backzeit ist dann um 10 Minuten. Man macht einen frischen Salat dazu.

Varianten:

Man kann entweder den Käse oder den Schinken weglassen. Das Soufflé soll gut gewürzt sein, weil es durch das Eiweiß leicht fad schmeckt.

Spinatsoufflé macht man genauso. Statt Mehl kann man zum Teil Weckmehl verwenden, etwa 20 g Weckmehl statt 10 g Mehl.

Weitere Möglichkeiten sind **Sauerampfersoufflé, Tomatensoufflé.**

Käsesoufflé:

50 g Mehl, 100 ml Milch, statt Chicoree 150 g Käse, sonst wie oben.

Reste:

Es soll möglichst nichts übrigbleiben. Möglich ist die Verwendung als Suppeneinlage, oder in dicker Schicht kalt auf Butterbrot.

Tiefkühltruhe:

Die Masse vor Zugabe der Eigelb ist gut für die Vorratshaltung in der Tiefkühltruhe geeignet. Statt Mehl und eines Teils der Sahne kann man auch eine fertige tiefgekühlte Bechamelsauce verwenden.

Mikrowellenherd:

Die Masse mit Mehl kann gut hergestellt werden. Mit Küchenkrepp zudecken, 10 Minuten, zweimal umrühren. Das Backen muß aber im Ofen erfolgen.

Erbsen: von ganz zart bis ganz kräftig

Junge, feine Erbsen sind vielleicht das zarteste Gemüse überhaupt. Man kann gut verstehen, daß die ersten Erbsen als Primeurs unter großen Kosten für den König beschafft wurden. Heute gibt es tiefgekühlte zarte Erbsen, die, extra gezüchtet, wirklich zart und ganz gleichmäßig sind. Ich empfehle sie sehr. Es mag noch wohlschmeckendere frische Erbsen geben, aber, abgesehen von der Arbeit, die das Ausmachen aus den Schoten bedeutet: wie selten findet solche Erbsen jemand, der sie nicht selbst züchtet und genau zur richtigen Zeit erntet? Alle nicht ganz zarten Erbsen würde ich als Mus verwenden, das ja mit heutigen Mitteln so leicht herzustellen ist. Da stören die harten Schalen nicht, und das Mehlige gehört zum Mus und kann durch Zusätze gemildert werden. Der Geschmack läßt sich von zart und natürlich bis zu konzentriertem Erbsengeschmack, erhöht durch Mitkochen von Rauchfleisch, variieren.

Zarte Erbsen sind eine anspruchsvolle Beilage. Man könnte sie allein als Vorgericht geben, aber das kann man nur bei guten, geschmackskundigen Freunden machen, denn dafür sind sie nicht selten oder kostbar genug. Sie passen nicht zu allen kräftigen Gemüsen (auch die Kombination mit Karotten halte ich nicht für glücklich), wohl aber zu Zwiebeln, Salat, Artischocken, vielleicht noch Zucchini. Andererseits mögen sie gern einen zarten Bratengeschmack, von Kalb, Geflügel, auch Kartoffeln. Hier ein mögliches Menü:

20.00	Steinpilzsuppe	19.50	heißmachen,	19.55	Sahne zugeben
20.25	Gebratenes Huhn mit Estragon	19.58	aufstellen,	19.10	wenden
	Pommes de terre Anna	19.56	aufstellen		
	Erbsen, gedämpfte Zwiebeln	20.17	aufstellen		
20.45	Käse				
21.05	Pfirsich Melba				

Der mit Wasser gefüllte Topfdeckel ist nicht neu (es gibt dafür Töpfe zu kaufen), wird aber meiner Meinung nach viel zu wenig verwendet. Man kann einfach auf den Topf einen zweiten, mit kaltem Wasser gefüllten, stellen, oder eine Schüssel aus rostfreiem Stahl, die in der Küche sowieso für vieles nützlich ist. Die Wirkungsweise ist die folgende: Beim Kochen eines Gerichts mit wenig Wasser (dafür ist die Methode besonders nützlich) verdampft als erstes Wasser am Boden des Topfes. Der Dampf kondensiert an allen kälteren Teilen des Gerichts und der Topfwand und gibt dabei Wärme ab (jeder weiß, wie schnell und gefährlich man sich in einem Dampfstrahl verbrennt: Das ist Wärmeabgabe bei der Kondensation von Dampf). Wenn nun das Gericht und der Topf schon heiß sind, dann ist die Unterfläche des Deckels (wenn er nicht die Wärme schlecht leitet) durch das darüberliegende Wasser noch ganz kalt. Aller Dampf (wenn er nicht durch große Spalten entweichen kann), kondensiert daran und fällt als Wassertropfen auf die Speise zurück. Die Flüssigkeitsmenge im Topf bleibt konstant. Kein Dampf, und damit auch nichts an Aromastoffen, dringt nach außen. Allerdings erwärmt sich das Wasser oben allmählich; man muß also oben viel Wasser haben oder es von Zeit zu Zeit, wenn sich am Boden Bläschen bilden, erneuern.

Feine Erbsen

4 Personen
50 g grünen Salat zerkleinern, mit 20 g Butter andämpfen. Darüber 500 g feine Erbsen, Salz, zwei Teelöffel Zucker, 4 Blätter Petersilie. 20 Minuten (Erbsen aus der Tiefkühltruhe 5 Minuten) kochen, noch 30 g Butter zusetzen.
***Variante:* 50 frischen mageren Speck in Würfeln mit 10 ml Öl anbraten, 20 geschälte Perlzwiebeln mitdämpfen (5 Minuten), dann wie oben Salat, Butter, Erbsen.**

Die Butter wird aufs Feuer gestellt, dann werden die Salatblätter auf dem Brett mit zwei großen Messern rasch zerkleinert (man nimmt die äußeren, grünen Blätter) und etwa 5 Minuten unter gelegentlichem Rühren gedämpft. Darüber kommen die Erbsen, Salz, Zucker, Petersilie. Das Ganze wird gemischt und kann jetzt eine Zeitlang warten. Wenn die Erbsen tiefgekühlt waren, werden sie 7 Minuten vor dem Auftragen auf gut mittlerer Hitze aufgestellt. Statt Deckel kommt eine mit kaltem Wasser gefüllte Schüssel auf den Topf. Nach 5 Minuten Kochen werden die Erbsen in eine Schüssel gefüllt. Wenn sich zu viel Flüssigkeit gebildet hat, wird sie in den Topf zurückgegossen und auf starkem Feuer kurz eingedampft. Währenddessen wurde die restliche Butter auf die Erbsen gelegt. Die Flüssigkeit wird darüber gegossen, und alles wird vorsichtig gemischt und aufgetragen.

Frische Erbsen muß man etwa 20 Minuten auf dieselbe Weise kochen.

Variante:

Man schneidet frischen mageren Speck in kleine Würfel und läßt diese mit 10 ml Öl braun werden. Inzwischen wirft man 20 kleine Perlzwiebeln 20 Sekunden lang in kochendes Wasser, schält sie und läßt sie mit dem Speck 5 Minuten mitdämpfen, unter gelegentlichem Rühren. Sie sollen gerade nicht braun werden. Dann kommt der Salat dazu und wird kurz, vielleicht 2 Minuten, mitgedämpft.

Wenn die Flüssigkeit zum Schluß etwas zu kräftig schmeckt, läßt man 30 ml Sahne darin aufkochen und vermischt sie dann mit den Erbsen.

Einfachste Variante:

Erbsen mit Salz und Zucker in den Topf, 50 g Butter darüber, etwa eine Stunde warten, dann mit der Wasserschüssel ohne jeden Zusatz von Flüssigkeit kochen, sanft schütteln und servieren.

Vorratshaltung:

Tiefgekühlte feine Erbsen in der Tiefkühltruhe erlauben schnelle Kochentschlüsse. Man braucht sie nicht aufzutauen, es genügt, die Kochzeit um 5 Minuten zu verlängern, bei etwas größerer Hitze als sonst.

Reste:

Manche Suppen, etwa Nudelsuppe, vertragen die Zugabe ganzer Erbsen gut. Im übrigen ist es am besten, die Erbsen zu pürieren und dann als Mus oder Suppe zu verwenden.

Mikrowellenherd:

ist gut für kleine Mengen. Man muß etwas Sahne, oder Weißwein (oder Wasser) mit Mehl (höchstens 1 Teelöffel) zufügen, damit die Flüssigkeit beim Kochen hochschäumt und für gleichmäßiges Garwerden sorgt.

Pilze: alles hängt an der Zubereitung

Es gibt noch Leute, die keine Pilze essen, außer notgedrungen die eingeweichten Champignonstücke, die sich in der unglaublichsten Umgebung auch in guten Restaurants finden. Ich erinnere mich an Rebhuhn, Sauerkraut und Champignons! Vielleicht fürchten sich manche vor Vergiftung, aber wahrscheinlich haben viele noch nie gut zubereitete Pilze gegessen. Ihnen soll hier geholfen werden.

Die Steinpilze, möglichst selbstgesammelt und auf jeden Fall ganz feste, gibt man am besten vertrauten Freunden als kleine Extramahlzeit – Brotzeit sagen die Bayern – etwa am späten Nachmittag mit Brot und einem leichten Rotwein, vielleicht einem zarten grünen Salat dazu, „c'est parfait" in der Tat.

Das Püree wird man gern mit anderen Pürees kombinieren, etwa Karotten, Sellerie, Zwiebeln, Lauch, auch Broccoli oder Kresse, und man wird es dann in sehr kleinen Mengen servieren. Das Rezept rechts mit Artischocken ist empfehlenswert. Das Püree ist auch gut als Teil von Füllen.

Waldchampignons, auch noch Wiesenchampignons, sind unendlich viel schmackhafter als Zuchtmaterial und sind für die Zubereitung 2) vorzuziehen. Hier kann der Pilzfreund auch viele andere selbstgesammelte Pilzarten anbringen. Das Rezept ist gut für alle Pilze, die auch roh gut schmecken. Dies ist der Grund, weshalb sie nur eine so kurze Kochzeit brauchen.

Im Menü sollte man zu Pilzen noch ein zweites Gemüse vorsehen. Im übrigen muß man bedenken, daß jedenfalls Champignons sehr gut zu zartem Fleisch, Kalb, Huhn oder Bries passen. Hier ein Menü:

20.00	Brot-Ei-Consommé	19.50	herstellen		
20.25	Kalbsschnitzel	19.55	aufstellen,	20.10	wenden
	Champignons	20.20	herstellen		
	Gedämpfte Tomaten	20.19	in Ofen		
	Gnocchi	19.59	in Ofen		
	Salat	20.19	anmachen		
20.50	Käse				
21.10	Schokoladencreme				

Rechts haben wir zwei Rezepte mit Mehl, zum Ärger der Puristen, die es aus der Küche verbannen wollen. Im ersten Fall hat das Mehl drei Funktionen: Es soll einen Teil der frisch erhitzten Butter aufnehmen, die im Geschmack gut zu den Champignons paßt. Es soll den beim Erhitzen austretenden Pilzsaft aufsaugen, in dem sonst die Champignons schnell weiter ausgesogen und ledern werden würden. Und es soll, leicht angebraten und damit wieder gut zu den Pilzen passend, mit der Sahne eine freundliche Hülle um die Champignons bilden.

Beim Püree gibt das Mehl (immer in geringer Menge) dem Gericht eine Weichheit, ohne die es nur halb so gut wäre.

Pilze gegrillt, gebraten, Pilzpüree

1) 6 Personen
6 große Steinpilze (etwa 1 kg) ohne Stiel und Sporen 30 Minuten in 125 g Butter mit 6 Knoblauchzehen marinieren, auf jeder Seite 5 Minuten grillen.

2) 4–6 Personen
500 g Champignons, Saft von 1/4 Zitrone in 50 g Butter scharf anbraten, mit 5 g Mehl bestäuben, mit 65 ml Sahne 2 Minuten kochen, Salz, Pfeffer.

3) 6 Personen
500 g Champignons pürieren, mit 30 g Butter erhitzen, mit *Bechamel* aus 10 g Mehl, 10 g Butter, 125 ml Fleischbrühe durchkochen, 50 ml Sahne, 30 g Butter zugeben.

1) Von großen, festen Steinpilzen werden die Stiele und die Sporen sowie schlechte Stellen entfernt. In einem flachen Gefäß zerdrückt man die Knoblauchzehen mit dem Boden eines kleinen Glases und nimmt die festen Bestandteile heraus, gibt die Butter hinein und schmilzt sie im Ofen so, daß man sie gerade mit dem Knoblauch verrühren kann. Nun legt man die Hüte hinein, bestreicht sie mit der Butter und wendet sie einmal. Nach 1/2 Stunde brät man sie unter dem gut vorgeheizten Grill auf jeder Seite 5 Minuten, wobei man sie laufend mit der Butter bestreicht und Salz und Pfeffer darüber streut. Man muß sie sofort servieren.

2) Die Champignons werden gewaschen, geputzt und abgetrocknet, dann grob geschnitten (kleine läßt man ganz). Währenddessen wird die Butter in einer großen Pfanne auf starkem Feuer erhitzt, bis sie gerade aufhört zu schäumen; man gibt die Pilze zu, rührt stark und streut sofort das Mehl über die Pilze (um austretende Flüssigkeit und auch Butter zu binden). Man rührt weiter, bis sich am Boden eine braune Schicht zu bilden beginnt, gibt die Sahne dazu und rührt lebhaft weiter, bis fast alle Flüssigkeit gebunden ist. Das Ganze dauert nach dem Zugeben der Pilze nur etwa 3–4 Minuten, mit kleineren Mengen geht es noch schneller. Sofort servieren.

3) Die Champignons werden gewaschen, geputzt, in der Messermühle püriert, mit Butter in eine große Pfanne gegeben (um das Verdampfen zu begünstigen) und auf großer Hitze unter Rühren eingedampft, bis die Konsistenz mehr zusammenhängend wird (das dauert etwa 5 Minuten). Vorher hat man eine **Bechamel** gemacht: 10 g Mehl werden mit 10 g Butter erhitzt, bis es schäumt, dann wird unter Rühren Fleischbrühe zugegeben und aufgekocht. Die Sauce wird dem Püree zugefügt, Salz, Pfeffer, noch einmal durchgekocht; zum Schluß kommt die Sahne und restliche Butter dazu.

Varianten:

Beim Püree kann man statt Fleischbrühe Milch oder auch Weißwein verwenden.
Champignonpüree mit Artischockenböden: Über einer 1 cm hohen Schicht von Champignonpüree werden streifig geschnittene, in Butter und Wein gedämpfte Artischockenböden schuppenförmig angeordnet, mit etwas Sahne begossen und 10 Minuten unter dem Grill erhitzt.

Reste:

Pilzreste werden zu Suppen verwendet, ebenso am besten auch das Püree. Letzteres kann man gut einfrieren. Eine sehr gute Wiederverwendung ist in Soufflé.

Mikrowellenherd

ist sehr gut für das Püree. Mit der Hälfte der oben angegebenen Mengen erhitzt man erst Mehl und Butter, bis es schäumt (1 1/2 Minuten), verrührt mit dem Püree, erhitzt etwa 15 Minuten unter zweimaligem Rühren, gibt Salz, Pfeffer, Sahne, Butter zu und kocht noch einmal auf.

Regionale Küche: Kann man sie einfach nachmachen?

Der Leser wird gemerkt haben, daß der Autor selten Gerichte mit besonderen, etwa regionalen Namen bezeichnet. Dieses hat seinen Grund nicht nur darin, daß er den Zorn derer fürchtet, die bei jedem Namen genau wissen, was das Gericht enthalten sollte (zum Beispiel wehe dem, der glaubt, Crêpes Suzette werden flambiert!). Ich meine, man kann etwa ein regionales Gericht nicht einfach nachmachen, denn dort, wo es erfunden wurde, sind Klima, Gewohnheiten, Geschmack anders, und auch die Gerichte und Getränke, die man dazu gibt.

Nehmen wir die chinesische Küche. Wer ein großes Essen in Peking oder in Bombay von großen Köchen erlebt hat, mit 20 oder mehr Gängen, ganz leicht, ganz wenig von jedem, der wird zu der Überzeugung kommen, die chinesische Küche sei die beste in der Welt. Aber um sie zu assimilieren und zu lernen, müßte er sich und seine Umgebung ändern (und natürlich außerdem jahrelang lernen). Wenn man also einige regionale Gerichte annimmt, dann ist es besser, sie frei an unsere Gewohnheiten anzupassen und die Vorwürfe der Puristen auszuhalten.

Bei unserem Gericht ist der Streitpunkt: Öl oder Butter. In den heißen Ländern gibt es traditionellerweise kaum Butter, weil sie sich ohne Kühlschrank nicht hält. Wir brauchen also heute Öl nur dann zu verwenden, wenn es uns in einem Gericht besser schmeckt als Butter, oder wenn wir uns – das ist natürlich legitim – eine Abwechslung gönnen wollen.

Ratatouille ist ein rustikales, kräftiges Gericht, paßt gut zu oder nach anderen kräftigen Gerichten, etwa:

19.00	Salade niçoise	18.50	anmachen		
19.30	Hammelfleisch gebraten	18.20	in Ofen		
	In Öl gebratene Kartoffeln	18.49	in Ofen,	19.10	wenden
	Ratatouille (Rezept 2)	18.58	in Ofen		
20.00	Ziegenkäse				
20.20	Feigenkompott				

Unser Rezept hat eine allgemeine Bedeutung für die Zubereitung von Gemüsen. Hier handelt es sich um stark wasserhaltige Gemüse. Das Verfahren läuft darauf hinaus, daß man versucht, den Gemüsesaft austreten zu lassen und ihn dann zum großen Teil zu verdunsten, ohne daß das Gemüse zerfällt. Gleichzeitig soll das Fett eindringen, und schließlich soll wenigstens stellenweise eine leichte Bräunung im Sinne von Braten oder Backen eintreten. Je nachdem, welchen Aspekt dieser komplizierten Vorgänge man betont, kann man ganz verschiedene Resultate erreichen. Das freut den Koch, und hoffentlich auch seinen Gast.

Dem Rezept 3) fügen wir oft andere Gemüse zu, Karotten, Sellerie, Lauch, Blumenkohl. Ihnen ist gemeinsam, daß sie ohne Wasser oder Dampf hart bleiben oder zäh werden. Man muß sie also mit Wasser (etwa halb bedeckt, mit Umrühren) kochen; dabei kann es sehr günstig sein, gegen Schluß die Flüssigkeit fast ganz zu verdampfen. Gleichzeitig kann man Butter zugeben, damit sie in die Gemüse eindringt. Dies gilt natürlich für alle Fälle, wo man solche Gemüse als Beilagen verwendet.

Ratatouille

8 Personen

1) 500 g Auberginen, 500 g Tomaten, 500 g Zucchini, 500 g Zwiebeln, 6 Knoblauchzehen, Salz, Pfeffer mit 150 ml Olivenöl, 100 ml Wasser 1 ½ Stunden kochen, passieren.

2) Dieselben Zutaten, Gemüse in 1-cm-Scheiben, Tomaten obenauf, 1 Stunde im Ofen bei 180 ° backen. Butter statt Öl.

3) Auberginen, Zucchini, Zwiebeln einzeln dämpfen, in Auflaufform mit den Tomaten 15 Minuten bei 200 ° backen.

1) Zuerst zerdrückt man in einem Kochtopf mit großer Oberfläche die Knoblauchzehen mit dem Boden eines Glases. Die Auberginen schneidet man in dicke Scheiben, die Tomaten drückt man ein wenig, so daß sie platzen, die Zucchini wird man halbieren oder vierteln, je nach Größe. Man gibt Olivenöl, Salz und Wasser dazu und kocht sanft, kaum sichtbar; gegen Ende gibt man den Pfeffer zu. Die lange Kochzeit hat den Zweck, Flüssigkeit aus den Gemüsen austreten zu lassen und sie weitgehend zu verdampfen, damit man ein schönes Püree erhält. Sanft kochen macht, daß nichts anbrennt und daß das Ganze noch eine Konsistenz hat. Man passiert durch ein großes Sieb mit dem Passierpilz des Rührers oder mit einem großen Kochlöffel.

2) In einer großen ovalen Form (40 cm) zerdrückt man die Knoblauchzehen mit dem Boden eines Glases und nimmt sie wieder heraus. Die Tomaten werden 10 Sekunden in kochendes Wasser getaucht, man schält sie, schneidet den Stielansatz heraus, halbiert sie und drückt Kerne und Flüssigkeit in einem Sieb über der Form aus. Auberginen, Zucchini und Zwiebeln werden in 1½ cm dicke Scheiben geschnitten und eventuell so weit zerkleinert, daß gabelgerechte Stücke entstehen. Man stellt die Form mit der Butter in den Ofen, bis sie gerade zerschmolzen ist, gibt Auberginen, Zucchini, Zwiebeln, Wasser dazu und verteilt die Tomaten gleichmäßig darüber, Salz, Pfeffer, wenn man will Basilikum oder Sariette (Bohnenkraut). Man bäckt langsam 1 Stunde. Die Tomaten halten von oben die Gemüse feucht; man soll aber einige Male mit der Flüssigkeit in der Form begießen.

3) In einer Form wie in 2) zerdrückt man den Knoblauch, schmilzt ¼ der Butter, wendet darin die in Scheiben geschnittenen Auberginen, Salz, bäckt sie im Ofen bei 220 °, ersetzt sie durch die der Länge nach aufgeschnittenen Zucchini (eventuell noch einmal geteilt) und etwas neue Butter, bäckt auch sie und dann die in 1 cm dicke Scheiben geschnittenen Zwiebeln. Nun gibt man die Gemüse, jede Art in kleinen Häufchen oder Reihen, in die Form zurück, daneben die halbierten Tomaten mit etwas Butter und Sariette, und bäckt noch 10 Minuten bei 220 °, wobei man gegen Schluß pfeffert und mit der Flüssigkeit in der Form gleichmäßig begießt.

Reste:

Aufwärmen im Ofen bei 180 °. Einfrieren ist möglich. Spätere Verwendung püriert als Suppe oder als Soufflé.

Mikrowellenherd

ist gut für kleine Mengen (Rezepte 1 und 2). Die Kochzeiten werden stark verringert. Man braucht kein Wasser zuzugeben. 15 Minuten Kochzeit für je 100 g Gemüse reicht. Die Tomaten ordnet man über dem Rest an, damit nichts austrocknet.

Ein Gericht, das in fast allen Kochbüchern fehlt

Ein Koch soll jede gesuchte Originalität vermeiden, aber er wird sich doch freuen, wenn er etwas hat, von dem fast niemand etwas weiß. Das Sellerie-„Steak" ist dafür ein Beispiel. Der Autor hat es einmal während des Kriegs in einem Privathaus vorgesetzt bekommen in einer Gartenbaugegend, wo es manchmal Sellerie gab. Damals war das natürlich etwas Besonderes, aber später habe ich, unter dem Eindruck von verunglückten Salaten aus gekochtem Sellerie und „Fleischbrühen" mit starkem Selleriegeschmack, die Vorzüge von Sellerie nur für rohen, geraspelten Sellerie als Salat gesehen. Dann habe ich Spargelsuppe mit Sellerie kennengelernt, sehr gut, und wir haben mehr und mehr Sellerie als Bestandteil von gemischtem Gemüse verwendet, auch gelegentlich als Püree mit Kartoffeln. Bei Studien mit dem Mikrowellenherd fiel die Affinität zu Sahne auf, und dann entdeckten wir wieder den Wohlgeschmack von in Butter gebratenem Sellerie. Das erste Rezept rechts ist davon die Folge; ich möchte meinen Lesern sehr empfehlen, dieses Rezept auszuprobieren, es gehört, wenn alles gut geht, zum besten, was in diesem Buch steht, wenn der Sellerie jung ist.

Für ein Menü muß man berücksichtigen, daß das Sellerie-„Steak" eine gewisse Selbständigkeit gegenüber von Fleischgerichten hat. Man kann es vielleicht mit einem weißen Fleischgericht geben, das neutral schmeckt, etwa Kalbsbries. Oder man wird sich an das französische Verfahren erinnern, das oft Gemüse nach dem Fleisch vorzieht. Man wird also einen Fleischgang vorsehen, der für sich allein gegessen werden kann, vielleicht mit Sauce oder Salat als gemeinsamer Komponente. Huhn im Salz wäre dafür ein gutes Beispiel, mit Tomatensauce und Salat. Oder schließlich man gibt den Sellerie als Vorspeise, wenn der Hauptgang nicht gebraten ist. Dafür ein Beispiel:

12.30	Rührei	12.20	herstellen
	Sellerie-„Steak" mit	12.10	in Ofen
	grünem Salat	12.25	Salat anmachen
12.50	Eisbein (Surhaxe) mit		
	Sauerkraut und		
	Erbsbrei	12.30	wärmen
13.20	Apfel Kardinal		

Sellerieknollen und Selleriestauden sind auswechselbar bei Suppen und notfalls auch beim Püree. Im übrigen kann man Selleriestauden dämpfen, ähnlich wie Fenchel. Außerdem sind sie natürlich hervorragend roh, zum Cocktail oder gefüllt als Vorspeise.

Hier ist Gelegenheit, noch auf einen Vorteil hinzuweisen, den der Amateur vor dem Berufskoch hat. Zunächst kann der Einladende ein Menü wählen, von dem er zu wissen glaubt, daß es gut ist. Sellerie-„Steak" im Restaurant anzubieten würde wohl daran scheitern, daß die Gäste mangels Kenntnis immer etwas anderes wählen. Das wäre nur anders, wenn es gelänge, dem Restaurant einen besonderen Ruf für ausgefallene Gerichte zu verschaffen, oder wenn der Wirt sehr viel Überzeugungskraft für solche Gerichte aufwendete. Es gibt Wirte, die ihren Gästen kaum eine Wahl für die Speisen lassen, und sie sind nicht die schlechtesten. Wenn sie den Gast anschauen, weiß er, was er zu tun hat. Der Amateur muß sich darüber klar sein, daß er, ganz ohne hypnotische Kräfte, seinen Gästen ebenfalls keine Wahl läßt.

Sellerie-„Steak", Selleriepüree

2 Personen:
250 g Sellerie in 2 Scheiben mit 60 ml Sahne, Salz, Pfeffer, Muskat, (etwas Zitronensaft) bei 200° 20 Minuten braten.

6 Personen:
1000 g Sellerieknollen in 1/2 l Fleischbrühe 20 Minuten kochen, mit 250 g Semmeln, 1/8 l Sahne, 10 g Zucker noch 10 Minuten kochen, passieren, mit 100 g Butter verrühren.

Von einer großen Sellerieknolle schneidet man 2 Scheiben von 1,5 cm Dicke, schneidet den Rand ab, beträufelt sie, wenn man will, mit dem Saft von 1/2 Zitrone und legt sie in zwei runde Förmchen, die wenig größer sind als die Selleriescheiben (damit man wenig Fläche hat, über der nur Flüssigkeit steht). Man gibt die übrigen Zutaten darüber und brät im vorher auf 200° vorgeheizten Ofen etwa 20 Minuten lang. Die Sahne steigt zunächst über die Selleriescheiben hoch und verdampft dann fast vollständig bis auf 1–2 Teelöffel sämige Sauce, während sich die Oberfläche der Scheiben bräunt. Die Scheiben sollen zart sein, aber noch einen Biß haben.

Püree:

Die Sellerieknollen werden geschält und grob geteilt, mit der Fleischbrühe zum Kochen gebracht (wenn sie nicht ganz bedeckt sind, muß man sie manchmal wenden), und 20 Minuten bei mittlerer Hitze gekocht. Man fügt die grob zerzupften Semmeln, Sahne und Zucker dazu und kocht bei mittlerer Hitze noch 10 Minuten, püriert das Ganze im Mixer unter Zugabe der Butter.

Man serviert zum Beispiel mit Rostbratwürstchen und Brot.

Varianten:

Man kann die Selleriescheiben wie ein Schnitzel bei nicht zu großer Hitze einfach in der Pfanne mit Butter braten. Dabei wird die Butter am Anfang nur wenig erhitzt, und beim Wenden gibt man noch etwas Butter zu.

Das Püree wird klassischerweise als Mischung mit Kartoffelpüree (ohne Brot) hergestellt.

Vorratshaltung:

Roher Sellerie hält sich 1 Woche oder länger im Kühlschrank, wenn er gut in Folie eingepackt ist. Man schneidet immer wieder eine Scheibe ab. Das Püree kann man einfrieren und im Ofen oder Mikrowellenherd auftauen und wärmen.

Mikrowellenherd:

Sellerie in kleinen Mengen ist denkbar geeignet. Etwa für 2 Personen: 200 g Sellerie in 1 cm starken Stäbchen, 30 ml Sahne, 50 ml Milch, darüber 80 g feingewürfelter magerer Speck; 10 Minuten erhitzen. Die Flüssigkeit soll fast verdampft sein.

Püree für 3 Personen: 200 g Sellerie mit 100 g Brot pürieren, mit 200 ml Sahne, Salz, Pfeffer, Muskat 10 Minuten lang erhitzen, dabei zweimal umrühren.

Spargel, ein köstliches Ausnahme-Gemüse

Der Autor stimmt mit allen Liebhabern überein: Hervorragender, zarter Spargel wird am besten als Hauptgericht angeboten, mit Schinken und vielleicht Rührei, mit zerlassener Butter oder Vinaigrette zur Wahl, 1 Pfund pro Person. Aber dem eiligen Koch kann man das ganz sorgfältige und deshalb langwierige Schälen kaum zumuten, und geschälten und trotzdem frischen Spargel findet man nicht oft. Deshalb verwendet das Rezept rechts Spargelspitzen, die man nicht zu schälen braucht, oder dünne, nicht zu lang gekochte Scheiben, für die dasselbe gilt. Die Rezepte sind übrigens sehr geeignet für den grünen Spargel, der früher kommt als der allerdings meist delikatere blaue Spargel, der aber dafür sehr wenig holzig ist und auch noch als Salat gegessen werden kann.

Es gibt viele Spargelmenüs (bis zu 100 in einem einzigen Lokal). Man muß aber darauf achten, daß der zarte Spargelgeschmack nicht erschlagen wird. Man wählt daher eher sanfte Gerichte, und die Bestandteile sollen nicht mit den Spargeln untrennbar vermischt sein. Man kann Spargel als Vorspeise oder als Teil des Hauptganges geben. Hier zwei einfache Menüs:

20.00	Spargelspitzen	19.35	aufstellen,	19.50	Sauce machen
	Reis mit Safran	19.35	aufstellen		
20.20	Huhn gebraten in grobem Salz				
	Tomatensauce	20.00	warmmachen		
	Salat	20.18	anmachen		
20.40	Käse				
21.00	Frische Erdbeeren				

Consommé mit Nudeln
Kalbsbratwurst, Spargelspitzen, Reis mit Käse
Melone mit Portwein

Die hier nicht verwendeten Spargelteile sind hervorragend für Suppen (siehe dort). Besonders hinzuweisen ist noch auf die Möglichkeit, Huhn mit Gemüsen im Spargelsud zu kochen. Zum Schluß eine kleine Warnung: Man kann zuviel von Spargelgeschmack bekommen. In Bonn hebt schon im Mai ein leises Seufzen an, wenn Spargel aufgetragen wird, zum zuvielten Mal bei dienstlichen Essen. Am besten ist man das ganze Jahr über sparsam damit.

In diesem Kochbuch ist wenig von Schneid- und Schnitzelmaschinen die Rede, weil (das mag ein Fehler sein) der Autor keine kennt, die sowohl hübsch wie mühelos schneidet und ohne Zeitaufwand zu reinigen ist. Die einzige Ausnahme ist eine elektrische Brotschneidemaschine, die er entgegen der Absicht des Fabrikanten senkrecht an der Wand festgemacht hat, so daß die Messerscheibe waagerecht liegt und das Geschnittene direkt auf einen untergestellten Teller fällt. Das scheint ihm sehr praktisch. Reinigung ist kaum nötig.

Spargelspitzen mit Muskat-Ei-Butter-Sauce

4 Personen

500 g Spargelspitzen in Wasser mit Salz kochen. Mit 2 Eigelb, Saft von 1 Zitrone, 4 Eßlöffeln Spargelwasser, Salz, Pfeffer, 1/2 Teelöffel Muskat oder Macis bei mittlerer Hitze allmählich 150 g Butter und 50 ml Sahne verrühren, über die Spargelspitzen geben.

Man wäscht etwa 3 Pfund Spargel, die ruhig dünn sein können, schneidet die unteren 5 cm ab und kocht sie 20 Minuten in Salzwasser gut weich (man kann sie später für eine Suppe passieren). Inzwischen schneidet man das Spargelbündel mit einem großen Messer von unten her in 2 mm dicke Scheiben bis zu dem etwa 7 cm langen oberen Ende der Spargel (Spargelspitzen, die nicht mehr geschält werden müssen). Man nimmt die Spargelenden aus dem kochenden Wasser und kocht in derselben Brühe die Spargelspitzen etwa 10 Minuten, bis sie angenehm zu essen, aber noch nicht zu weich sind. Inzwischen hat man Eigelb, Zitronensaft, etwas Spargelbrühe, Salz, Pfeffer, Muskat und etwa 40 g Butter bei mittlerer Hitze unter dauerndem Rühren mit einem Spatel erwärmt, bis die Butter geschmolzen ist. Man fügt den Rest der Butter allmählich in 50-g-Stücken zu und erwärmt unter Rühren weiter, bis die Sauce fester wird. Sooft das Eigelb zu stocken beginnt, kühlt man den Boden des Pfännchens in kaltem Wasser ab. Zum Schluß gibt man die Sahne zu. Die Sauce soll weniger fest sein als eine holländische Sauce. Auf keinen Fall darf das Eigelb zu fest werden. In einer gewärmten Schüssel richtet man die Spargelspitzen sternförmig an und gibt die Sauce in die Mitte.
Die dünnen Scheiben werden für ein anderes, chinesisch inspiriertes Rezept verwendet: Die Scheiben werden mit Fleischbrühe bedeckt, etwa 3 Minuten gekocht und mit etwas Sojasauce und 10 g Butter pro Person abgeschmeckt.

Vorratshaltung:

Man wird nicht oft hervorragend zarten und wohlschmeckenden Spargel bekommen. Man wird deshalb davon nehmen, soviel man kann. Er ist immer besser als zweitklassiger frischer. Alle Bestandteile der obigen Rezepte lassen sich später verwenden. Vor allem an der Brühe wird man das ganze Jahr Freude haben. In der

Tiefkühltruhe lagert man getrennt die (eventuell schon passierten) Spargelenden, die sehr kurz gekochten Spargelscheiben, die Spargelbrühe und eventuell einen Teil der Spargelspitzen (sie schmecken frisch besser). Auch die Sauce kann man (in möglichst dünner Schicht) einfrieren und später ohne großen Qualitätsverlust auf das sonst fertige Gericht geben.

Spinat: mit Alternative

Wer glaubt, man könne so kochen, daß es jedem schmeckt, wird bei Spinat eine Niederlage erleben. Es gibt Menschen, die mögen Spinat einfach nicht. Wahrscheinlich hat das einen echt physiologischen Grund. Ich erinnere mich an einen Vortrag des großen Chemikers Richard Kuhn, der eine bestimmte Substanz (nicht Spinat) an sich und seiner zahlreichen Familie ausprobierte: Die einen fanden sie intensiv bitter, die anderen wohlschmeckend. Ein mir sehr liebes Kind hat sich an den strengen Eltern, die es mit dem ungeliebten Spinat allein sitzen ließen, bis er aufgegessen war, in seiner Verzweiflung gerächt, indem es den Spinat in die Ritze zwischen der Biedermeierkommode und der schönen Tapete schüttete. Ich selbst bin, wie hoffentlich viele, ein leidenschaftlicher Liebhaber von Spinat. Es kommt allerdings noch mehr als sonst auf die Zubereitung an, deshalb werden rechts einfache Vorschriften ausführlich dargestellt.

Wenn Sie also Spinat geben, lassen Sie denen, die ihn nicht mögen, eine Alternative, also noch ein Gemüse, oder frischen Salat, oder wenigstens große Mengen der im gleichen Gang gereichten Speisen.

Spinat mit seinem starken Geschmack paßt zu Sanftem, das sonst eine Spur langweilig wäre: zu Eiern, Kalbfleisch, nicht zu feinem Fisch, auch noch Rindsfilet. Spinat mag auch kräftige Saucen: Tomatensauce, Kapernsauce, Käsesauce und, hinreißend delikat, Sauce Béarnaise. Es ist oft gut, Spinat vom Fleischgericht etwas abzusetzen, ihn also wie die Franzosen etwas nachher zu geben.

Ein typisches Menü:

20.00	Geflügelsuppe	19.50	heißmachen		
20.25	Filet Châteaubriand	19.55	aufstellen,	20.10	wenden
	Sauce béarnaise	20.15	herstellen		
	Schloßkartoffeln	19.50	aufstellen,	20.11	wenden
	Blattspinat	20.19	herstellen		
	Grüner Salat	20.23	anmachen		
20.50	Käse				
21.15	Vanilleeis mit heißen Schattenmorellen	21.05	heißmachen		

Ob Spinat blanchiert, also kurz in viel Wasser abgekocht werden soll, ist strittig. Er ist dann weniger bitter, aber die Nährstoffe sind zumeist weg. Ähnlich ist es bei anderen Gemüsen. Man blanchiert heute viel weniger als früher. Aber bei Spinat müssen Sie selbst durch Probieren entscheiden.

Eindampfen:

In vielen Kochbüchern wird dauernd eingedampft, damit der Geschmack von Flüssigkeiten konzentriert wird. Ich vermeide es, wo ich kann. Wenn aber doch, dann verwende ich eine große Pfanne (die entstehende Dampfmenge ist proportional der Oberfläche), und ich arbeite mit nicht zu großen Mengen bei großer Hitze unter starkem Rühren, damit die heißesten Teile rasch an die Oberfläche kommen. So wird unnötige Verweilzeit der Speisen bei 100° vermieden.

Muskat ist ein Gewürz, das bei vielen Gerichten, etwa bei Kartoffelpüree, in geringen Mengen (etwa $^{1}/_{10}$ der Salzmenge) zugegeben wird. Bei einigen, vor allem Rosenkohl, soll es stark herausschmecken. Auch bei Spinat kann man sich mehr als sonst leisten. Ich verwende nur frisch geriebene Muskatnuß.

Spinat

4–6 Personen
500 g Blattspinat, blanchiert oder nicht, mit 40 g Butter kurz dämpfen, 30 ml Sahne, Salz, Pfeffer, Muskat oder: passieren, eindampfen, 40 g Butter, 50 g Bechamel, 80 ml Sahne, Salz, Pfeffer, Muskat.
***Käsesauce:* 20 g Butter, 5 g Mehl erhitzen, und mit 400 ml Milch, 100 ml Sahne ablöschen, Salz, Pfeffer, Muskat, 10 Minuten kochen, 100 g geriebenen Käse (halb Gruyère, halb Parmesan) einrühren, 10 g Butter.**

Spinat, wenn nötig, gut waschen; wenn man ihn blanchieren will, in 3 l stark kochendes Wasser geben, und zwar nacheinander in etwa 4 Portionen. Jeweils gut untertauchen und sofort mit dem Schaumlöffel herausnehmen auf ein großes Sieb. Gut abtropfen lassen (den frischen Spinat eventuell mit der Salatschleuder trocknen).

Blattspinat:
In einem flachen Topf oder einer großen Pfanne die Hälfte der Butter (oder stattdessen Öl) heißmachen, den Spinat auf sehr großem Feuer unter dauerndem Umwenden etwa 3 Minuten lang trocknen lassen, Salz, Pfeffer, Muskat, den Rest der Butter und Sahne zugeben. Möglichst sofort servieren.

Pürierter Spinat:
Den wie oben blanchierten (oder frischen) Spinat pürieren (mit der Fleischhackmaschine oder, weniger gut, mit der Messermühle) oder (am besten) auf dem großen Holzbrett mit zwei großen Messern kleinhacken. Oder tiefgekühlten pürierten Spinat auf dem Sieb auftauen, abtropfen lassen. Mit der Hälfte der Butter (oder stattdessen Öl) auf großem Feuer unter starkem Rühren 3 Minuten lang trocknen, Bechamel, Sahne, Salz, Pfeffer, Muskat zufügen, noch einmal durchrühren; den Rest der Butter zum Schluß.

Käsesauce:
Die Butter und das Mehl erhitzen, bis es schäumt, dann 400 ml Milch auf einmal zugießen, Salz, Pfeffer, Muskat, aufkochen lassen und sanft, unter öfterem Rühren, 10 Minuten oder mehr kochen. Gegen Schluß die Sahne zugeben und noch einmal aufkochen. Vom Feuer nehmen; den geriebenen Käse auf einmal zugeben, unterrühren, noch 10 g Butter dazu.

Vorratshaltung, Gefriertruhe:
Spinat gehört zu meinen Vorräten in der Tiefkühltruhe. Reste friere ich in dünner Schicht ein und verwende sie für Spinatauflauf, Spinatsoufflé oder Spinatküchle (S. 153).

Mikrowellenherd:
Blanchierter Spinat läßt sich sehr gut verarbeiten: Alle Zutaten außer der Hälfte der Butter mischen, in einem Gefäß mit großer Oberfläche 10 Minuten kochen, dabei dreimal umrühren, Rest der Butter zufügen. Beim Kochen und Eindampfen deckt man das Gefäß am besten mit Küchenkrepp ab, damit nichts herausspritzt.

Gemüseaufläufe

Man kann nicht immer gleich ein Soufflé machen, auch nicht in der amerikanischen Version (mit Rahmkäse vgl. S. 43). Aufläufe haben auch Vorteile: Sie sind mehr substantiell, weil weniger Eiweiß verwendet wird; dadurch kommt der Geschmack der Hauptmasse besser heraus; sie sind leicht und schnell herzustellen und überhaupt nicht heikel. Man kann sie (mit schwachen Bedenken) einige Stunden vorher machen und, wenn die Gäste da sind, in den Ofen stellen.

Andererseits muß man bedenken, daß wohl viele Mütter solches gewußt haben; durch eine Überzahl von oft nicht sehr gelungenen Aufläufen haben sie den Kindern im zarten Alter eine lang anhaltende Abneigung gegen Aufläufe eingeflößt. Kurz: Es gibt viele, die Aufläufe eigentlich nicht mögen. Also Vorsicht: Ein Auflauf mit Salat und einer Scheibe Schinken ist eine schöne kleine Speise für zwei Personen oder für vertraute Freunde. Aber bitte nicht zu oft, und nur sehr gute Aufläufe wie der rechts beschriebene! Als Teil eines Menüs sind Aufläufe zu empfehlen, wenn es noch ein Gemüse gibt. Man kann sie auch mit Vorteil ein wenig absetzen, entweder sie als Vorspeise mit grünem Salat geben (dann nicht viel!) oder am Ende des Fleischgangs.

Sehr schön sind Aufläufe als Teil eines warmen Buffets für 12 oder mehr Personen. Da kann jeder unter der größeren Auswahl selbst aussuchen, und wer dann das beste, den Auflauf, verachtet, ist selbst schuld. Hier ein Menü für ein warmes Buffet:

Fleischbrühe mit Eierflocken
Roastbeef
Gratin dauphinois
Spinatauflauf
Auberginen mit Tomaten
Chicoree gedämpft
Zwiebeln gedämpft mit Petersilie
Zwetschgenkuchen mit oder ohne Schlagsahne

Zur Vorratshaltung in der Tiefkühltruhe: Bei dem Rezept rechts kann man mehrfache Arbeit sparen, wenn man die Gemüsepürees, schon gedämpft, aber vor der Zugabe von Käse, Sahne und Eiern, in größerer Menge herstellt und tiefkühlt. Mit den wieder aufgetauten Massen kann man dann einen Auflauf ohne Qualitätsverlust und rasch, z. B. nach Ankunft der Gäste, fertigmachen.

Kommerzielle Anbieter tiefgefrorener Gerichte können sich nicht leisten, von den Hausfrauen wesentliche Zusatzarbeit zu erwarten. Hier hat der Selbst-Einfrierer einen großen Vorteil, den es voll auszunützen gilt.

Tiefgekühlter oder frischer Spinat: Ich selbst verwende beides; ich meine, daß bei Gerichten, wo der Spinat nicht allein den Geschmack bestimmt, der Unterschied kaum merklich ist. Und die Arbeitsersparnis ist groß.

Spinatauflauf

6–8 Personen
800 g Spinat, 100 g Champignons pürieren, mit 50 g Schinken, in 30 g Butter erhitzt, aufkochen und eindampfen, dazu 200 ml Sahne, 100 g Brötchen und 70 g Käse, 8 ganze Eier, Salz, Pfeffer, viel Muskat. In flacher gebutterter (30 g Butter) Form bei 220 ° 30 Minuten backen.

In der Messermühle Käse reiben, beiseitestellen, ebenso frisches Brot und den Schinken. Schinken mit Butter (oder halb Öl, halb Butter) erhitzen, inzwischen frischen Spinat, gewaschen, zur Hälfte auf dem großen Brett mit 2 Messern kleinschneiden, zur anderen Hälfte pürieren, Champignons, grob geputzt und gewaschen, ebenfalls pürieren, alles zum Schinken geben und bei großem Feuer rühren, bis viel von der Flüssigkeit verdampft ist. Dann abseits des Feuers Käse einrühren, Sahne, Salz, Pfeffer, Muskat, zum Schluß die Eier je 2 und 2. In eine gut gebutterte flache große Form (etwa oval 30 cm) bis höchstens 1 cm vom Rand einfüllen; bei 220 ° etwa 30 Minuten backen, bis die Masse aufgeht; dann noch etwa 5 Minuten weiterbacken; sie soll oben braun werden.
Man kann auch gefrorenen pürierten Spinat verwenden. Einige Stunden auf einem Durchschlag (Metallsieb mit großen Löchern) auftauen lassen. Man kann auch den gefrorenen Spinat unter dauerndem Rühren erhitzen, während gleichzeitig die austretende Flüssigkeit verdampft.

Varianten:

a) Spinatküchlein. In einer großen Pfanne läßt man halb Butter, halb Öl (etwa je 5 g pro Küchlein) heißwerden, so daß die Butter halb geschmolzen ist, setzt je 2 gehäufte Eßlöffel der Masse in die Pfanne und brät bei eher kleiner Hitze 5 Minuten. Etwas Butter nachgeben, wenden, noch einmal 5 Minuten braten. Die Butter soll ein wenig in die Küchlein einziehen. Man erreicht eine sanfte Bräunung mit einer sehr delikat schmeckenden Kruste.
b) Die Zutaten Champignons, Schinken, Käse sind üppig bemessen. Man kann das Rezept variieren, indem man eine oder mehrere davon wegläßt. Man kann auch mit Ingwer statt mit Muskat würzen. Die Sahnemenge kann man verringern.

Saucen richten sich nach den anderen Speisen. Käsesauce (S. 151), Kapernsauce (S. 65), Tomatensauce (S. 159). Sehr vornehm: Sauce béarnaise (S. 103).

Reste:

Auflauf und Küchlein schmecken auch lauwarm oder kalt. In Scheiben schneiden, mit Bratkartoffeln und Salat; oder auf Toast mit Sauce und mit Rührei; auch als Suppeneinlage.

Tiefkühltruhe: siehe links; auch **Vorratshaltung.**

Mikrowellenherd:

Sehr günstig für den ersten Teil des Rezepts. Für 1/4 der oben angegebenen Mengen: Schinken in Butter 4 Minuten erhitzen, Spinat und Champignonpüree, sowie die Hälfte der Sahne zugeben, 12 Minuten erhitzen, dabei mit Küchenkrepp zudecken und zweimal rühren. Dann weiter ohne Mikrowellen wie oben.
Das große Menü links ist geeignet für Mikrowellenselbstbedienung: Man läßt alle Speisen rasch kalt werden und serviert sie als Buffet. Die Gäste nehmen sich das Gewünschte, und jeder Teller wird, je nach Menge, 2 bis 4 Minuten erhitzt. Nicht kochen, die Temperatur soll etwa 60 ° sein. Man muß die Teller ein- oder zweimal drehen.

Tomaten: vielseitig und einmalig

Tomaten sind in mehrfacher Hinsicht bemerkenswert. Man kann sie roh verwenden, kurz oder lang gekocht, und dabei schmecken sie immer anders, immer gut. Ihr Geschmack ist einmalig, die leichte Säure ist charakteristisch, die Farbe hilft, das Besondere hervorzuheben. Wichtig ist auch der hohe Flüssigkeitsgehalt. Dadurch werden bei vielen Speisen Saucen unnötig. Tomaten sind sehr gut zu dunklem Fleisch, Steak oder Lamm, weil sie seinen starken Geschmack gut ergänzen. Sie sind verträglich mit vielen Gewürzen: Knoblauch, Zwiebeln, Petersilie, Thymian, Rosmarin, Sariette, Basilikum (möglichst nur eines oder zwei auf einmal). Sie haben gern Fett, sowohl Öl wie Butter.

Tomaten vertragen sich gut mit Eiern (Rührei, Omelett), mit Toast und Käse und vor allem mit Gemüsen wie Auberginen, Zucchini, Gurken, und mit Teigwaren, Reis oder Mais, vor allem zusammen mit Fleisch oder Käse.

Man sollte aber daran denken, daß die Begeisterung für Tomaten nicht von allen geteilt wird. Es gibt auch bei manchen Diätprobleme. Ich vermeide deshalb Tomaten als Hauptbestandteil eines Gerichts, wenn ich nicht Alternativen anbiete.

Hier ist als Beispiel ein Essen für besondere Gelegenheiten, ein wenig gesucht, aber sehr wohlschmeckend. Es ist eines von den Menüs, wo man sich hüten muß, zuviel anzubieten: Suppe nur einmal, ein kleiner Löffel Gratin, Bohnen, eine Tomate, die Béarnaise mit dem Kaffeelöffel, aber reichlich Brunnenkresse, und wer will, nimmt nach.

20.00	Artischockensuppe	19.50	heißmachen,	19.55	Ei und Sahne
20.20	Lammcarré	19.40	in Ofen,	19.58	wenden
	Sauce béarnaise	20.10	herstellen		
	Kleine grüne Bohnen	19.57	aufstellen,	20.15	Butter zugeben
	Gedämpfte Tomaten	20.14	in den Ofen		
	Gratin dauphinois	19.38	in den Ofen		
	Brunnenkresse				
20.40	Käse				
21.00	Gefüllte Melone				

Bei Tomaten muß man darauf achten, daß es sehr große Geschmacks- und Qualitätsunterschiede gibt und daß man nicht zu jeder Jahreszeit gute und im Preis erschwingliche Ware kaufen kann. Ich meine, daß man sich deshalb erstens mit seinem Händler verbünden soll (er weiß meistens, was gut ist) und daß man zweitens für einen Teil des Jahres auf Tomaten verzichten soll. Es gibt noch mehr Gemüse.

Ich gestehe, daß ich selbst weder Tomaten in Dosen noch konzentriertes Tomatenmark verwende. Im ersten Fall finde ich die Konsistenz zu weich und die Flüssigkeit zuviel; im zweiten stört mich der meist alles überziehende Farbstoff und meist auch der Geschmack. Aber vielleicht gibt es gute Ware, die ich nicht kenne.

Was Tomatenrezepte betrifft, so möchte ich hier besonders auf die italienische Küche aufmerksam machen, die gerade bei Tomaten Ausgezeichnetes anzubieten hat.

Tomaten

1) 2 kleine Tomaten pro Person schälen, mit 1 Teelöffel Butter, Salz, Pfeffer, Rosmarin bei 220° 10 Minuten backen.
2) 1 größere Tomate pro Person halbieren, ausdrücken, mit denselben Zutaten ebenso behandeln wie 1).
3) Die Tomaten nach 2) füllen mit 80 g Champignons pro Person, kleingeschnitten, in 10 g Butter pro Person bis zur leichten Bräunung erhitzt, dazu Salz, Pfeffer, 1/4 Tomate nach 2) gewürfelt, Salz, Pfeffer, 1 Eigelb für 2 Personen; darüber wenig Weckmehl und 1/2 Teelöffel Butter wie oben, 10 Minuten bei 220° backen, zum Schluß unter dem Grill bräunen.

1) Schöne eigroße Tomaten, möglichst alle gleichgroß, auswählen, den Stielansatz herausschneiden; inzwischen Wasser in einem kleinen Topf zu lebhaftem Kochen bringen, die Tomaten zu dreien oder vieren nur 10 Sekunden lang hineingeben, damit beim Schälen die Haut von selbst abgeht. Die Tomaten kreuzweise einschneiden, in jede etwas Butter stecken, in gebutterte Form geben, darüber Salz, Pfeffer, etwa 20 Nadeln frischen Rosmarin pro Tomate. Im Ofen bei 220° backen, bis die Tomaten gerade anfangen zusammenzufallen. In der Backform sehr heiß servieren.
Bei einem Braten kann man die Tomaten die letzten 10 Minuten in die Bratpfanne zugeben.

2) Etwa pfirsichgroße Tomaten wie oben schälen, quer in der Mitte durchschneiden und die Kerne herausdrücken. Dann mit der Schnittfläche nach unten in eine gebutterte Form geben und wie oben backen, dabei nach der halben Zeit mit der Butter bestreichen.

3) Die Tomaten nach 2) vor dem Backen mit der gewölbten Seite nach unten in gebutterte Form legen. In einer Pfanne die Butter erhitzen, die geputzten, grob zerkleinerten Champignons zugeben und bei starker Hitze umrühren, bis das Schäumen aufhört, die gewürfelten Tomaten, Salz, Pfeffer zugeben und noch einmal heißwerden lassen. Vom Feuer nehmen und das Eigelb, 1 Eigelb für 2 Personen, einrühren. Mit einem Löffel die Tomaten gehäuft füllen, darüber eine dünne Schicht frisch in der Messermühle hergestelltes Weckmehl und etwas Butter. Im Ofen mit Oberhitze bei 220° 10 bis 15 Minuten backen. Eventuell zum Schluß 3 Minuten lang grillen. Das Weckmehl mit der Butter soll schwach gebräunt sein.

Vorratshaltung:

Am besten kauft man Tomaten für mehrere Tage und schält bei der ersten Gelegenheit alle, die nicht für Suppe vorgesehen sind. Sie halten sich in geschlossenen Plastiktüten im Kühlschrank ebenso gut wie ungeschälte. Man kann sie auch nach dem Erhitzen ungeschält lagern.

Reste

verwende ich für Suppe (S. 45), Sauce (S. 159). Diese alle sind für die Tiefkühltruhe geeignet, möglichst in dünnen Tafeln, von denen man abbrechen kann.

Mikrowellenherd

kann gut sein für kleine Portionen, auch für gefüllte Tomaten (in diesem Fall ohne Weckmehl). Nur so lange erhitzen, bis Kochen eintritt (bei 2 Tomaten etwa 2 Minuten).

Kraut: viel besser, als man weiß

Dem mittleren Restaurantbesucher in Deutschland ist die Lust, Kraut zu bestellen, wahrscheinlich ausgetrieben worden. Er bekommt viel zu viel Kraut, zu lang gekocht und praktisch ohne Fett, offenbar ein Relikt aus der Zeit, als man sich mit Kartoffeln und billigem Gemüse sättigen mußte. Bei uns in der Familie begann die neue Wertschätzung von Kraut mit einem riesigen gefüllten Krautkopf. Er wurde über 2 Stunden ganz langsam zum Kochen gebracht, dann wurden die Blätter einzeln zurückgeschlagen; die Mitte wurde mit einer Fleischfülle mit viel Petersilie verarbeitet, mit Rotwein, und dann wurde der Krautkopf wieder hergestellt, indem die Blätter lagenweise zurückgebogen und die Fleischfülle dazwischen praktiziert wurde. Dann wurde der Krautkopf auf einem Bett von Karotten und Zwiebeln mit einer laufend ergänzten kleinen Menge Wasser im Ofen bei 170 ° zugedeckt 90 Minuten gebacken.
Der gefüllte Krautkopf war mein Gewinner bei einem privaten Wettbewerb in den fünfziger Jahren: ein Essen für 6 Personen für insgesamt nicht mehr als DM 10.– Kosten für die Materialien. Ich brauchte DM 10.60, die Konkurrenten für andere Menüs viel mehr.
Kraut wird immer der bürgerlichen Küche angehören; der Leser ist aufgefordert zu prüfen, ob es nicht wirklich eine Zierde für diese bedeutet.
Ich gebe das damalige Menü trotz gewisser Bedenken (die Ochsenschwanzsuppe braucht 5 bis 8 Stunden), nachdem ich den gefüllten Krautkopf durch den weniger Arbeit machenden Krautauflauf ersetzt habe:

19.00	Ochsenschwanzsuppe	18.50	wärmen, Butter und Sherry zugeben
19.25	Krautauflauf mit Hackfleisch	18.45	in Ofen
	Kartoffelpüree	18.55	Kartoffeln kochen, 19.15 herstellen
	Grüner Salat	19.23	anmachen
19.50	Bayerische Creme von Orangen		

Was macht Kraut gut? Da ist zunächst die Konsistenz und die Flüssigkeitsmenge. Beim gedämpften Kraut soll nichts hart, aber auch nichts matschig sein, und die Flüssigkeitsmenge soll sich bis auf einen geringen Betrag verringert haben, so daß das ganze Aroma im Kraut ist. Dann muß man berücksichtigen, daß Kraut mit Fett, insbesondere mit Butter, sehr gut schmeckt. Man braucht mit der Fettmenge nicht immer so weit zu gehen wie bei dem zweiten Rezept, aber wer dieses probiert, wird seine Zweifel begraben. Schließlich hat Kraut eine Affinität zu Milch oder Sahne; das ist offenbar zu wenig bekannt (Rezept 3).
Natürlich muß man von einem fetten Gericht viel weniger geben. Man soll auch bei den Beilagen darauf Rücksicht nehmen.
Vielleicht gilt überhaupt für billige Nahrungsmittel, auch und vor allem für Kartoffeln und sicher auch für Kraut, ein wichtiger Satz: Wenn man sie in Rezepten und in Menüs so behandelt, wie wenn sie selten und teuer wären, dann werden sie besonders gut.
Noch ein Wort zu den Mengen. Gerade bei Gemüsen ist das schwer zu sagen, denn es kommt sehr auf das Hauptgericht an. Wenn man zwei Gemüse gibt, dann ist 150 g (etwa so schwer wie 3 mittelgroße Eier) sicher reichlich, wenn die Gemüse nur Beilagen sind. Wenn ich natürlich Krautauflauf als Hauptgericht mache, nur mit Salat, dann muß ich 500 g pro Person rechnen. Meistens kaufe ich 300 g pro Person. Übriges Gemüse kann fast immer leicht, mindestens in Suppen, weiterverwendet werden.

Weinkraut; Krautaufläufe

8 Personen:

1) 1,5 kg Weißkraut mit 1/4 l Weißwein, 40 g Butter, Salz 1 1/2 Stunden im Ofen bei 180 ° dämpfen; gegen Schluß 60 g Butter, Pfeffer zugeben.

6 Personen:

2) Außenblätter von 1 kg Weißkraut 40 Minuten kochen, Rest kleinschneiden, mit 150 g Butter, 50 g Weißbrot, 4 Eiern, Salz, Pfeffer, 1/8 l Wein mischen, alles in Auflaufform 60 Minuten bei 200 ° backen.

6 Personen:

3) 1 kg Weißkraut, Blätter wie 2). Fülle mit gehacktem Kraut wie 2), 500 g Hackfleisch, 50 g Weißbrot, 4 Eiern, 70 g Butter, Salz, Pfeffer, mit den Blättern und 150 ml Milch 40 Minuten bei 200 ° backen.

1) Ein junger, zarter Kopf von Weißkraut (glatte Blätter) oder von Wirsing (gekräuselte Blätter) wird geviertelt. Man schneidet den Strunk heraus und schneidet das Kraut in 5 mm breite Streifen, die man anschließend ganz grob verkürzt. In einem großen Topf bringt man den Wein zum Kochen, fügt das Kraut dazu, mit Salz, und kocht zugedeckt, bis der Deckel heiß wird. Dann kocht man zugedeckt im Ofen weiter. Nach etwa 1 1/4 Stunden gibt man die Butter in kleinen Flöckchen darüber, Pfeffer, und verringert die Hitze auf 160 °. Man gibt das Kraut mit einem Schöpflöffel in die Servierschüssel und verteilt die geringe Menge Flüssigkeit, die noch übrig ist, gleichmäßig darüber.

2) Von einem Kohlkopf wie 1) löst man die äußeren Blätter (etwa 1/4 des gesamten Gewichts), notfalls indem man den Kohlkopf halbiert oder viertelt; die dicken Rippen schneidet man heraus. Vom Rest des Kohlkopfs schneidet man den Strunk heraus und schneidet den Kohl in 2-mm-Streifen, die man auf dem großen Holzbrett noch grob weiter zerkleinert. Man kocht den Wein kurz auf (damit der Alkohol verkocht), mischt alle Bestandteile der Fülle, füllt eine Auflaufform mit der Hälfte der Blätter, gibt die Fülle darüber, bedeckt mit den restlichen Blättern (die Form soll groß genug sein, daß die Blätter höchstens doppelt übereinander liegen). Beim Backen achtet man darauf, die Form zuzudecken, wenn die oberen Blätter sich bräunen.

3) Die Herstellung ist fast gleich wie bei 2). Man legt in die Auflaufform aber immer nur 1 Schicht Blätter, darüber eine dünne Schicht Fülle usw., zum Schluß Blätter. Zum Schluß gießt man so viel Milch in die Form, daß sie bis zu 3/4 der Höhe des Auflaufs steht.

Varianten:

Bei 2) und 3) kann man eine Schicht Weckmehl und 30 g Butter in Flöckchen auf die Oberfläche geben.

Wenn Weißkraut etwa zu Fasan gegeben wird, kann man dem Kraut gegen Schluß Beeren von Weintrauben zugeben, möglichst solche mit kleinen Kernen und dünner Haut.

Vorratshaltung:

Weißkraut hält sich lang im Kühlschrank in Plastikfolie. Reste lassen sich gut einfrieren und gut aufwärmen (das berühmte aufgewärmte Kraut).

Mikrowellenherd ist hervorragend für das gedämpfte Kraut 1). Für 1/2 kg Kraut (3 Personen) genügen 20 Minuten für ein ganz zartes Gericht. Besonders gut ist auch Kraut mit Sahne und Schinken: 200 g Kraut und 50 g Schinken gehackt, 70 ml Sahne, Salz, Pfeffer 10–15 Minuten zugedeckt in einer großen Schale erhitzt.

Ein Gemüse für häufigen Gebrauch

Zucchini sind anspruchslos, halten sich im Eisschrank relativ gut und brauchen wenig Vorbereitung. Sie schmecken nicht nach viel, aber angenehm, und sie betonen den Geschmack von Gewürzen oder Beimengungen. Man kann sich deshalb viele Kombinationen ausdenken, vor allem mit Tomaten, mit Fleisch, Schinken, Brot, Käse. Sie haben gern Fett, Öl, Butter oder Sahne. Man muß immer darauf achten, daß der Eigengeschmack nicht ganz untergeht. Zucchini allein sind gut in wenig Fleischbrühe und Butter gedämpft, mit Estragon.

In vielen Rezepten kann man statt Auberginen auch Zucchini nehmen. Wo das Rezept „gefüllt" sagt, legt man einfach eine Schicht wenig gedämpfter Zucchinischeiben in eine gebutterte Form und darüber in einer Schicht die Fülle.

Als Menü nehmen wir eine improvisierte Mahlzeit für 4 Personen, die sich mit den normalen Vorräten von Kühlschrank (dazu gehören in der Saison auch Zucchini) und Kühltruhe ohne Mühe verwirklichen läßt. Statt der Champignons à la grecque könnte auch eine andere saure Vorspeise im Kühlschrank zu finden sein.

Salami und Champignons à la grecque
Klare Fleischbrühe
Zucchini Pauvre homme
(Tomatensauce)
Grüner Salat
Vanilleeis mit Cognacfrüchten

Dies erfordert etwa 15 Minuten Arbeit in der Küche bis zum Beginn des Essens, etwa nach folgendem Zeitplan:

19.00 Ankunft der Gäste. Beschluß beim Cocktail, zum Essen nicht auszugehen.
19.30 Fleischbrühe und Tomatensauce aus der Kühltruhe nehmen. Backofen anstellen, Wasser für Zucchini aufstellen.
19.31 Ochsenfleisch aus Kühlschrank kleinschneiden. Form mit Butter erwärmen. Tomatensauce bei mittlerem Feuer oder besser im Mikrowellenherd auftauen und erwärmen (öfters rühren bis 19.45).
19.34 Ochsenfleisch in den Ofen; Zucchini schneiden, 8 Minuten kochen. Auf ein Tablett Salami, Champignons, Teller, Gläser, Besteck, Servietten, Wein zusammenstellen. Salat waschen, schleudern. Salatsauce aus dem Kühlschrank nehmen. Ei-Sahne-Mischung herstellen.
19.42 Zucchini abtropfen, in Ei-Sahne-Mischung geben.
19.44 Zum Ochsenfleisch geben, in den Ofen.
19.45 Mit dem Tablett ins Eßzimmer. Die Gäste helfen auflegen. Einer übernimmt den Wein. Beginn des Essens. Der Salat wird später am Tisch angemacht. Das Eis wird nach der Suppe aus der Kühltruhe genommen.

Hier ist ein Beispiel, daß die Dicke von Scheiben wichtig sein kann. Nicht zu weich gekochte Zucchini muß man dünn schneiden (2–3 mm), damit sie den Geschmack der Umgebung aufnehmen. Im Fett gebackene dürfen dicker sein (8 mm), weil sie weicher (glasig) sind und das eingedrungene Fett den Geschmack bestimmt.

Zucchini (Courgettes) Pauvre homme

4 Personen
als Beilage: 6 Personen
350 g gekochtes Rindfleisch mit 50 g Butter in flacher Form 10 Minuten im Backofen bei 220°, dazu Saft von 1/4 Zitrone. 300 g Zucchini in 3-mm-Scheiben 8 Minuten in wenig Wasser kochen, abtropfen. 4 geschlagene Eier, Salz, Pfeffer, Muskat, mit 100 ml Sahne, 100 ml saurer Sahne, 125 g geriebenem Käse verrühren, Zucchini darunter. Im Ofen 15 Minuten bei 200° backen.

Gekochtes Rindfleisch wird sorgfältig von Fett und Knorpeln befreit und in kleine, 2 mm starke Scheiben geschnitten. In einer flachen Form (25 cm) werden 50 g Butter zerlassen, das Fleisch darüber verteilt und im auf 220° vorgeheizten Ofen 10 Minuten unter einmaligem Wenden gebacken. Zum Schluß kommt der Saft von 1/4 Zitrone darüber. 300 g Zucchini werden kurz gewaschen, in 3-mm-Scheiben geschnitten und in kochendem Salzwasser, gerade bedeckt, 8 Minuten gekocht. Sie sollen weich, aber nicht glasig sein. 4 Eier werden leicht geschlagen und mit 100 ml Sahne, 100 ml saurer Sahne, Salz, Pfeffer, reichlich Muskat verrührt und zum Schluß mit 125 g geriebenem Käse (halb Gruyère, halb Parmesan) vermischt. Die gut abgetropften Zucchini werden leicht untergerührt, und die ganze Masse wird auf das Fleisch gegossen. Das Gericht wird bei 200° etwa 15 Minuten lang gebacken, bis es aufgegangen und ein wenig braun geworden ist.

Varianten:

Statt Muskat frische Estragonblätter (3 Eßlöffel). Statt Muskat wenig mittelscharfes Paprikapulver oder frischer roter Paprika in kleinen Würfeln.
Mehr Flüssigkeit (bis zum 1 1/2fachen): Milch statt eines Teils der Sahne, oder nur saure Sahne.

Fakultativ:

Tomatensauce. In einem flachen Topf 2 Eßlöffel Olivenöl, 2 kg sehr reife Tomaten (Stielansatz herausschneiden), mit der Hand leicht zerdrückt, Salz, je 1/4 Teelöffel Thymian und Bohnenkraut (Sariette) bei mäßigem Feuer 1 bis 4 Stunden lang zugedeckt kochen und dann durch ein feines Sieb passieren. Die Sauce soll wie ein feines Mus aussehen und keine Flüssigkeit absondern. Mit der Kochzeit verändern sich Farbe und Geschmack, von eher frisch bis fast braun und sämig. Zu dem obigen Rezept paßt eher die kurze Kochzeit, zu Gerichten wie Spinatauflauf eher die lange.
„Un vrai régal pour l'amateur", eine wahre Freude für den Liebhaber, sagt zu dieser Sauce eines meiner besten Kochbücher.
Das Zudecken bewirkt hier nicht, daß keine Flüssigkeit verdampft (die zugeführte Wärme *muß* zum Verdampfen führen), sondern daß über der ganzen Sauce eine Atmosphäre von Dampf mit ganz wenig Luft erhalten bleibt.

Reste des Auflaufs kann man in 2 cm dicke Scheiben schneiden und in der Pfanne mit Butter ganz sanft, zum Teil zugedeckt, anrösten. Man legt sie auf die Schnittstellen und dreht sie einmal um; vorher kann man sie ganz leicht mit Käse bestreuen.

Tiefkühltruhe:

Die genannten Scheiben halten sich mehrere Monate. Man kann sie im Backofen bei 180° auftauen und gleichzeitig den oben beschriebenen Röstvorgang vornehmen. Für die Sauce ist Tiefkühlen bestens geeignet. Wegen des Öls wird sie nicht zu fest. Man schneidet einfach Scheiben ab.

Zwiebeln: Sorgfalt und Butter

Wir haben schon gesagt, daß der Gastgeber das Recht hat, seinen Gast mit einem Teil seiner Gerichte zu überraschen. Zwiebeln als eigenes Gericht oder als Beilage sind heute sicher eine Überraschung; man findet sie fast nie auch in guten Restaurants. Aber wir müssen daran erinnern, daß bei Tisch nur angenehme Überraschungen erlaubt sind. Dazu gehören sicher nicht Zwiebeln, die angebrannt und bitter sind (jede starke Bräunung ist verboten), Zwiebeln, die zu weich und schmierig sind, und Zwiebeln, die im Inneren einen halbgaren und halbbitteren Geschmack haben. Zu guten Zwiebeln gehört Butter (oder auch Sahne), die, nicht zu stark erhitzt, ins Innere eingedrungen ist, und noch mehr als bei anderen Gemüsen eine Harmonie der Gewürze Salz, Pfeffer, Muskat. Eine kleine Zugabe von Zucker kann den natürlichen Geschmack der Zwiebeln noch unterstützen.

Gut gekocht oder nicht, manche Leute weigern sich, Zwiebeln zu essen, ja es gibt welche, die davon nervöse Krankheitszustände bekommen. Ich glaube zwar, daß dies nur bei schlecht gebräunten Zwiebeln der Fall ist, aber ich würde nicht versuchen, jemanden, der anders denkt, zu überzeugen. Deshalb muß man immer neben Zwiebeln eine andere Wahlmöglichkeit anbieten. Im übrigen ergänzen Zwiebeln sanft schmeckendes Fleisch, Kalb oder Huhn. Als eine von mehreren Beilagen kann man sie aber durchaus auch zu braunem Fleisch, Steak oder Hammel anbieten. Mit Fleisch „gefüllte" Zwiebeln können auch ein Hauptbestandteil einer kleinen Mahlzeit sein. Etwa:

12.00	Gemüsesuppe mit Sahne	11.50	wärmen, 11.55 Sahne zugeben
12.20	Zwiebeln mit Hackfleisch	11.30	in Ofen
	Gefüllte Auberginen	11.49	in Ofen
	Tomaten mit Rührei	12.10	Rührei herstellen
	Grüner Salat	12.18	anmachen
12.40	Käse		
13.00	Kirschkompott		

Wir glauben, daß der Fortschritt der heutigen Küche zu einem großen Teil auf der stärkeren Betonung und sorgfältigeren Zubereitung von Gemüsen beruht. Man muß aber darauf achten, daß man nicht des Guten zuviel tut. Die großen Platten, von denen der Kellner viele verschiedene, aber nicht sehr verschieden schmeckende Gemüse auf den Teller häuft, sind kein gutes Beispiel. Jedes Gemüsegericht soll seinen eigenen Charakter, seine eigene Zubereitung haben. (Es gibt Ausnahmen, wo die Gemüse harmonisch zusammenwirken wie bei Ratatouille, siehe dort.) Und vor allem muß man daran denken, wieviele Fehler man bei Gemüsen machen kann und wie schmal der rechte Pfad, hier wie meist bei der guten Küche, ist.

Zwiebeln

1) 8 Personen
1 kg Perlzwiebeln mit 80 g Butter, 1/8 l Weißwein, Salz, Pfeffer, 15 g Zucker 40 Minuten dämpfen.

2) 4 Personen
500 g Zwiebeln in Scheiben in gebutterter Form, darüber Fülle von 500 g Hackfleisch, 2 Eiern, 1/8 l Fleischbrühe, 100 g Weißbrot, Salz, Pfeffer, 50 g Butter, mit 50 ml Weißwein, Salz, Pfeffer 50 Minuten bei 200 ° backen.

3) Beilage für 8 Personen
500 g Zwiebeln, kleingeschnitten, 20 Minuten mit 50 g Butter dämpfen und passieren; Bechamel von 10 g Butter, 10 g Mehl, 100 ml Milch, 100 ml Sahne, Salz, Pfeffer, Muskat dazumischen.

1) Die kleinen Perlzwiebeln sind mühsam zu schälen. Es hilft, wenn man sie 1 Minute in kochendes Wasser gibt. Man schneidet Wurzeln und oberes Ende weg und gibt sie mit Butter, Wein, Salz, Pfeffer, Zucker in einen großen flachen Topf, kocht auf und kocht dann bei kleiner Hitze unter gelegentlichem Schütteln, bis fast die ganze Flüssigkeit verschwunden ist. Die Zwiebeln sollen nicht braun werden und ein wenig glaciert sein.

2) Dieses Rezept soll die mühsamer herzustellenden gefüllten Zwiebeln ersetzen. Große Zwiebeln werden geschält in 1 cm dicke Scheiben geschnitten. Eine große flache Form (oval 35 cm) wird mit etwa 40 g Butter ausgestrichen und mit einer Schicht Zwiebeln belegt. Das Weißbrot für die Fülle wird in der Messermühle zerkleinert, und die Butter fast bis zum Schmelzen erwärmt. Man mischt alle Teile der Fülle zusammen und gibt sie über die Zwiebeln. Dann schüttet man vom Rand her den Wein zu und bäckt bei 200° 50 Minuten. Zum Schluß soll die Flüssigkeit praktisch verschwunden sein.

3) Die (am besten großen) Zwiebeln werden kleingeschnitten, das heißt, halbiert und dann auf dem Brett mit einem großen Messer erst entlang der Achse in 1 mm dicke Scheiben, dann quer zur Achse geschnitten. Die Butter wird gerade zerschmolzen; in ihr werden die Zwiebeln unter häufigem Rühren bei mäßiger Hitze ohne jede Bräunung weichgedämpft, bis die Masse ein wenig gelblich ist, und dann passiert. Inzwischen erhitzt man Butter und Mehl (möglichst früher im Ofen bei 140 ° 20 Minuten getrocknetes), bis es schäumt, und verrührt, weg vom Feuer, mit Milch, Sahne, Salz, Pfeffer und viel Muskat. Die so entstandene Bechamel rührt man unter das Zwiebelmus und kocht noch 5 Minuten durch. Dieses Mus nennt man auch Sauce Soubise.

Varianten:

Bei 2) kann man die verschiedensten „Füllen" vorsehen. Eine davon ist: Zusätzliche 300 g Zwiebeln werden mit 100 g Petersilie in der Messermühle zerkleinert, mit 50 g Butter, Salz, Pfeffer, 2 Eiern vermischt und über die Zwiebelscheiben gegeben.

Man kann auch über die Fleischschicht in 2) eine Schicht in Scheiben geschnittener roher Kartoffeln geben, darüber noch 30 g Butter, Salz, Pfeffer, und beim Backen einige Male mit der Flüssigkeit in der Form begießen.

Vorratshaltung:

Bei 1) sollte man mit Aufwärmen zurückhaltend sein und Reste lieber für eine Suppe pürieren. 2) läßt sich gut aufwärmen, auch einfrieren. Das Zwiebelpüree 3) wird am besten vor Zugabe von Bechamel eingefroren und ist dann vielseitig verwendbar.

Mikrowellenherd erlaubt, auch größere Zwiebeln in relativ kurzer Zeit zu dämpfen. Am besten aber schneidet man sie in 1–2 mm dicke Scheiben und erhitzt sie mit wenig Sahne, Salz, Pfeffer, Muskat, vielleicht etwas Zucker, zum Beispiel 200 g 10 Minuten lang.

Auberginen gefüllt

4 Personen

4 kleinere Auberginen längs zweiteilen, das Fruchtfleisch herauslösen, pürieren, mit 500 g Hackfleisch, 1/8 l Fleischbrühe, 100 g frischem Weckmehl, 50 g Butter, Salz, Pfeffer, 4 Eiern vermischen, in die Auberginenschalen füllen. In einer großen Form 4 Eßlöffel Wein mit 30 g Butter, 30 ml Öl erhitzen, Auberginen zugeben, 30 Minuten bei 220° backen, dabei zweimal mit der Flüssigkeit in der Form begießen.

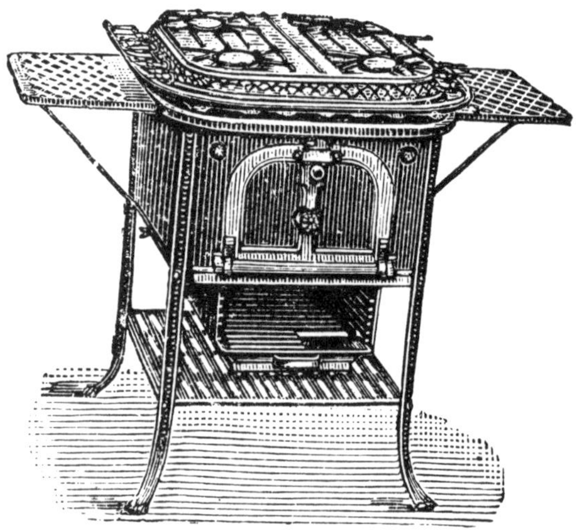

Grüne Bohnen

4 Personen

600 g sehr dünne grüne Bohnen an beiden Enden kürzen, schlechte Stellen abschneiden, waschen, in 2 l sprudelnd kochendes Salzwasser werfen und etwa 15 Minuten offen kochen. Sie sollen noch ein wenig fest sein. Rasch sehr gut abtropfen (im Sieb schütteln). 100 g Butter in kleinen Stücken zugeben, im heißen Topf schütteln, gleich servieren.

Broccoli

6 Personen

1 kg Broccoli putzen, harte Enden der Stümpfe abschneiden, diese der Länge nach schlitzen. In einem Topf aufrecht anordnen und mit kochendem Salzwasser nur die Stiele bedecken. Halb zugedeckt bei mittlerer Hitze 20 Minuten kochen, einmal Wasser nachfüllen und Salz über die Köpfe streuen. Aus dem Wasser nehmen, in einer heißen Schüssel 70 g Butter und den Saft von 1/2 Zitrone darübergeben, zum Schluß mit dem Saft vom Boden übergießen.

Rosenkohl

6 Personen

1 kg feste Röschen wenn nötig putzen, Stielenden kürzen, in kochendem Salzwasser offen 10 Minuten stark kochen; sie sollen noch ein wenig fest sein. Gut abtropfen. In einer heißen Schüssel 100 g Butter in Stücken, Pfeffer und relativ viel Muskat darübergeben, einziehen lassen, zum Schluß mit der Flüssigkeit vom Boden übergießen.

Püree von trockenen Erbsen

6 Personen

600 g Erbsen über Nacht einweichen. Mit 20 ml Öl, 20 g Butter, 50 g Zwiebeln, 50 g Salatblättern, 20 g Grünem vom Lauch, Salz etwa 2 Stunden sanft kochen, bis die Erbsen zerfallen, dabei nach Bedarf kochendes Wasser nachfüllen, so daß die Erbsen gerade bedeckt bleiben. Passieren oder in der Messermühle zerkleinern. Pfeffer zugeben, in einer großen Pfanne unter Rühren erhitzen, bis das Püree dick wird, dann 1 Eßlöffel Kerbel, 50 g Butter und 0,1 l Sahne einrühren.

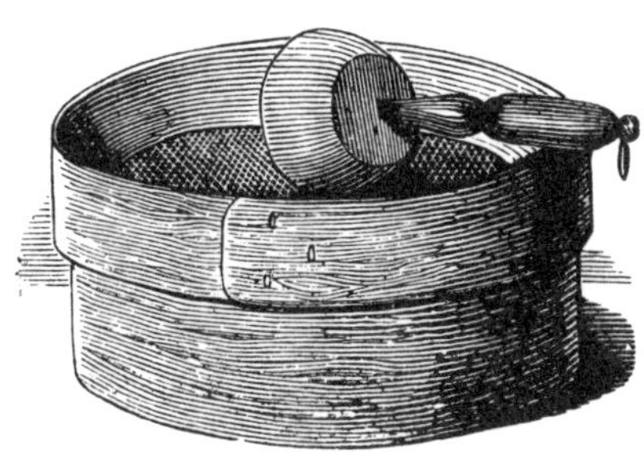

Fenchel

4 Personen

4 mittelgroße Fenchelknollen putzen, der Länge nach so halbieren, daß die größte mögliche Schnittfläche entsteht, mit der Schnittfläche nach unten in einer großen Pfanne mit Deckel anordnen, 30 g Butter und 0,1 l Sahne, Salz, Pfeffer dazugeben, aufkochen und zugedeckt im Ofen bei 200° 30 Minuten backen, dabei einmal begießen. Zum Schluß soll nur noch wenig Flüssigkeit dasein.

Rotkraut

Rotkraut wird genauso behandelt wie „Weißkraut im Ofen gedämpft" (siehe Kochkurs, S. 157). Man fügt jedoch pro kg Kraut zwei große Äpfel, geschält und entkernt, in Scheiben dazu und nimmt statt des Weißweins 1/4 l Rotwein und 4 Eßlöffel Weinessig für 1 kg Rotkraut (8 Personen).

Kichererbsen

4 Personen

200 g Kichererbsen werden ausgelesen, über Nacht mit Wasser bedeckt eingeweicht, mit neuem Wasser bedeckt, Salz, Pfeffer, Thymian, Lorbeer, Sariette (Bohnenkraut aus der Provence), 1 Knoblauchzehe kleingeschnitten; etwa 2 Stunden sanft kochen; es bleibt nur noch wenig Flüssigkeit. Die Erbsen sollen weich, aber noch intakt einschließlich ihrer Hüllen sein. Die Kichererbsen mit 3 Eßlöffeln der Flüssigkeit und 60 g Butter noch einmal heißmachen und sofort servieren.

Die restliche Flüssigkeit ist gut in Gemüsesuppen.

Kartoffeln, Teigwaren, Brot

Die deutsche Gewohnheit, zu jedem Hauptgericht Kartoffeln oder Teigwaren zu geben, wird in anderen Ländern nicht geteilt. Man kann daraus die Konsequenz ziehen, stattdessen manchmal Weißbrot anzubieten. Oder man kann die Menge dieser Beilagen vermindern und dabei sehr auf die Qualität achten. Oder schließlich, man kann Kartoffeln oder Nudeln als ein fast selbständiges Gericht neben dem Hauptgericht betrachten, es sogar vielleicht am Ende des Hauptgangs geben, mit eigenem Charakter und natürlich wieder bester Qualität. Die Auswahl, die wir im Kochkurs geben, ist klein, aber sie versucht diese Punkte zu berücksichtigen.

Bratkartoffeln, mit halb geschmolzener Butter aufgesetzt, können eine Delikatesse sein. Das gilt auch von den ganz einfachen **Pellkartoffeln,** etwa mit Butter, oder **gebakkenen,** oder **in Butter angebräunten Kartoffeln.** **Rösti** ist die Bratkartoffelvariante für mehr Personen.

Gratin dauphinois, ein Auflauf aus rohen Kartoffelscheiben, Sahne und Milch, ist je nach Herstellung erstaunlich vielseitig in Geschmack und Konsistenz, ein Stargericht.

Spätzle, mit Recht der Stolz der schwäbischen Hausfrau, sind als schwierig gefürchtet. Wir geben ein schnell herzustellendes Rezept.

Nudeln (Teigrezepte siehe S. 61) können in ganz einfacher Form mit ganz wenig Sauce oder Flüssigkeit und Butter hervorragend sein. Wir geben außerdem ein Rezept für **Spaghetti mit Schinken,** und einen einfachen **Nudelgratin** mit wenig Käse.

Gnocchi: Ein Beispiel für attraktive Grießzubereitungen.

Brot selbst zu backen ist ein freundliches Hobby, besonders wenn man es den Gästen ganz frisch anbieten kann. Wir geben ein einfaches Rezept für Weißbrot.

KURZREZEPTE

Kartoffelpüree

Schloßkartoffeln
(rohe Kartöffelchen in Butter gebacken).

Reis mit Safran

Kartoffeln: ein königliches Gemüse

Es ist ein Jammer, daß Kartoffeln so billig sind. Sonst würden die Menschen sie nicht so lieblos zubereiten; und vor allem würden sie nicht damit täglich ihren Magen bis zum Überdruß füllen, wie man das bei uns vielerorts tut. So aber können nur Feinschmecker Kartoffeln wirklich genießen; und für sie wird der Koch die köstlichen Zubereitungen ausführen, die es für Kartoffeln gibt. Das Prinzip ist dabei: wenig Zutaten außer Butter, vielleicht Sahne und Milch. Der Kartoffelgeschmack muß zur Geltung kommen.

Pellkartoffeln werden zu Unrecht verachtet. Mit Butter, vielleicht Quark und grünem Salat, dazu wenn man will Heringsfilet, sind sie ein köstliches Gericht. Man schält sie am Tisch, oder ganz kurz vorher ganz heiß.

Bei Bratkartoffeln kommt alles auf die Zubereitung an, deshalb habe ich sie hier so ausführlich beschrieben. Ein Koch, der Bratkartoffeln machen kann, ist für mich ein Meister. Und der Gast, der merkt, wie gut sie sein können, ist mein Freund. Zwiebeln würde ich lieber extra zubereiten. Beim Braten werden sie unweigerlich stellenweise braun und bitter, oder weich in überschüssigem Fett. Dagegen kann man geräucherten Speck, in kleine Streifen geschnitten, sehr wohl mitbraten. Mit grünem Salat, oder noch besser mit Gurkensalat, ergibt das ein ideales kleines Gericht.

Bratkartoffeln brauchen und vertragen keine Saucen. Und weil sie ein bißchen fett sind, brauchen sie Salat. Im übrigen passen sie zu feinen Gerichten wie Kalbsbries oder Kalbshirn ebenso wie zu kräftigen wie Rostbratwurst, zu Blumenkohl wie zu Spinat oder Auberginen.

Hier ein Menü:

12.30	Pürierte Gemüsesuppe	12.20	heißmachen,	12.28	Sahne
12.50	Fleischpflanzerl	12.37	aufstellen,	12.45	wenden
	Bratkartoffeln	12.35	aufstellen,	12.41	wenden
	Rahmspinat	12.42	aufstellen,	12.47	Sahne
	Grüner Salat	12.48	anmachen		
13.10	Flambierte Kirschen	13.05	Kirschen heißmachen		

Bratkartoffeln wird man oft für sich selbst machen, oder für einen vertrauten Gast, mit einem Schnitzel, mit Kalbsleber, mit Gerichten, die auch für wenige Personen am besten sind. Die feine Küche für 2 Personen ist anders als die für 6 oder 10. Es lohnt sich für den Koch und Gastgeber, daran zu denken. Dabei wird auch die Unterscheidung zwischen bürgerlicher und feiner Küche ganz fraglich. Was man bei einem Abendessen für 8 Personen nicht anbieten würde (Bratkartoffeln oder Fleischpflanzerl), kann für 2 eine Delikatesse sein. Und vielleicht kann man überhaupt sagen, daß mit dem Verschwinden der Mehlsaucen, mit den kürzer gewordenen Kochzeiten ohne Warten und Aufwärmen, mit der geringeren Menge sättigender Beilagen die bürgerliche Küche sich in einer Richtung bewegt hat, in der ihr die feine Küche durch Vorliebe für einfache Gerichte und durch die Betonung von Gemüsebeilagen und Salaten, und auch durch die Anerkennung traditioneller heimatlicher Gerichte entgegenkommt. Dies alles sind ganz erfreuliche Entwicklungen.

Viele wollen nicht glauben, daß die Butter nicht heiß sein soll, ehe die Bratkartoffeln hineinkommen. Dies ist aber das Geheimnis. Nicht so heiße Butter schmeckt viel besser, und vor allem soll die Butter beim Warmwerden ein wenig in die Kartoffeln einziehen und ihnen den zarten Geschmack geben. Heißes Fett beim Anbraten ist nur gut, wenn etwa beim Fleisch die Poren geschlossen werden sollen, damit möglichst viel Saft im Inneren bleibt. Dieses heiße Fett soll später möglichst wieder entfernt werden, denn es ist weder gut noch gesund.

Pellkartoffeln, Bratkartoffeln

Zweimal für 3 Personen
15 mittelgroße Kartoffeln (2 kg) 20 Minuten kochen.
6 Kartoffeln in 2,5 mm-Scheiben mit 45 g Butter, Salz, in großer Pfanne kalt aufsetzen und 12 Minuten braten.

Mehlige Kartoffeln von einigermaßen gleicher Größe entweder mit kaltem Wasser bedecken und aufkochen, auf kleiner Hitze kochen, bis die ersten Schalen platzen (15–20 Minuten), das Wasser abgießen und die Kartoffeln noch 1 Minute trocknen. Oder in einem Kartoffeltopf mit Einsatz über stark kochendem Wasser zugedeckt etwa 25 Minuten kochen, bis ein spitzes Messer leicht eindringt.

Für Bratkartoffeln die kalten gekochten Kartoffeln schälen; in einer großen Pfanne die Butter höchstens zur Hälfte schmelzen und die Kartoffeln direkt in die Pfanne in höchstens 3 mm dicke Scheiben schneiden, salzen; die Kartoffeln sollen nur teilweise übereinander liegen. Bei schwacher bis mittlerer Hitze die Unterseite braun und knusprig werden lassen (in etwa 8 Minuten). Einmal vorsichtig wenden und bewegen, so daß alle Seiten mit Butter benetzt sind, noch etwa 4 Minuten braten. Zum Schluß soll nur noch wenig Butter in der Pfanne sein.

Varianten:

Man kann zum Schluß 1 Eßlöffel feingewiegte Petersilie überstreuen.

Das Rezept ist nur für eine kleine Personenzahl geeignet. Sonst macht man Rösti nach Schweizer Art: Die gekochten Kartoffeln werden geraspelt (das ergibt Stücke von etwa 2 × 5 × 20 mm), mit Salz über der gerade geschmolzenen Butter aufgehäuft und unten langsam gebräunt, wobei die Kartoffeln durch den aufsteigenden Dampf leicht zusammenbacken. Nun wird ein flacher Teller über die Pfanne gelegt; das Ganze wird gewendet, in die Pfanne kommt etwas neue Butter; man läßt die Kartoffeln vorsichtig vom Teller in die Pfanne gleiten und bräunt die andere Seite.

Roh gebratene Kartoffelscheiben, 1½ mm dick und möglichst groß (sie brauchen nicht geschält zu sein), werden im Backofen bei 220° in einer großen Form hergestellt, in der man Öl mit wenig Butter gut erhitzt hat. Man legt die Scheiben hinein, ohne daß sie sich überlappen, und backt sie 10 Minuten.

Gekochte kleine Kartoffeln kann man schälen und ganz in wenig Butter unter mehrmaligem Schütteln der Pfanne anbraten, dabei gegen Schluß mit Petersilie bestreuen.

Junge, zarte Kartoffeln kann man ohne Wasser im Ofen backen (etwa 40 Minuten) und ungeschält verzehren. Man kann auch ohne Schälen Bratkartoffeln daraus machen.

In den USA gibt es immer große, in der Folie gebackene Kartoffeln. Man schneidet sie halb durch und füllt, wenn man will, saure Sahne mit Schnittlauch hinein. Mich stört, daß man beim Essen an die besten Teile, nämlich die nahe der Schale, schlecht herankommt. Ich ziehe es vor, die Kartoffeln (ungeschält, wenn sie ganz jung sind) mit 1 Eßlöffel Wasser und 2 g Butter pro Kartoffel in einem geschlossenen Gefäß 1 Stunde im Ofen bei 200° zu backen. Die Flüssigkeit soll zum Schluß gerade verdampft sein.

Mikrowellenherd:

Gewaschene Kartoffeln halbieren, mit der flachen Seite nach oben in ein Gefäß legen, je ein Flöckchen Butter und Salz auf jede Hälfte, mit ½ Eßlöffel Wasser zugedeckt erhitzen, bis sie weich sind (bei 2 Kartoffeln etwa 10 Minuten). Nicht zu alte Kartoffeln braucht man nicht zu schälen.

Ein universelles Stargericht

Jenen, die die Verwendung von Kartoffeln als Beilage, oder von Kartoffeln überhaupt, eingeschränkt sehen wollen, kann nicht wohl sein bei dem Rezept, das wir hier beschreiben. Gratin dauphinois paßt zu so vielen Gerichten, und kann, wenn er gelingt, so hervorragend schmekken, daß er oft als Krönung des Hauptganges, wenn nicht der ganzen Mahlzeit gilt. Mein Ruf ist durch kaum etwas anderes mehr gefördert worden als durch die häufige Verwendung dieser Zubereitung, die ganz einfach, aber doch heikel ist und die man in Geschmack und Konsistenz so weitgehend variieren kann. Ich hoffe, daß der Leser nach einiger Einübung den einzigartigen Nußgeschmack erleben wird, den die Kruste des Gratin dauphinois haben kann. Dann wird er, wie ich, Pommes frites und Kartoffelkroketten fast für immer vergessen.

In Frankreich wird das Kartoffelgericht oft nach dem Hauptgang oder jedenfalls an seinem Ende gegeben. Das ist sehr empfehlenswert. Hier ein Beispiel, bei dem es angenehm ist, wenn die Kartoffeln etwas später kommen:

20.00	Krevettencocktail				
20.15	Schinken mit Sahne	19.59	aufstellen,	20.08	wenden
	und Champignons	20.10	braten		
	Brunnenkresse				
20.25	Gratin dauphinois	19.35	aufstellen		
20.40	Käse				
21.00	Rote Grütze				

Unser Gericht ist eines von vielen Beispielen für etwas ganz Wichtiges: Ein Gericht wird nicht beim ersten Mal gut, wenn man nicht alle Faktoren kennt. Hier muß man seine Kartoffeln kennenlernen, die günstige Menge Sahne, Milch und Butter, ja am Anfang selbst die Gewürzmengen (hier kommt es auf die Gewohnheiten im Hause an); dann die Ofentemperatur, Unterhitze, Kochdauer. Jeder Ofen ist anders. Deshalb muß man, ausgehend vom Rezept, ausprobieren. Das heißt aber: Man muß ein Rezept oft machen; und wenn man es einmal kann, muß man lang dabei bleiben, damit es immer noch ein wenig besser wird. Ein weiterer Vorteil ist, daß man dann nicht mehr dauernd in der Küche kontrollieren muß. Nur ein Rezept, das man gut kennt, kann so einfach ablaufen, wie es unsere Zeitpläne angeben.

Gratin dauphinois

6 Personen
900 g Kartoffeln in Scheiben mit 100 ml Sahne, 200 ml Milch, 40 g Butter, Salz, Pfeffer, Muskat, (Knoblauch), 40 Minuten bei 220° backen.

Kartoffeln von der Art, wie sie für Salat verwendet werden, waschen, schlechte Stellen ausschneiden, wenn man will schälen (bei jungen Kartoffeln ist das nicht nötig), in etwa 3 mm dicke Scheiben schneiden; wenn man sie nicht gleich verwenden will, kann man sie bis zu 3 Stunden lang im Wasser im Kühlschrank halten, wobei sich ein Teil der Stärke herauslöst. Eine flache Form (etwa 40 cm oval) mit Butter ausstreichen, die abgetropften Kartoffeln hineingeben, darüber Salz, Pfeffer, Muskat, wenn man will 1/2 Knoblauchzehe feingeschnitten und die restliche Butter geben, Milch und Sahne darübergießen, im Ofen bei 220 ° backen. Die Flüssigkeit soll zunächst über die Kartoffeln hochschäumen (dem kann man durch Unterhitze nachhelfen) und dann vollständig eindampfen, während die Kartoffeloberfläche schön braun wird. Die Kartoffelscheiben werden dort knusprig und im übrigen schmelzend zart, alles Fett aufsaugend (in der Form soll nur eine Spur Fett bleiben). In der Form servieren.

Variante:

Man kann die Kartoffeln mit Milch und Salz 20 Minuten vorkochen und später mit den übrigen Zutaten backen. In diesem Fall kann die Schichtdicke bis zu 3 cm betragen. Milch und Sahne verbinden sich mit der Stärke zu einer dick sämigen Sauce, die die inneren Kartoffelscheiben überzieht, aber nicht als Flüssigkeit für sich auftritt.

Andererseits kann man nur wenig Flüssigkeit nehmen, eventuell nur Sahne, und die Schicht dünn machen, nur etwa 2 Lagen übereinander. Dann werden alle Kartoffeln gebräunt. Das Extrem sind die berühmten Pommes de terre Anna: Die Kartoffeln werden, mit Butter fast bedeckt, bei 200° gebacken, bis sie gleichmäßig braun und doch zart sind. Die überschüssige Butter wird abgegossen und anderweitig verwendet.

Reste

sind in kleinen Mengen gut kalt zu essen. Sonst wärmt man sie im Ofen oder Mikrowellenherd auf, möglichst in der ersten Form. Einfrieren ist möglich.

Mikrowellenherd

erlaubt keine Bräunung. Aber man kann ein sehr gutes Gericht erhalten (2 Personen): 300 g Kartoffeln in groben Scheiben, geschält oder ungeschält, mit 50 ml Sahne, Salz, Pfeffer, Muskat 10 Minuten zugedeckt erhitzen, bis die Sahne fast verschwunden ist.

Das schwäbische Element

Als Württemberger finde ich es falsch, auf unser Nationalgericht, die Spätzle, zu verzichten, wenn ich auch die Eßgewohnheiten alter schwäbischer Familien, wo es täglich Spätzle gab, auch mit Kartoffeln (Spätzle und Kartoffelsalat), nicht weiterführe. Spätzlemachen ist aber eine hohe Kunst, die ich meinen Lesern und mir selbst nicht zumuten kann und will, und trotz aller Kunst und Handfertigkeit ist es auch eine Mühe. Deshalb habe ich (die schwäbischen Hausfrauen mögen mir verzeihen) einen einfachen Ausweg gesucht. Meine „falschen" Spätzle enthalten doppelt soviel Eier wie die wahren, sie schmecken also auch noch, wenn sie zu dick sind. Außerdem wird der Teig etwas dünn gemacht, so daß man ihn einfach ins Wasser gießen kann; man braucht also weder Spätzlebrett noch besondere Apparate und auch keine Kunst. Wegen der vielen Eier bleibt der Teig trotzdem beieinander. Am Wohlgeschmack fehlt es nicht, man muß nur bedenken, daß die falschen Spätzle etwas reicher sind als die wahren. Spätzle brauchen Butter und etwas Sauce, aber viel weniger als Salzkartoffeln. Sie passen also gut zu Fleischgerichten, die am besten sind, wenn wenig Sauce dabei produziert wird, also Gulasch, Reh, Zunge à la mode, Schweinebraten usw. Gut paßt auch Spätzle mit Sauerkraut etwa zu Kassler, wenn das Sauerkraut eine Spur Sauce hergibt und die Spätzle geschmälzt sind. Ein Menü mit Spätzle soll ein wenig rustikal sein. Ein Beispiel:

19.30	Kerbelsuppe	19.20	mit Milch erhitzen
19.50	Kalbsbraten mit Rahmsauce	19.45	Sauce herstellen
	Spätzle	19.29	Wasser erhitzen, 19.40 und 19.43 Spätzle ins Wasser
	Spinat	19.42	erhitzen, Sahne zugeben
	Gemischter Salat		
20.10	Zwetschgenkompott		

Schaumlöffel wird oft gebraucht. Ich mag die aus rostfreiem Stahl in Uhrglasform, relativ groß, mit runden Löchern. Die aus Draht brauche ich nicht, weil ich nichts im schwimmenden Fett backe.

Auf jeden Fall braucht man einen großen **Schöpflöffel** und vielleicht einen kleineren, der in einen tiefen Topf hinunterreicht. Dann noch einen **Spatel** zum Umdrehen von Bratgut, eine große **zweizinkige Gabel** zum Herausnehmen von Fleischstücken, und etwa 4 **Kochlöffel** verschiedener Größe, von denen zwei unten flach sein sollen, so daß man am Boden einer Pfanne sich ansetzendes Mehl, Ei usw., ehe es fest wird, laufend abkratzen kann. Alle diese Geräte kann man in einen hohen Topf neben dem Herd stellen.

Ein **Durchschlag** (Sieb mit großen Löchern) aus rostfreiem Stahl, der möglichst auf einen der Töpfe paßt, zum Abtropfen von Nudeln oder Gemüse ist praktischer als ein Sieb, weil er sich leichter reinigen läßt und weil an der glatten Fläche weniger hängenbleibt oder verletzt wird.

Falsche Spätzle

4–6 Personen
200 g Mehl, darüber 4–5 Eier, Salz verrühren mit 0 bis 6 Eßlöffeln Wasser. In dünnem Strahl in wenig kochendes Salzwasser gießen.
Darüber 30 g Weckmehl, in 50 g Butter gebräunt.

3 l Wasser mit Salz in einem flachen Topf zum Kochen bringen. Inzwischen das Mehl und Salz in eine nicht zu niedere Schüssel mit einer Schnaube zum Ausgießen oder in einen Krug geben, darüber die Eier. Die Eier mit dem Schlagbesen des Handmixers verrühren, das Mehl allmählich hineinziehen. Wasser zugeben, bis der Teig vom Schlagbesen langsam abfließt bis auf eine etwa 2 mm starke Schicht. Man kann den Teig einige Stunden stehen lassen. Kurz vor dem Essen aus der in der linken Hand gehaltenen Schüssel in das wenig kochende Wasser gießen. Nach einem ersten dicken Klacks muß der Teig in einem wenige Millimeter dicken Strahl ins Wasser fallen. Mit einem Löffel auf der Oberfläche die aufsteigenden Spätzle ein wenig zusammenschieben, so daß Platz für den Strahl bleibt. Wenn etwa die Hälfte des Teiges verbraucht ist, 1 Minute warten und die Spätzle mit dem Schaumlöffel auf einen Durchschlag (Sieb mit großen Löchern) legen. Das Ganze wiederholen.
Inzwischen 30 g Butter in einer kleinen Pfanne auf mittlerem Feuer erhitzen, das Weckmehl, das nicht zu trocken sein soll, zugeben, einige Male mit der Gabel umrühren. Wenn es braun ist, noch 20 g Butter zugeben, noch einmal unter Rühren heißwerden lassen. Die Spätzle auf einer Platte oder auf Tellern anrichten und den Inhalt der Pfanne darüber verteilen.

Wahre Spätzle:
500 g Mehl, 4 Eier, Salz, etwa eine Eierschale Wasser pro Ei. Der Teig muß sich bewegen, darf aber nicht fließen. In Portionen von 100 bis 200 g vom Spätzlebrett etwa 3 mm dick mit einem flachen Messer ins kochende Wasser schaben.

Reste
sind erwünscht. Beim zweiten Mal in Butter anrösten. Wahren Spätzle kann man dabei pro Person 1 Ei in 50 ml Milch, Salz, Pfeffer verrührt zugeben und den entstehenden, etwa 2 cm dicken Pfannkuchen auf beiden Seiten leicht braun werden lassen (mit Hilfe eines Tellers wenden!). Für ein drittes Mal schneidet man den Kuchen in Scheiben von fast 1 cm Dicke und brät diese ganz sanft in gerade geschmolzener Butter an; beim Wenden gibt man wenig Käse darüber (die Scheiben dürfen keinesfalls bedeckt sein). Dies ist delikat.

Lagerung:
Im Kühlschrank zugedeckt einige Tage.

Tiefkühltruhe:
Spätzle halten sich hervorragend. In dünner Schicht in Tüten einfrieren, benötigte Menge abbrechen. Zum Braten direkt in die Pfanne bei kleiner Hitze.

Mikrowellenherd:
Das Weckmehl kann in einer Sauciere gebräunt werden. Ein- oder zweimal umrühren. Die Garzeit ist etwa 4 Minuten (bis die Masse nicht mehr schäumt). Mit Papier abdecken. Einen Teil der Butter erst am Schluß zugeben.

Vielseitige Teigwaren

Bei Nudeln kommt alles auf die Qualität an. Der Koch muß versuchen, die beste Quelle zu finden. Puristen schwören auf selbstgemachte Nudeln, aber das ist aufwendig (siehe unter Maultaschen, S. 61). Ich selbst bekam meine Nudeln von einer Mühle, wo auch Hühner von den Abfällen lebten. Aus den Eiern und dem Mehl von der Mühle machte der Bäcker Nudeln, die nur 2 Minuten gekocht werden mußten. Leider ist die Mühle inzwischen abgebrannt.
Ich verwende meistens breite Nudeln, für italienische Gerichte auch Spaghetti und Makkaroni, seltener Lasagne verde. Nudeln haben immer etwas von einem Hauptgericht, man muß genug davon geben. Als kleine Beilage sind sie nicht angebracht. Ihr Geschmack ergänzt sich mit vielen Gemüsen, Eiern, Fleisch und Käse, so daß es unendliche Variationen, vor allem von Aufläufen, gibt (siehe etwa bei Auberginen, S. 135).
Eine sehr sympathische Art, Nudeln zu servieren, ist die italienische, als erster Gang nach Hors d'oeuvres oder Suppe. Etwa:

20.00	Minestrone (klare Gemüsesuppe)	19.50	heißmachen
20.20	Spaghetti Carbonara	19.50	aufstellen, 20.10 Schinken rösten
20.40	Wiener Schnitzel	20.15	panieren, 20.35 wenden
	Salat	20.38	anmachen
21.00	Zabaione (Weinschaumcreme)	20.55	herstellen

Sonst muß man schauen, daß die Sauce des Hauptgerichts zu den Nudeln paßt und daß das ganze Essen nicht schwer ist:

Gemüsesuppe
Rindergulasch
Nudeln
Salat
Gebackene Äpfel

In der deutschen Küche ist es üblich, praktisch zu jedem Hauptgang neben Gemüse und vielleicht Salat Kartoffeln, Reis oder Teigwaren zu geben. Ich möchte diesen Brauch eher verteidigen. Man kann daran denken, stattdessen Brot zu geben, und in der Tat geschieht das in den „kartoffelfreien“ Ländern reichlich. Der Unterschied ist also gar nicht so prinzipiell. Der Bedarf an zusätzlichen Kohlehydraten besteht überall. Wir haben uns nur für eine größere Variationsbreite entschieden. Die Variation ist allerdings ungeheuer: Kartoffeln in vielen Formen von der Pellkartoffel über gebackene und gebratene Arten bis zum Kartoffelsalat; Reis mit vielen Varianten, die Ernährungsgrundlage ganzer Völker; wilder Reis, eine seltene Delikatesse; Mais in vielen Formen, vor allem Polenta; Kornarten wie Grünkern, Buchweizen, Hirse; Grieß, Gnocchi; von Mehl Pfannkuchen, Flädle, Serviettenkloß, Schwammklößchen, Weckknödel, Spätzle; und sicher noch mehr.
Die Überlegung, was davon zu einem Gang paßt, ist eine der wichtigsten Grundlagen für den Erfolg des Kochs. Ich kann nur vorschlagen, dabei wie unser großer Dirigent die Augen zu schließen und sich die Speisen mit ihrem Geschmack genau vorzustellen.

Salz und Pfeffer: Wir geben in diesem Buch keine Mengen an, weil fast kein Koch sie abmißt. Die richtige Mittelmenge ist 15 g pro kg Masse, einschließlich etwaiges Kochwasser. Pfeffer nimmt man etwa 5mal weniger als Salz. Manche Gerichte, etwa Nudeln, sind sehr empfindlich gegen Versalzen. Bei anderen, etwa Fleischbrühe oder Eierspeisen, kann etwas mehr Salz den Geschmack sehr beleben. Man soll so salzen, daß die meisten Gäste nicht nach dem Salz greifen.

Nudeln. Spaghetti Carbonara. Nudelgratin

4–8 Personen

500 g *Nudeln* in 3 l kochendem Wasser, Salz mit 2 Eßlöffeln Öl 5 bis 15 Minuten fast weich kochen, gut abtropfen. Im Topf zugeben und mischen: entweder 30 g Butter, oder 20 g Butter und 30 ml starke Fleischbrühe, oder 1 geschlagenes Ei, 50 ml Sahne, Muskat, oder 25 ml Fleischbrühe, 25 ml Sahne, Muskat etwas eingekocht. (4–8 Personen)

***Spaghetti Carbonara.* 500 g Spaghetti wie oben die Nudeln kochen. 150 g gekochten Schinken in kleinen Würfeln in 20 g Butter andämpfen (5 Minuten), mit 50 ml Weißwein ablöschen, mit 50 ml Fleischbrühe aufkochen, mit den Spaghetti und 20 g feingeriebenem Parmesan vermischen. (4 Personen)**

***Nudelgratin.* 500 g Nudeln, wie oben gekocht, mit Butterzusatz und 75 g geriebenem Käse lagenweise abwechselnd in dünnen Schichten in gebutterter Auflaufform (10 g Butter). 50 ml Milch zugeben, darüber 20 g Weckmehl und 20 g Butterflöckchen. 15 Minuten bei 220° backen. (4–8 Personen)**

Wasser mit Salz aufstellen. Öl zugeben, damit die Nudeln nicht am Topf und zusammenkleben. Nudeln zugeben und nach Anweisung auf der Packung (Nudeln sind sehr verschieden) 5–15 Minuten mehr ziehen lassen als kochen. Sie sollen nicht mehr hart, aber nicht schwammig sein. Auf Durchschlag (Sieb mit großen Löchern) schütten und gut abtropfen lassen. Im Topf einen der oben genannten Zusätze mit den Nudeln mischen.

Butter für Gerichte mit ausreichend Sauce.

Butter und Fleischbrühe zu etwas trockenen Fleischgerichten.

Ei, Sahne, Muskat, wo die Nudeln getrennt von anderen Speisen gut schmecken sollen.

Eingedickte Fleischbrühe mit Sahne und Muskat für besonders feine Zubereitungen.

Spaghetti Carbonara:

Die Spaghetti werden wie oben die Nudeln gekocht und abgetropft. Inzwischen wird der gekochte Schinken in kleine Würfel (½ cm) oder Scheiben (0,2 × 1 × 1 cm) geschnitten und in der Butter 5 Minuten sanft gedämpft. Er soll gerade anfangen, Farbe zu bekommen. Dann wird mit dem Wein abgelöscht und dieser etwas eingekocht, damit der Alkohol verschwindet. Mit der Fleischbrühe wird noch einmal aufgekocht, und das Ganze mit den Spaghetti und aufgestreutem Käse vermischt. Dieser gibt dem Gericht eine gewisse Konsistenz. Weiteren Käse gibt man dazu.

Nudelgratin:

Ganz einfach und erstaunlich gut, zu Gerichten ohne Sauce oder allein mit Salat. In eine gebutterte Form (25–30 cm) wird eine etwa 1 cm dicke Schicht Nudeln gegeben, darüber wenig Käse, damit er beim Backen nicht zusammenfließt, darüber weitere Schichten, oben Käse und, wenn man will, wenig frisches Weckmehl, auf jeden Fall Butterflöckchen und etwas Milch, die dafür sorgt, daß das Gericht nicht trocken wird.

Vorratshaltung, Einfrieren:

Übriggebliebene Nudeln soll man im Kühlschrank nicht trocken werden lassen; zudecken und ganz wenig Wasser zufügen. Zum Einfrieren macht man ganz flache Pakete in Tüten, so daß man Stücke abbrechen und diese schnell auftauen kann. Man kann solche Nudeln in wenig Butter anbraten, eventuell zum Schluß 1 Ei, mit einem Eßlöffel Sahne geschlagen, zugeben.

Mikrowellenherd:

Gut zum Aufwärmen. Als einfaches Gericht Nudeln mit wenig Sahne kochen, die Sahne einziehen lassen.

Grieß als Ergänzung zu Mehl und Kartoffeln

Gnocchi können anstelle von Spätzle verwendet werden, wenn man eine etwas reichere Beilage mit deutlicher Geschmacksnuance wünscht und wenn das Hauptgericht nicht viel Sauce hat. Das ist heute vor allem bei den braunen Saucen der Fall, wenn man sie ohne Mehl herstellen will. Aber gebackene Gnocchi sind auch für sich, mit frischem Salat, eine hübsche kleine Speise, die kein Fleisch braucht, weil sie Eiweiß aus Milch, Eiern und Käse enthält. Die Begierde nach einem schönen Stück Fleisch ist dem Autor ebensowenig fremd wie sicher den meisten seiner Leser, aber wenn die Begierde einmal nicht so groß ist, mag man an Gnocchi denken.

Bei Gästen freilich darf man kein Risiko eingehen. Deshalb gibt es hier eine kleine Fleischspeise und Gnocchi. Der Gast mag seine Vorlieben verteilen, wie er will.

20.00	Consommé von Reh suprême	19.45	heißmachen, 19.55 Eier, Sahne zugeben
20.20	Kalbsragout mit Fenchel	19.45	in Ofen, 20.10 begießen, 20.18 Zitrone zugeben
	Gnocchi	19.58	in Ofen
	Tomatensalat	20.19	anmachen
20.45	Vanilleeis und Sorbet von schwarzen Johannisbeeren Friandises	20.16	aus der Kühltruhe

---

Grieß (Semolina, Semoule) heißt bei mir Hartweizengrieß, nicht vorgekocht, denn so schmeckt er besser, und die längere Kochzeit ist nicht der Rede wert. Dasselbe gilt von Reis und Haferflocken. Es gibt auch keine fertigen Teig- oder Knödelmischungen, auch nicht für Kartoffelpüree. Es gibt keine Gewürzmischungen, keine Würfel, keine Fertigsuppen und kein Glutamat. Es kann sein, daß ich konservativ bin, ich wehre den Anfängen.

Auf diese Weise bleibt die Liste der Vorräte, die man immer im Haus haben sollte, klein. Ich nenne alles, was ich nicht selten brauche:

Salz, Zucker, Mehl, Grieß, Maisgrieß, Reis, Haferflocken, Stärkemehl, Puderzucker, Suppennudeln, breite Nudeln, Spaghetti,
Rosinen, Mandeln, Nüsse,
Pfeffer weiß (ganz, gemahlen), Muskat, Safran, Nelken, Lorbeer, Thymian, Paprika (mild und halbscharf), Sariette, Rosmarin, Basilikum, Vanille, Zimt,
Gelatinepulver,
Zwiebeln, Schalotten, Knoblauch, Kartoffeln, Karotten, Sellerie, Lauch,
Tomaten, Chicoree, Salat,
Tomatensaft, Gewürzgurken, Preiselbeeren,
Eier, Milch, Sahne, Quark,
Butter, Öl, Olivenöl, Essig,
Sardinen,
Zitronen, Äpfel, Orangen,
Schwarzbrot (Toastbrot ist geschnitten in der Kühltruhe),
bittere Schokolade
Honig, Marmelade

Natürlich wird man noch einiges mehr haben, etwa Morcheln oder Steinpilze; man wird auch ganz sicher bald mehr Gewürze haben und wird aufpassen müssen, daß sie nicht zu alt werden. Aber die hier vorgeschlagene Begrenzung entlastet die Küche und läßt dem Koch alle wichtigen Möglichkeiten.

Gnocchi

4 Personen

$^1/_2$ l Milch, Salz, Pfeffer, Muskat, 30 g Butter aufkochen, 125 g Grieß einrühren, mit 50 g Parmesan, 3 Eiern verrühren. Kalt in Streifen schneiden. In gebutterter Form mit 70 ml Sahne, 30 g Butter und 70 g Parmesan 15 Minuten bei 200° backen.

Auf mittlerer Hitze läßt man Milch, Butter, Salz, Pfeffer und Muskat (beide mehr als normal) kochen, schüttet sofort den ganzen Grieß in dünnem Strahl unter Rühren zu und rührt stark, bis die Masse vom Topf sich löst. Nun rührt man abseits des Feuers den Käse ein und dann einzeln die Eier. Man breitet die Masse in einer $1^1/_2$ cm dicken Schicht aus und läßt sie erkalten. Kurz vor dem Essen läßt man in einer 25 cm-Form 15 g Butter heißwerden, schneidet die Masse in unregelmäßige Stücke und verteilt sie in der Form, gibt die Sahne und den Rest der Butter darüber und streut über alles den Parmesankäse. Man bäckt bei 200°, bis die Sahne verdampft ist und die Spitzen der Gnocchi sich bräunen, etwa 15 Minuten.

Varianten:

Gnocchi sind die verfeinerte Form eines alten Gerichts, **Polenta,** das wir gerne als Kontrast in reiche Menüs einbauen (s. S. 128).

200 g Maisgrieß, Salz, mit 1 Liter Wasser oder halb Wasser, halb Milch verrühren, im Ofen bei 160° zugedeckt kochen, ca. 1 Stunde, bis der Grieß weich ist. Gegen Schluß kann man 1 Teelöffel mittelscharfen Paprika einrühren und, wenn man will, 50 g Butter. Man kann auch in die fertige Polenta 100 g Käse einrühren.

Vorratshaltung:

Sowohl Gnocchi (schon in Stücke geschnitten) wie Polenta (in Streifen von 2 cm Seitenlänge) kann man gut einfrieren und im mäßig warmen Ofen aufbacken.

Mikrowellenherd

ist gut für Gnocchi: Man kocht alle Zutaten, außer Butter, Eiern, Käse, in einem Gefäß, in dem die Masse etwa 3 cm hoch steht, bis sie fest ist (etwa 10 Minuten). Auch Polenta geht gut, sie braucht etwa 20 Minuten. Nach der Hälfte der Zeit einmal rühren.

Soll man Brot selbst backen?

In Paris würde ich nie auf die Idee kommen, Brot selbst zu backen. Es gibt dort überall gutes Weißbrot, und in Spezialbäckereien gibt es so gutes Brot, wie ich es nie backen könnte. In den USA würde ich bestimmt Brot backen, denn das Gummibrot dort, das man auf ein Viertel zusammendrücken kann, ist ein Alptraum. Bei uns bekommt man nicht überall gutes Weißbrot nach französischer Art, das ist ein Grund. Wenn man selbst backt, kann man alle künstlichen Zusätze vermeiden, und man kann als einziges Ziel den guten Geschmack anstreben; bei den Bäckern ist das komplizierter, sie müssen ihr Brot rationell, mit viel Wasser und hübsch anzusehen backen; ein Blick in eine Backlehre zeigt, wieviel es da zu beachten gibt. Und schließlich hat der kochende Gastgeber noch einen Vorteil: Ganz frisches, noch etwas warmes Brot schmeckt soviel besser als einige Stunden altes; er nur kann sich auf die Ankunftszeit der Gäste einstellen. Natürlich freuen sich auch die Gäste über die ihnen erwiesene besondere Aufmerksamkeit. Dies wird besonders sichtbar, wenn man auf den Brotteller neben dem Gedeck ein kleines Töpfchen mit bester Butter und dazu ein in Form eines Buchstabens gebackenes kleines Brot anstelle einer Platzkarte legt.

Besonderen Erfolg bringt selbstgebackenes Brot bei Gelegenheiten, wo sonst nichts gekocht wird. Ich nenne als Beispiel den Après-midi au bourgogne, eigentlich eine Brotzeit; die Gäste kommen um 4 Uhr; es gibt Rotwein und Käse; um 6 Uhr geht man wieder. Meine Erfahrungen allerdings sind anders: Niemand geht; da ist es besser, ein wenig später anzufangen und etwas mehr anzubieten, und ganz zum Schluß eine Fleischsuppe zu geben, die alles vorhergegangene Kalte vergessen macht. Also:

18.00 Verschiedene Käse, 150 g pro Person
Rotwein
Weißbrot, 300 g pro Person
Grob geschnittener gemischter Aufschnitt, 250 g pro Person

20.30 Rindfleischsuppe mit dünnen Fleischscheiben
und Gemüsen in Würfeln

Für den Nachmittag mit Burgunderwein sollte man nicht zu viele Leute einladen. Wenn der Wein gut ist, kann man sehr lebhafte und ehrliche Diskussionen erwarten, und das geht nicht mehr, wenn über 10 Personen da sind. Für mehr Personen, etwa einen Abschiedstrunk mit 40 Personen, empfehle ich sehr den französischen „Pot“, der auch bei uns die Mode der mühsamen, armen belegten Brötchen ablösen sollte. Es gibt Wein, am besten vom Faß, und Bier (vor allem wenn Franzosen dabei sind), dazu reichlich geschnittenes Weiß- und Schwarzbrot, an mehreren Stellen Butter, Buttermesser und ein Holzbrett zum Streichen, dann viele Holzbretter mit scharfen Messern, Gabeln und leicht abzuschneidenden Wurst- und Fleischsorten, außerdem Stangensellerie und lange, in dünne Stücke geschnittene Karotten. Jeder belegt sein Brot selbst, man braucht keine Teller, und ein freundlicher Ordnungsdienst ersetzt verschmierte Messer und Platten und sorgt für Nachschub. Ein sehr effektives und sympathisches System.

Comte
100g 2,00
Cheddar
100g 2,50

Weißbrot

ca. 750 g Brot
40 g Hefe mit 1 Teelöffel Zucker in 60 ml Wasser von 30° auflösen, in drei Stufen mit 1/4, dann 1/2, dann dem Rest von 500 g Mehl und 300 ml Wasser gehen lassen, 1 Teelöffel Salz, Teig wirken, auf das Doppelte gehen lassen, 4 lange Laibe formen, 10 Minuten gehen lassen, bei 220° 15 Minuten, dann bei 180° 20 Minuten backen.

Am Abend vorher löst man die Hefe mit etwas Zucker in 60 ml Wasser bei 30° auf, läßt sie 10 Minuten stehen und rührt sie mit etwas zusätzlichem Wasser von der vorher abgemessenen Menge von 300 ml und 1/4 des gesiebten Mehls zusammen. Man läßt sie über Nacht bei etwa 25° stehen (z. B. im Backofen, unter dem die Geschirrwärmeheizung schwach angestellt ist), rührt am Morgen noch 1/2 des Mehls und etwas Wasser zu und läßt weiter gehen. Der Teig geht auf und fällt wieder zusammen. Am Nachmittag gibt man den Rest des Mehls, in dem man das Salz verrührt hat, und das restliche Wasser zu, schlägt den Teig mit dem Knethaken des Rührgeräts etwa 10 Minuten und wirkt dann den Teig auf einer bemehlten Fläche mit der Hand, indem man ihn von sich wegdrückt, zusammenschlägt, um 90° dreht und dies, wenn nötig unter Zusatz von Mehl, so oft wiederholt, bis der Teig nicht mehr klebt und glatt und ziemlich fest ist. Man verstreicht in der Rührschüssel etwas Öl, legt den Teig hinein, wendet ihn und läßt ihn noch etwa 1 Stunde bei 30° gehen. Der Teig soll sich etwa verdoppeln. Nun formt man 4 Brote, so lang wie das Backblech, und läßt noch einmal 15 Minuten gehen. Man heizt den Ofen auf 220° vor, bestreicht das Backblech leicht mit Öl, legt die Brote umgekehrt darauf und backt 10 Minuten bei 220°, wobei man 1 Tasse sehr heißes Wasser in den Ofen stellt, und dann noch etwa 20 Minuten bei 180°. Der Boden der Brote soll beim Anklopfen etwas hohl klingen. Man nimmt die Brote heraus und läßt sie auf einem Gitter umgekehrt abkühlen.

Varianten:

Man kann statt Wasser halb Wasser, halb Milch nehmen; man kann dem Teig in der dritten Stufe 20 g Butter zugeben. Man erhält dann eine bessere Bräunung. Man kann den Teig in zwei geölten Kastenformen backen. In diesem Fall darf der Teig ein wenig weicher sein.
Das Resultat hängt natürlich sehr vom Mehl ab. Normales Weißmehl (nicht Kuchenmehl) sollte befriedigend sein. Ich gebe 1/3 Manitobamehl, eine kleberreiche Weizensorte, zu, das Brot wird dadurch sehr kräftig.
Man kann das Brot auf Krautblättern backen (polnisch).

Tiefkühltruhe:

Brot und Brötchen halten sich gut, aber beim Aufbacken bricht leicht die Rinde ab. Gut ist es, wenn man zu 80 Prozent ausgebackenes Gebäck einfrieren kann. Man taut in der Folie auf und erhitzt fertig gebackenes Gebäck 3 Minuten, nicht ganz gebackenes 5–10 Minuten bei 220°. Noch nicht aufgegangenen Teig kühlt man rasch auf –20° ab und kann ihn 10 bis 14 Tage lagern.

Kartoffelpüree

4 Personen

500 g Kartoffeln schälen, vierteln, mit gesalzenem Wasser bedeckt bei guter Hitze aufkochen und etwa 10 Minuten stark kochen lassen, bis ein spitzes Messer leicht eindringt, aber die Kartoffelstücke noch nicht an den Kanten matschig werden. Abschütten, in den noch heißen Topf zurückgeben (er soll eine nicht zu kleine Oberfläche haben) und auf der Herdplatte etwas ausdampfen lassen; die Kartoffeln sollen gerade nicht festbacken. Mit einer Kartoffelpresse rasch in einem heißen Topf durchdrücken, mit 70 g Butter mit einem starken elektrischen Schlagbesen schlagen, 100 ml heiße Sahne, Pfeffer, Muskat dazurühren (oder 100 g Butter und 100 ml Milch verwenden). Die Masse soll durch das Schlagen von sehr weich bis ziemlich fest sich verändern. Sofort servieren.

Schloßkartoffeln (Pommes Château)

4 Personen

Aus großen Kartoffeln mit einem runden Ausstechmesser kleine Kugeln ausstechen, insgesamt 400 g; 20 g Butter und 20 ml Öl in einer Pfanne heißmachen, die groß genug ist, daß die Kartoffeln in einer Lage hineinpassen. Die Kartoffeln ringsum anbraten und im Ofen bei 200° in etwa 30 Minuten fertigbacken, wobei man gelegentlich schüttelt und nach der halben Zeit noch 40 g Butter zufügt.

Reis mit Safran

2–4 Personen

300 ml Wasser aufkochen, 120 g Reis einschütten, Salz, 1 gute Messerspitze Safran, 20 g Butter, aufkochen und bei sehr kleiner Hitze oder im Ofen bei 180° 25 Minuten kochen. 40 g Butter untermischen, noch 5 Minuten weiter ziehen lassen.

Zu reichen Gerichten macht man den Reis ebenso, aber ohne Safran und Butter. Als mehr selbständiges Gericht macht man

Reis Pilaf:

1 feingeschnittene Zwiebel gelb werden lassen, den Reis miterhitzen, daß er glänzt, mit kochender Fleischbrühe statt Wasser auffüllen, Pfeffer, 20 Minuten sanft kochen.

Käse, Nachtisch

Zunächst möchte ich sagen, daß ich es nicht für richtig halte, bei Essen für Gäste oft auf einen Nachtisch zu verzichten. Man braucht irgendeinen Abschluß gerade bei einem guten Essen, und sei es (dafür spricht sogar viel) einfach frisches Obst. Ich gestehe, daß ich meistens sogar Käse *und* Nachtisch anbiete. Deshalb habe ich im Kochkurs eine Doppelseite **Quark, Käse** gebracht, mit selbsthergestelltem Quark und Sahne, und wenigstens einigen Andeutungen für die Käseauswahl.

Je nach Menü ist das Nachtischbedürfnis sehr verschieden, von ganz leicht bis sehr süß oder nahrhaft und bis zum Kaffeegebäck. Die Anordnung im Kochkurs entspricht dieser Reihenfolge.

Ganz einfacher Obstsalat. Dieses Rezept soll die Vorzüge reiner Natürlichkeit bei einem erfrischenden Nachtisch zeigen.

Melone orientalisch; Obstsalat in Melonen sind attraktive Formen einer gewissen Verfeinerung.

Apfelkompott mit Weißwein und Zitrone, ganz erfrischend, obwohl gekocht.

Flambierte Pfirsiche, ein warmes Dessert mit kräftigem Geschmack, aber leicht.

Flambierte Crêpes.

Sorbet von schwarzen Johannisbeeren, nur Fruchtsaft und Zucker, ein Beispiel für viele ganz erfrischende Fruchtzubereitungen.

Erdbeerschaum von frischen Früchten und Sahne, süß und reich, aber zauberhaft zart.

Rote Grütze. Klassische Zubereitung mit erhitztem Fruchtsaft.

Bayerische Creme von Orangensaft, ein klassischer Nachtisch, süß und zart.

Käsekuchen. Ein substantieller Nachtisch, leicht herzustellen.

Tarte Tatin, warmer gedeckter Apfelkuchen mit karamelisiertem Zucker, ein einfaches Spitzenprodukt.

Mandelbögen, wenigstens ein Beispiel für kleines Gebäck für Nachtisch und Kaffee (Friandises).

KURZREZEPTE

Birnen in Rotwein
Kirschenkompott
Gemischtes Kompott
Zwetschgenkompott
Stachelbeerkompott
Feigenkompott
Erdbeerkompott
Himbeerkompott
Mirabellenkompott
Aprikosenkompott
Gebackene Äpfel,
ein Kindertraum

Weinschaumcreme
Apfelscheiben mit Weinschaumcreme
Sorbet
Birne Helene
Vanilleeis mit heißen Himbeeren
Vanilleeis mit heißen Kirschen
Crème Caramel
Schokoladencreme
Omelette surprise,
Eiscreme in Eischnee gebacken
Pumpkin Pie
(Kürbiskuchen)

Immer Käse?

Der Leser wird sich gewundert haben, daß ich bei den Menüs fast immer Käse gebe. Das ist sicher keine deutsche Sitte. Es ist in diesem Umfang nicht einmal eine französische Sitte. Dort heißt es sehr oft: Käse oder Nachtisch, und bei großen Abendessen gibt es meist keinen Käse.

Wir haben an anderer Stelle (S. 76) schon gesagt, daß wir bei den Menüs mehr angeben, als man jeden Tag essen würde. Man kann die Menüs radikal vereinfachen, vielleicht sogar bis auf zwei Bestandteile herunter. Aber wenn ich das tue, bleibt fast immer der Käse übrig, nicht nur weil er leicht darzubieten ist, sondern weil er die anderen Gänge gut ergänzt.

Wenn die Speisen im Menü Käse enthalten, wird man auf die Käseplatte oft verzichten. Ein Ausweg kann der Weiße Käse mit Sahne sein, der ja, wenn er gut ist, auch eine Attraktion für sich sein kann. In Frankreich gibt es kleine Restaurants, die nur wegen ihres Fromage blanc à la crème berühmt sind. Ein Menü dazu:

19.00	Blumenkohlsuppe	18.45	heißmachen, 18.55 Sahne und Butter zugeben
19.20	Schweinefleisch und Sauerkraut	19.10	Fleischbrühe und saure Sahne einrühren
	Gnocchi	18.58	in den Ofen
	Grüner Salat	19.18	anrichten
19.45	Weißer Käse mit Sahne		
20.05	Obst		

Zu Milch und Sahne (Rahm) ist es schwer, Allgemeingültiges zu sagen. Als Kind habe ich die Alpenmilch direkt vom Stall in 2000 m Höhe erlebt und die Sahne zum Schlagen am nächsten Morgen abgeschöpft. Heute sind nicht nur Milch und Sahne pasteurisiert. Viele wissen gar nicht mehr, wie Milch als Getränk schmeckt und wie sich der Geschmack beim Warmmachen und Kochen verändert. Dann ist auch der Pasteurisierungsgrad von Region zu Region verschieden. Man kann also nur noch Exzesse der Zivilisation bekämpfen, indem man speziell haltbar gemachte Produkte und Konserven ablehnt, auch Milchpulver, obwohl das noch am besten schmeckt. Also nur frische Milch (ich verwende nur Vollmilch, aber darauf darf ich nicht bestehen) und frische Schlagsahne, oder wie hier rechts Sauermilch und relativ oft saure Sahne, bei der man aber wissen muß, daß der Fettgehalt nur um 10% ist (bei Schlagsahne fast 30%). Man redet heute von Crème fraîche, der dicken französischen Sahne. Es gibt sogar Rezepte, um ihr den angeblich typischen leichten sauren Stich zu geben. Das ist ein Mißverständnis: Unsere Freundin am Markt in Grenoble hat immer so lange probiert, bis sie uns dicke Sahne ohne Stich anbieten konnte.

Pasteurisierte Milch wird nicht sauer, sondern übelschmeckend, ebenso die Sahne. Im allerersten Stadium verliert sich der schlechte Geschmack beim Kochen. Frische Milch läßt sich für nicht zu lange Zeit einfrieren. Sahne verändert dabei ihre Konsistenz, sie läßt sich nicht mehr so leicht schlagen und sieht im Kaffee flockig aus, ohne daß der Geschmack sehr leidet.

Quark, Käse

4 Personen

***Weißer Käse mit Sahne:* 2 l Sauermilch 2 Stunden bei 35° stehen lassen, durch ein Tuch abseihen. Zucker und Sahne (60 ml pro Person) oder Salz, Pfeffer, Sahne dazu servieren.**

„Fromage blanc" in Frankreich ist zarter als Quark oder Petit Suisse. Wenn Sie so etwas nicht bekommen, lohnt es, ihn aus Sauermilch herzustellen. Man stellt die Sauermilch in einer flachen Schale ins Wärmefach des Backofens und stellt die Heizung ab, wenn 35° erreicht sind (höhere Temperatur macht die Klümpchen zu fest). Man legt ein sauberes Tuch in ein großes Sieb und schüttet die Sauermilch hinein. Wenn die meiste Flüssigkeit abgelaufen ist, gibt man die Masse in kleine Töpfchen und serviert in diesen (wenn es geht, kann man sie auch stürzen). Sahne, Zucker, oder Salz und Pfeffer, gibt man extra.

Varianten:

Man kann in der Not Magerquark nehmen und Sahne darübergießen. Meist wird man den Quark mischen, mit Milch oder Sahne, Salz, Pfeffer, wenn man will mit Schnittlauch oder Zwiebeln, Paprika, Kerbel. Am besten ist wieder Magerquark und Sahne statt Sahnequark und Milch. Dies ist alles sehr gut als Brotaufstrich zum Frühstück, sonst mit Pellkartoffeln und Butter und (ohne die Zutaten) mit Pellkartoffeln und Kaviar, nicht jedoch statt des Käses am Schluß des Essens.

Die Käseplatte, die wir bei allen Menüs anführen, soll nicht durch große Vielfalt, sondern durch die Qualität und den Reifezustand der Käse bestimmt sein. Es ist für den Laien unmöglich, viele hervorragende Käse gleichzeitig im Bestzustand zu bekommen (und was macht man mit den Resten?). Drei oder vier Käsearten genügen auf jeden Fall, auch zwei können genug sein. Nach meiner Erfahrung wird sehr viel genommen ein Hartkäse, etwa Emmentaler, der durchaus aus Bayern sein kann (mein Traum ist der Allgäuer Bergkäse!). Dann braucht man einen zarten Weichkäse, etwa Brie, aber hier kommt alles auf die Qualität und den Reifezustand an. Man meide die großen Marken, die Fabrikkäse, die künstlich stabilisiert sind. „Fermier" ist in Frankreich das Zauberwort. Dann sollte man einen der „grünen" Käse haben, die in mehreren Ländern sehr gut sind, etwa Roquefort, Gorgonzola. Und schließlich werden viele es zu schätzen wissen, wenn ein Chèvre, ein Ziegenkäse, dabei ist, etwa einer von den harten, ganz kleinen. Für alle Fälle muß man Butter anbieten (sie gehört eigentlich nicht dazu), und auf jeden Fall französisches Weißbrot.

Vorratshaltung:

Hartkäse kann man eine Zeitlang in der Kühltruhe halten. Bei den Weichkäsen gebe ich einen radikalen Rat: Sofort in kleinen Portionen einfrieren und bald verbrauchen. Das ist viel besser als Kühlschrank oder zu langes Stehenlassen in der Küche.

Nachtisch, fast ganz natürlich

Nach einem einigermaßen reichlichen Essen wird Nachtisch von vielen abgelehnt, sei es, weil sie vorher zuviel gegessen haben oder weil sie die Kalorien im Zucker mehr fürchten als andere. Dies ist nicht gut, denn gerade nach einem reichlichen Essen sinkt durch die Anstrengung der Blutzuckerspiegel. Wer keinen Nachtisch nimmt, sollte also wenigstens den schwarzen Mokka mit Zucker trinken.

Obstsalat wird noch von den meisten angenommen, weil er das Bedürfnis nach etwas Frischem befriedigt. Man darf ihn natürlich nicht mit Schlagsahne zudecken, sondern muß diese extra geben. An sich paßt zum Obstsalat gut ein leichtes Vanilleeis, aber man sollte auch dieses zur Wahl stellen. Ich bin überhaupt kein Freund von Nachtisch in fertigen Portionen, in Bechern oder Schälchen. Der Gast soll seine Freiheit haben.

Obstsalat paßt zu allen Menüs mit einem mächtigen Hauptgang und nach Käse. Er paßt auch zu allen Menüs, die man besonders leicht gehalten hat, außer wenn ein gewöhnlicher Salat unmittelbar vorhergeht. Dem Obstsalat folgt der Kaffee. Für beides sollte man kleines raffiniertes Backwerk anbieten (Friandises, sagen die Franzosen). Solches gibt es nicht in jeder Stadt. Es lohnt sehr, einen Vorrat in der Tiefkühltruhe zu haben. Ein Menü:

Forellenfilet geräuchert
Lammcarré, Gratin dauphinois
Spinatsoufflé
Obstsalat, Friandises
Kaffee

Bei unseren Rezepten haben wir besonderen Wert darauf gelegt, daß der Obstsalat nicht gerührt wird, und vor allem, daß er nicht lange stehen soll. Wir haben hier ein Problem von fundamentaler Bedeutung: Immer wieder leidet auch die sorgfältigste Küche darunter, daß die Gerichte zu früh hergestellt werden und warten müssen. Ein im eigenen Saft ausgelaugter Obstsalat ist bei vielen Mahlzeiten der traurige Schlußpunkt einer solchen Beobachtung. Ich wiederhole deshalb noch einmal: Bei mir ist meistens noch nichts auf dem Herd, wenn die Gäste kommen, und kein frischer Salat ist angemacht. Dafür ist alles so vorbereitet, daß die Aufenthaltszeit des Kochs in der Küche kurz sein kann und mit dem Wechsel der Gänge koordiniert ist. Alles, was den Speisen nicht schadet, ist vorher vorbereitet. In unserem Fall sind die Äpfel und Orangen geschält, die Schale, die Glasteller und das kleine Gebäck sowie das große Schneidbrett und das scharfe Messer liegen bereit, die Sahne steht in der Schlagschüssel im Eisschrank, der Mokka ist zum Durchlaufen vorbereitet, die Kanne steht warm, die Tassen, Sahne und Zucker stehen auf dem Tablett. Vor dem Hauptgang wird in weniger als 5 Minuten das Obst geschnitten. Die Sahne wird unmittelbar vor dem Auftragen geschlagen. Manche Leser werden sich wundern, daß ich ein so einfaches Rezept hier aufnehme. Das ist wieder etwas Grundsätzliches: Ich kenne viele Obstsalate, und ich finde diesen besonders gut. Mit dem halbgelösten Zucker, der Zitrone und dem Orangensaft auf den Äpfeln entsteht ein geheimnisvoller Wohlgeschmack, fast nußähnlich. Ich hoffe, daß viele Leser das merken. Ein solches Rezept gehört in das Kochbuch, und wenn es noch so einfach ist.

Ganz einfacher Obstsalat

3–4 Personen

5 Orangen geschält in kleinen Schnitzen, 3 Äpfel ebenso. Eine Schicht Orangen, darüber die Äpfel, oben wieder Orangen. Darüber 4 flache Eßlöffel Zucker und Saft von 1 Zitrone. 20 Minuten im Eisschrank, dann mit dem entstandenen Saft begießen und gleich servieren.

Mit einem sehr scharfen Messer werden die Orangen auf dem Holzbrett ringsum bis auf das Fruchtfleisch geschält (nichts Weißes darf daranbleiben). Das an der Schale gebliebene Fruchtfleisch kann man in die Glasschale, in der der Salat serviert werden soll, ausdrücken. Die Äpfel werden geschält und, wenn sie noch warten müssen, in dem ausgedrückten Saft von 1 Zitrone gewendet. 20 Minuten (höchstens 1 Stunde) vor dem Servieren schneidet man von den Orangen, wieder mit dem ganz scharfen Messer, ringsherum Fruchtfleisch ab, bis nur noch die die Kerne enthaltende Mitte übrigbleibt. Kernlose Orangen kann man in 3 mm dicke Scheiben schneiden. Die Hälfte kommt auf den Boden der nicht zu kleinen Schüssel, darüber die ebenso geschnittenen Äpfel und darüber wieder Orangenschnitze. Das Ganze soll nicht mehr als 3 cm hoch sein. Darüber wird der Zucker gleichmäßig verteilt und zum Schluß der Zitronensaft. Die Schüssel kommt 20 Minuten in das Kühlfach des Eisschranks. Vor dem Auftragen wird der entstandene Saft über die ganze Oberfläche gegossen. Der Zucker hat sich nur zum Teil aufgelöst. Jetzt wird sofort, ohne Mischen der Obstmasse, serviert.

Varianten:

Wem dieser Salat zu einfach erscheint, der kann gebrochene Walnüsse zufügen (50 g am Boden der Schüssel). Man kann Kirsch oder Cointreau dazu anbieten (nicht zuviel, etwa 1 Eßlöffel für 2 Personen). Man kann auch mit einer Schicht Bananenscheiben beginnen (2 Bananen für 4 Personen) und diese zusätzlich mit dem Saft von $^1/_2$ Zitrone begießen. Andere Früchte, auch Beeren und Ananas, passen nicht so gut zu den Orangen. Melonenschnitze sind eine Möglichkeit; sie brauchen zusätzlichen Zitronensaft.

Zu Obstsalat sollte man leicht geschlagene, wenig gesüßte Schlagsahne extra anbieten. Sehr gut ist vorsichtige Zugabe eines passenden Alkohols, etwa Calvados. Auch ungeschlagene, nicht gesüßte Sahne kann gut sein. Die Gäste nehmen nur, wenn und soviel sie wollen.

Andere einfache Obstsalate (ohne Orangen):

Hier nur Beispiele: Äpfel und Erdbeeren; Äpfel, Erdbeeren, rote Johannisbeeren oder Brombeeren; Äpfel, Melone, Walderdbeeren; Birnen, Pflaumen, Johannisbeeren; Himbeeren über diesen Salaten angerichtet; Pfirisch, Ananas, Walderdbeeren oder Brombeeren; und so weiter. Gekochte Früchte verwende ich als Kompott, nicht in Fruchtsalaten.

Vorratshaltung:

Hier muß praktisch alles frisch sein. Als Ausnahme kommen in Frage Johannisbeeren und Pflaumen (oder Zwetschgen), die tiefgekühlt einigermaßen ihre Konsistenz behalten. Übriggebliebene Schlagsahne, sofort in die Kühltruhe gegeben, kommt noch nach 1 Monat in durchaus präsentabler Form wieder heraus.

Kleines Backwerk (Friandises) hält sich gut in der Tiefkühltruhe und braucht vorher kaum aufgetaut zu werden.

Melone nie ohne Zitrone

Melonen kann man heute praktisch das ganze Jahr über bekommen. Deshalb sind sie besonders im Winter sehr geeignet, wenn man einen frischen Nachtisch haben will. Ich würde sie jedenfalls den Wintererdbeeren vorziehen, die wohl aus Gründen der Haltbarkeit nicht im wohlschmeckendsten Zustand verschickt werden. Aber Melone paßt auch gut zu unseren Sommerfrüchten. Selbst relativ anspruchslos, hebt sie dezent deren Geschmack. Walderdbeeren, auch rote Johannisbeeren, sind dafür schöne Beispiele.
Für meinen Geschmack braucht Melone, ob sie nun allein, mit Schinken, mit Portwein, in Obstsalaten serviert wird, immer Zitrone. Ich befinde mich da nicht in Übereinstimmung mit den meisten Restaurants. Der Leser möge selbst entscheiden.
Zu dem hier gegebenen Menü paßt Melone deshalb gut, weil es ein bewußt leichtes Essen mit feinen Geschmacksnuancen ist. Man muß allerdings bedenken, ob die Gäste dazu passen. Starke Esser muß man versuchen mit dem Braten zu mästen.

20.00	Geräucherte Forellen Sahnemeerrettich				
20.20	Kalbsbraten im eigenen Saft				
	Broccoli	19.50	in Wasser,	20.10	Butter dazu
	Verschiedene Salate	20.17	anmachen		
20.50	Weißer Käse mit Sahne				
21.20	Melone orientalisch	19.58	ins Gefrierfach,	21.00	aus dem Gefrierfach
	Friandises (ganz kleines Gebäck)				

Frisches Obst oder Kompott, das ist eine Frage, die meines Erachtens zu selten zugunsten von Kompott entschieden wird. Es gibt sehr gute Kompotte, manche sogar in Dosen oder Gläsern wie Kirschen, Sauerkirschen, Birnen, weiße Pfirsiche, Zwetschgen. Andere, wie Äpfel (S. 187) oder Aprikosen, Mirabellen, kann man noch besser selbst machen. Wir geben deshalb bei den Menüs relativ oft Kompott an.
Frische Früchte kann man, wie hier rechts, in Fruchtsalaten geben. Das ist relativ unproblematisch, man muß nur sehr darauf achten, daß man alle schlechten Stellen wegschneidet und nichts so lange stehen läßt, daß irgend etwas matschig wird.
Von ganzen Früchten sind sehr beliebt Erdbeeren (aber sehr heikel, sie sind oft fad und sehr oft nicht genügend frisch), Himbeeren, Brombeeren. Walderdbeeren sind ein Traum. Sie alle gibt man ohne jeden Zusatz, die Gäste nehmen selbst Zucker, Milch oder Sahne (bei Erdbeeren mögen manche, auch ich, Wein oder Sekt). Man wäscht sie entweder gar nicht oder im letzten Moment mit sorgfältigem Abtropfen. Frische Ananas kann hervorragend sein, wenn man versteht, sie auszusuchen. Ich schneide sie in Schnitze auf wie eine Orange und schneide dann bei jedem Schnitz den harten Kern weg und trenne das Fleisch von der Schale. Ich gebe nichts dazu außer Zucker, wenn wirklich jemand will. Trauben kann man geben, wenn sie ganz dünnhäutig sind, kleine Kerne haben, hervorragend schmecken und ganz reif sind.
An großem Obst kommen vor allem Äpfel, Birnen, Pfirsiche (nur weiße!) in Frage. Hier gibt es zwei Schwierigkeiten: Die Früchte müssen ganz hervorragend in der Qualität sein (vor allem Birnen); und wenige können sie gut schälen und tranchieren. Für einen Gast kann man das tun, wenn er es duldet. Für mehrere muß man auf jeden Fall sehr scharfe Messer und Gabeln geben. Am besten aber bietet man zur Wahl noch Bananen an; man wird erstaunt sein, wieviele Gäste sie nehmen.

Melone orientalisch, Obstsalat in Melonen

4 Personen

1) Eine Melone von etwa 1 kg geschält in Scheiben schneiden, zwischen diese 40 g Honig, 60 g Zucker, 30 ml Kirsch, Saft von 1 Zitrone aufstreichen, bis fast zum Gefrieren kühlen.

2) Melone von etwa 1 kg aushöhlen, das Fleisch mit je 70 g Walderdbeeren, Trauben, Apfelwürfeln, Ananasscheiben, 4 Eßlöffeln Zucker, Saft von 2 Zitronen wieder einfüllen, ziehen lassen.

1) Die Melone (keine Wassermelone, im übrigen gibt es zahllose wohlschmeckende Arten; sie soll ganz reif, aber noch nicht matschig sein) halbiert man, nimmt die Kerne heraus, schält die Hälften und schneidet sie in 1 cm dicke Scheiben (Ringe). In einer Schale, in die die Melone ihrer Form nach gerade hineinpaßt, baut man die Melone scheibenweise wieder zusammen und streicht zwischen die Scheiben die vorher zusammengerührten Zutaten, auch zum Schluß obenauf. Man deckt mit Aluminiumfolie ab und kühlt im Gefrierfach des Kühlschranks etwa 1 Stunde lang. Die Melone soll gerade nicht gefroren sein; sonst läßt man sie noch 20 Minuten außen stehen.

2) Man schneidet von der Stielseite der Melone einen etwa 1 1/2 cm dicken Deckel ab, entfernt die Kerne und nimmt dann mit einem Kaffeelöffel oder mit einem runden Werkzeug zur Herstellung von Kartoffelbällchen das Fruchtfleisch in kleinen Stücken heraus, auch vom Deckel. In einer Schale vermischt man es mit allen anderen Zutaten und füllt es in die Melone wieder ein. (Ein etwaiger Überschuß kann später nachserviert werden.) Man läßt sie im Kühlschrank etwa 1 Stunde lang ziehen und kühlen.

Statt einer großen Melone kann man sehr gut auch 4 kleine für individuelle Portionen verwenden.

Varianten:

Zu 1) keine.

Zu 2) Man kann die Zutaten variieren: Rote Johannisbeeren, Birnen, Bananen, Pfirsiche. Man kann etwas Kirsch zugeben (auch Walnüsse).

Befriedigender Nachtisch

Unsere Essen folgen meist auf einen anstrengenden Tag, oft unmittelbar auf eine lange Sitzung. Wir servieren Cocktails schon während der letzten halben Stunde der Sitzung; der Vorsitzende muß dafür sorgen, daß in dieser Zeit Dinge behandelt werden, die keine Giftstoffe enthalten und die nicht schon am gleichen Tag entschieden werden müssen; in dieser halben Stunde muß sich die Spannung schon ein wenig lösen. Mit einer guten Suppe kommt die Welt wieder in Ordnung, und bis zum Käse sollte der Gast das Gefühl bekommen haben, daß er zufrieden und bedürfnislos unter freundlichen Menschen lebt und daß es schön ist, mit diesen zu reden. Dies kann gefährlich werden, ich erinnere mich vor allem aus Frankreich an lautstarke, durchaus offene, aber nicht sehr überlegte Diskussionen, an ein falsches und nachher leicht enttäuschtes Glücksgefühl.

Hier hat der Nachtisch eine Funktion. Ein süßer, konzentrierter Nachtisch bedeutet eine weitere Steigerung und drängt zu starkem Kaffee, zu Armagnac und zur Öffnung der Seele gegen den anderen. Wenn die Sitzung nachher weitergehen soll, gebe ich lieber Obst, oder am liebsten Kompott, nicht zu süß. Das mag ein wenig ernüchternd sein, aber es erinnert an Kindheit und damit ganz freundlich an Wiederbeginn, an neues Leben.

Es gibt auch einen weniger psychologischen Grund, Kompott zu geben: ein sehr mächtiges Hauptgericht, das nur noch nach Beruhigung verlangt.

Hier ein Menü:

19.00	Einlaufsuppe	18.50	Suppe heißmachen, 18.58 Eier einrühren
19.20	Gebratene Gans	19.10	Gans aus dem Ofen nehmen, Sauce herstellen
	Rotkohl	18.30	aufstellen
	Polenta	18.45	anrühren, 18.48 in Ofen
	Gemischter Salat	19.18	anmachen
20.00	Apfelkompott		

Bei uns gab es nach Gans immer mit wenig Zucker selbst eingemachtes Stachelbeerkompott von unreifen Beeren, das war ganz ideal.

Früchte sind sehr verschieden in ihrer Eignung als Kompott. Ideal sind etwa ganz kleine rote Pflaumen, die es in Heidelberg gab und die roh nach gar nichts schmecken. Gewaschen, mit Zucker aufgekocht, ganz zart, mit geplatzter weicher Haut, sind sie unvergeßlich. Sehr gut sind schwarze Kirschen, natürlich Sauerkirschen, Mirabellen, Birnen, Aprikosen (für die es allerdings noch bessere Zubereitungen gibt), und vor allem Zwetschgen (für Norddeutsche: das sind späte, längliche Pflaumen, bei denen der Stein leicht auszulösen ist). Bei allen diesen darf man nicht zu wenig Flüssigkeit und nicht zu viel Zucker nehmen.

Apfelkompott und Apfel Kardinal

8 Personen
8 große Äpfel halbiert, mit 3/8 l Wein, Saft und Schale von 1/2 Zitrone, 10 Eßlöffeln Zucker 8 Minuten kochen.
Für Apfel Kardinal über die Apfelhälften 200 g Himbeermus mit 60 g Zucker und 100 ml Schlagsahne mit 30 g Zucker und 0,01 l Calvados

Die Äpfel schälen, halbieren, das Kernhaus herausschneiden, laufend in die Mischung von Wein und Zitrone geben und umdrehen. Zucker und Zitronenschale zugeben, in einem hohen Topf aus rostfreiem Stahl oder Keramik (wegen der Säure in Wein und Äpfeln) bei guter Hitze aufkochen, danach einmal die oberen Äpfel nach unten schieben. Weiterkochen, bis sich Schaum bildet, der über die Äpfel steigt. Wenn nötig, den Deckel kurz öffnen, ehe es überkocht. (Dies gehört zu den Gerichten, die man macht, wenn man sowieso in der Küche arbeitet.) Die Äpfel sollen weich sein, aber nicht zerfallen. Man erhält 2 bis 4 Eßlöffel Flüssigkeit pro Apfel.

Varianten des Kompotts:

Man kann die Flüssigkeitsmenge erhöhen und eine Zimtstange mitkochen. Man kann stattdessen 3 Eßlöffel Calvados mitkochen. Man kann die Äpfel fast ohne Flüssigkeit servieren und etwas frische Sahne dazu auftragen: Die Gäste haben dann die Wahl. Die Sahne mildert den starken Säure- und Zuckergeschmack.

Man kann das Kompott mischen mit frischen Johannisbeeren oder mit Zwetschgenkompott, auch mit Erbeeren.

Apfel Kardinal:

Man drückt 250 g Himbeeren (frische oder gefrorene) mit 6 Eßlöffeln Zucker durch ein Sieb (hier bewährt sich das kleine Rührgerät mit Passierpilz); die Schlagsahne wird mit dem Zucker steifgeschlagen und mit dem Calvados verdünnt. Man serviert entweder die Äpfel (fast ohne Flüssigkeit), das Himbeermus und die Schlagsahne oder serviert je 2 Apfelhälften auf Desserttellern, sparsam rot und weiß dekoriert, und serviert Himbeeren und Sahne zusätzlich zur Wahl.

Varianten:

Dieses Gericht kann man auch ohne Sahne servieren, wenn nach den Vorgerichten das Bedürfnis nach leicht und sauer besteht. Die Zuckermenge wird man nach Bedarf und Geschmack variieren.

Man kann auch statt einer Apfelhälfte eine kleine Kugel Vanilleeis geben und etwas mehr Himbeeren und Schlagsahne nehmen. Das ist dann ein Apfel Melba. Viele geben dazu blättrig geschnittene Mandeln. Ich gebe lieber gleich ganz kleines Gebäck (Friandises).

Pfirsiche, delikat und heikel – flambieren oder nicht?

In meiner Kinderzeit hatte ich einen selbst aus einem Kern gezogenen Pfirsichbaum, und seitdem bin ich pfirsichsüchtig. Der Übergang der Farbe von Grün zu einem bläulichen Rosa auf der Sonnenseite, das zarte Fleisch und der delikate Geschmack, der sich beim Zergehen auf der Zunge entfaltet, sind unvergeßlich. Später war ich in den USA und habe andere Pfirsiche kennengelernt, viel größer, haltbarer, gleichmäßiger, billiger. Diese Pfirsiche, kein Vergleich im Geschmack mit den anderen, gibt es heute überall. Aber es gibt auch noch die anderen. Suchen Sie sie, nehmen Sie nur solche. Es gibt blasse Pfirsiche als Kompott im Glas, sie sind unvergleichlich besser als alle gelben Pfirsiche, in der Dose oder frisch. Für unser Rezept sind sie sehr geeignet.

Die frühen Pfirsiche sind oft von der guten Sorte. Sie lassen sich leider schlechter schälen und vor allem auskernen als die vom September. Notfalls schneidet man einfach rings um den Kern Schnitze ab, das schmeckt genauso gut wie schöne Hälften.

Früchte mit Alkohol soll man nicht zu oft geben. Sie passen zu einem etwas üppigen Essen mit ein bißchen zu viel Fett. Aber sie brauchen einen gewissen Abstand vom vorigen Gang, weil sie so ganz anders schmecken als alles Vorhergehende. Es ist also gut, etwa nach dem Käse mit Rotwein eine kleine Pause zu haben. In Frankreich ist das kein Problem, weil um diese Zeit immer politisiert wird. Bei uns bitte ich oft die Gäste vor dem Nachtisch ins Wohnzimmer. Jeder freut sich, wenn er ein paar Minuten stehen kann. Den Nachtisch gibt es dann unmittelbar vor dem Kaffee, wenn alles bequem sitzt.

Hier ein bayerisches Menü:

Omelettsuppe
Schweinebraten mit Knödel und Salat
Käse (das ist nicht bayerisch, aber es gibt dort einen erstaunlich bekannten grünen Käse und dann natürlich ein Spitzenprodukt, den Allgäuer Bergkäse)
Flambierte Pfirsiche mit Mandelgebäck

Cognac und anderer Alkohol, in größeren Mengen zu heißen Früchten gegeben, soll mehr durch sein Aroma als den Alkoholgehalt wirken; dieser verringert sich durch das Kochen. Beim Flambieren werden die Dämpfe entzündet, die schon in der Luft sind. Nichts davon kehrt in die Speise zurück. Wenn die Hitze der Flamme stark ist, erhöht sie die Verdampfung an der Oberfläche, und eventuell können Teile dieser Oberfläche so heiß werden, daß der Geschmack sich wie bei schnellem Grillen verändert. Bei unserem Rezept kommt der Versuch dazu, den durch die Flamme fallenden Zucker zu karamelisieren. Das ist alles; es geht meist auch ohne Flambieren. Die kleine blaue Flamme über der Silberschüssel ist meist ebenso nutzlos wie die Prozession mit dem großen Braten um den Tisch. Aber sie ist hübsch, eine kleine Abwechslung, eine Aufmerksamkeit für die Gäste. Was wollen wir mehr?

Flambierte Pfirsiche

4 bis 6 Personen
6 Pfirsiche halbieren, mit 2 Eßlöffeln Zuckersirup 8 Minuten kochen, heiß mit 75 ml Cognac, 75 ml Kirsch flambieren, dabei 60 g Zucker überstreuen. Am Tisch noch einmal mit 100 ml Cognac flambieren. Dazu Mandelgebäck.

Die Pfirsiche werden geschält (wenn nötig vorher 30 Sekunden in kochendes Wasser getaucht), ringsum bis zum Kern eingeschnitten und durch Drehen in zwei Hälften vom Kern getrennt; wenn nötig hilft man mit dem Messer nach; dabei bleibt ein Teil des Fruchtfleisches am Kern). In einem flachen Topf, in dem die Pfirsichhälften sich wenig überlappen, werden sie mit 2 Eßlöffeln Zuckersirup aufgekocht und 8 Minuten lang am Kochen gehalten. Cognac und Kirsch werden in einem Pfännchen erhitzt, auf die heißen Pfirsiche gegossen und sofort angezündet. Während die Flamme stark brennt, werden 60 g feiner Zucker in breitem Strahl aufgestreut, so daß er sich in der Flamme bräunt. Beim Auftragen kann man noch einmal mit Cognac flambieren; man kann aber auch gleich beim ersten Mal den ganzen Alkohol verwenden.

Statt frischer Pfirsiche kann man auch die Früchte von Kompott verwenden.

Zuckersirup: 500 g Zucker in 800 ml Wasser 5 Minuten kochen.

Varianten:

Statt der Pfirsiche werden Birnen verwendet. Beim Kochen wird 1 Eßlöffel Portwein pro Birne zugefügt, das Flambieren erfolgt mit Cognac und Williamine.

Ausgesteinte Kirschen, am besten von fertigem Kompott, mit $^1/_2$ Kaffeelöffel Zimt. Flambieren mit halb Kirsch, halb Maraschino.

Himbeeren, frisch oder zur Not tiefgekühlt. Nur heiß machen und sofort flambieren.

Alle diese Früchte können auch auf Vanilleeis serviert werden (80 g pro Person). Am besten trägt man das Eis und die Früchte getrennt auf, und die Gäste nehmen von beiden die gewünschte Menge.

Zu allen Früchten paßt lockeres Mandel-Kleingebäck.

Vorratshaltung:

Pfirsich- und Birnen-Kompott kann man in größeren Mengen herstellen und so einfrieren, daß die einzelnen Früchte getrennt liegen.

Mikrowellenherd:

Die Früchte kann man mit Vorteil mit Mikrowellen kochen. Die Kochzeit verringert sich auf die Hälfte. Man kann auch (statt Flambieren) den Alkohol zugeben und etwa 6 Minuten lang kochen und verdampfen lassen. Der Zucker wird dann natürlich nicht karamelisiert.

Ein Gefühl von Luxus und Sorglosigkeit

Für den Autor sind flambierte Crêpes ganz mit Schiffsüberfahrten von den USA verbunden. Die Sorglosigkeit an Bord, die frische Luft und der dadurch entstehende Appetit, die endlosen und sehr guten Mahlzeiten erzeugen ein Wohlgefühl und einen gewissen Überschuß an Wohlbefinden. Nur so ist es zu erklären, daß man am Ende einer reichen Mahlzeit auch noch flambierte Crêpes wählt. Die zeremonielle Handlung beim Flambieren spielt dabei natürlich mit, obwohl wir zugeben, daß das Flambieren am Geschmack kaum etwas ändert. Daß ich die hier beschriebenen Crêpes nicht wie sonst jedermann Crêpes Suzette nenne, liegt an dem Gastronomiekritiker der Zeitung ‚Le Monde', der immer mit Leidenschaft betont, die wahren Crêpes seien nicht flambiert. Das ist ein Grund mehr, mit Namen von Gerichten sparsam umzugehen.

Ganz wie auf dem Schiff haben wir ein reiches Menü gewählt; wir können nur hoffen, daß der Leser Gäste dafür findet:

20.00	Quiche lorraine				
20.20	Grießnockerlsuppe	19.58	Brühe heißmachen,	20.10	Nockerl in die Brühe
20.40	Fisch mit Duxelles	20.30	Fisch in die Pfanne		
21.00	Sorbet von Zitronen in Wodka				
21.15	Kalbsmedaillons	20.58	aufstellen		
	mit Morcheln	21.10	Morcheln dazu		
	Reis	20.50	aufstellen		
	Salat	21.13	anmachen		
21.30	Käse				
21.45	Flambierte Crêpes	21.40	Pfanne am Tisch aufsetzen		

Von den elektrisch geheizten Pfannen, die man in den Teig taucht, halte ich nicht viel. Flädle (Crêpes) sollen auf beiden Seiten gebacken sein. An Pfannen braucht der vielseitige Koch mehrere Größen zwischen etwa 10 und 30 cm Bodendurchmesser, teils mit stark geneigtem Rand, um Spiegeleier herausgleiten lassen zu können, teils mit etwas höherem, runden Rand, um darin ohne Überschwappen rühren zu können. Sehr hübsch sind kleine emaillierte Pfännchen für individuelle Spiegeleier und dergleichen. Bei größeren Pfannen aus Guß und Email ist die Wärmeverteilung nicht so gut. Dies ist besser bei nicht zu leichten Aluminiumpfannen und natürlich bei den rostfreien Pfannen mit Kupferbodeneinsatz. Ein leichtes Pfännchen ist gut etwa zum raschen Schmelzen von Butter und für kleine Saucen. Hier mag man auch der Vorliebe der Professionellen für innen verzinnte Kupferpfannen einmal nachgeben. Sonst sind mittelschwere Pfannen mit guter Wärmeverteilung das beste. Das gilt besonders für die größte Pfanne, die über die Heizplatten des Herdes hinausragt. Es ist auch gut, wenn die Stiele der Pfannen hitzefest oder abnehmbar sind, dann kann man diese im Ofen verwenden. Pfannen aus flammfester Glaskeramik sind sehr schön, aber die Wärmeverteilung ist leider schlecht.

Töpfe kann man in allen Größen brauchen, flach für Saucen und zum Eindampfen, hoch zum Kochen. *Ein* hoher Topf sollte mindestens 8 Liter fassen, er kann ruhig aus Aluminium sein. Da er nur zum Kochen dient, ist es nicht schlimm, wenn der Boden nicht ganz glatt ist. Bei den anderen Töpfen sind die mit dem schweren Kupferbodeneinsatz bei weitem die besten. Es gibt auch sehr hübsche Emailtöpfe, die man auf den Tisch bringen kann. Schließlich besteht ein ungeheurer Bedarf an hitzebeständigem Glas oder Keramik (z. B. die ovalen Schalen aus Burgund) für alles, was im Ofen gegart wird. Auch kleine Töpfchen und Schalen für individuelle Gerichte kann man immer brauchen. Natürlich soll möglichst viel davon stapelbar sein, damit man nicht so viel Platz braucht.

Flambierte Crêpes

6 Personen

Teig von 250 g Mehl, 100 g Zucker, 3 Eiern, 200 ml gekochter Milch, 15 ml Sahne, wenig Salz 2 Stunden stehen lassen. Mit 30 ml Öl, 30 g Butter ca. 25 Crêpes backen.

250 g Butter, 150 g Zucker schaumig rühren, dazu Schale von 1/2 Zitrone, 1/2 Orange (ungespritzt). Mit 100 ml Curaçao, 100 ml Cognac flambieren.

Das gesiebte Mehl wird mit dem Zucker und Salz gemischt; man rührt die Eier und dann die vorher abgekochte, nicht mehr heiße Milch und die Sahne ein und läßt den Teig mindestens 2 Stunden bei Zimmertemperatur stehen.

Inzwischen rührt man 250 g Butter mit 150 g Zucker schaumig und gibt die sehr klein geschnittene Zitronen- und Orangenschale (ohne Weißes!) dazu und läßt die Mischung in der Kälte stehen.

Kurz vor dem Essen bäckt man die Crêpes: In einer Pfanne von 12 cm Durchmesser schmilzt man bei mittlerer Hitze wenig Butter und Öl, gibt etwas mehr als 1 Eßlöffel Teig in die Pfanne, verteilt ihn rasch durch Schwenken und wendet die Crêpes, sobald die Oberseite fest wird. Am besten wendet man durch Hochwerfen in der Luft, man gewöhnt sich daran sehr schnell, sonst wendet man mit einem Metallspatel. Die Backzeit ist für die Rückseite kürzer. Man schichtet die Crêpes auf einem Teller übereinander.

Am Tisch schmilzt man in einer großen Pfanne etwa 1/6 der Buttermasse, gibt rasch nacheinander 4 Crêpes zu, wendet sie und schlägt sie zu Halbkreisen übereinander, gießt 1/6 des vorher zusammengeschütteten Alkohols darüber und flambiert. Dies wiederholt man sechsmal. Der Gastgeber erhält die letzte Portion; die Gäste erhalten laufend je 1 Crêpe.

Varianten:

Dies ist die bürgerliche Art von Crêpes (wenn man auch noch die Sahne durch Milch ersetzt). Für Crêpes mit nicht süßen Füllungen braucht man nur den Zucker wegzulassen. Man kann die Zahl der Eier verdoppeln oder zu den 3 Eiern 6 Eigelb hinzufügen. In den Kochbüchern gibt es viele reiche Varianten. Ich meine, daß Crêpes eine gewisse Einfachheit wohl ansteht.

Vorratshaltung:

Man kann die Crêpes einige Tage aufbewahren oder auch einfrieren (mit Tüten dazwischen, damit man sie leicht trennen kann). Sie werden davon nicht viel schlechter.

Die Buttermasse kann man gut einfrieren, am besten in Stangen, so daß man Portionen abschneiden kann.

Eiscreme: Luxus oder Bedürfnis?

Daß Eis nicht nur bei Kindern und nicht nur als Nachtisch beliebt ist, das ist nicht zu leugnen. Ich würde auch das Bedürfnis danach bejahen, ohne die physiologischen Ursachen angeben zu können. Ich biete allerdings immer nur wenig an; man wird Eis leicht über, in größeren Mengen hat es etwas Barbarisches. Allerdings gibt es große Eisfans, die ungeheure Mengen vertilgen können. Die ich selbst kenne, sind besonders nette Leute; es lohnt, für sie zweite, dritte, vierte, fünfte Portionen zu haben, am besten eine Schüssel zum Selbstnehmen.

Meist werden Sie Ihren Eisbedarf durch Kaufen befriedigen können, besonders wenn ein Konditor selbst gutes Eis macht (mich stört ein wenig, daß die großen Eishersteller auch Margarinefabriken sind). Das Bedürfnis, Eis selbst zu machen, besteht vor allem bei den Sorbets, die nur aus Fruchtsaft und Zucker bestehen. Hier scheinen mir die kommerziellen Produkte nicht befriedigend, und unser Rezept ist einfach genug; man braucht nicht wegen der Mühe auf die Qualität zu verzichten.

Ein Sorbet kann man als Unterbrechung in der Mitte eines reichen Mahls geben, etwa Zitronensorbet in Wodka (siehe S. 72, 190). Aber normal ist es als Abschluß einer ein wenig lang hingezogenen Mahlzeit, wenn man nur noch etwas Leichtes, Erfrischendes will. Hier ein Beispiel:

20.00	Melone mit Schinken		
20.20	Kraftbrühe mit Morcheln	20.15	erhitzen, Butter zugeben
20.45	Hecht gekocht	20.30	kochen, am Tisch aufschneiden
	Beurre blanc	20.35	herstellen
	Gurkensalat	20.43	anmachen
21.15	Gigot vom Lamm	20.10	in Ofen, 20.42 wenden, 20.55 wenden
	Gratin dauphinois	20.31	in Ofen
	Gedämpfte Tomaten	21.05	in Ofen
21.45	Käse		
22.05	Sorbet	21.40	aus Kühltruhe

Sorbet kann man aus allen Fruchtsäften machen; man wird darauf achten, daß es keine unnötige Flüssigkeit gibt; Fruchtmus wie in unserem Rezept ist gut. Ich will zugeben, daß in den Rezepten meist Zuckersirup statt Zucker steht, man erhält damit wohl eine bessere Konsistenz. Aber der Geschmack wird nicht beeinflußt; deshalb habe ich darauf verzichtet.

Der Sinn der Verwendung gefrorener Früchte ist, daß sich bei ihrem Einfrieren nur sehr kleine Eiskristalle bilden. Diese werden bei halbem Auftauen und Wiedereinfrieren nur wenig größer. Mit Fruchtsäften dagegen gibt es größere Kristalle, wenn man nicht rührt, etwa in einer Eismaschine (eine solche anzuschaffen scheint mir etwas übertrieben, wenn man nicht sehr oft gutes Eis essen will). Man kann sich helfen, indem man der Flüssigkeit etwas Eiweiß zufügt (etwa 1 Eiweiß auf 1/2 l), dann in der Kühltruhe einfriert und mit dem Schneebesen schlägt, sobald die Eisbildung anfängt, und nachher noch einige Male, bis die Masse dafür zu fest ist.

Sorbet von schwarzen Johannisbeeren

4 Personen

500 g gefrorene schwarze Johannisbeeren mit 200 g Zucker halb aufgetaut passieren, mit je 1 Meringue, Schlagsahne und Crème de Cassis servieren.

Meringuen: **3 Eiweiß (110 g) mit 175 g feinem Zucker in der Wärme schlagen, bei 120° im Ofen 40 Minuten backen.**

Das Rezept geht am besten mit gefrorenen Beeren. Man friert sie selbst ein: frische Beeren, mit dem Zucker leicht vermischt, in Tüten in die Kühltruhe. Bei Bedarf bricht man davon ab. In der Not kann man sogar die Beeren an den Stielen lassen.

Die Beeren werden in einem großen Sieb über einer Schüssel halb aufgetaut (etwa 1 Stunde). Dann werden sie mit dem Passierpilz der Rührmaschine passiert. Das passierte Fruchtmus wird in einer Schale in einer etwa 2 cm dicken Schicht eingefroren.

Etwa 1/2 Stunde vor dem Gebrauch nimmt man die Schale heraus, gibt Portionen auf Glasteller, bedeckt sie mit einem Meringue-Hütchen, gibt wenig Schlagsahne und bietet am Tisch Crème de Cassis dazu an.

Meringuen: Man schlägt die Eiweiß in einem Topf aus rostfreiem Stahl, der in einem Wasserbad von etwa 50° bei schwacher Hitze auf dem Herd steht. Bald nach Beginn des Schlagens gibt man den Zucker zu. Das Eiweiß wird so steif, daß beim Herausnehmen des Schlagbesens kleine Spitzen stehen bleiben. Man bedeckt ein Kuchenblech mit Wachspapier und gibt vom Eiweiß mit einem Löffel Häufchen der gewünschten Größe (für mein Rezept etwa 8 cm Durchmesser, 1–2 cm hoch). Man bäckt bei 120° etwa 40 Minuten. Die Meringuen dürfen ein wenig gelb werden und sollen mürb sein, im Innern nicht mehr klebrig. Öfen sind sehr verschieden, man muß also Temperatur und Backzeit probieren.

Varianten:

Man kann das Sorbet allein servieren und dazu kleines Gebäck (Friandises) geben. Das ist sehr empfehlenswert. Darüber kann man eine kleine Menge Sauce aus Fruchtmus, Zitronensaft und Crème de Cassis geben (bei Kindern läßt man letzteres weg).

Man kann das Sorbet mit einer Schicht Vanilleeis kombinieren. Das macht das Gericht milder, aber noch nicht langweilig. Man braucht etwas mehr Crème de Cassis.

Meistens (ich kann darauf verzichten) gibt man der Meringuemasse etwas (wenig!) Vanille-Extrakt (nicht Vanillezucker!) zu. Vanille-Extrakt ist ebensogut wie Vanilleschoten. Diese braucht man nur, wenn man im Vanilleeis die kleinen Samenkügelchen sehen will.

Nachtischliebhaber

Mit nahrhaften Nachspeisen ist das so eine Sache. Hier zeigt sich, daß die Menschen in vieler Hinsicht einfach verschieden sind, offenbar aus physiologischen oder psychischen Gründen, die angeboren sein können oder nicht, und ganz sicher unabhängig von dem vielbeschrieenen sozialen Milieu. Einer unserer führenden Politiker wächst um mehrere Zentimeter, wenn der Nachtisch kommt; seine Augen glänzen, das kämpferisch Mißtrauische weicht einem Ausdruck reinen Glücks. Er vereinnahmt die Portion seiner Frau sofort für sich und schaut, schon zufrieden, doch noch erwartungsvoll um sich. Seine Gattin dagegen – und es gibt viele wie sie – kann ganz ohne Nachtisch leben. Das Süße ist ihr keine Quelle des Glücks; es sagt ihr einfach nichts; alle Genüsse solcher Art sind nicht für sie erfunden. Ganz dieselben Erfahrungen habe ich in allen Kreisen gemacht, noch deutlicher, wenn die Unterschiede nicht durch Konventionen verdeckt oder gemildert waren.

Auch gegenüber anderen Eigenschaften der Nachspeisen reagieren Menschen verschieden: auf der Zunge zergehend oder ein wenig fest; viel oder wenig Säure; Zugaben (z. B. Nüsse!) in Stücken oder gemahlen; Alkoholzusatz oder nicht. Der Koch kann von keinem Konsens seiner Gäste ausgehen. Trotzdem kann er hoffen, mit gut ausgewogenen Rezepten den Beifall fast aller zu finden. Im übrigen tut er gut daran, dem Gast freie Wahl zu lassen, wieviel und wie oft er nehmen will, und ihn nicht durch feste Portionen, und seien sie noch so schön verziert, zu erschrecken.

Das hier gegebene Rezept empfiehlt sich unter ähnlichen dadurch, daß die Früchte nicht erwärmt wurden und jedes Bindemittel, Mehl, Gelatine oder Ei, vermieden ist.

Das Menü ist auch hier besonders wichtig. Es soll kräftig, aber nicht überladen sein. Hier ein Beispiel:

20.00	Suppe aus frischen Erbsen	18.40	kochen, 18.50 Sahne zugeben
20.20	Maultaschen geröstet mit Käse	20.10	rösten, 20.15 wenden
	Gemischter Salat	20.18	anmachen
20.40	Erbeerschaum, halbgefroren		

Das Rezept rechts steht, soviel ich weiß, nicht in den Kochbüchern, und zwar deshalb, weil die Möglichkeiten der Gefriertechnik für den Haushalt noch nicht alle durchdacht und schöpferisch ausgenutzt worden sind. Fruchtmus und Schlagsahne trennen sich, wenn das Mus beim Versuch der Mischung flüssig ist. Mus von noch nicht aufgetauten Früchten aber ist relativ fest und mischt sich gut, weil die Flüssigkeit großenteils noch als Eis vorhanden ist, und zwar in ganz kleinen Kristallen, die beim Wiedereinfrieren das geschmolzene Wasser an sich binden, ohne groß zu werden. Dadurch und durch die Sahne hat das fertige Produkt eine angenehme Weichheit, und man kommt gar nicht auf die Idee, es als „Eis" zu bezeichnen.

Erdbeerschaum, halbgefroren

8 Personen

600 g gefrorene Erdbeeren halb aufgetaut mit 250 g Zucker durch ein Sieb drücken und 400 ml Schlagsahne unterziehen; einfrieren.

Gefrorene Erdbeeren aus der Tiefkühltruhe werden etwa 2 Stunden lang auf einem Sieb in der Küche halb aufgetaut und dann durch das Sieb gestrichen, am besten, aber nicht notwendig, mit dem Handmixer mit Passierscheibe. Der Zucker wird im Sieb zugegeben, sobald die Früchte zerquetscht sind. Dann kommen die Erdbeeren, gleichzeitig mit der Sahne, für $^3/_4$ Stunde ins Gefrierfach. Anschließend wird die Sahne sehr steif geschlagen (nicht zu lang, damit sie nicht zu Butter wird); die Erdbeeren werden mit $^1/_5$ der Schlagsahne durchgerührt, und dann wird der Rest darübergeschüttet und mit einem großen Spatel von der Mitte unten nach hinten oben unterzogen, wobei die Schüssel langsam entgegen dem Uhrzeigersinn (bei Rechtshändern) gedreht wird. Die Masse wird in eine kleinere Schüssel gefüllt und zugedeckt in der Kühltruhe mindestens 3 Stunden lang eingefroren. $^1/_2$ Stunde vor dem Auftragen wird sie in den wärmeren Teil (Gemüsefach) des Kühlschranks gestellt, damit sie nicht mehr unangenehm hart ist.

Dazu wird kleines süßes Gebäck gereicht.

Variationen:

Man kann mit dem Zucker 3 Eßlöffel Kirsch zufügen.

Man kann mit dem Zucker den Saft von 1 Zitrone zufügen und in diesem Fall 3 Eßlöffel Zucker mehr nehmen. Die Sahne schmeckt dann natürlich sauer.

Wenn man das nicht will, kann man einen Teil der Erdbeer-Zuckermasse getrennt mit dem Zitronensaft und, wenn man will, mit 1–2 Eßlöffeln Kirsch verrühren und als Sauce geben.

Andere Rezepte:

Normalerweise werden Früchte verwendet, die roh püriert werden können und dabei ein nicht zu flüssiges Mus ergeben, so daß sie nicht gefroren zu sein brauchen. Das klassische Rezept ist mit Aprikosen, auch mit Ananas; es geht auch mit Pfirsichen, Birnen, Äpfeln, Pflaumen. Johannisbeeren, Himbeeren, Heidelbeeren wird man wie im Rezept gefroren verwenden. Statt Sauce kommt noch in Frage Crème de Cassis (ein leichter Likör aus schwarzen Johannisbeeren) oder Früchte in Armagnac oder der in Deutschland so berühmte Rumtopf.

Sorbet:

Die durchgedrückte Fruchtmasse, mit Zusatz von Zitrone, noch halbgefroren, kann auch ohne Schlagsahne in die Tiefkühltruhe kommen und ergibt nach teilweisem Wiederauftauen ein sehr wohlschmeckendes, wenn auch vielleicht in der Konsistenz nicht ganz korrektes Sorbet, mit oder ohne Schlagsahne und flache Meringuen zu essen.

Kühltruhe:

Aufbewahrungszeit einige Wochen, das Sorbet auch länger.

Streit um das authentische Rezept

Meine Großmutter war Hamburgerin, und deshalb bekamen wir im Württembergischen oft rote Grütze, mit viel Mondamin und mit Vanillesauce. Ich nehme an, daß das die authentische rote Grütze war (ohne damit die Dänen angreifen zu wollen, deren Rezept ich nicht kenne). Aber im letzten Jahr gab es in Kiel bei einem offiziellen Essen eine „Hamburger rote Grütze". Neben mir saß ein Hamburger Senator. Er nickte beifällig, aber ein Bremer Senator gegenüber konnte es nicht lassen zu behaupten, die wahre rote Grütze werde in Bremen gemacht, im Ratskeller. Das Ende der Geschichte war, daß die beiden Senatoren versprachen, mir die Rezepte vom Bremer Ratskeller und vom Hamburger Ratsweinkeller zu schicken mit dem Auftrag, einen unabhängigen Vergleich anzustellen. Jetzt habe ich die Rezepte, aber sie kommen zu spät für die Obstsaison, und ich werde also erst nächstes Jahr nachkochen können. Beide Rezepte sind anders als meines, das ich schon vorher aufgeschrieben hatte. Es mag genügen zu sagen, daß ich mein Rezept nicht geändert habe. Die anderen Rezepte zu veröffentlichen fühle ich mich nicht autorisiert.

Rote Grütze hat, wenn sie gut ist, etwas Frisches und zugleich Einfaches. Darauf muß das Menü Rücksicht nehmen. An rote Grütze sollte man immer denken, wenn man hochgestellte Gäste hat. Sie schätzen Einfaches deshalb, weil sie es selten bekommen.

20.00	Pürierte Gemüsesuppe	19.50	heißmachen, 19.58 Sahne zugeben
20.20	Forelle blau mit Butter	20.10	in den Sud, 20.18 Butter schmelzen
	und Salzkartoffeln	19.52	aufstellen
	Grüner Salat	20.16	anmachen
20.45	Kalbsbraten im eigenen Saft		
	Spätzle	20.18	Wasser aufstellen, 20.35 Teig eingießen
	Blumenkohl	20.18	kochen, 20.33 Butter zugeben
21.10	Rote Grütze		

In diesem Buch vermeiden wir, über die Authentizität von Rezepten zu schreiben. Sicher sind die modernen Versionen oft Verfeinerungen der alten, und dagegen ist nichts einzuwenden, solange das Rezept nicht überladen wird. Bei unserem Rezept bleibt viel für Variationen offen: Manche werden nicht darauf verzichten wollen, die Grütze zu stürzen, weil das hübsch aussieht. Dazu braucht man mehr Stärkemehl oder Gelatine. Über die Zitrone kann man streiten. Meine Leidenschaft für den frischen Geschmack von Zitronensaft wird nicht von allen geteilt. Aber vor allem die Saucen: Ich habe beim Bundespräsidenten nur Milch angeboten, weil ich alles andere nach einem reichlichen Mahl zu üppig fand. Aber bei einem Mahl in Norddeutschland für neun Regierungschefs und Staatsoberhäupter gab es nicht nur Vanillesauce mit Schlagsahne darin, sondern vorher wurden noch ziemlich große Mengen Grand Marnier eingerührt. Das übersteigt beinahe meine Vorstellungskraft.

Rote Grütze

6–12 Personen

$^1/_2$ kg Süßkirschen mit der Schale von 1 Zitrone in $^1/_4$ l Wein 10 Minuten kochen, mit $^1/_2$ kg roten Johannisbeeren, 1 kg schwarzen Johannisbeeren, 300 g Zucker noch 10 Minuten kochen, (Saft von 1 Zitrone). Über $^1/_2$ kg Himbeeren gießen. Dazu kalte Milch.

Die Kirschen werden gewaschen, abgetropft und in einem großen Topf (emailliert oder rostfreier Stahl, kein Aluminium) gekocht, wobei man vor dem Aufkochen ein- oder zweimal umrührt, dann werden die Johannisbeeren (mit den Stielen) und der Zucker zugegeben und noch einmal gekocht. Nun wird das Ganze, noch heiß, durch ein Sieb passiert, wobei man die Stiele nicht zerquetschen soll. Man gibt, wenn man will, den Zitronensaft zu und läßt die Masse $^1/_2$ Tag oder länger stehen. Wenn sie nicht ein wenig dick geworden ist, muß man sie noch einmal aufkochen und 50 g in 100 ml Wasser aufgelöstes Stärkemehl einrühren; danach läßt man noch einmal einigermaßen abkühlen. In einer Glasschüssel breitet man schöne, frische, ganz reife Himbeeren auf dem Boden aus, gießt die Masse darüber und stellt die Schüssel einige Stunden kalt. Man serviert mit kalter Milch.

Varianten:

Die Zitrone kann man weglassen. – Die Zuckermenge kann man je nach Geschmack verringern oder vergrößern. – Wenn man sowieso Stärkemehl verwendet, kann man die Menge der schwarzen Johannisbeeren bis auf $^1/_3$ verringern. – Man kann die Stiele der Johannisbeeren vor dem Kochen abziehen. Ich bin nicht ganz sicher, ob das für den Geschmack etwas bringt. – Statt der Himbeeren kann man auch sehr reife Brombeeren nehmen, oder beides. Man kann auch grob zerkleinerte Sauerkirschen zufügen. Überhaupt kann man die Menge der frischen Früchte bis auf das Doppelte erhöhen.

Statt der Milch kann man Sahne, Vanillesauce oder Vanillesauce mit eingerührter Schlagsahne zu der Grütze geben, oder man kann eines davon zusammen mit der Milch wahlweise anbieten.

Vanillesauce:

1 l Milch mit 3 Eigelb und 80 g Zucker mit $^1/_2$ Teelöffel Vanilleextrakt unter starkem Rühren fast zum Kochen bringen, abkühlen. Wenn man will, 350 ml Sahne steif schlagen und darunterziehen.

Mikrowellenherd

ist gut für die Vanillesauce. Für 1 l braucht man etwa 10 Minuten; man muß aber öfter rühren, und man muß aufhören, wenn die Sauce an einer Stelle, meist am oberen Rand, deutlich dick wird.

Ein Nachtisch von der klassischen Sorte

Bayerische Creme scheint ein französisches Rezept zu sein, man muß sich wohl einen französischen Koch vorstellen, der vor 200 Jahren in Bayern gearbeitet hat. Es gibt zwei Arten , eine mit gekochter Masse (mit Eigelb und oft mit Stärkemehl), und eine ungekochte mit Gelatine. Die gekochte kann ganz gut sein, wenn man Kompott mit kleingeschnittenen Früchten verwendet; in der etwas festeren Masse sinken diese nicht zu Boden.

Bayerische Creme kann in Menüs ziemlich universell eingesetzt werden, Bedingung ist nur, daß die Gäste beim Nachtisch noch Appetit haben. Ein bürgerliches Menü mit nicht zu schwerem Fleischgang ist ein gutes Beispiel:

19.30 Welsh Rarebit (Toast mit Tomaten und Käsesauce)
19.55 Leberspätzlesuppe
20.20 Schweinebraten
Kartoffelpüree
Rosenkohl
Grüner Salat
20.45 Bayerische Creme von Orangen

19.10 Käsesauce herstellen
19.20 Toast herstellen
19.30 Brühe auf kleines Feuer
19.45 Spätzle einlaufen lassen
20.10 Pfanne ablöschen
20.14 Kartoffeln passieren, Milch einrühren
20.10 Butter an Rosenkohl
20.18 anmachen

Das Gelatinerezept habe ich in den USA gelernt. Aber seitdem habe ich gefunden, daß auch die ersten Köche in Frankreich Gelatine verwenden; irgendein Nebengeschmack ist nicht zu befürchten. Man muß allerdings sehr auf eines achten: Die Creme wird, vor allem aber nicht nur in den USA, fast immer zu fest gemacht. Als Faustregel kann man sich merken: Bei den meisten Rezepten kann man die Gelatinemenge auf 1/3 reduzieren! Man darf aber keinesfalls so weit gehen, daß die Creme die ihr eigenartige samtige Konsistenz verliert. Man muß Versuche mit seiner Gelatine machen.

Bayerische Creme von Orangen

8 Personen
15 g Gelatine (1 Eßlöffel) mit 150 ml Wasser einweichen, auflösen, dazu 1/2 l frischen Orangensaft und 180 g Zucker, kühlen, schaumig schlagen, 3/8 l geschlagene Sahne unterziehen.
***Sauce:* Stücke von 2 Orangen, 50 g Zucker, Saft von 1/2 Zitrone (30 ml Curaçao), 100 g Walnüsse, 100 g zerkleinerte Makronen, (50 g kandierte Früchte) dazugeben.**

In einer Schüssel mit 2–3 l Inhalt weicht man die Gelatine mit 50 ml Wasser 20 Minuten lang ein, gießt 100 ml kochendes Wasser dazu löst die Gelatine vollständig auf (wenn ein Rest ungelöst bleibt, muß man ihn abseihen). Man fügt 1/3 des Orangensaftes und Zuckers zu, verrührt gut und stellt die Mischung in den Kühlschrank, bis sie anfängt fest zu werden. Dann schlägt man sie mit dem elektrischen Schneebesen, bis sie schaumig wird, und fügt unter weiterem Schlagen den Rest von Saft und Zucker zu. (Das Gelingen des Rezepts hängt davon ab, daß vor dem Schlagen die Masse fest genug ist, um schaumig zu werden, aber nicht so fest, daß Stückchen in der Masse schwimmen.)

Inzwischen hat man die Sahne sehr kalt gestellt. Man schlägt sie, bis sie steif ist, aber noch nicht anfängt, eine feine Struktur an der Oberfläche zu bekommen (dann mischt sie sich schlecht, oder sie wird gar zu Butter). Man gießt die Sahne über die Masse und zieht sie mit einem großen Löffel oder einem Spatel unter, den man von unten immer nach oben außen hebt und dabei die Schüssel langsam entgegen dem Uhrzeigersinn dreht.

Die Sauce kann man weglassen, und auf jeden Fall sollte man sie getrennt anbieten. Die Orangen werden „à vif" geschält, das heißt, es wird bis auf das Fruchtfleisch alles Weiße entfernt, und dann werden ringsum dünne Scheiben abgeschnitten, so daß schließlich das Innere mit den Kernen und der Haut nahe der Achse ausgeschieden werden kann. Die kandierten Früchte, auf die man auch verzichten kann, werden in 3-mm-Würfel geschnitten. Dann wird alles gemischt und nicht zu lange (20 Minuten) im Kühlschrank stehen gelassen.

Varianten:

Man kann die Sauce als Schicht in die Creme einbauen: Nach dem Verrühren des Fruchtsaftes stellt man nur die Hälfte kalt, schlägt die Hälfte der Sahne und stellt die Creme in einer flachen Glasschüssel kalt, gibt dann die Sauce darüber. Inzwischen stellt man die zweite Hälfte der Creme fertig und gießt sie vorsichtig darüber.

Man kann diese Creme in kleine individuelle Glasschälchen füllen. Ich empfehle aber, nur die Hälfte dafür zu verwenden und die andere Hälfte Liebhabern aus der Schüssel anzubieten.

Reste

halte ich 1–2 Tage im Kühlschrank. Einfrieren würde ich sie nicht.

Nachtisch als Hauptgericht

Wenn Sie am Ort einen sehr guten Konditor haben, dann werden Sie mindestens zum Tee keinen Kuchen backen, denn er kann das viel besser. Eine Ausnahme können sein warme Kuchen wie die Tarte Tatin, die man ohnehin bei uns nicht bekommt, oder der Käsekuchen, der am besten schmeckt, wenn er noch etwas warm ist. Ich finde es sehr angenehm, Käsekuchen nach einem leichten Essen als Nachtisch anzubieten. Man muß aber unmittelbar danach oder noch besser gleich dazu viel guten, nicht zu starken Kaffee anbieten, und vielleicht zum Schluß einen Kirsch.

13.00	Sardinen auf Toast	12.52	in den Ofen
	Grüner Salat	12.58	anmachen
13.20	Kalte Gurkensuppe		
13.40	Saltimbocca	ab 13.30	am Tisch braten
	Blattspinat	13.32	aufstellen
14.00	Käsekuchen	12.40	in den Ofen, 13.29 herausnehmen
	Kaffee		

Das hier beschriebene Menü erlaubt dem Koch, einen relativ großen Teil der Arbeit vor der Ankunft der Gäste zu erledigen. Dies mag den noch nicht so geübten Anwender dieses Kochbuchs erfreuen. Der Autor weiß natürlich, daß sein System (nichts zu lang kochen, nichts warm warten lassen) das Selbstbewußtsein der Köchin oder des Kochs auf die Probe stellt. Er möchte aber ermunternd sagen, daß jede bestandene Probe dem Selbstbewußtsein sehr hilft. Und er möchte noch einmal betonen, daß eigentlich nichts passieren kann. Eine Verschiebung des Zeitplans ergibt eine kleine Verzögerung des nächsten Gangs, das ist alles. Man darf nur die Reihenfolge der Handgriffe nicht durcheinanderbringen; dafür ist der Zeitplan da.

Hier muß der Autor allerdings ein Geständnis machen, auf das die Kennerinnen sicher schon gewartet haben. Es gibt Hausfrauen und Köche, die während des Kochens nicht nur Gewürze, Mehl usw. sofort wieder an ihren Platz stellen, sondern auch Töpfe, Geschirr und Besteck sofort abwaschen, abtrocknen, aufräumen. Das kann der Autor nicht. Solange die Gäste noch nicht da sind, kann man versuchen, alles so vorzubereiten, daß nichts außer den Speisen und Zutaten in der Küche steht. Das gelingt manchmal, wenn der Koch nicht zu spät vom Dienst gekommen ist. Aber wenn die Gäste da sind, gehört die ganze Zeit des Kochs ihnen, und in der Küche kann nur das Notwendige geschehen. Wenn ein freundlicher Mensch währenddessen für Ordnung sorgt, ist das sehr schön, aber: Auf Konversation muß man dabei verzichten, sonst geht bestimmt etwas schief!

Gegen Depressionen beim Anblick der Küche nach dem Weggang der Gäste hilft am besten die Spülmaschine, deren Anschaffung ich auch für einen Einpersonenhaushalt dringend empfehle. Man gewöhnt sich sehr schnell an den zweckmäßigsten Rhythmus, wie lange man frisches Geschirr direkt aus der Maschine nimmt und wann man sie ausräumen und wieder füllen muß. Der Erfinder der Geschirrspülmaschine ist ein Wohltäter der Vielbeschäftigten.

Käsekuchen

8 Personen

800 g Magerquark mit 12 Eigelb, 150 g Zucker, 50 g Mehl, 250 ml Sahne verrühren, 200 g in 200 ml Wein 10 Minuten gekochte Rosinen zufügen, 12 geschlagene Eiweiß unterziehen, in gebutterter 35 cm-Form 50 Minuten bei 160° backen.

Mit dem Schlagbesen verrührt man den Quark mit den je 3 auf einmal zugegebenen Eigelb, dem miteinander gemischten Zucker und Mehl und der Sahne. Inzwischen kocht man die Rosinen bei mittlerer Hitze mit dem Wein, bis dieser aufgesaugt oder verdampft ist, und mischt sie zur Masse. Die Eiweiß, die man vorher warmgestellt hat (sie dürfen ruhig 30° haben), schlägt man steif, aber nicht so steif, daß sie sich schlecht mischen lassen, schüttet sie über die Masse und zieht sie mit einem Spachtel unter, von innen nach außen hebend unter Drehen der Schüssel nach links. Man gießt die Masse in die Form, gibt sie in den auf 220° vorgeheizten Ofen und reduziert die Hitze sofort auf 160°. Man bäckt, bis der Kuchen nicht mehr weiter aufgeht, etwa 50 Minuten.

Varianten:

Man kann nach etwa 10 Minuten Backzeit die Oberfläche mit einem ausgewellten Mürbteig (siehe Tarte Tatin, S. 203) bedecken. Man muß dann eventuell am Ende der Backzeit kurz den Grill einschalten.

Man kann den Kuchen auch als Zweischichtkuchen machen: Erst stellt man die Hälfte der Masse mit 1/3 der Sahne her, bäckt 5 Minuten unter dem Grill, gibt die Rosinen zu (man kann sie mit Rum tränken) und darüber die mit 2/3 der Sahne hergestellte zweite Hälfte der Masse. Der Kuchen wird lauwarm oder kalt gegessen. Er geht erst auf und fällt dann wieder zusammen. Es ist deshalb nicht unbedingt nötig, die Eiweiß zu schlagen. Man kann die Eier ganz zugeben wie beim Käse-Quark-Soufflé (S. 29).

Vorratshaltung:

Die Masse kann, am besten in kleinen Förmchen, eingefroren und bei 160° mit Unterhitze gebacken werden.

Leichter warmer Nachtisch

Unter den warmen Nachtischen gibt es zwei Arten. Sehr substantielle, wie Reisbrei, Dampfnudeln, Pfannkuchen, die man am besten direkt auf eine nahrhafte Fleischsuppe folgen läßt, und leichte, die wohl immer vor allem aus Früchten bestehen. Ich habe den Eindruck, daß nach einer Zeit der Bevorzugung kalter Nachspeisen, die zum Teil modisch war und zum Teil auch daher rührte, daß man mit einer kalten Nachspeise lang vor der Mahlzeit fertig sein kann, man jetzt wieder auf die leichten warmen Nachspeisen kommt. Der große Erfolg etwa von Eis mit heißen Himbeeren weist in diese Richtung. Ein warmer Nachtisch muß allerdings etwas Erfrischendes, möglichst etwas Überraschendes haben, und es ist schön, wenn er außerdem nicht viel Mühe braucht. Alles dies ist (jedenfalls wenn man den Teig für mehrere Male im voraus macht) bei der Tarte Tatin der Fall. Ich gebe sie sehr oft, sowohl bei einem einfachen kleinen Essen wie auch bei ganz formellen Gelegenheiten mit Gästen bis zum Bundespräsidenten hinauf, mit immer großem Erfolg. Ich mache auch oft die kleinen Tartelettes für 1 bis 3 Personen: Beim Heimkommen wird sofort der Ofen angestellt für die Förmchen mit dem Zucker, und ich nehme den Teigdeckel aus dem Kühlschrank. Die übrigen Vorbereitungen in der Küche erlauben, das Braunwerden zu kontrollieren, und wenn der Hauptgang auf den Tisch kommt, kommen die Tartelettes in den Ofen.

Wir geben hier ein großes Menü für Gäste, die erwarten, bei mir sehr gut zu essen und sich Zeit genommen haben. Man muß in einem solchen Fall sehr vorsichtig sein, nicht zuviel anbieten: Suppe in nicht zu großen Tassen und nur einmal; Fleisch dünner geschnitten als sonst (jeder nimmt, soviel er will); Gemüse in kleinen Stücken oder in dünner Schicht. Beim Nachtisch nimmt jeder selbst, soviel er will. Man muß da noch nachreichen können.

20.00	Halbe kleine Melonen mit Zitrone und Portwein				
20.15	Artischockensuppe	19.59	heißmachen,	20.10	binden
20.35	Zunge à la mode				
	Gratin dauphinois	19.55	in den Ofen		
	Zwiebeln mit Petersilie gedämpft	19.56	in den Ofen		
	Zucchini mit Estragon	20.09	in den Ofen		
	Spinatauflauf	19.58	in den Ofen		
20.50	Käse				
21.10	Tarte Tatin mit	20.48	in den Ofen		
	Calvados-Schlagsahne	21.05	schlagen		

Zucker:

Für fast alle Zwecke genügt es, den feinsten Kristallzucker im Haus zu haben. Puderzucker enthält Zusätze, damit er nicht so leicht klumpt. Mir scheint, man verwendet ihn meist mehr fürs Auge, auf Kuchen.

Wir sind ja dafür, Zutaten zu wiegen, aber bei Zucker werden das bei kleinen Mengen wenige tun wollen. Deshalb gebe ich hier noch einmal die Raummaße: 1 Tasse (250 cm^3, also etwas größer als normal) hält 200 g Zucker, 1 Eßlöffel (flach gefüllt) 12 g. 16 Eßlöffel gehen auf 1 Tasse. 3 Teelöffel gehen auf 1 Eßlöffel. Am besten eicht man die Menge, die auf den kleinen Schüttlöffel im Vorratsgefäß geht. Bei mir faßt er 30 g.

Mengenangaben in Rezepten muß man ausprobieren und dann im Rezept notieren. In den meisten Ländern wird süßer (und dafür weniger) gegessen als bei uns.

Tarte Tatin (Warmer Apfelkuchen)

4–6 Personen
60 g Zucker bräunen, darüber 1 kg Apfelschnitze und den Saft von 1 Zitrone, darüber 30 g Zucker, 30 g Butterflöckchen und Mürbteig. 20 Minuten bei 220° backen.
***Mürbteig* (3fache Menge): 2 Eßlöffel Zucker, 2 Eßlöffel Milch, 2 Eßlöffel Öl, 1 Eigelb, 100 g Butter rühren. 150 g Mehl kurz einrühren.**

In einer Form von 20 cm Durchmesser (oder etwas mehr) verteilt man 60 g feinen Zucker (5 flache Eßlöffel) gleichmäßig und läßt sie im Ofen (etwa 200°) unter gelegentlichem Verschieben der Form gleichmäßig braun, aber nicht sehr dunkelbraun (und damit bitter) werden. Der Geschmack des Gerichts hängt davon sehr ab. Inzwischen schält man 1 kg feste Äpfel, vorzugsweise Reinetten, schneidet sie in grobe Schnitze, so daß das Kernhaus übrig bleibt, mischt sie mit dem Saft von 1 Zitrone, gibt sie in die Form, darüber noch 30 g Zucker, 30 g Butterflöckchen und eine dünne Schicht (etwa 3 mm) Mürbteig, der an den Rändern nicht direkt anschließen und nirgends verdickt sein soll. Man backt im vorgeheizten Ofen bei 220° 20 Minuten, bis der Fruchtsaft am Boden gut kocht und der Teig schön braun ist.
Dazu kann man Schlagsahne mit Calvados geben: 100 ml Schlagsahne sehr kalt schlagen, dazu 2 Eßlöffel Zucker und 1–2 Eßlöffel Calvados. Das Ganze soll sich noch gießen lassen.
Man kann die Tarte Tatin ganz heiß auftragen, oder lauwarm oder auch kalt. In den beiden letzteren Fällen kann man, wenn man will, die Torte stürzen, so daß der Teig nach unten kommt.

Varianten:
Wir empfehlen keinerlei Zusätze. Die Torte hat einen starken und doch delikaten Geschmack, den man nicht verändern sollte. Man muß die Menge des Zuckers, der Zitrone und auch der Butter etwas variieren, um auf die gewählte Apfelsorte und den Geschmack der Gäste Rücksicht zu nehmen.

Mürbteig:
(Rezept für das Dreifache der hier benötigten Menge.) Man schlägt mit dem elektrischen Schlagbesen 2 Eßlöffel Zucker, 2 Eßlöffel Milch, 2 Eßlöffel Öl kräftig mit 1 Eigelb, fügt 100 g vorher weich-, aber nicht flüssiggemachte Butter zu und rührt weiter, bis die Masse fast gleichmäßig ist. Dann gibt man 150 g Mehl zu und rührt es vom Rand her mit dem Schlagbesen gut unter, bis die Masse gleichmäßig krümelig ist. Man stellt die Masse 1 Stunde oder mehr in den Kühlschrank und rollt $^{1}/_{3}$ davon auf einer bemehlten Fläche auf die Größe der Form aus.

Reste:
Die Torte schmeckt auch kalt gut. Man kann sie auch aufwärmen (nicht zu heiß).

Tiefkühltruhe:
Der Teig hält sich sehr gut. Auftauen und wie oben verwenden. Oder: Eine Rolle vom Durchmesser kleiner Förmchen für je einen Apfel machen, mit dem Messer 3 mm dicke Scheiben schneiden und diese getrennt in einer großen Tüte flach einfrieren. Dann ist Auftauen nicht nötig.

Mikrowellenherd:
Sehr gut zum Vorwärmen der Butter auf einem Teller (15–30 Sekunden). Gut zum Aufwärmen von Resten (nur bis etwa 60°, etwa $1^{1}/_{2}$ Minuten pro Person).

Kleines konzentriertes Backwerk als Ergänzung zum Nachtisch und zum Mokka

Aus Gründen, die die Physiologen verstehen (sie reden von Senkung des Blutzuckerspiegels), hat man oft am Ende eines langen Essens, oder auch nachher, ein Bedürfnis nach Süßigkeit. Wenn es keinen Nachtisch gibt, kann man drei Stück Zucker in die Mokkatasse tun, auch wenn man sonst keinen nimmt, oder man kann Likör statt Kirsch wählen. Auch beim Nachtisch kann es angenehm sein, eine zusätzliche Wahl zu haben, etwa bei Eis, um etwas gegen die Kälte zu tun, oder beim Kompott oder Obstsalat, um nach Wunsch wenig Süßes mit sehr Süßem zu ergänzen. Deshalb gibt es in Frankreich die Friandises, ganz kleines, sehr süßes Gebäck, mit einer Kirsche oder einer Mandel, ohne Schokolade, um nicht mit Pralinen zu konkurrieren, die wiederum zu stark wären und nur zum Mokka in Frage kommen. Leider halten sich diese Köstlichkeiten nicht lange. Wenn also Ihr Konditor so etwas nicht hat, müssen Sie sich selbst helfen. Deshalb geben wir hier wenigstens ein Rezept, das nicht viel Mühe macht. Als Ergänzung kann man vielleicht feines Marzipan dazu geben.

Natürlich ist solch feines Backwerk für manche eine große Versuchung. Die Stücke sollen deshalb klein sein, und man soll eigentlich nur eines davon nehmen. Hier hilft der hohe Zuckergehalt solchen Gebäcks: Man mag bald nicht mehr davon. Offenbar haben die Erfinder der Friandises dieses unbewußt bedacht.

Am allerbesten passen die Friandises zu Sorbet, das ja im wesentlichen gefrorener Fruchtsaft ist. Ich gebe (ohne Zeitplan) eine ganz spezielle Art von Luxusmenü (für höchstens 2 Personen), das für mich mit dem Restaurant Lucas-Carton verbunden ist:

Wild-Consommé
Bécasse gebraten (Waldschnepfe)
Grüner Salat
Orangensorbet
Friandises
Mokka

Dazu trinkt der große Kenner eine ganze (!) Flasche Château Haut-Brion oder in der Not auch Pommard. Junger Wildfasan kann die Bécasse ersetzen.

Hier wie immer bei der feinen Küche ist das Mehl ein Problem. Zu viel Mehl gibt brüchiges Gebäck (man kann es nicht mehr biegen), und es schmeckt nicht sehr gut. Zu wenig (ich habe es versuchsweise ganz weggelassen) macht es sehr schwer, die Plätzchen von der Unterlage zu lösen. Es kommt auch sehr auf Backtemperatur und Backzeit und damit auf den Ofen an. Ich muß den Leser bitten, selbst zu experimentieren, das heißt, das Rezept oft zu machen und dabei ein bißchen zu variieren.

Mandelbögen

300 g gestoßene Mandeln, 15 g Mehl, 200 g Zucker verrühren, dazu 3 Eiweiß (120 g), 40 g Butter. Auf Backfolie bei 170° bräunen, ca. 10 Minuten.

Die trockenen Zutaten vermischen, dann die geschmolzene Butter unterrühren. Sie soll nicht heiß geworden sein, nur so weit weich, daß sie beim Einbringen in die Masse, wobei sie unvermeidlich abkühlt, nicht so sehr klumpt, daß sie sich nicht mit der Masse mischt. Die Eiweiß einrühren, alles am besten mit dem Schneebesen der Rührmaschine. 1 bis 2 Stunden im Kühlschrank stehen lassen. Ofen auf 170° anheizen (wenn man seinen Ofen nicht kennt, mit dem Thermometer nachmessen).

Das Backblech mit Wachspapier oder Backfolie (nicht Aluminiumfolie) bedecken. Ein Drittel der Masse auf etwa 17 Häufchen darauf verteilen (je ein wenig gehäufter Teelöffel pro Häufchen). Den Teelöffel in Milch tauchen und die Häufchen gleichmäßig plattdrücken, so flach es geht. Auf Abstand auf dem Blech achten. In den Ofen geben, diesen nur sehr kurz offen halten. Nach etwa 5 Minuten muß man auf die Bräunung achten. Die Plätzchen sollen hellbraun sein, am Rand ein wenig dunkler. Sie laufen beim Backen noch auseinander, das ist in Ordnung.

Blech aus dem Ofen nehmen, das Wachspapier mit den Plätzchen wegnehmen, die Plätzchen durch Zerreißen oder Zerschneiden des Papiers trennen und einzeln auf ein Wellholz drücken, damit sie eine gebogene Form erhalten. Wenn sie genügend fest sind, das Papier abziehen.

Vorratshaltung:

Mandelbögen sind eine ideale Verwendung von übriggebliebenem Eiweiß. Sie halten sich im Kühlschrank in Plastikfolie 1 Woche, in der Kühltruhe mindestens 1 Monat. Auftauen ist nicht notwendig. Am besten schmecken sie aber ganz frisch.

Mikrowellenherd

ist gut zum Erwärmen der Butter, etwa 1/2 Minute.

Birnen in Rotwein

4 Personen

1 kg schöne Birnen schälen, halbieren oder vierteln, Kernhaus entfernen, mit 1/4 l Rotwein, Saft von 1 Zitrone, etwas Zitronenschale, 1/2 Stange Zimt und 150 g Zucker sanft weichkochen.

Kirschenkompott

1 kg Kirschen ohne Stiele mit 300 ml Wasser 15 Minuten kochen, Flüssigkeit abschütten, Kirschen für anderes Gericht verwenden. Mit dem Saft noch 1 kg Kirschen ohne Stiele mit 200 g Zucker, Saft von 1 Zitrone kochen.

Gemischtes Kompott

Gute Mischungen sind zum Beispiel:
Birnen und Kirschen
Äpfel und Himbeeren
Aprikosen und Zwetschgen
Kirschen, Stachelbeeren und Johannisbeeren.

Zwetschgenkompott

4 Personen

3/4 kg Zwetschgen waschen, entsteinen, halbieren, in 3/8 l Wasser, das mit 80 g Zucker aufgekocht wurde, mit 1/2 Stange Zimt 10 Minuten sanft kochen.

Stachelbeerkompott

4 Personen

3/4 kg unreife Stachelbeeren von Stiel und Blüte befreien, in Sud von 1/4 l Wasser, 120 g Zucker und Schale von 1/8 Zitrone 15 Minuten sehr sanft kochen (eher ziehen) lassen. Die Früchte sollen nicht aufplatzen.

Feigenkompott

4 Personen

1/2 kg frische Feigen schälen, mit 1/4 l Weißwein, 100 g Zucker 10 Minuten sanft kochen. Über 300 g frische Himbeeren mit Saft von 1/2 Zitrone gießen.

Erdbeerkompott

4 Personen

$^1/_2$ kg Erdbeeren putzen, alle verdächtigen Stellen wegschneiden, halbieren oder vierteln, in Glasschale füllen. Noch $^1/_2$ kg Erdbeeren, ebenso behandelt, oder tiefgekühlte Ware, mit $^1/_8$ l Weißwein, 150 g Zucker, Saft von 1 Zitrone aufkochen, passieren, noch heiß über die Früchte schütten.

Himbeerkompott

genauso.

Mirabellenkompott

4 Personen

1 kg Mirabellen waschen; $^1/_4$ l Wasser, 150 g Zucker, Saft von 1 Zitrone aufkochen, die Mirabellen darin portionsweise je 5 Minuten ganz leicht kochen (eher ziehen) lassen. Zum Schluß den Sud über die Früchte gießen.

Ebenso kleine **Pflaumen. Pfirsiche** häuten (wenn nötig, mit heißem Wasser übergießen), halbieren, entkernen und 5 Minuten kochen.

Aprikosenkompott

4 Personen

1 kg Aprikosen entkernen, die Kerne aufknacken, mit $^1/_4$ l Wasser $^1/_2$ Stunde kochen. In demselben Wasser die Aprikosen mit 150 g Zucker 10 Minuten kochen.

Gebackene Äpfel

6 Personen

6 Äpfel (Reinetten) von je etwa 120 g werden ausgehöhlt, und die Schale wird ringsum auf halber Höhe etwa 2 mm tief eingeschnitten. In die Höhlung kommt 75 g Puderzucker, darüber der Saft von $^1/_2$ Zitrone und 50 g Butter. Man setzt die Äpfel in eine flache Pfanne, in die sie gerade hineinpassen, und gießt 50 ml Weißwein dazu; man bäckt sie bei 180° etwa 20 Minuten, wobei man mehrmals mit dem Saft vom Boden begießt.

Man kann die Äpfel auch füllen mit gleichen Mengen kleingeschnittener Orangen- und Zitronenschnitze, Aprikosenmarmelade und 50 g Zucker. Überschüssige Fülle gibt man auf den Boden.

Weinschaumcreme (Zabaione, Sabayon)

6 Personen

In einem tiefen Topf mit dickem Boden (Durchmesser höchstens 20 cm) schlägt man auf mittlerem Feuer 6 Eigelb mit 250 g Zucker, gibt, sobald die Masse heiß wird, 125 ml Weißwein und 125 ml Portwein dazu, schlägt, ohne aufzuhören, weiter, bis die Masse aufgestiegen ist und nicht mehr weiter an Volumen zunimmt.

Das Ganze dauert weniger als 5 Minuten; man kann also die Gäste nach dem Käse fragen, ob sie Nachtisch wünschen.

Man serviert den Sabayon in Tassen, oder man gibt ihn in Glastellern über Apfelkompott (S. 187) mit wenig Flüssigkeit.

Apfelscheiben mit Weinschaumcreme

6 Personen

Von 6 schönen Äpfeln schneidet man oben und unten je 1 Scheibe ab, halbiert sie dann, daß 2 Scheiben entstehen, schält die Scheiben und entfernt die Kerngehäuse (das ist die schnellste Art der Vorbereitung). Man gibt die Scheiben in eine große gebutterte Form, in die sie in einer Schicht passen, streut 120 g Zucker darüber, verteilt über die Scheiben Butterflöckchen (insgesamt 50 g) und bäckt im Ofen bei 180° 20 Minuten lang.

Man serviert die Scheiben mit Weinschaumcreme (siehe voriges Rezept).

Sorbet

6 Personen

Sorbet mit gefrorenen Früchten siehe Kochkurs. Normalerweise wird Sorbet nur aus Früchten und Zucker gemacht. Mengen werden unten angegeben. Statt Zucker kann man Sirup verwenden: 650 g Zucker werden mit 1 l Wasser 5 Minuten gekocht.

Erdbeersorbet: 1 kg Erdbeeren wird passiert, dazu Saft von 1 Zitrone, 300 g Zucker.

Himbeersorbet: Ebenso.

Orangensorbet: 3/4 l Saft, Saft von 1 Zitrone, 300 g Zucker.

Aprikosensorbet: 1 kg Früchte püriert, Saft von 2 Zitronen, 300 g Zucker.

Zitronensorbet: 1/2 l Zitronensaft, 200 ml Wasser, 500 g Zucker.
Die Sorbets werden in einer flachen Eisschale 1/2 Stunde in der Gefriertruhe gekühlt und dann mit dem Schlagbesen geschlagen, damit sich keine großen Eiskristalle bilden. Dann wieder kühlen, nach 1/2 Stunde wieder schlagen, dies insgesamt viermal.
Man kann der Sorbetmasse nach dem ersten Schlagen geschlagenes Eiweiß (2 Eiweiß auf 1 l) oder geschlagene Sahne (200 ml auf 1 l) zufügen (unterziehen wie bei einem Soufflé, siehe S. 138). Dann braucht man später nicht mehr zu schlagen. Gesamte Kühlzeit mindestens 2 Stunden.
20 Minuten vor dem Servieren bringt man das Sorbet von der Gefriertruhe in den Kühlschrank.

Birne Helene

4 Personen

Über 500 g Vanilleeis in 4 flachen Scheiben 4 schöne Birnen von Birnenkompott legen; dazu heiße Schokoladensauce: 150 g bittere Schokolade unter Rühren schmelzen, 20 g Zucker und 150 ml Wasser einrühren, 2 Minuten kochen lassen.

Vanilleeis mit heißen Himbeeren

4 Personen

500 g Vanilleeis, dazu in einer Sauciere: 400 g Himbeeren (möglichst frische, sonst tiefgefrorene) mit Sirup von 150 g Zucker und 100 ml Wasser, dazu Saft von 1 Zitrone kurz aufgekocht. Man kann 50 ml Kirschwasser oder Himbeergeist mitaufkochen.

Vanilleeis mit heißen Kirschen

4 Personen

Wie oben, aber statt der Himbeeren ausgesteinte schwarze Kirschen, oder besser Sauerkirschen oder Schattenmorellen.

Crème Caramel

6 Personen

150 g Zucker in einer Pfanne im Ofen bei 180° schmelzen, bis er geschmolzen und etwas dunkler als Zimt ist. Die Hälfte dieses Caramelzuckers schüttet man in 1 l Milch, die mit 1 Stange Zimt und einem Stück Zitronenschale sowie einer Prise Coriander aufgekocht wurde. Diese Milch gibt man allmählich zu 8 mit 100 ml Milch geschlagenen Eiern unter starkem Rühren zu. Man füllt die Masse in eine Form oder in 6 individuelle Förmchen und bäckt sie im Ofen bei 120°, bis eine eingetauchte Messerspitze ohne Eimasse herauskommt. Erkalten lassen, wenn man will stürzen.

Die zweite Hälfte des karamelisierten Zuckers löst man, noch heiß, in 80 ml heißem Wasser, läßt erkalten und gibt die Sauce getrennt zu der Creme.

Schokoladencreme

6 Personen

250 g sehr gute bittere Schokolade (z. B. Lindt) schmilzt man auf kleinem Feuer. Nun rührt man 1/2 l Milch ein und läßt kochen. Zum Schluß gibt man 60 ml sehr starken Kaffee dazu. In einer Schüssel schlägt man 8 Eigelb mit 125 g Zucker und rührt 1/8 l frische Sahne dazu. Diese Mischung rührt man allmählich in die heiße Schokoladenmilch. Man füllt die Masse in kleine feuerfeste Töpfchen und bäckt sie bei 120° etwa 40 Minuten oder kürzer; sie sollen nicht kochen.

Dies ist keine Mousse, kein Schaum; es fehlt das geschlagene Eiweiß. Wer will, kann es zum Schluß unterziehen. Ich finde, daß die Creme besser schmeckt.

Omelette surprise

6 Personen

Eine Form von etwa 25 cm Durchmesser mit Butterkeksen in doppelter Schicht auslegen, wenn man will, darüber 50 ml Maraschino träufeln. 2 Eigelb mit 170 g Zucker schaumig rühren, 6 Eiweiß stark schlagen; 400 g Erdbeeren in Stücke schneiden (oder stattdessen Walderdbeeren nehmen).

10 Minuten vor dem Servieren 800 g Vanilleeis über die Kekse verteilen, dabei zum Rand mindestens 2 cm Abstand lassen. Eiweiß, Eigelb und Erdbeeren rasch vereinigen, mit dem Spatel mischen und über das Eis gießen. Im Ofen unter dem Grill etwa 3 Minuten backen. Das Eiweiß soll teilweise gebräunt sein.

Pumpkin Pie (Kürbiskuchen)

6 Personen

400 g gekochtes Kürbisfleisch, 200 g Zucker, wenig Salz, 2 g Ingwer, 2 g Zimt, 1/2 g Muskatblüte mischen und pürieren, 3 Eier, 1/4 l Milch, 1/4 l Sahne einrühren. In einer Teigform wie Quiche lorraine (S. 67) etwa 45 Minuten bei 200° backen.

Gäste und Gastgeber

So wichtig wie das Kochen ist die Atmosphäre bei Tisch, und die ganze Zeit, die die Gäste bei Ihnen verbringen. Brillat-Savarin sagt: „Jemanden einladen, das heißt sich für sein Glück verantwortlich fühlen während der ganzen Zeit, die er unter unserem Dach verbringt." Wer selbst viel eingeladen wird, der weiß, was es für Unterschiede unter den Gastgebern und den Haushalten gibt. Entscheidend ist das, was man selbst tut: die Hausfrau, der Hausherr, oder auch eine freundliche Tochter; sie besonders, weil sie die Hoffnung nährt, daß die schöne Gastlichkeit nicht aussterben wird. Es ist sehr wichtig, daß alles, was man tut, mit leichter Hand geschieht, ohne Übertreibung, ohne sichtbare Anstrengung, aber auch, daß es über das Maß des Nötigen, des Pflichtmäßigen hinausgeht, daß man die Freude merkt, etwas für den Gast tun zu können. Und das Wichtigste ist, daß man immer an den Gast denkt, mit ihm fühlt, seine Reaktionen und Wünsche voraussieht, seine Freude vermehrt, Schwierigkeiten umgeht; daß man ihn versteht, ohne ihn zu beherrschen. Die linken Seiten im Kochkurs sind voll mit Erfahrungen und Lehren hierzu. Aber es gibt soviel mehr und immer Neues zu lernen.

Da ist zunächst die Auswahl der Gäste. Mein verehrter Kochbuchautor Ali Bab verlangt eine gewisse Gemeinsamkeit der Ideen unter den Eingeladenen, „damit keine süßsaure Diskussion entstehen kann, die der Verdauung schadet". Wenn es so weit kommt, ist das schlimm. Allerdings hat der Gastgeber viele Möglichkeiten, etwas dagegen zu tun. Die erste und wirksamste ist: nur Leute einladen, zu denen man einen menschlichen Zugang hat. In diesem Fall kann man eigentlich immer in der Unterhaltung etwas aus dem einzelnen herauslocken, was auch die anderen interessiert. Dem Autor sind die wenigen Fälle, wo er diesem Prinzip zuwiderhandeln mußte, in schrecklicher und bleibender Erinnerung. Dann braucht man Gäste, die zuhören können, die sich zu dem äußern, was andere sagen, und damit der Unterhaltung eine Gemeinsamkeit geben. Es ist schön, einen Ehrengast zu haben, an dessen Lippen man hängt, und ihn zur Führung der gemeinsamen Unterhaltung zu ermuntern. Aber dazu braucht es auch Partner, die ihm etwas zu sagen haben, die ihn beleben, die ihn freuen. Schlimm ist es, wenn zwei da sind, die immer reden müssen, auch wenn jeder einzeln ganz interessant wäre. Schlimm ist es auch, wenn zwei Gäste gar nicht miteinander sprechen können, besonders wenn sie ein Ehepaar sind. Ein solcher Fall kann die Gäste für menschliche Probleme bewußt machen und damit das Hinplätschern belangloser Unterhaltung eindämmen, aber bei zwei solchen Paaren ist der beste Gastgeber machtlos; wie Blei hängt das sinnlose Unglück in der Luft.

Meist allerdings gibt es keine so ernsten Probleme. Die Gäste sind gutwillig, aufnahmebereit, vielleicht durch das Essen belebt; der Gastgeber braucht nur dafür zu sorgen, daß die Unterhaltung wenigstens zeitweise allgemein bleibt, und die hineinzuziehen, die sonst nicht zu Wort kämen. Dabei kommen ihm – man muß aus allem das beste machen – seine kleinen Abwesenheiten in der Küche zugute. Sein Abgang (nie, wenn einer gerade in der allgemeinen Diskussion redet!) ist schon eine kleine Zäsur. Wenn er wiederkommt, überblickt er die Situation und kann, da er für einen Augenblick die Aufmerksamkeit fast aller hat, sanft steuernd eingreifen. Auch das Gespräch über das Essen (bei einem Amateurkoch unvermeidbar) kann er nützen, indem er in mindestens scheinbarer Verlegenheit einen anderen Gast mit seinem Anliegen zu Wort kommen läßt.

Man kann nicht hoffen, daß die Unterhaltung die ganze Zeit allgemein ist. Das Gespräch zwischen Tischnachbarn kann für die Gäste der wichtigste Teil des Abends sein. Hier ist natürlich die Tischordnung wichtig. Man muß sich bei jedem Gast vorzustellen versuchen, was er wohl angesichts seiner Tischnachbarn denkt. Hier kann ein schmaler Tisch nützlich sein, weil auch das Gegenüber an der Unterhaltung teilnehmen kann. Oft ist es übrigens gut, keine feste Tischordnung zu haben. Die Wahl, die die Gäste selbst treffen, ist nicht die schlechteste.

Dies alles gilt für eine relativ große Zahl von Gästen, etwa für acht bis zwölf. Acht ist noch sehr gut für eine gemeinsame Unterhaltung, besonders wenn man einen runden Tisch von etwa 1,50 m Durchmesser hat. Zwölf ist dabei etwa die obere Grenze für die Gemeinsamkeit. Ein runder Tisch, wie ihn die Chinesen für bis zu vierzig Personen haben, ist nur noch gut für gegenseitige Betrachtung.

Sechs Personen ist eine ideale Zahl für vertraute und intensive Unterhaltung. Die Abwesenheit des Gastgebers in der Küche ist noch kein Problem. (Für die Hausfrau kann eher die Gefahr entstehen, daß sie durch Abwesenheit von der Unterhaltung ausgeschlossen wird; deshalb sollte ihr Mann Aufgaben mit ihr teilen, aber so, daß nie beide gleichzeitig abwesend sind.)

Bei vier Personen muß man schon darauf achten, die Abwesenheit des Gastgebers durch das Interesse der drei übrigen aneinander zu kompensieren. Dann aber gibt es nichts Besseres für ein ganz intensives und ganz freundschaftliches Gespräch. Ganz Ähnliches gilt für drei Personen.

Bei zwei Personen muß man, wenn es sich um Gastgeber und Gast handelt, unbedingt durch die Wahl des Menüs dafür sorgen, daß der Gastgeber nur einmal den Gast mit einem Buch oder Manuskript mehrere Minuten allein lassen muß, während er sonst nur für Augenblicke verschwinden darf. Das ist durchaus möglich, und der Gast wird es besonders zu schätzen wissen. Beispiele im Kochkurs sind etwa auf den Seiten 20 und 86 zu finden.

Für den Haushalt zu zweit wird man meist die Menüs vereinfachen und eine gewisse Arbeitsteilung in vollem Verständnis vornehmen. Wenn jeder der beiden Partner ein bißchen an den anderen denkt, können die kleinen Mahlzeiten tägliche Höhepunkte des gemeinsamen Lebens sein, besonders wenn beide Partner berufstätig sind und etwas vom Umgang mit knapper Zeit verstehen.

Ganz wichtig ist es, auch beim Haushalt zu zweit die Hauptregel dieses Buchs einzuhalten: Das eigentliche Kochen beginnt erst, wenn beide da sind. Nur so bleibt dem Mann das schlechte Gewissen erspart, wenn er nicht pünktlich sein kann, und der Hausfrau das Unglück, die besten Gerichte durch zu langes Kochen oder Warmhalten verderben zu müssen. Mittags ist das schwierig. Suppe kann man schnell heißmachen, aber dann hat man für das Hauptgericht nur 20 Minuten. Abends dagegen sollte man aus der auch für die Gäste üblichen halben Stunde vor dem Essen das Beste machen. Der erste Heißhunger kann durch eine Tasse Bouillon oder ein Sandwich mit sehr wenig Brot besänftigt werden. Und dann gibt es viele Möglichkeiten: eine ruhige gemeinsame halbe Stunde (kurze Abwesenheiten der Hausfrau in der Küche stören kaum) bis zu Churchills Methode: ein Bad und eine Ruhepause.

Ich glaube nicht, daß ich ein Kochbuch für eine Person schreiben könnte, obwohl ich regelmäßig auch für mich allein koche, schon um die Zeit für das Restaurant zu sparen. Wer gern kocht, wird damit auch für andere etwas tun wollen. Was man allein ißt, schmeckt nur, wenn man an die Gäste denkt, denen man es demnächst vorsetzen wird. Allein wird man Versuche machen, Rezepte ausprobieren, vervollkommnen. Oder man wird Gerichte vorbereiten, von einer größeren Menge nur einen kleinen Teil fertig herstellen und den Rest in dem dafür besten Stadium in den Kühlschrank oder in die Gefriertruhe geben. Oder man wird von dem leben, was man beim Kochen für Gäste, absichtlich oder nicht, zuviel hergestellt hat.

Man wird für sich selbst die Zahl der Gänge und Gerichte reduzieren und nur das kochen, worauf man gerade Lust hat. Wenn man dann noch, wie ja beim Kochen überhaupt, ein bißchen rationell arbeitet, kann man den Zeitaufwand sehr niedrig halten ohne Verlust an Qualität.

Einladungen zum Essen (was die Amerikaner ein „Seated Dinner" nennen) werden im Rahmen privater Geselligkeit meist für acht bis zwölf Personen ausgesprochen. Bei zwölf muß man schon darauf achten, daß man mit den Töpfen und Pfannen auskommt und daß der Aufwand an Zeit und Mühe pro Portion (zum Beispiel beim Tranchieren) nicht zu groß wird. Auch das Servieren dauert länger, es kann Warmhalteprobleme geben. Bei acht Personen ist das alles schon leichter; die Gäste lernen sich alle kennen; acht ist wohl die Zahl, wo Gastgeber und Gäste am meisten voneinander haben.

Nach unseren Erfahrungen muß man zwei Wochen vorher oder noch etwas früher einladen; sonst gibt es zu viele Absagen. Bei sehr Prominenten weiß ich nur einen Weg: Man trifft ihn oder sie bei einer der zahllosen Gelegenheiten, die es mindestens in den Hauptstädten gibt, und stellt die Bereitschaft, sich einladen zu lassen, fest. Die Terminsuche geht dann über das Büro und macht erstaunlich wenig Schwierigkeiten.

Meistens wünschen die Gäste für 20 Uhr eingeladen zu werden. Sehr stark Belastete kommen gern früher, besonders sonntags, darauf sollte man Rücksicht nehmen. Man muß darauf vorbereitet sein, daß die Gäste um 23 Uhr gehen, aber es kann auch 2 Uhr werden, wenn der Gastgeber sich nicht den Ruf besonderer Ruhebedürftigkeit erworben hat. Die sehr prominenten Gäste wissen, daß niemand (außer mit gutem Grund) vor ihnen weggehen kann, und verhalten sich meistens (nicht immer!) entsprechend.

Wir rechnen immer eine halbe Stunde zwischen der Ankunft der Gäste und dem Beginn des Essens. Das gibt dem Koch die nötige Freiheit, die Gerichte frisch gekocht auf den Tisch zu bringen, was ja in diesem Buch als großes Prinzip hochgehalten wird. Als Getränk ist erstaunlicherweise am beliebtesten Gin Tonic (großes Glas mit Eis und Zitronenscheibe), dann Campari Soda, Sherry (Vorsicht, manche verstehen viel davon; man braucht eine trockene und eine mäßig milde Sorte). Heute selten verlangt wird der ideale kurze Cocktail, der Martini (6 Teile sehr guter, möglichst gekühlter Gin, 1 Teil sehr trockener Martini mit Eis verrührt, dazu eine ungefüllte grüne Olive). Große Aufmerksamkeit ist nötig, wenn jemand Whisky verlangt. Wer heute noch Whisky trinkt, ist ein Kenner. Man kann ihn vielleicht mit einem guten kanadischen Whisky besänftigen; aber besser ist eine seltene Spitzensorte von Scotch, und am ehesten zieht sich der aufmerksame Gastgeber aus der Affäre, wenn er einen guten Blended Scotch, einen Malt Whisky aus Schottland und einen sehr guten Bourbon zur Auswahl anbieten kann. Und das alles pur ohne Eis (vor allem den Malt Whisky), oder mit Eis (genug, daß nicht alles im Glas schmilzt, es sei denn der Gast wünscht weniger), oder mit Wasser oder Soda (neutral schmeckendes Mineralwasser mit Kohlensäure ist gut). Am besten stehen alle Getränke und Gläser auf einem Tisch, und außer für den Martini, der ein Ritual erfordert, gibt es zwanglose Bedienung oder Selbstbedienung. Dazu gibt es Salzstangen und Nüsse, nichts

Kompliziertes. Kleine, warme Aufmerksamkeiten werden geschätzt: Rindermark, 10 Minuten gekocht, auf kleinen Schwarzbrotscheiben mit Salz; Hühnerlebern geviertelt, ganz schnell in Butter angebraten mit Salz und Pfeffer auf kleinen gebutterten Weißbrotscheiben, ohne Teller von der Hand in den Mund.

Orangensaft (bitte frisch gepreßt, kein anderer schmeckt wirklich) oder auch Tomatensaft (mit Salz, Pfeffer und Rührlöffel) sind obligatorisch für Nichttrinker. Abgeordnete und andere, die müde vom Reden zur Party kommen, wollen oft Bier; das ist eine gute Idee. Manche möchten auch gleich Wein, auch dagegen ist nichts zu sagen. Man kann auch statt alledem Sekt, Orangensaft oder eine Mischung beider anbieten. Ich würde das allerdings eher am Vormittag tun, ich gebe Champagner lieber zum Nachtisch.

Erwähnen möchte ich noch eine Freundlichkeit für Vielbeschäftigte, die abgehetzt ankommen: eine kleine Tasse Mokka oder Espresso gleich bei der Ankunft, möglichst serviert von der schon früher erwähnten Tochter, die auch die ausgetrunkene Tasse wegnimmt.

Bei offiziellen Essen habe ich oft einen Kellner, aber ich gehe hier davon aus, daß es keinen gibt (auch die erwähnte Tochter soll nicht Kellner spielen, sondern mitessen). Ich kenne keine Gäste, die ein Essen mit Kellner angenehmer fänden, schon gar keine prominenten. Bei acht Gästen kann man es, wenn man beim Menü daran gedacht hat, noch allein schaffen; bei zwölfen muß man zu zweit sein oder sich von Gästen helfen lassen. Am besten bietet der Hausherr das Fleisch, das er tranchiert hat, ringsherum an. Die Beilagen stehen (bei zwölf Personen in je zwei Schüsseln) auf dem Tisch, und die Gäste bedienen sich selbst. Den Wein betreut einer der Gäste, hoffentlich einer, der weiß, daß viele es nicht gern haben, wenn ihr Glas ungefragt und noch dazu zu voll nachgefüllt wird.

Zu den Zeitplänen muß noch zur Beruhigung gesagt werden, daß die Zeiten links angeben, wann die Speisen die Küche zu verlassen beginnen. Tranchieren, austeilen, anbieten, alles das kommt später.

Bei mir gibt es immer Brot, möglichst selbstgebackenes Weißbrot, dazu besonders bei Ausländern Schwarzbrot, und Butter, möglichst eine besondere Qualität in kleinen Töpfchen auf jedem Brotteller, und das während des ganzen Essens. Man kann die Brotteller auch noch für den Käse verwenden. Die Brotteller können den Salattellern im Wege stehen. Ich mag sowieso Salat nicht auf extra Tellern und traue mich meist, ihn zum Schluß des Hauptgangs ohne besonderen Teller anzubieten. Aber ich weiß, daß manche daran Anstoß nehmen.

Wichtig sind heiße Teller und Schüsseln – Kennzeichen sorgfältiger Küche. Wenn Gräten und Knochen anfallen, ist es freundlich, beim zweiten Mal frische (heiße!) Teller anzubieten. Für die Speisen ist eine große Wärmeplatte gut, dazu die altmodischen großen Abdeckhauben, wenn Platz ist.

Arbeitsessen; der kochende Präsident. In Frankreich haben große Sitzungen eine besondere Struktur: Der Vormittag dient der Präsentation und Diskussion der Probleme, mit oft harten Konfrontationen und Forderungen, nicht nur geschliffen, sondern auch schneidend. Mißtrauen ist die Losung („Wir sind nicht hier, um Ihnen zu vertrauen", haben mir als Vorsitzendem einmal die französischen Vertreter gesagt, die eigentlich meine Freunde waren). Um 12.30 Uhr gibt es dann ein Essen, das zweieinhalb Stunden dauert. Da wird von ganz anderen Dingen gesprochen, und die Atmosphäre lockert sich, und das Verständnis wächst. Beim Dessert gibt es lebhafte politische Diskussionen, vor allem unter den Franzosen (ich spreche hier nicht von Sitzungen unter den Politikern). Am Nachmittag werden dann die Beschlüsse gefaßt; das geht meistens ganz schnell.

In den letzten Jahren ist es mir gelungen, diesem Verfahren eine Variante zuzufügen. Unsere Präsidiumssitzungen finden monatlich in meinem Haushalt, mit etwa zehn Teilnehmern statt. Die Sitzung beginnt um 15 Uhr. Um 19 Uhr gibt es ein Abendessen, das nach den Methoden dieses Buches hergestellt ist, mit Cocktails eine halbe Stunde vor dem Essen. Nachher geht die Sitzung weiter, aber es werden keine Beschlüsse mehr gefaßt. Es zeigt sich, daß die kleinen Abwesenheiten des Vorsitzenden gut eingebaut werden können. Die Teilnehmer haben nichts dagegen, wenn sie einmal ohne ihn diskutieren können; und seine Rückkehr beschleunigt oft das Ende selbst schwieriger Diskussionen. Für den Vorsitzenden ist es sehr gut, daß er außer der leitenden auch eine dienende Funktion hat, daß die anderen wissen, daß er etwas für sie tut. Und es ist auch wichtig, daß er etwas tut, was gut oder nicht so gut werden kann, fern jeder Autorität kraft Amtes. Das lehrt Bescheidenheit, und Bescheidenheit ist für Vorsitzende mehr noch als für andere wichtig. Daran wird er denken, wenn die Suppe versalzen ist, der Gratin Dauphinois matschig und die Ente gummihäutig.

Natürlich muß der Vorsitzende wissen, daß seine Gäste, wenn sie einmal viele solcher Essen erlebt haben, weder dankbar noch gerecht bleiben. Die Gewohnheit ist ein gräßliches Ungeheuer; was gut bleibt, genügt ihr nicht, selbst eine stete Verbesserung wird nicht mehr bemerkt, und es bleibt nur, hoffentlich wenigstens berechtigte, Kritik. Das ist bei der Sitzungsführung so, und auch beim Kochen. Wer das nicht weiß, kann leicht die Freude an dem Geschäft verlieren, was ganz unrecht wäre, denn man darf nicht an den Grundregeln menschlichen Zusammenlebens rütteln wollen.

Es ist sehr nützlich, bei solchen Gelegenheiten einen Kellner zu haben, der schon nachmittags Tee und Kaffee serviert. Eine Hilfe in der Küche ist auch sehr nützlich. Es geht auch allein, aber das bedarf dann sorgfältigster Vorbereitung vor der Sitzung, und man muß bei allen Rezepten sicher sein, daß sie während des Kochens keine Überwachung brauchen. Auch das Menü muß so ausgewählt sein, daß nach 15 Uhr nicht mehr zu viele Handgriffe nötig sind. Ein Beispiel wäre das Menü S. 86.

Eine Anzahl der Menüs (z. B. S. 54 und S. 86) sind auch für eine größere Gästezahl bis etwa 25 geeignet, auch am Tisch (am besten Sechsertische), wenn man Bedienung hat, aber vor allem als warmes Buffet. Wir möchten diese Art Gastlichkeit hier nicht besonders propagieren, weil wir so sehr viel lieber wenige Gäste haben. Natürlich sind auch Gesellschaften mit mehr Gästen notwendig. Ich will hierfür wenigstens drei Prinzipien des Erfolgs, an die ich glaube, nennen: erstens viel warmes Essen, zweitens Buffet (eventuell mehrere) statt Bedienung, und drittens: einfache Gerichte, nicht die großen Traiteurs nachahmen wollen; lieber warmer Leberkäs als Seezungenröllchen mit Krevetten in Aspik.

Zum Schluß noch ein Wort für den (häufigsten) Fall, daß die Hausfrau der Koch ist. Sie muß sich mit ihrer Kunst jeden Tag dem Urteil anderer aussetzen, auch dem eines mürrischen müden Mannes und ichbezogener Kinder, denn sie darf sie aus vielen Gründen nicht kritisieren. Dies möchte ich allen, Vätern, Verwandten und auch Besuchern ins Stammbuch schreiben. Wer die Hausfrau nicht achtet, bringt die Gastlichkeit um.

Umgang mit Kochbüchern

Fast niemand kocht nur mit einem einzigen Kochbuch. Man muß irgendwann die richtigen Methoden lernen und an guten Beispielen üben (wir hoffen, daß der Leser dazu dieses Buch nützlich findet), aber später muß man lernen, mit der ungeheuren Vielfalt von Rezepten, die in Büchern stehen, aber auch in Zeitungen und Zeitschriften täglich auf uns einströmen, zu leben und weiterzulernen.

Meine Mutter, die es nicht leicht hatte, sah manchmal zufrieden aus, wenn sie abends erzählte, daß sie am Nachmittag in Partituren gelesen hatte, von Konzerten, die es in der kleinen Stadt nicht gab.

Ähnlich kann es mit Kochbüchern und Rezepten sein. Wir berühren hier etwas, das die Kochkunst über den Bereich des Materiellen hinausrückt. Man kocht nicht allein, um gut zu essen, und auch nicht nur, um anderen eine Freude zu machen, obwohl das ein großes Motiv ist. Wenn ich jemandem ein Menü oder ein Rezept vorlese, das einmal besonders gelungen ist, oder wenn im Kochbuch etwas steht, was meiner Meinung nach sehr gut sein kann, dann ist das nicht nur ein ästhetisches Vergnügen, sondern ich fühle mich fast besser, weil unbeschwert, als wenn ich es äße. Und wenn ich nachher doch hungrig bin, wünsche ich mir Pellkartoffeln mit Butter und weißem Käse als Abwechslung zu dem raffinierten Menü.

Ich bin nicht so vermessen, „Kochkunst“ als Kunst zu empfinden. Aber wenn Kunst mit Sublimation etwas zu tun hat, dann besteht hier eine Verwandtschaft.

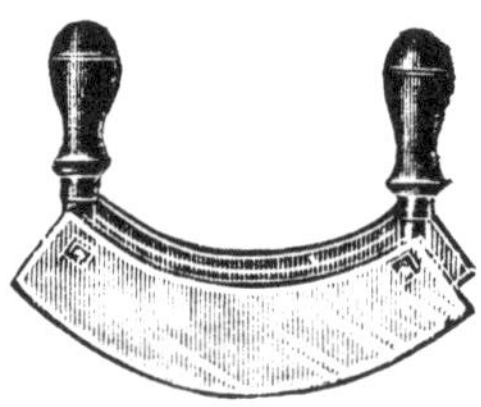

Man kann also Kochbücher lesen, um sich daran zu erfreuen. Dies wird vor allem dann möglich sein, wenn der Autor ein sehr guter Koch ist, wenn seine lebenslange Bemühung um sein Handwerk, seine Schüler und seine Gäste überall durchscheint, oder auch, wenn in den Rezepten eine lange Tradition eines Landes oder einer Region versammelt ist. Es gibt auch Kenner und Kritiker der Gastronomie, Päpste des guten Geschmacks, die durch ihren Einsatz, durch ihre Person das Gebiet bereichert haben und die man deshalb mit Gewinn liest.

Im allgemeinen aber will man aus einem Kochbuch etwas lernen, man will ein besserer Koch sein, wenn man es studiert hat. Oder man will aus dem Kochbuch Anleitungen entnehmen zu eigenem Handeln, insbesondere Rezepte, die man mit oder ohne Änderungen selbst ausführen mag. Ich meine, daß es in fast jedem Kochbuch einzelne nachahmenswerte Rezepte gibt; und in einer ganzen Anzahl gibt es auch nützliche Tricks und allgemeine Anleitungen. Aber wie vermeidet man es, mit dem Kennenlernen und Suchen unnötige Zeit zu verlieren? Und wie beurteilt man ein Rezept, und welche Einschränkungen und Veränderungen sind vor allem bei älteren und fremdländischen Kochbüchern anzubringen, um sie unseren heutigen Erkenntnissen und Gewohnheiten anzupassen? Hierzu im folgenden einige Ratschläge.

Auswahl der Kochbücher: In der ungeheuren Flut (Kochbücher sind zur Zeit „in“, und alle wollen davon profitieren) bevorzuge ich die Bücher der großen Köche, derjenigen, die die Kochkunst verändern und deren Ruhm sich durch ihre Gäste ausgebreitet hat; die großen Lehrer, die das Erreichte sorgfältig verarbeitet weitergaben; die großen Kenner, die oft hinreißende, von ihrem Geschmack gekennzeichnete Sammlungen von Rezepten herausgegeben haben; die großen regionalen Kochbücher. In anderen Kochbüchern findet man meist (mühsam) einzelne Rezepte, aber ein gutes Rezept ist ein kleines Buch wert. Und manchmal findet man auch einen Autor, den man als geschmacksverwandt und deshalb nachahmenswert empfindet.

Alte Kochbücher (schon die der zwanziger und dreißiger Jahre) sind oft hinreißend gut, aber man muß bedenken, daß sich seitdem einiges geändert hat.

– Man kocht heute mit weniger Fett, vor allem beim Anbraten.

– Vieles wurde früher zu lang gekocht.

– Besonders in deutschen Kochbüchern gibt es zu viele und zu dicke Saucen. Ich teile nicht die verbreitete Ablehnung von allem Mehl in Saucen, aber fast immer kann man erst die Menge der Sauce halbieren und dann noch einmal (mindestens) die Menge des Mehls. Saucen ohne Mehl sind aber meistens ein besserer Ersatz. Oft braucht man Sauce überhaupt nicht.

– Man hat früher mehr mit Essig gekocht als heute. Das mag zur Abwechslung interessant sein. Aber Vorsicht: Essig ist heute meist stärker als früher.

– In vielen Fällen hat man heute einfachere, bessere Verfahren als früher. Umständliches Kochen ist kein Vorteil an sich, auch wenn manche die europäische Küche beschreibenden Amerikanerinnen das zu glauben scheinen.

– Vor allem bei den Menüs muß man bedenken, daß es seltene und maßlose Festessen bei einer sonst anspruchslosen Lebensweise gab. Wir müssen heute meist für Überernährte, die jeden Tag gut essen, kochen.

Auswahl der Rezepte: Hier kann ich nur einige Ratschläge geben. Jeder wird andere Präferenzen haben.

– Als erstes soll man fragen: Wonach soll es

schmecken? Man muß sich eine Vorstellung von etwas Bestimmtem, Hervorgehobenem machen können. Dieses Kriterium eliminiert viele Rezepte.

– Nicht zu viel Zutaten und Bestandteile. Ich bin zum Beispiel ganz gegen einen Mixed Grill mit verschiedenen Fleischarten, wenn sich diese nicht geschmacklich ergänzen, wie das etwa bei einem Schaschlik mit Rindfleisch, Speck, Zwiebeln, Gurken, Tomaten der Fall ist. Oft werden auch zu viele Gewürze vorgeschlagen. Es gibt dazu Ausnahmen, wo viele in geringer Menge zugefügte Teile sich harmonisch ergänzen, etwa bei Fleischbrühe.

– Widerspruch zu etablierten Regeln. Dieses Buch ist voll von allgemeinen Gesichtspunkten, die man beim Kochen beachten sollte. Jedem Koch sind solche bewußt, und er wird Rezepte danach beurteilen. Es gibt natürlich Fälle, wo die scheinbare Verletzung in Wirklichkeit die Grundlage einer neuen, besseren Regel ist. Da gilt es neugierig zu sein und auszuprobieren.

– Unnötiger Aufwand im Material, etwa mit Trüffeln oder Gänseleberpastete. Kostbare Zutaten soll man nur verwenden, wenn sie wirklich zur Geltung kommen.

– Unnötiger Aufwand an Zeit und Arbeit. Manche Rezepte glänzen mit ihrer Kompliziertheit. Solche würde ich nicht nur für dieses Kochbuch verwerfen.

– Man muß sich im Geist das fertige Rezept vorstellen. Wird es knusprig sein, hart oder eingeweicht? Sämig oder flüssig? Verkocht oder zu roh? Auch: wird es (ohne künstliche Verzierung) hübsch aussehen? Gute Gerichte sehen eigentlich immer auch gut aus. Den Geschmack muß man sich mit geschlossenen Augen vorzustellen versuchen.

– Oft hilft alles nichts; man weiß nicht, wie es schmecken kann. Dies ist oft ein Grund, neugierig zu sein und das Gericht zu probieren, oder Teile davon, etwa Gewürze, in einem anderen Rezept zu verwenden. Ohne Probieren lernt man nichts dazu.

Aufwand für Kochbuchlesen: Man muß vorsichtig sein, nicht zu viel Zeit mit Kochbuchlesen verlieren. Es lohnt meist nicht. Ein gutes Prinzip (nicht nur beim Kochen) ist: Alles, was man tut, soll Folgen haben können. Man wird also meistens nicht ziellos lesen, sondern aus gegebenem Anlaß (etwa wegen eines Truthahns) Rezepte suchen und vergleichen. Und dann wird man etwas damit machen. Wichtig ist dabei, daß man sich das Rezept (wenigstens den Ort, wo man es findet) irgendwie notiert, für das nächste Mal. Ich notiere auch gleich das, was ich vielleicht noch probieren will. Die Notizen kann man in seinem Lieblingskochbuch bei den verwandten Gerichten aufbewahren. Das ist besser als eine Kartei, an die man doch selten geht.

Wenn man beim Suchen eines Rezepts auf ein anderes stößt, das interessant aussieht, soll man es ebenso gleich vormerken. Neugier ist beim Kochen das halbe Leben.

Gesunde Ernährung

Für die Hausfrau oder den Gastgeber ist das erste Ziel des Kochens die gesunde Ernährung aller, die bei ihnen essen. Der Mensch braucht Energie zur Erhaltung seiner Körpertemperatur und für Arbeit jeder Art, und Baustoffe für seine Körpersubstanz. Die Energie wird durch chemische Umwandlung fast aller Lebensmittel gewonnen, als Baustoffe sind eine Anzahl spezifischer Substanzen nötig. Man weiß, daß der Mensch Kohlehydrate, Fett und Eiweiß braucht, dazu Salz, Spurenstoffe und Vitamine, auch Ballaststoffe mit wenig Nährwert. Die Ernährung mit hochwertigen Pillen wäre nicht gut.

Die Menschheit hat in einer Entwicklung, die Hunderttausende von Jahren gedauert hat, ihre heutige Ernährung gefunden. Die Ernährungswissenschaft hat dazu in neuerer Zeit einiges beigetragen; man versteht jetzt vieles, und man kann Ernährungsfehler diagnostizieren und vermeiden. Wir brauchen das alles nicht im einzelnen zu wissen, denn die Konsequenz für unsere Ernährung läßt sich ganz einfach zusammenfassen:

Ernähren Sie sich vielseitig! Kohlehydrate, Fett, Eiweiß sollen in einem vernünftigen Verhältnis (etwa 60 zu 25 zu 15) zum Energiebedarf beitragen; aber sonst kommt es nur darauf an, daß man die Nährstoffe mit den verschiedensten Lebensmitteln zu sich nimmt: Eiweiß aus Pflanzen, Milch und Fleisch, Fett von Öl und Butter, daß man Gemüse und frisches Obst nicht vergißt, und schließlich, daß man genügend viel Flüssigkeit bekommt, etwa 1½ l im Tag zusätzlich zu dem, was die Lebensmittel sowieso enthalten. Wenn man das tut und wenn man sich nicht direkt vergiftet mit übermäßigem Rauchen oder Alkohol (nicht mehr als 1 l Wein am Tag heißt die französische Mäßigkeitsregel, durch die sich der Premierminister Mendès-France unbeliebt gemacht hat), dann kann man als Gesunder alle Ernährungsregeln vergessen bis auf eines: die Kalorien oder: wieviel muß ich essen, wieviel darf ich essen, damit ich nicht fett werde.

Wir haben heute ein neues Energiemaß, Kilojoule (sprich Kilodschuul). Wie es so geht, die alten Energiemaße waren anschaulicher. Die Kilokalorie, im Volksmund einfach Kalorie, ist gleich 4,18 kJoule, und sie ist die Wärmemenge (= Energie) die nötig ist, um 1 kg Wasser um 1° zu erwärmen. Für den „Standardmenschen" mit einem Gewicht von 75 kg sind also 750 kcal pro Tag nötig, damit er sich nicht jeden Tag um 10° abkühlt.

Aber der Mensch will ja nicht nur warm bleiben, er will auch arbeiten. Das alte Arbeitsmaß (Arbeit ist auch gleich Energie) ist das Meterkilogramm, das ist die Arbeit, die nötig ist, eine Masse von 1 kg einen Meter hochzuheben, verlustfrei. 100 Meterkilogramm sind 0,94 kJoule, unser Standardmensch bräuchte also 730 kJoule, um einen Berg von 1000 m Höhe zu besteigen. In Wirklichkeit braucht er mehr, von verlustfrei ist keine Rede. Auch beim Spazierengehen in der Ebene braucht man Energie, man rechnet etwa 50 kJoule pro km.

Auch sonst braucht der Körper Energie. Zum Beispiel wird mit der Atemluft und durch die Haut im Tag etwa 10,9 l Wasser als Dampf abgegeben. Allein zum Verdampfen dieses Wassers sind 2000 kJoule nötig.

Der tägliche Energiebedarf des normal arbeitenden Standardmenschen ist 11000 kJoule (2600 kcal). Ein 100 kg schwerer Mensch braucht proportional mehr. Ein nicht arbeitender Rentner braucht wenig mehr als die Hälfte, ein Schwerarbeiter oder Sportler 1,5 bis 2 mal so viel wie der Standardmensch.

Das alles braucht der nicht zu lesen, dessen Gewicht nahe dem Normalgewicht ist (soviel Kilogramm wie cm über 100 cm Größe: bei

Frauen rechnet man 5% weniger; das Idealgewicht, noch einmal 10% weniger, ist heute nicht mehr im Gespräch). Ein 20jähriger kann ruhig 10 oder 20% weniger wiegen, auch die 70jährigen werden meist wieder leichter. Probleme gibt es vor allem bei Übergewicht. Die mittlere Lebensdauer sinkt erheblich, und wohl auch in den meisten Fällen die Leistungsfähigkeit.

Der Koch und Gastgeber kann am leichtesten für sich selbst etwas tun. Wenn man merkt, daß man zunimmt, kann man die Nahrungsaufnahme auf ⅔ verringern, alles bis auf Flüssigkeit, und dafür vielleicht etwas mehr Salate als Ballaststoff nehmen. Das wirkt, allerdings nicht schnell. Unser Standardmensch mit Normalgewicht hat 15 kg Fett, das sind als Energie 500000 kJoule, ein ganz schöner Vorrat für Notfälle. 5 kg Fett als Übergewicht sind 167000 kJoule, da dauert es 84 Tage, wenn man täglich 2000 kJoule zu wenig aufnimmt, bis man wieder normal ist.

Bei Gästen ist der Einfluß begrenzt. Man muß ihnen so viel geben, wie sie essen wollen. Man kann versuchen, nicht zuviel auf einmal anzubieten; man kann mit dem Menü einigermaßen sich einstellen, viel Gemüse und Salate. Aber gerade die Dicken sind da sehr empfindlich. Sie wollen immer viel Fleisch.

Der nächste Schritt für den Koch, seine Familie und solche, die es vielleicht wissen wollen, ist die Kalorienrechnung. Dazu geben wir eine vereinfachte Tabelle. Leider geht es nicht, ohne daß man sich um das Gewicht der Speisen kümmert. Man wird also allenfalls für eine kurze Zeit solche Rechnungen machen und dann mit der gewonnenen Erfahrung leben.

Mit der Aufteilung der Ernährung auf Eiweiß, Fett und Kohlehydrate sollte es keine Schwierigkeiten geben außer vielleicht bei Fett. Der Normalbedarf ist etwa 80 g pro Tag, und man kann ganz grob rechnen, daß etwa die Hälfte davon in Fleisch, Wurst usw. enthalten ist, daß man also 40 g als Butter, Öl, Sahne, Speck zugeben darf. Das ist nicht sehr viel. Ich würde aber eher bei der Frühstücksbutter sparen als beim Wohlgeschmack der Speisen. Vor allem aber ist es wichtig, Fett vom Braten und Auskochen, das sowieso nicht gut ist, sehr sorgfältig zu entfernen.

Auf dem Nachsatz finden Sie Angaben über den Kalorienwert von Lebensmitteln. Dort ist auch eine Betrachtungsweise angegeben, die ich sehr nützlich finde, „Gramm Reis" (äquivalente Kohlehydratmenge) statt kJoule, weil man sich Gramm besser vorstellen kann. Wenn man abschätzt oder weiß, wieviel Wasser etwa Quark enthält, und zur restlichen Masse den Fettgehalt noch einmal dazuzählt, erhält man das, was ich „Gramm Reis" nenne. 1 Gramm Reis ist gleich 17 kJoule.

Ich hätte mir dieses ganze Kapitel sparen können, wenn ich nicht glaubte, daß der gute Koch auch besonders auf gute Ernährung achten muß. Wohlgeschmack ist schön, aber gesund leben ist wichtig. Der Koch muß beweisen, daß beides zusammen möglich ist.

Gefriertruhe

Die Konservierung von Speisen durch Tiefkühlen ist eine der Grundlagen des Kochens mit geringem Arbeitsaufwand. Wir setzen also die Existenz einer genügend großen Kühltruhe voraus (Kühltruhen sind immer zu klein), die in der Küche oder in ihrer Nähe steht.

Man darf natürlich nicht wahllos tiefkühlen, wenn man die hohe Qualität der Küche erhalten will. Aus meiner Erfahrung (die sicher nicht vollständig ist) haben sich die folgenden Regeln ergeben, die im Kochbuch an vielen Stellen ihren Niederschlag finden:

– Ich kaufe fast nie Fertiggerichte.

– Eine beschränkte Vorratshaltung bestimmter Lebensmittel hilft sehr, die Planung zu erleichtern (tägliches Denken an die Vorräte ist lästig) und unerwarteten Situationen gewachsen zu sein. Deshalb halte ich eine Reserve häufig gebrauchter Lebensmittel.

– Weißbrot, Schwarzbrot (gekauft oder selbst gebacken) halten sich gut, besonders wenn sie nicht beim Bäcker schon einmal gefroren waren. Dasselbe gilt von den heißgeliebten Laugenbrezeln und (wenn ich Gäste habe, die so etwas mögen) frischen Brötchen.

Weißbrot kann in Scheiben geschnitten und wieder zusammengesetzt werden. Es geht dann direkt in den Toaströster.

– Kuchen hält sich sehr gut, man ist damit auf einen Kinderansturm gerüstet. Kleines Gebäck (etwa Makronen) für Nachtisch oder Mokka braucht kaum aufgetaut zu werden.

– Milch, Sahne, Quark, Butter halte ich für wenige Wochen in Reserve. Sahne verändert sich leicht, das macht aber nichts für Speisen wie den geliebten Gratin dauphinois oder für Rahmsuppen und Sauce.

– Eiscreme für Kinder und Vanilleeis für viele Nachtische halten sich gut. Ich habe auch oft einen Vorrat von Eiswürfeln (in einer Tüte, möglichst von einander getrennt) für Cocktails, für viele Gäste, aber auch weil es mit ihnen schneller geht als mit den Eiswürfeln aus der Schale im Eisschrank.

– Einige Gemüse sind tiefgekühlt hervorragend. Dazu rechne ich in erster Linie Erbsen. Ich jedenfalls kann keine besseren frisch kaufen. Ähnliches gilt für Broccoli und Rosenkohl, auch (mit schwachen Bedenken) für passierten Spinat und (mit schon etwas mehr Bedenken) für Blattspinat. Die Arbeitsersparnis ist natürlich enorm, die Haltbarkeit ist gut.

– Obst wird weich und unansehnlich. Trotzdem halte ich vor allem gezuckerte Himbeeren und Erdbeeren für Speisen, bei denen sie passiert werden.

– Bei Fleisch habe ich weniger Bedenken als manche andere Autoren. Wenn ich Ochsenfleisch von einer jungen „Kalbin" bekommen kann, kaufe ich viel und lege alles, was nicht zur ersten Mahlzeit dient, in die Kühltruhe.

Später ist es sicher besser als ein Stück von einem durchschnittlichen Tier. Überhaupt kann ich so die Zahl der Besuche beim Metzger vermindern. Ich kaufe, was mir gefällt, und ich glaube nicht, daß die Qualität dabei leidet. Allerdings kaufe ich nichts, was gefroren ist oder war, und ich halte fette Stücke nie lange in der Kühltruhe.

Ähnlich ist es mit Geflügel. Wenn ich Poularden bekommen kann, die bei einer Mühle aufgezogen worden sind, sind sie tiefgefroren viel besser als andere, und ich nehme soviel ich kann für die Gefriertruhe. Ähnlich ist es mit Gänsen und Truthähnen. Ich habe vielleicht keine guten Quellen für frische solche Vögel. Die besten, die ich zubereitet habe, waren jedenfalls tiefgekühlte, allerdings nie zwischendurch aufgetaute.

Bei Wild und Wildgeflügel ist, außer bei Selbst-Gejagtem, Vorsicht geboten. Einfrieren und Wiederauftauen scheint gebräuchlich zu sein, auch langes Warten bis zum ersten Einfrieren.

– Das Einfrieren von selbst vorbereiteten Materialien und Halbfertiggerichten wird im Buch an vielen Stellen behandelt, von frischen Gewürzkräutern, wo die Beschränkung der Jahreszeiten überwunden wird, bis zur in großer Menge gekochten Polenta, wo die Zeitersparnis das Motiv ist. Besonders muß hier auf Fleischbrühe und Essenzen hingewiesen werden, die das Einfrieren glänzend vertragen.

– Das Einfrieren von Resten ist oft nicht ganz ohne Qualitätsverlust möglich. Als Württemberger esse ich aber lieber einmal etwas, was ich nicht dem Bundespräsidenten vorsetzen würde, als daß ich es wegwerfe.

– Die Organisation der Kühltruhe sollte auch zeitsparend sein. Ich halte nichts vom Führen von Listen, wohl aber von einer Beschriftung, die Verwechslungen ausschließt, und einer Gruppierung in den Körben (Brot, Fleisch, Gemüse, Gewürze und Essenzen etc.), so daß man nicht immer alles durchsuchen muß. Wichtig ist wohl die Möglichkeit schnellen Einfrierens bei tiefer Temperatur, ehe man die Einordnung in Gruppen vornimmt.

Der Mikrowellenherd: Eine Hilfe für arbeitssparendes und gesundes Kochen

Es ist nicht die Absicht des Autors, den Mikrowellenherd als eine notwendige Einrichtung der modernen Küche darzustellen. Er hat selbst nach einigem Zögern das einfachste und billigste Modell angeschafft und hat, meist ohne Anlehnung an die Rezepte in den Spezialkochbüchern, damit gespielt. Dabei hat er die neuen Möglichkeiten mehr und mehr schätzen gelernt. Er benützt jetzt den Mikrowellenherd praktisch jeden Tag, nicht statt der Herdplatte oder dem Backofen, sondern zusätzlich, dann wenn es nützlich ist, daß die Wärme im Kochgut selbst und nicht an den Wänden des Topfes entsteht.

Was ist ein Mikrowellenherd? Stellen wir uns eine kleine Lampe vor in einem ganz geschlossenen Raum mit Wänden, die das Licht vollständig zurückwerfen, und in diesem Raum einen kleinen schwarzen Gegenstand. Dann ist das Licht der Lampe in dem Raum eingeschlossen. Es kann nur nach vielen Reflexionen auf die Lampe wieder zurückfallen oder von dem schwarzen Körper aufgenommen werden, der dadurch warm wird. Genauso arbeitet der Mikrowellenherd: Die „Lampe“ ist ein kleiner Radiosender, das „Licht“ sind Radiowellen von 12 cm Wellenlänge (die Lichtwellenlänge ist etwa 200000 mal kleiner!). Metallwände reflektieren die Mikrowellen vollständig; und alles, was Wasser enthält, ist für die Mikrowellen ein schwarzer oder grauer Körper. Allerdings werden die Wellen nicht gleich an der Oberfläche der wasserhaltigen Materie absorbiert, sondern sie dringen einige Zentimeter tief ein wie in Rauchglas. Die Wärme entsteht also im Innern, nicht an der Oberfläche. Wenn man etwa Kartoffeln in einem Glasgefäß hat, bleibt das Gefäß ziemlich kalt, und die Kartoffeln werden von innen heraus heiß. Man kann etwa ausrechnen, wie schnell das geht: Mit einer Mikrowellenleistung von 600 Watt, wie sie die Geräte etwa haben, kann man 250 g Wasser (1/4 l) in 3 Minuten von 20 auf 100° bringen, oder man kann 12 g kochendes Wasser in einer Minute verdampfen. In Wirklichkeit dauert es ein wenig länger, weil doch noch irgend etwas warm wird, vor allem das Gefäß, das von der Wärme des Inhalts etwas aufnimmt.

Wir sehen hier schon etwas Wichtiges: Eine doppelt so große Menge wird halb so schnell warm; bei allen Rezepten hängt die Kochdauer von der Menge ab. Ähnlich ist es mit dem Verdampfen: wenn 1/4 l Sauce wild kocht, wird 1 l in einem großen, flachen Gefäß nur sanft wallen. Wenn Speisen stark oder zu schnell kochen, kann man etwas tun: Man stellt einfach 1 oder 2 große Gläser mit Wasser dazu; sie nehmen einen Teil der Wärme auf. Es gibt auch ein teureres Verfahren: man kauft einen Herd, bei dem man die Leistung einstellen kann.

Leider ist die Strahlung im Mikrowellenherd nicht ganz gleichmäßig verteilt. Deshalb muß man Gefäße, in denen sich nicht eine Flüssigkeit befindet, während des Erwärmens einoder zweimal drehen oder umsetzen. Es gibt auch Herde mit Drehtellern, wo das automatisch geschieht. Ernster ist allerdings meist, daß die Hitze auch bei Mikrowellen nicht durch und durch geht, wenn die Speise mehr als 3 cm dick ist. In solchen Fällen darf man nicht zu schnell erhitzen, damit die Wärme sich im Innern auch durch Wärmeleitung ausbreiten kann. Und wo es geht, wird man während des Kochens ein- oder zweimal umrühren. Ein Herd mit einem automatischen Rührer wäre eine gute Sache.

Als Gefäßmaterial kommt in Frage Glas, Porzellan, Keramik, auch Plastik, wenn es die Hitze aushält. Steingut, besonders das hübsche von Amateuren gebrannte, wird ein bißchen heiß; das ist gar nicht schlecht, weil die Speisen dann am Boden ebenso schnell heiß werden wie oben. Metall geht meist nicht, denn es verändert das Strahlungsfeld sehr; es kann sogar zu Funkenbildung kommen.

Die Mikrowellenstrahlung ist völlig ungefährlich, wenn sie nicht aus dem Herd nach außen dringt und (das scheint die einzige Gefahr zu sein) Körpergewebe erwärmt. Die vom Hersteller vorgesehenen Sicherheitsmaßnahmen dürfen also nicht unwirksam gemacht werden.

Aus der Wirkungsweise ergibt sich, was man mit dem Mikrowellenherd am besten kochen oder erwärmen kann. Zunächst: Bräunen geht im allgemeinen nicht; Speckscheiben werden einigermaßen knusprig, aber nicht braun, Zwiebeln mit Butter werden gelblich, genau das, was man für weich gedämpfte Zwiebeln will. Es gibt auch Gefäße, die Mikrowellen absorbieren und dabei heißer als 100° werden, aber ich habe mit solchen noch nicht gearbeitet. Es gibt auch Herde mit eingebautem Grillwärmer, davon halte ich nicht viel, ich gebe die Speisen lieber ganz zum Schluß noch 3 Minuten unter den Grill des Backofens.

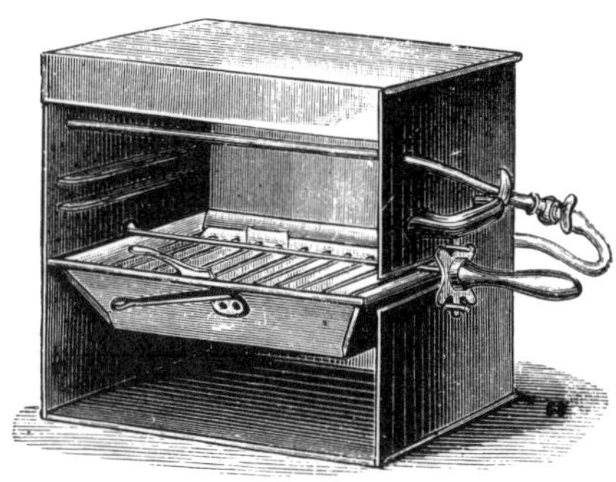

Ideal sind halbflüssige Speisen, die leicht anbrennen, etwa Bechamel mit Mehl (S. 65) oder die man sonst unter Rühren eindampfen muß, wie Bechamel ohne Mehl (S. 21). Ideal sind auch Gemüse mit wenig Flüssigkeit, etwa Sahne oder Wasser mit wenig Mehl, wo beim Kochen die Flüssigkeit über das Gemüse aufsteigt und so das Austrocknen verhindert; man kann dann bis zum fast völligen Verschwinden der Flüssigkeit kochen (z. B. S. 137 und S. 169). Auch das Abziehen mit Sahne und Ei (S. 57) geht viel besser als auf dem Herd. Man muß allerdings öfter umrühren und zum Schluß darauf achten, daß die Masse nicht zu dick wird. Man braucht weniger Eigelb als bei der normalen Methode, und das bekommt dem Geschmack gut. Auch den englischen Custard (Ei und Milch) kann man

so bereiten, allerdings nur in nicht zu kleiner Menge oder mit beigefügten Wassergläsern, sonst kocht er zu schnell und ungleichmäßig.
Bei Kartoffeln und bei den Gemüsen kann die Kochzeit sehr kurz sein, weil die Wärme nicht erst von außen nach innen eindringen muß (z. B. S. 167 und S. 137). 8 Minuten für eine kleine Kartoffelmenge ist völlig ausreichend. Durch kurze Kochzeiten werden die Vitamine geschont, und man gewinnt an Geschmack und Konsistenz.
Mit Fleisch, Fisch und Eiern habe ich mich sehr zurückgehalten; es gibt sicher auch hier Möglichkeiten, aber wir sind sehr daran gewöhnt, daß beim normalen Kochen und Braten das Äußere stärker gegart ist als das Innere.
Kaum Vorteile hat der Mikrowellenherd bei allem, was in viel Wasser gekocht wird; hier findet nur eine leichte Energieersparnis statt. Aber sehr vorteilhaft ist alles, was man gleich im Glas oder auf dem Teller kochen kann, etwa ein Kräutertee oder das morgendliche Porridge (3 Eßlöffel Haferflocken, 1 Tasse Wasser 3 Minuten im Suppenteller). Man kann auch kalt werdenden Tee oder Kaffee in der Kanne oder Tasse wieder heißmachen. Und wenn das Telefon den Gast wegruft, wird das Essen nachher auf seinem Teller wieder in den alten Zustand gebracht (nicht kochen lassen!)
Auftauen geht gut, aber man muß Pausen einlegen, sonst ist ein Teil heiß, der andere gefroren. Bei dicken Stücken dringen die Mikrowellen nicht tief genug ein.
Bei einem großen Menü versuche ich immer ein kleines Gericht im Mikrowellenherd zu machen, schon weil die Zeituhr zuverlässig zur richtigen Zeit abstellt und durch Klingeln zum Herausnehmen mahnt.
Sehr praktisch und fix, jedenfalls bei Steingutgeschirr, geht auch das Wärmen von Tellern, Schüsseln und Kannen.
Insgesamt wird man sagen: Der Mikrowellenherd kann die üblichen Verfahren nur ergänzen, vor allem dann, wenn es ein Vorteil ist, daß Wärme im Inneren der Speisen entsteht. Für das Kochen geringerer Mengen (für 1, 2, 3 Personen) entstehen verschiedene Vorteile im Arbeitsaufwand, oft der Gesamtzeit und im Geschmack. Wem seine Zeit kostbar ist und wer bereit ist, sich ein wenig umzustellen, dem kann zur Anschaffung nur zugeraten werden.

Aussprache von Fremdwörtern

Erklärung: ʒ ist ein stimmhaftes, weiches sch; hochgesetzte ^{n} bezeichnen Nasale.

à la grecque	a la greck
à la mode	a la mohd
après-midi au bourgogne	aprämihdi o buhrgonnj
Aubergine	oberʒihn
à vif	a wihf
Beurre blanc, – noisette	börr bla^{n}, – noasett
Boeuf bourguignon	böff buhrgihnjo^{n}
Calvados	kalwadoss
Canard, Caneton	kanar, canto^{n}
Cassis	kassihß
Chèvre	schäwr
Choron	schoro^{n}
Courgettes	kurʒett
Crème fraîche	krähm fresch
Curaçao	kührаßáo
Duxelles	dühkßell
Filet Châteaubriand	fihleh schatobria^{n}
Fromage blanc	frommaʒ bla^{n}
Gigot	ʒihgoh
Glace	glaß
Gratin dauphinois	gratä^{n} dofinoa
Gruyère	grüiär
Hors d'oeuvres	orr döwr
Julienne	ʒühljenn
Maraschino	maraßkíhno
Mousse de truite	muhß de trüit
Pauvre homme	pohwr omm
Petit suisse	ptih ßwiß
Pot	poh
Potage Germiny	pottahʒ ʒermini
Poulet, Poularde	puhleh, puhlard
Quiche lorraine	kihsch lorrän
Ratatouille	ratatuij
Sabayon	ßabajo^{n}
Saint Pierre	ßä^{n} pjerr
Salade niçoise	ßalad nihßoas
Sauce béarnaise	ßohß bearnäs
Soupe	ßuhp
Suprêmes de volaille	ßühpräm de wollaij
Vichyssoise	wihschihßoas
Vinaigrette	winägrett
Tarte Tatin	tart tatä^{n}
Brunch	brantsch
Cock-a-Leeky	kockälíhki
Cup	kapp
Joule	dʒuhl

Lime	laim
Pumpkin Pie	pámpkin pai
Swiss Steak	ßwíss ßtehk
Worcestersauce	wússtersohße
Gnocchi	njócki
Radicchio	radíckjo
Zabaione	sabajóhne
Zucchini	zuckíhni
Zuppa pavese	suppa pawéhse
Gazpacho	gaspátscho

Register

Die kursiv gesetzten Seitenzahlen beziehen sich auf die Menüvorschläge.

Apfel, gebacken 207; *60, 172*
– Kardinal 187; *54, 130, 146*
–kompott 187; *28, 84, 116, 186*
–kuchen, warm 202, 203
– Melba 187
–scheiben in Weinschaumcreme 208; *40, 84, 94*
Äquivalente Kohlehydratmenge Nachsatz
Artischocken *130*
–suppe 55; *104, 124, 154, 202*
– vinaigrette 33; *74*
Auberginen *152*
– Auflauf *72*
–, gebraten 134, 135
–, gefüllt 162, 19; *18, 70, 160*
–, gegrillt 134, 135
– in Sahne gedämpft 135
–, püriert 135
–suppe 45; *116*
Aufläufe (Gratin) 30, 31
– Bohnen, Hühnerleber 30, 31
– Brot u. Speck 30, 31
– Forellenschaumauflauf 73
– Gratin d'écrevisses 57
– Gratin de truites 57, 74, 75
– Kraut 157
– Nudelgratin 173
– Schinken, Nudeln, Tomaten 31
– Zucchini 159
Aufschnitt *24, 176*
aufziehen (legieren, monter) 20, 54, 55, 66, 73, 75

Backöfen 26
Backofenthermometer 26
Backtemperaturen Vorsatz, 26
– Garen im Backofen 96
Backzeiten Vorsatz
Bayerische Creme 198; *70, 126*
– mit Orangen
198, 199; *88, 138, 156*
Bécasse 132; *204*
Bechamelsauce 20, 65, 143
Beurre blanc 66, 68, 69
Birne Helene 209; *114*
Birnen flambiert 189
Blumenkohl *196*
Blumenkohlsuppe 63; *180*
Boeuf à la mode 92, 93; *20*
Bohnen, grüne 162; *56, 68, 70, 106, 124, 154*
Bollito misto 86, 87
Brät 127
Braten 80
Brathähnchen 132
Bratkartoffeln 166, 167; *20, 28, 50, 116*
Broccoli 162; *102, 184*
Brot 214
– backen 176, 177
– auf Krautblättern 177
–brösel in Butter 61
–suppe mit Zwiebeln 58, 59
– Brot-Speck-Auflauf 30, 31
–würfel geröstet 47
– Weißbrot in der Küche 47, 58
Brunnenkresse 17; *56, 72, 106, 122, 154, 166*
Butter 214
– Beurre blanc 69; *192*
– Beurre final 44
–, braune 66, 77
– Flöckchen 66, 95

Caramel 210
Champignons *54, 76, 98, 142*
– à la grecque 19; *18, 158*
– Cremesuppe 50, 51
– Essenz 99
– Püree 51; *130*
– Püree mit Artischockenböden 143
– Püree mit Chicoree 137
Chicoree als Gemüse 136, 137; *152*
–, gebacken 137
– mit Champignonpüree gratiniert 137
– in Sahne oder Fleischbrühe 137
–salat 17; *28, 48, 60, 94, 98, 118*
– Soufflé 138, 139
Choronsauce 66, 102, 103
Cock-a-Leeky-Suppe 42, 43
Cocktail 213
– Beigaben 50
– Saucen 32
Consommé 34, 36; *16, 18, 142, 148, 204*
– mit Morcheln 37, 62; *192*
– suprême 34, 52; *126, 128, 130, 174*
– mit Tomaten 62
Crème Caramel 210; *30, 44, 50, 68, 96*
Crêpes 191
–, flambiert 190, 191
Crevettencocktail 32; *52*

Dämpfen 80
Durchschlag 170
Duxelles 77; *190*

Eier haltbar machen 24
– Auflauf 23; *22*
– Benedictine 34
– hart, mit Zwiebeln und Nudeln gratiniert 22, 23
– Omelette 24, 25; *44*
– Rührei 24, 25; *146, 160*
– Spiegeleier 33
–, verlorene, im Töpfchen 21; *20*
–, auf Toast *40*
– weiche Eier 24
Eindampfen 150
Eingemachtes Kalbfleisch 105
Einlaufsuppe 38, 39; *186*
Eisbein mit Sauerkraut 111; *42, 146*
Eiweißbedarf 217, Nachsatz
Endiviensalat 17
Energiebedarf Nachsatz
Ente, gekocht 114, 115
– mit Pfirsichen 124, 125
– vorbraten? 124
Erbsen fein 141; *120, 140*
– Püree von trockenen Erbsen 163
–, püriert 141; *42, 146*
– mit Sahne 141
–suppen 48, 49; *106, 194*
Erdbeerschaum, halbgefroren 194, 195
Ernährung 217, Nachsatz
Essig 74
Estragonhähnchen 132

Fasan, gebraten 132
– auf Weinkraut 132; *26*
– mit Zwiebeln und saurer Sahne 123
Felchen Müllerin Art 66, 77
Feldsalat 17; *90*
Fenchel 163
Fett 218, Nachsatz
–, erhitztes 166
Filet Chateaubriand 102, 103; *54, 150*
Filetsteak 108; *40*

Fisch 67–78; *190*
– wann Fisch? 68, 70
–filets 77
–fond 57, 73
–sauce 69, 73
–sud 57
–suppe 56, 57
Flädle 62, 191
–suppe 62; *94*
Fleisch, Zubereitung 79–82
– Übersicht 83
–brühe 36, 38; *158*
–brühe mit Einlagen 38, 39; *136, 152*
–brühe mit goldgelben Brötchen 62
–gelee 93
–glace 81, 89, 93
–pflanzerl 108; *166*
–sauce für Nudeln 34
–wurst 87
Foie gras 126, 127
Forelle, blau 68, 78; *196*
– Bachforelle 68
– Lachsforelle 69
Forellenfilet *90, 182, 184*
Forellenschaumauflauf 73
Forellensuppe 56, 57
Friandises *70, 74, 104, 116, 174, 182, 184, 204*
Fruchtmus 192, 194, 199, 208; *74*
Fumet 52

Gabel 170
Gans, gebraten 132; *186*
Gänseleberpastete 127
Gazpacho (kalte Suppe) 64; *30*
Geflügel 113–132
–, gekocht 114
–brühe 114, 115, 121
–, gefüllt 126, 127, 128, 131
Gefriertruhe 219
Gelatine 196, 198, 199
Gemüse 133–164
–brühe 41
–suppe, klar 40, 41; *22, 40, 172*
–, püriert 46, 47; *76, 92, 160, 166, 196*
Germiny (Sauerampfersuppe) 55
Geselligkeit 10, 211
Gewichte und Portionsmengen Vorsatz
Gigot 104, 105; *192*
Gnocchi 174, 175; *26, 74, 114, 142, 180*
Gratin (s. auch Auflauf)
– dauphinois (Kartoffel) 124, 168, 169, 201; *40, 56, 70, 72, 86, 104, 106, 122, 152, 154, 182, 192, 202*
– d'écrevisses (Krebse) 57
– de truites (Forellen) 57
Grecque, Gemüse à la 19; *24*
– Champignons 19
– Lauch 19
– Zwiebeln 19
Grieß 174
Grießnockerlsuppe 38, 39; *72, 122, 190*
Grill 26
Grüne Sauce 66, 87, 117
Grüner Salat (s. auch Kopfsalat) 17
Gurkensalat 17; *192*
Gurkensuppe kalt 64; *200*

Hackbraten 108; *30, 58*
Hammelkeule 104, 105; *192*
Hecht 69, 73; *192*
Heilbutt 73
Herde 26
Himbeeren, flambiert 189
Himbeermus 187; *28*
Holländische Sauce 34, 66
Huhn, zerteilen 118, 119, 120, 121
Huhn mit Gemüse 116, 117
– Auberginen 120
– Champignons 120
– Estragon 120; *140*
– Käse 120
– Schalotten und Cognac 120, 121; *72*
– Tomaten 120
– Zwiebeln 120
Huhn im Salz 130, 131; *28, 76, 138, 148*
Hühnerbrust mit Rahmsauce 116; *134*
– mit Butter 131
Hühnerfricassee 118, 119
Hühnerleber auf Weißbrot 33, 121; *104*
Hühnersuppe 43
Huhn-Käse-Soufflé 43

Kabeljau 70, 71, 73
Käse 180, 181; *18, 20, 24, 26, 28, 30, 38, 52, 54, 70, 72, 74, 86, 94, 96, 98, 100, 102, 106, 114, 122, 124, 128, 136, 140, 142, 144, 148, 150, 154, 160, 168, 176, 188, 190, 192, 202*
–kuchen 200, 201
–sauce 65, 85, 151, 153
–soufflé 28, 128
– Weißer Käse 180, 181; *16, 184*
Kalbsbraten im eigenen Saft 110; *184, 196*
Kalbsbraten mit Rahmsauce *170*
Kalbsbratwurst *148*
Kalbsbries, gedämpft 96, 97
–, gebacken 97; *18*
Kalbsfuß 66, 81, 88, 89, 92, 93
Kalbsleber 110; *50, 68, 70*
Kalbsmedaillons *52, 190*
Kalbsragout mit Fenchel 109; *38, 174*
Kalbsschnitzel *22, 136, 142*
– mit Sauerampfersauce 109
Kalorien Nachsatz
– Berechnung, Kilojoule Nachsatz
– Tabellen Nachsatz
Kapernsauce 65; *58*
Karottensalat 17
Karpfen mit Wurzelgemüsen 78
Kartoffeln 166; *58, 70*
–, gebacken 167
– in der Folie 167
Kartoffelpüree 178; *68, 156, 198*
Kartoffel-Quark-Soufflé 29
–salat 32; *48, 60*
–scheiben, roh gebraten 167; *134*
–suppe 47
Kassler mit Sauerkraut 111; *48*
Kastanien 129
Kerbelsuppe 63; *68, 84, 102, 170*
Kichererbsen 164
Kilojoule 218, Nachsatz
Kirschen, flambiert 189; *102, 166*
Kochbücher 215
Kochen 79
– mit wassergefülltem Deckel 70, 71, 80, 85, 140
Kochlöffel 170
Kochzeiten Vorsatz
Kompott 184, 206, 207
– Apfel 187; *28, 84, 116, 186*
– Aprikosen 207
– Birnen in Rotwein 206; *24, 76*
– Erdbeeren 208
– Feigen 206; *144*
–, gemischt 207; *92*
– Himbeeren 207
– Kirschen 206; *26, 46, 104, 160*
– Mirabellen 207; *18*
– Pfirsiche 207
– Pflaumen 207
– Zwetschgen 206; *42, 170*
Kopfsalat 17; *18, 24, 26, 30, 38, 40, 44, 46, 50, 52, 60, 68, 70,*

74, 76, 92, 96, 100, 104, 114, 116, 126, 130, 138, 156, 158, 160, 166, 180, 196, 198, 200, 204
Krautaufläufe 156, 157
Kraut, gedämpft 156, 157
Kressesalat 17
Krevettencocktail 32; *168*
–sauce 65, 73; *72*
Kronenbraten vom Lamm 107
– vom Schwein 107
Kürbiskuchen 210; *128*

Lachs 73; *38*
Lamm 106
– carré 112; *56, 154, 182*
– mit Estragonsauce 90, 91
– Kronenbraten 106, 107
Lauch
– à la grecque 19
– Cock-à-Leeky (Lauchsuppe mit Huhn) 42, 43
–kuchen 34
–suppe, Vichyssoise 63; *98, 130*
Lebensmittel, Zusammensetzung Nachsatz
Leberspätzlesuppe *198*

Mandelbögen 204, 205
Marinieren 104, 105
– Marinade injizieren 105
Maße und Mengen Vorsatz, 12
Maultaschen in der Suppe 60, 61
–, angebraten 61; *194*
–, angebraten mit Ei 61
–, geschmälzt 61
Mayonnaise 32
Meerrettich-Sahne 78; *184*
–sauce 65, 85
Mehl beim Kochen 50, 66, 81, 109, 119
– im Ofen trocknen 161
Melone, orientalisch 184, 185; *90, 154*
– mit Portwein *122, 148, 202*
– mit Schinken *96, 192*
Meringuen 193; *118*
Messer 22
Messermühle (Moulinette) 72
Mikrowellenherd Vorsatz, 220
Milch 180
Milchbrot 177
Mousse 72
– de truite 73; *44*
Mürbteig 27, 203
Muskat 150

Nachtisch 179, 182–210
Nudeln 173; *38, 44, 92, 118, 136, 172*
– herstellen 60
– Auflauf 23
– gratin 173; *88, 94*
– mit Ragu bolognese 34; *96*

Obst 184; *20, 52, 180*
Obstsalat 182, 183, 184; *16, 84, 136*
– in Melonen 185; *90, 154*
Ochsenfleisch, gekocht 84, 85; *44*
–, Reste 87, 89
Ochsenmark auf Brot 33; *84*
Ochsenschulter mit Schweinefleisch u. Gemüse 88, 89
Ochsenschwanzsuppe 63; *156*
Ölsorten 16
Omelette 25; *44*
–suppe 62; *188*
– surprise 210; *106*

Parmaschinken 98
Pellkartoffeln 167
Perlhuhnsuppe 52, 53
Perlhuhn mit Zwiebeln 122, 123
Petersilienkartoffeln 167
Pfannen 190
Pfeffer 172
Pfirsiche 188, 189
–, flambiert 188, 189; *100*
– Kardinal *98*
– Melba *56, 86, 140*
Pilze, gegrillt, gebraten, püriert 142, 143
Polenta 175; *30, 128, 186*
Pommes château 178; *54, 102, 150*
Pommes de terre Anna 169; *96, 124, 130, 138, 140*
Porridge 222
Portionsmengen Vorsatz
Pumpkin Pie 210; *128*

Quark 181
–soufflés mit Quark 29
– und Huhn 43
Quiche Lorraine 26, 27; *126, 190*

Ragu bolognese 34
Rahmsauce 66, 101, 112
Ratatouille 144, 145; *24, 86, 128, 144*
–, püriert 145
Rehrücken 112
Reis *18, 74, 90, 190*
– Pilaf 178
– mit Safran 178; *148*
–, wilder 127
Remoulade 66, 105
Rindergulasch 108; *44, 172*
Rindfleischsuppe *176*
Roastbeef 108; *152*
Rösti 167
Rosenkohl 163; *198*
Rote Grütze 196, 197; *38, 58, 84, 168*
Rotkraut 164; *186*

Sabayon 208; *134, 172*
Sahne 180
Saint Pierre 68, 69; *124*
Salat, frisch 17; *16, 20, 22, 44, 56, 88, 128, 142, 148, 170, 172, 184, 186, 194*
– Brunnenkresse 17; *56, 72, 106, 122, 154, 168*
– Chicoreesalat 17; *28, 48, 60, 94, 98, 118*
– Endiviensalat 17
– Feldsalat 17; *90*
– Gurkensalat 17; *192*
– Karottensalat 17
– Kopfsalat 17; *18, 24, 26, 30, 38, 40, 44, 46, 50, 52, 60, 68, 70, 74, 76, 92, 96, 100, 104, 114, 116, 126, 130, 138, 156, 158, 160, 166, 180, 196, 198, 200, 204*
– Kressesalat 17
– Radicchiosalat 17
– Selleriesalat (Knolle) 17
– Tomatensalat 17; *60, 118, 120, 174*
Salat mit gekochtem Anteil
– Kartoffelsalat 32; *48, 60*
– Krevettencocktail 32
– niçoise 32; *144*
– Pauvre homme 32; *72*
Salatkräuter 76, 87
Salatsauce 17
– Mayonnaise 32
– vinaigrette 17
Salatschleuder 16
Salatsuppe 54, 55; *24, 86, 88*
Salsa verde 87, 117; *86*
Saltimbocca 110; *200*
Salz 172
Sardinen auf Toast 33; *50, 200*
Saucen 65, 66
–, braune 66, 81, 103, 125
– mit Eigelb 21, 66, 102
–, klare 66, 71, 89, 93, 150
–, weiße 65, 89, 97, 121, 123, 151
Sauce béarnaise 66, 103, 109; *150, 154*
– tartare 66
Sauciere mit zwei Ausgüssen 88

Sauerampferbutter *124*
–suppe 55
Sauerkraut 100; *146*
– mit Würstchen 101
Schaumlöffel 170
Schellfisch 68
Schinken 98, 99; *120, 166*
Schinkenessenz 99
Schloßkartoffeln 178; *54, 102, 150*
Schmorbraten 95; *46, 94*
Schmoren 80
Schneebesen 66, 75, 102
Schneidbrett 22
Schneiden von tiefgekühltem Fleisch 103
Schnitzelmaschine 148
Schöpflöffel 170
Schokoladencreme 210; *120, 142*
Schwammklößchensuppe 38, 39
Schweinebraten 111; *188, 198*
Schweinefleisch
– mit Sauerkraut 100, 101; *180*
– in Würfeln gebraten 101
Seelachs 73
Seezunge 68; *72*
Sellerie-„Steak“ 146, 147; *40*
–püree 146
– in Sahne 146
–salat 17
–stauden 146
Senfsauce 65, 85
Sorbet 192, 194, 195, 208
– Aprikosen 208
– Erdbeer 208; *118*
– Himbeer 208
– von schwarzen Johannisbeeren 192, 193; *174*
– Orangen 208; *204*
– Zitronen 208; *72, 190*
Soubise, Sauce 65, 161
Soufflé, herstellen 28, 138
– Chicoree 139
– Käse 139
– Kartoffel-Quark 29
– Sauerampfer 139
– Spinat 139; *182*
– Spinat-Quark 29
– Tomaten 139
– Tomaten-Quark 29
Spätzle 170, 171; *46, 52, 98, 100, 170, 196*
– mit Ei 171
–, geröstet 171
Spaghetti bolognese *96*
– carbonara 172, 173
Spargel 148, 149
– Spargelspitzen mit Muskat-Ei-Buttersauce 148, 149
– mit gekochtem Huhn 148
Spatel 170
Speck
– Brot-Speck-Auflauf 31
Spinat 150, 151; *58, 166, 170*
– Blattspinat 150, 151; *74, 200*
–, püriert 151
– Spinat-Quark-Soufflé 29
–auflauf 152, 153; *202*
–küchlein 153
–suppe kalt 64; *26*
Spülmaschine 200
Stubenküken, gefüllt 126, 127; *16*
Suppen 35–64
– mit Mehl gebunden 50
– mit Eigelb und Sahne 55
Suppeneinlagen 39, 62
Suppentassen 52
Suprême de volaille 132
Surhaxe 111; *146*
Swiss Steak 95; *94*

Tarte Tatin 202, 203; *72, 122*
Teigwaren 172
Temperaturen Vorsatz
Töpfe 190
Tomaten *152, 160*
–, gebacken 154, 155; *54*
–, gedämpft *30, 96, 106, 130, 142, 154, 192*
–, gefüllt mit Champignons 155
– Quark-Soufflé 29
–saft 94; *46, 60*
–salat 17; *60, 118, 120, 174*
–sauce 66, 159; *28, 76, 134, 148, 158*
–suppe 44, 45; *84, 90, 100*
Truthahn 128, 129
– tranchieren 128
–, gefüllt mit Blutwurst 129

Vanille 193, 197
–sauce 187
Vanille-Eis mit heißen Himbeeren 209; *22*
– mit heißen Kirschen 209; *102, 150*
Verlorene Eier im Töpfchen 21; *20*
Vinaigrette, Sauce 17, 66
Vorspeisen 17–34
Vorratshaltung 174

Waagen 12, 28
Wärmen von Geschirr 214, 222
Weckmehl bräunen 171
Weinkraut 157
Weinschaumcreme 208; *116, 172*
Weißkraut 156, 157
Welsh Rarebit *198*
Wiener Schnitzel 109; *74, 172*
Wilder Reis 127
Wirsing 156, 157

Zabaione 208; *172*
Zeitplan 11
Zucchini 158, 159; *202*
– Auflauf 159
Zucker 202
Zunge à la mode 92, 93; *202*
– Sülze 93
Zuppa pavese 38, 39; *118*
Zwetschgenkuchen *48, 152*
Zwiebeln, schälen und schneiden 22
–, gebacken 161
–, gedämpft 161; *140, 152, 202*
–, gefüllt 160, 161
– à la grecque 19
Zwiebelauflauf 161
–kuchen 27; *114*
–ringe auf Toast 33
–sauce 23, 65
–suppe püriert mit Milch 46

Energiebedarf

1 „Kalorie“ = 1 kcal = 4,187 kJ (Kilojoule, sprich Kilodschuul) 1 kJ = 0,2388 kcal
Grundumsatz zur Erhaltung von Körpertemperatur und lebenswichtigen Funktionen beim „Normalmenschen“ (Gewicht 70 kg): 7100 kJ pro Tag

Für leichte körperliche (oder geistige) Arbeit zusätzlich 2100 kJ pro Tag
Für mäßige bis schwerste körperliche Arbeit zusätzlich 6300–10500 kJ pro Tag

Grundumsatz bei 90 kg Gewicht 9200 kJ pro Tag
bei 50 kg 5100 kJ pro Tag

Normalgewicht in kg: Körpergröße in cm minus 100. Bei 170 cm also 70 kg
(Bei Frauen 5% weniger; bei 170 cm 70 kg – 3,5 kg = 66,5 kg)
„Idealgewicht“ noch 10% weniger. Damit sollte man nicht mehr rechnen.

Ernährung:

Der Energiebedarf sollte gedeckt werden
durch Eiweiß 15%, durch Fett 25%, durch Kohlehydrate 60%.
Heranwachsende und Ältere brauchen mehr Eiweiß.

1 g Eiweiß erzeugt 17 kJ, 1 g Fett 39 kJ, 1 g Kohlehydrat 17 kJ.
Bedarf an Mineralstoffen und Vitaminen wird bei vielseitiger Ernährung leicht gedeckt (nur starke Säufer brauchen Vitamine zum Gin!)

Wasserbedarf ca. 1–2 Liter zusätzlich zu dem in Speisen gebundenen Wasser
Salzbedarf: Wir verbrauchen etwa 10mal mehr Salz, als lebensnotwendig ist.

Zusammensetzung einiger Lebensmittel

In 100 g sind enthalten	Eiweiß g	Fett g	Kohlehydr. g
Vollmilch	3	3	5
Magermilch	3,5	0,1	5
Schlagsahne 30% Fett	2	30	3
Edamer Käse 40% i. Tr.	26	24	1
Eier	11	10	1
Eigelb	16	32	
Eiweiß	11		
Hering	17	19	
Kabeljau	17	0,3	
Ölsardinen	24	14	
Karpfen	8	7	
Rindfleisch Brust	16	21	
Filet	19	4	
Hammelkeule	18	18	
Kalbskotelett	20	9	

In 100 g sind enthalten	Eiweiß g	Fett g	Kohlehydr. g
Schwein Schulter	14	35	
Schinken	15	31	
Wurst Salami	18	50	
Frankfurter	13	21	
Huhn	21	8	
Ente	18	17	
Gans	16	31	
Hase, Reh	21	2	
Gemüse	1		7
Spargel			5
Salat			4
Trockene Erbsen	23		61
Kartoffeln	2		19
Frisches Obst ca.	1		11
Feigen trocken	4		62
Schokolade	2	32	62